OLYMPIASTADION BERLIN BERLIN's OLYMPIC STADIUM

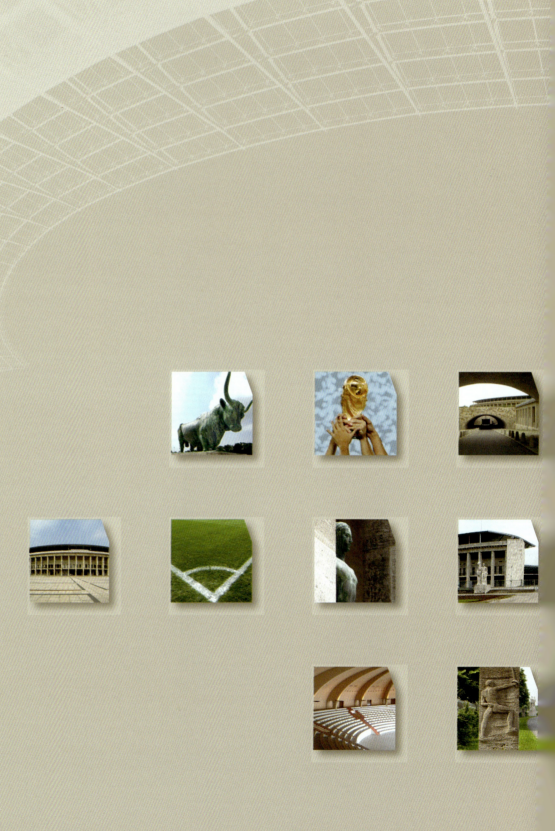

DAS NEUE BERLIN

VOLKER KLUGE

OLYMPIA STADION BERLIN

BERLIN's OLYMPIC STADIUM

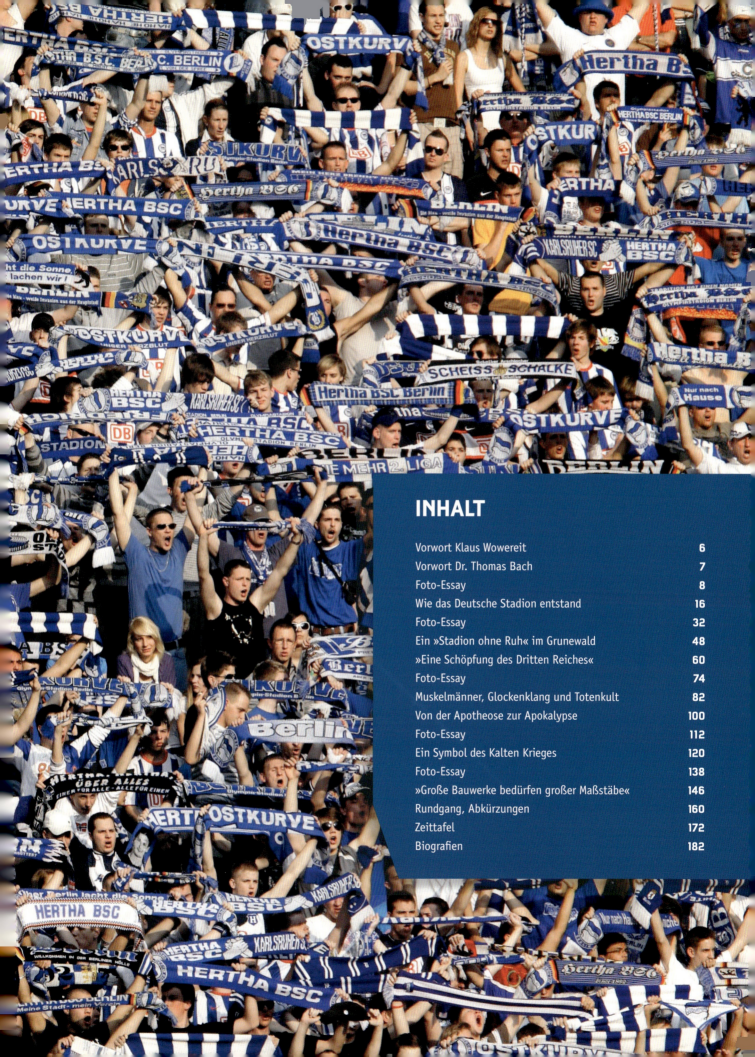

INHALT

Vorwort Klaus Wowereit	6
Vorwort Dr. Thomas Bach	7
Foto-Essay	8
Wie das Deutsche Stadion entstand	16
Foto-Essay	32
Ein »Stadion ohne Ruh« im Grunewald	48
»Eine Schöpfung des Dritten Reiches«	60
Foto-Essay	74
Muskelmänner, Glockenklang und Totenkult	82
Von der Apotheose zur Apokalypse	100
Foto-Essay	112
Ein Symbol des Kalten Krieges	120
Foto-Essay	138
»Große Bauwerke bedürfen großer Maßstäbe«	146
Rundgang, Abkürzungen	160
Zeittafel	172
Biografien	182

VORWORT FOREWORD

Das Olympiastadion ist ein Wahrzeichen der deutschen Hauptstadt und zugleich ein Symbol der internationalen Sportmetropole Berlin. Durch die Modernisierung vor einigen Jahren bietet die Arena heute optimale Bedingungen für sportliche Wettkämpfe auf höchstem Niveau. Es gehört zweifellos zur Champions League der Stadien.

Seit seinem Bau war das Olympiastadion nicht nur eine Berliner Attraktion, sondern auch ein Ort der Emotionen und der Leidenschaften. Als Bühne großer nationaler und internationaler Sportereignisse hat es Sportgeschichte geschrieben. Sie reicht von den Spielen der XI. Olympiade im Jahr 1936 mit dem unvergessenen Triumph von Jesse Owens über das Deutsche Turnfest bis hin zum Finale der Fußball-Weltmeisterschaft 2006, von den jährlich in Berlin stattfindenden DFB-Pokalendspielen über das alljährliche Leichtathletik-Meeting ISTAF bis hin zu den Heimspielen des Hauptstadt-Bundesligisten Hertha BSC Berlin. Und natürlich erinnern sich unendlich viele Berlinerinnen und Berliner an große Konzerte internationaler Stars, für die das Olympiastadion die ideale Kulisse bietet.

Die Verwandlung in eine moderne Großarena des 21. Jahrhunderts ist gewiss gelungen. Und zu diesem gelungenen Wandel gehört die kritische Auseinandersetzung mit der Geschichte. Als Schauplatz der Olympischen Spiele von 1936 steht das frühere Reichssportfeld auch für den Missbrauch des Sports durch die NS-Diktatur und ihre Propaganda.

Wenn die Steine des Olympiastadions reden könnten, hätten sie eine Menge zu erzählen. Mit dem vorliegenden Band, der die Geschichte des Olympiastadions lebendig werden lässt, beginnen sie gewissermaßen zu reden. Und wer neugierig ist und sich damit intensiver auseinandersetzen möchte, ist herzlich eingeladen, das Dokumentationszentrum im Glockenturm zu besuchen und dem Geschichtspfad zu folgen. Das Olympiastadion ist ein unbequemes Denkmal von internationalem Rang. 20 Jahre nach der friedlichen Revolution und dem Fall der Mauer ist es wieder das Berliner Stadion für die ganze Stadt. In diesem Jahr wird die Welt auf Berlin blicken, wenn im August 2009 die Besten der Leichtathleten bei den Weltmeisterschaften aufeinandertreffen. Und auch in Zukunft wird das Berliner Olympiastadion zu den ersten Adressen internationalen Spitzensports zählen.

The Olympic Stadium is one of the German capital's most famous landmarks and at the same time a symbol of Berlin as an international sporting metropolis. After its modernisation a few years ago, the arena today offers optimal conditions for sports competitions at the highest level. It is undoubtedly part of the Champions League among stadia.

Since it was first built the Olympic Stadium has never been merely one of Berlin's attractions, but has also been a place for emotions and passions. As the setting for great national and international sports events it has written sporting history. That history extends from the Games of the XI Olympiad in 1936 with the unforgotten triumph of Jesse Owens, through the German Gymnastics Festival to the final of the 2006 World Cup, from the DFB Cup Finals held every year in Berlin and the annual ISTAF athletics meeting to the home games of the capital's Bundesliga team Hertha BSC. And of course innumerable Berlin residents remember big concerts given by international stars for which the Olympic Stadium offers an ideal backdrop.

The transformation into a modern 21st century arena complex has certainly proved a success. And part of that success is the critical confrontation with history. As the showplace for the 1936 Olympic Games the former ›Reichssportfeld‹ also stands for the misuse of sport by the National Socialist dictatorship and its propaganda. If the stones of the Olympic Stadium could speak, they would have a great deal to tell. With this book, which brings to life the history of the Olympic Stadium, they are in a sense beginning to tell their story. And anyone who wants to know more and seeks to get more intensively to grips with that story is most welcome to visit the Documentation Centre in the Bell Tower and to follow the Path through History.

The Olympic Stadium is an uncomfortable, awkward monument of international standing. 20 years after the peaceful revolution and the fall of the Wall it is once more the Berlin Stadium for the entire city. This year the world will be watching Berlin when in August 2009 the best athletes will encounter one another at the World Championships. And in the future too the Berlin Olympic Stadium will remain one of the top venues in international sport.

Klaus Wowereit
Regierender Bürgermeister von Berlin
Governing Mayor of Berlin

Wohl an keinem anderen Ort bleibt die Geschichte von Olympischen Spielen so lebendig wie in den Olympiastadien. Denkt man an Olympische Spiele, so hat man häufig neben den herausragenden sportlichen Momenten auch das Bild des jeweiligen Olympiastadions vor Augen. Meist ist es durch eine herausragende Architektur gekennzeichnet und wird damit zu einer unvergleichlichen »Visitenkarte« der Organisatoren.
Bei einer Betrachtung der knapp zwei Dutzend existierenden Olympiastadien fällt auf, dass kaum einem anderen der Sprung ins 21. Jahrhundert so gut gelungen ist wie dem Berliner Olympiastadion. Den Architekten Werner und Walter March war für den Bau zu Recht eine olympische Goldmedaille zuerkannt worden, und nach behutsamer Sanierung genügt es aktuell wieder höchsten internationalen Ansprüchen.
Seit die Arena 2004 wiedereröffnet wurde, erlebten dort unzählige Menschen unvergessliche Stunden. Bei einigen Veranstaltungen, wie etwa dem Finale der Fußball-WM 2006, stand das Olympiastadion sogar wieder im Mittelpunkt der Weltöffentlichkeit, und in diesem Jahr wird hier mit der Leichtathletik-WM erneut ein Großereignis stattfinden.
Die Geschichte des Berliner Olympiastadions und seiner assoziierten Bauten und Anlagen spiegelt den historischen Wandel wider, der in Deutschland stattgefunden hat. Diesem Wandel und vielen weiteren Aspekten ist das vorliegende Buch von Volker Kluge gewidmet. Auf interessante und informative Weise stellt der Autor Wissens- und Nachdenkenswertes zu einer einzigartigen Sportstätte dar und spart dabei auch die Auseinandersetzung mit der dunklen Zeit des Nationalsozialismus nicht aus. Im Olympiastadion selbst werden ein Dokumentationszentrum und ein Geschichtspfad dieser wichtigen Aufgabe gerecht.
Allen Leserinnen und Lesern wünsche ich eine erkenntnisreiche und anregende Lektüre.

Probably in no other places does Olympic Games history remain so alive as in the Olympic stadia. If we think of a particular Olympic celebration, we often have in our mind's eye, besides the outstanding sporting moments, the picture of the particular Olympic stadium where those events took place. Mostly that picture is characterised by outstanding architecture and thus becomes an incomparable ›visiting card‹ left with us by the organisers.
If we examine the barely two dozen Olympic stadia that are still in existence, it is noticeable that hardly any other stadium has been so successfully adapted for the 21st century as the Berlin Olympic Stadium. Its architects Werner and Walter March were rightfully awarded an Olympic gold medal for the building, and after careful redevelopment and renewal it once again satisfies the highest modern international standards.
Since the arena was reopened in 2004, innumerable people have experienced unforgettable moments there. On some great occasions, such as the final of the 2006 World Cup, the Olympic Stadium became the focus of the world's attention, and this year with the World Athletics Championships another great event will take place here. The history of the Berlin Olympic Stadium along with its associated buildings and annexes reflects the historical process of change which has taken place in Germany. It is to this process of change and many other aspects that this present book by Volker Kluge is dedicated. In an interesting and informative way the author presents a great deal worth knowing and reflecting on about a unique sporting site, nor he does not fail to confront the dark night of National Socialism. In the Olympic Stadium itself a documentation centre and a pathway through history are devoted to that important task.
All readers of this book will, I am sure, find it rewarding and stimulating.

Dr. Thomas Bach
Vize-Präsident des Internationalen Olympischen Komitees
Präsident des Deutschen Olympischen Sportbundes

Vice-President of the International Olympic Committee
President of the German Olympic Sports Confederation

FÜNF STERNE
Das Olympiastadion war 1974 und 2006 Schauplatz der Fußball-Weltmeisterschaft.

FIVE STARS
The Olympic Stadium hosted the World Cup in 1974 and 2006.

REKORD
Mit 70 000 Besuchern glückte dem Comedian Mario Barth 2008 der Einzug ins »Guinness-Buch der Rekorde«.

RECORD
In 2008 the comedian Mario Barth made it into the »Guinness Book of Records« with 70,000 visitors.

PYRONALE
Die Weltmeisterschaft der Feuerwerker lockt seit 2006 jährlich Zehntausende aufs Maifeld.

FIREWORKS FOR ALL
Since 2006 the firework-makers' world championship has attracted tens of thousands every year to the Maifeld.

Die Umgebung

Das Dach

Das neue Stadiondach ist mit einer beschichteten Glasfasermembran überzogen. Die darunterliegende Stahlkonstruktion hat ein **Gewicht von ca. 3.500 t**. Das gesamte Dach wird dabei von **20 Dachstützen** und **132 Außenstützen** getragen.

- DACHSTÜTZE
- AUSSENSTÜTZE

304 m / 230 m

Die Sitzplätze

- OSTKURVE 34.1-41.2
- GEGENTRIBÜNE 21.1-33.2
- L1-P6
- Q1-T4
- Unterring / Oberring
- 18.1-20.2 / J1-K4
- A1-C3 / 1.1-7.2
- MARATHONTOR
- VIP
- G1-H2 / D1-F.6
- HAUPTTRIBÜNE / EHRENTRIBÜNE
- PRESSE
- 15.1-17.2
- 8.1-14.2
- Kameraposition

Mit **maximal 74.244 Zuschauern** hat das Berliner Olympiastadion das größte Fassungsvermögen aller Fußballstadien in Deutschland.

EHRENTAFELN DER OLYMPIA-SIEGER VON 1936

FEUERSCHALE / OLYMPISCHES FEUER

Umkleidekabinen für Mannschaften und Schiedsrichter

Detailansicht

ZUFAHRT INS STADION

Die **Aufwärmhalle** dient manchmal auch als Raum für Pressekonferenzen.

CATERING-BÜRO

Die Umkleidekabinen

- UMKLEIDE
- ENTMÜDUNGSBECKEN
- WASCHGANG
- DUSCHEN

Im Nassbereich an der Rückwand des Entmüdungsbeckens befinden sich die **Waschbecken** (verdeckt).

Auf der Süd-West-Seite des Stadions auf der Ebene -2 befinden sich insgesamt **sechs Umkleidekabinen**, an die drei Duschräume und drei Entmüdungsbecken angeschlossen sind.

Die Kapelle

Die Kapelle ist bei Veranstaltungen als Andachtsraum für die Sportler gedacht und liegt auf der Ebene -4 an der südlichen Längsseite des Stadions unterhalb der Ehrentribüne.

Auf der Wand aus Blattgold sind in **unterschiedlichen Sprachen** Bibeltexte geschrieben. Hinter dem Altar formt die Aussparung im Text ein Kreuz.

- BLATTGOLD
- ALTAR
- AMBO (Lesepult)
- TAUFBECKEN
- KNIEBANK
- HOCKER
- EINGANG
- EINGANG

Der Raum ist für ca. **50 Personen** ausgelegt.

Wie das Deutsche Stadion entstand

Lange Zeit galt es als unstrittig, wann und wo die Stadionidee zuerst aufkam. Es sei an einem sonnigen Vormittag in Athen gewesen, behauptete Carl Diem, der als Journalist zu den Olympischen Spielen von 1906 gereist war. Im weiß schimmernden Marmorbau des Panathenäischen Stadions, wo eine Dekade zuvor die olympische Premiere stattgefunden hatte, wäre unter den deutschen Teilnehmern der Wunsch entstanden, auch im eigenen Lande eine solche Arena zu besitzen. Auf der Rückreise mit dem Dampfer »Amphitrite« hätte daraufhin der Plan, »in der projektierten Pferde-Rennbahn im Grunewald einige Sportplätze anzulegen«, in der Tischgesellschaft des Grafen von der Asseburg, der seit 1905 Präsident des Deutschen Reichsausschusses für die Olympischen Spiele (DRAfOS) war, feste Formen angenommen.[1] Aus der siebenköpfigen Runde zählte Diem fünf Personen namentlich auf, zwei jedoch ließ er weg, darunter den Namen des 1. Schriftführers Dr. Willibald Gebhardt. Elf Jahre vorher hatte der Berliner Chemiker gegen den Widerstand der chauvinistisch gesinnten Führung der Deutschen Turnerschaft (DT), die den französischen Baron Pierre de Coubertin ablehnte, weil er sie angeblich nicht zum Olympischen Gründungskongress von 1894 an die Sorbonne eingeladen hätte, ein »Comité zur Beteiligung Deutschlands an den olympischen Spielen zu Athen 1896« gegründet und anschließend eine kleine Mannschaft von 21 Turnern und Sportlern nach Griechenland geführt. Nach seiner Rückkehr begab sich Gebhardt, der noch ganz unter dem Eindruck des Erlebten stand, gemeinsam mit Vertretern Berliner Sportvereine auf die Suche nach einem geeigneten Standort für ein Stadion. In der 50 Kilometer von der Reichshauptstadt entfernten Märkischen Schweiz glaubte man, den Platz für »ein Amphitheater nach altgriechischer Weise« gefunden zu haben, zumal der Mühlenbesitzer Ferdinand Kindermann das Gelände kostenlos zur Verfügung stellen wollte.[2] Ein Geschäftstrick, wie sich bald herausstellte, mit dem der Fabrikant den Bekanntheitsgrad seiner Grundstücke steigern wollte.

Das Debakel vom »nationalen Olympia«

Coubertin, der ein Internationales Olympisches Komitee (IOC) ins Leben gerufen hatte, dem

Gebhardts Denkschrift von 1907. Unten: Festschrift aus Anlass der »Stadion-Weihe«.

Gebhardt's 1907 memorandum. Below: Official address delivered at the Stadium Inauguration.

Feste des Deutschen Volkes zeitgemäß zu reformieren und zu wahren Volksfesten zu machen?« Von den 42 Einsendungen wurde der Vorschlag des Braunschweiger Gymnasiallehrers Dr. Witte mit einem 1. Preis bedacht, der – in Abgrenzung zu Coubertins internationalen Spielen – alle vier bis fünf Jahre unter Einbeziehung der griechischen Kultur ein »deutsch-nationales Olympia« feiern wollte, das nach dem Beispiel des Sedanfestes an die Gründung des Kaiserreiches erinnern sollte.³

Deutschlands Konservative – von den Alldeutschen bis zum Patriotenbund – zeigten sich begeistert. Selbst die DT, die anfangs ihre Interessen bedroht sah, lenkte ein. Anfang 1897 wurde im Reichstagsgebäude ein Reichsausschuss für Deutsche Nationalfeste gegründet, dessen Protagonisten vor Ideen sprühten. Die erste Wahl stellte Leipzig dar, wo man für das Jahr 1900 am Fuße des im Bau befindlichen Völkerschlachtdenkmals einen gigantischen Festplatz plante.

Da sich auf die öffentliche Ausschreibung bis Oktober 1897 weitere sieben Städte gemeldet hatten, entschloss sich der Reichsausschuss daraufhin zu einer Abstimmung, aus der Rüdesheim am Rhein mit 27 Stimmen als Sieger hervorging. Die Winzerstadt plante den Bau einer »Nationalfeststätte« am Fuße des Niederwalddenkmals, das seit 1883 an die Gründung des Deutschen Reiches und mit einer Germania-Statue an die »Wacht am Rhein« erinnerte. Von ähnlicher Symbolkraft waren die Angebote von Kyffhäuser-Langenthal (21 Stimmen) und Kyffhäuser-Kelbra (4), die unterhalb des Barbarossa-Monuments eine »Kampfbahn« für 300 000 bis 400 000 Zuschauer versprachen. Damit waren Goslar (16 Stimmen), Leipzig (14), Frankfurt/Main (14), Mainz (10) und Kassel (3) aus dem Rennen, was ganz dem Wunsche des Vizepräsidenten des Preußischen Abgeordnetenhauses entsprach, der ein Fest »im grünen Walde und in der freien Natur« und »nicht inmitten rauchender Fabrikschlote« verlangt hatte.⁴

Bevor sich der Vorstand zwischen den beiden Erstplatzierten entscheiden konnte, scheiterte allerdings das Kyffhäuser-Projekt am Einspruch der Regierung des Fürstentums Schwarzburg-Rudolstadt. Und bald darauf zog sich auch Rüdesheim zurück, nachdem sich die Stadtverordneten der enormen Gelder bewusst geworden waren, die zur Realisierung nötig gewesen wären. Plötzlich stand der Reichsausschuss mit leeren Händen da, woraufhin seine Kräfte zu erlahmen begannen und die Bewegung für ein »pangermanisches Olympia« gen Null abflaute.

Es war Gebhardt, der der Kampagne wieder Leben einhauchte – allerdings unter internationalen Aspekten. Kaum im IOC, lud er ohne jede Absprache mit Regierungsbehörden zu Olympischen Spielen 1904 in Berlin ein, was ohne Stadion ein Unding war. Drei Jahre später folgte dann ein offizielles Angebot, diesmal für 1908. Coubertin jedoch folgte seinem eigenen Plan, der – nach Griechenland, Frankreich und den USA – für diese Olympiade Rom vorsah, das sich aber nach anfänglicher Begeisterung

inzwischen auch Gebhardt angehörte, brachte den Zentralausschuss für Volks- und Jugendspiele in Zugzwang. Die erste deutsche Sport-Dachorganisation berief im Sommer 1895 einen Unterausschuss für deutsche Volksfeste, der mit Hilfe eines Preisausschreibens die Frage klären sollte: »Wie sind die

---

1 Das Deutsche Stadion. Sport und Turnen in Deutschland 1913, August Reher's Verlag, Charlottenburg 1913, S. 8.
2 Der Turner, Nr. 9/1896.
3 Jahrbuch des Zentralausschusses für Volks- und Jugendspiele, Verlag B.G. Teubner, Leipzig/Berlin 1896, S. 19 ff.
4 Zitiert nach: Wilhelm Rolfs, Die Deutschen Kampfspiele, in: Jahrbuch für Volks- und Jugendspiele, 1914, S. 63.

außerstande fühlte, die Spiele auszurichten. »Taktvoll senkte sich der Vorhang über die Welt des Tiber und hob sich alsbald über der Themse«, schrieb Coubertin in seinen Memoiren.[5] In weniger als zehn Monaten bauten nun die Briten im Rahmen der Franco-British Exhibition in London eine Arena mit 66 288 Zuschauerplätzen, in die sie nicht nur ein Spielfeld und eine Laufbahn, sondern auch eine Radrennbahn und ein hydraulisch versenkbares Schwimmbecken einschließlich umlegbaren Sprungturm unterbrachten. Mit seiner elliptischen Form wurde dieses Wunderwerk an Ingenieurskunst zum Prototyp für ein modernes Stadion. Bis dahin gab es nur recht verschwommene Vorstellungen, wie ein Stadion auszusehen hatte. In der griechischen Antike bezeichnete der Begriff lediglich ein Fußmaß, dessen Vervielfältigung die Länge einer Laufbahn ergab, die im heiligen Olympia 600 Fuß bzw. 192,27 Meter betrug, während die Maße andernorts abwichen. Die Strecke war von Steinschwellen begrenzt und von natürlichen Böschungen umgeben, die ein Rechteck ergaben. Auf den Erdwällen konnten bis zu 40 000 Zuschauer die Wettkämpfe verfolgen; feste Plätze besaßen nur die Kampfrichter.

Im Laufe der Jahrhunderte wurden die Stadien immer größer und prächtiger. In manchen Städten übertraf ihre Kapazität sogar die Einwohnerzahl. So fasst das Stadion von Athen, wo in der Blütezeit der Demokratie rund 40 000 Menschen lebten, 69 000 Zuschauer. Es wurde unter Perikles (500–429 v. Chr.) gegründet und in der römischen Besatzungszeit unter Herodes Atticus (101–177 n. Chr.) in Marmor vollendet. Der Bau, der zwischen 1894 und 1895 dank einer großzügigen Spende des Kaufmanns Georgios Averoff für die Spiele der I. Olympiade rekonstruiert werden konnte, erhielt die Form eines Hufeisens, an dessen gerundetem Ende sich die Ehrentribüne befand, die die Griechen Sphendone nannten. Diese Sportarchitektur wurde von den Römern übernommen, die das Amphitheater, den Circus und die Therme zu den wesentlichen Bautypen entwickelten. Vor allem die Circusse, in denen man Wagenrennen abhielt, die aber auch als Tempel und Versammlungsort dienten, entsprachen den Bedürfnissen der Massen, denen es nach Ansicht des Satirendichters Juvenal vor allem nach »panem et circenses« – »Brot und Circusspiele« – gelüstete, während sie die Macht den Feldherrn und Beamten überließen.

Vom Geist der Antike war auch Gebhardt beseelt, als er am 30. Dezember 1902 in einer Immediateingabe an das Preußische Unterrichtsministerium den »Bau einer großgedachten Palästra« vorschlug, worunter man im klassischen Griechenland einen von Säulenhallen umgebenen Kampfplatz verstand. Dieses Stadion – und um ein solches handelte es sich – wollte Gebhardt in den bisher als kaiserliches Jagdgebiet genutzten nördlichen Grunewald legen. Dabei berief er sich auf eine Zusage Wilhelms II., der dort den Berlinern einen Volkspark inklusive einiger Sport- und Spielplätze versprochen hatte.[6] Mit der Umgestaltung war der Direktor des Tiergartens, Hermann Geitner, beauftragt, mit dem Gebhardt zuvor schon die Eignung des sandigen Hippodroms geprüft hatte, das seit der Errichtung der Karlshorster Trabrennbahn überflüssig geworden war.

Eine neue Situation trat ein, als der Kaiser dem Union-Klub den Bau einer neuen Rennbahn an der Döberitzer Heerstraße genehmigte. Das Aushängeschild dieser feudalen Reichsvereinigung für die gesamte Warmblutzucht war bis dahin die östlich von Berlin gelegene Galopprennbahn in Hoppegarten, deren Attraktivität aber zu schwinden begann, als Reichskanzler

Pferderennbahn und Deutsches Stadion: Plan von Otto March von 1907.

Horse racecourse and German Stadium: Designed by Otto March in 1907.

Links: Architekt Otto March. Daneben: Der Ideengeber: Dr. Willibald Gebhardt (Gedenktafeln am Marathontor).

Left: Architect Otto March. Adjacent: His idea: Dr Willibald Gebhardt (Memorial plaques at the Marathon Gate).

Bismarck, der einer der ersten Klubmitglieder gewesen war, 1882 einem Bankenkonsortium dazu verhalf, einen 234 Hektar großen Teil des südlichen Grunewalds zu pachten, um dort für die »besseren Kreise« eine Villenkolonie zu errichten – als Gegenleistung für den Ausbau des Kurfürstendamms. Am 1. April 1899 – Bismarcks Geburtstag – wurde die Siedlung als selbstständige Landgemeinde anerkannt.

Ein umtriebiger General wird Minister

Zu jener Zeit verstanden die Mitglieder der High Society in erster Linie die Jagd und Pferderennen als sportliche Freizeitvergnügen. Doch seit sie ihre Quartiere im Berliner Westen bezogen hatten, ging das Interesse des wohlhabenden Publikums an den Hoppegartener Renntagen stark zurück. Es grauste ihm vor den mehrstündigen Fahrten mit der Eisenbahn, dem Automobil oder der Kutsche quer durch die Reichshauptstadt, deren östlicher Teil von verrauchten Industriegebieten geprägt war. Der Ruf nach stadtnahen Alternativen wurde lauter.

Ein Lösung schien gefunden, als es dem 1881 gegründeten »Verein für Hinderniss-Rennen«, dessen Mitgliedschaft zumeist aus Offizieren bestand, die auch dem Union-Klub angehörten, gelang, in einem neu entstehenden Viertel von Charlottenburg, das man nach dem vornehmen Londoner Stadtteil »Westend« benannt hatte, ein Gelände an der Spandauer Chaussee zu pachten und dort eine Hindernisbahn zu eröffnen, wo 1884 in Anwesenheit Bismarcks das erste der später populären Offiziersrennen stattfand.

Indes: Die Ernüchterung folgte 1891, als unter Wilhelm II. ein Verbot der Sonntagsrennen erlassen wurde. Als es dem Verein, der bereits ein Vermögen von einer Million Mark angehäuft hatte, weder gelang, das Terrain zu kaufen, noch den Pachtvertrag zu verlängern, musste die Anlage aufgegeben werden. Der letzte Renntag fand am 4. November 1893 statt, der erste auf der neuen Bahn in Karlshorst am 9. Mai 1894.

Trotz bürokratischer Einschränkungen blieb das Interesse der einflussreichen Offizierskaste unverändert groß, die Pferdezucht als Instrument der Auslese leistungsfähiger Militärpferde und die Rennen zur Selbstdarstellung zu nutzen. Ein Umschwung zu ihren Gunsten trat ein, als 1901 der bisherige Staatssekretär des Reichspostamtes Victor von Podbielski zum königlich-preußischen Staatsminister und – in Personalunion – zum Minister für Landwirtschaft, Domänen und Forst berufen wurde. Der Husarengeneral, der im Volksmund »Pod« genannt wurde, war ein Skatbruder des Kaisers, den er mit seinen oftmals derben Witzen bei guter Laune halten konnte. Seinen Einfluss bei Hofe machte sich Podbielski zunutze, um das Verbot der Sonntagsrennen wenigstens teilweise aufzuheben und die Buchmacher aus dem Wettgeschäft zu verdrängen. Was bisher als anrüchig gegolten hatte, wurde nun salonfähig. Das Totalisatorgesetz vom 4. Juli 1905 spülte nicht nur viel Geld in die Kassen der Rennvereine, sondern beteiligte auch den Fiskus, der sich seinerseits nun entgegenkommend zeigte.

Derart wirtschaftlich begünstigt, setzte Podbielski, der sowohl beim Union-Klub als auch im Verein für Hinderniss-Rennen als Vizepräsident fungierte, nunmehr auch eine neue Rennbahn im Grunewald durch, die unweit des Areals liegen sollte, auf dem sich einst die Charlottenburger Hindernisbahn befand. Eine Großbank hatte das Gelände mittlerweile günstig vom Staat erworben, um es nach der Erschließung teuer weiterzuverkaufen. In Neu-Westend, wie die Gegend nun hieß und wo überwiegend Villen und Landhäuser entstanden, hoffte Podbielski auf eine kapitalbewaffnete Klientel, die ihr Vermögen auf den Rennbahnen ausgeben und so der militärisch wichtigen Pferdezucht unter die Arme greifen würde.

Vorher galt es aber noch, die von den Sozialdemokraten aufgestachelten Gemüter zu beruhigen, die sich im Preußischen Abgeordnetenhaus ohnehin schon wegen des ständig steigenden Gestütshaushalts erregten. Um unerwünschter Kritik von vornherein zu begegnen, nahm Podbielski in den Vertrag eine Formulierung auf, wonach ein Teil des Geländes »für allgemeine Sportaufgaben« bestimmt sein sollte.[7]

Da man im Grunewald neben den Flachrennen auch den Hindernissport pflegen wollte, einigten sich der Union-Klub und der Verein für Hinderniss-Rennen darauf, eine gemeinsame Tochtergesellschaft namens Berliner Rennverein zu gründen, deren Präsidentschaft Podbielski übernahm. Unter solchen Umständen konnte es nicht verwundern, dass der ihm unterstehende Preußische Forstfiskus einen außergewöhnlich günstigen Pachtvertrag anbot, der auf eine Laufzeit von 30 Jahren begrenzt wurde.[8]

Allerdings hatte Podbielski inzwischen seinen Ministersessel räumen müssen, nachdem im Sommer 1906 seine Verwicklungen in einen Korruptionsskandal bekanntgeworden waren. Nur nach und nach kam die Wahrheit ans Licht, wie der märchenhafte

---

5 Coubertin, Pierre de, Olympic Memoires, IOC, Lausanne 1997, S. 97.
6 Barch R 90/37979. Notiz 5.6.1903, Über die Persönlichkeit des Dr. phil. Willibald Gebhardt ist hier nur bekannt ...
7 Carl Diem, Olympische Flamme, Deutscher Archiv-Verlag, Berlin 1942, S. 472.
8 Der Vertrag vom 23.2.1907 bzw. 13.3.1907 wurde nur zwischen dem Union-Klub und dem Preußischen Forstfiskus geschlossen und durch einen Vertrag zwischen dem Berliner Rennverein und dem späteren Deutschen Reichsausschuss für Leibesübungen vom 11.3.1931 ergänzt.

1909–1918

Aus dem »Waldhaus« von 1910 wurden die »Stadion-Terrassen«. Von der ehemaligen Rennbahngaststätte blieb im Untergeschoss nur die »Kutscherkneipe« erhalten.

The ›Waldhaus‹ restaurant of 1910 became the ›Stadium Terraces‹. All that was left of the former racecourse restaurant was the ›Coachman's Pub‹ on the lower floor.

Aufstieg der Firma Tippelskirch & Co., die einen Monopolvertrag für die komplette Ausrüstung des deutschen Kolonialheeres besaß, zustande gekommen war. Es war Podbielski selbst, der sie 1893 mit dem Kaufmann Horst von Tippelskirch gegründet, seine Frau als Gesellschafterin eingesetzt und den für den Vertrag verantwortlichen Offizier des Kolonialamtes bestochen hatte.[9] Die »Tippelskirch-Affäre« hatte die Auflösung des Reichstages und die sogenannten »Hottentotten-Wahlen« zur Folge, aus denen jedoch die konservativen Parteien dank einer regierungsfreundlichen Presse gestärkt hervorgingen.

Als Minister a. D. besaß Podbielski, den der Kaiser zum Abschied noch mit dem Großkreuz des Roten Adlerordens dekorierte, nun genügend Muße, sich seinem geliebten Turfsport hinzugeben, der vor den Toren der Reichshauptstadt eine Prachtbahn in Aussicht hatte. Mit der Ausführung hatte man den Berliner Architekten Otto March beauftragt, der zuvor schon die Anlagen in Köln, Mannheim und Breslau geschaffen hatte. Die neue Bahn schien wie keine andere geeignet, ein Massenpublikum anzulocken. Sie war bequem zu erreichen, nachdem die öffentliche Hand großzügig Straßen und Brücken finanziert und die Verlängerung der Charlottenburger Stammbahn, die vorerst am Reichskanzlerplatz endete, in Angriff genommen hatte. Auch im Süden gab es mit einer Verbindungsschleife der Stadtbahn zur Hamburger Bahnstrecke eine Anbindung und eine Haltestelle sowie einen weiteren Bahnhof in Pichelsberg.

Zwar besaß das »Paradefeld der Vollblutzucht«, wie es in der Presse hieß und das der Rennverein mit acht Millionen Mark durch die Ausgabe von Obligationen unter seinen Mitgliedern finanziert hatte, nicht ganz den Zauber, wie man ihn im grünen Hoppegarten verspürte. Aber alles war großzügiger, zweckmäßiger und architektonisch schöner angelegt. Fürwahr, March hatte ein Meisterstück abgeliefert, wobei er dem von Hermann Muthesius geprägten Landhausstil, in den er Elemente des damals so beliebten Neubarocks einfließen ließ, treu geblieben war. Die Tribünenhäuser waren außergewöhnlich repräsentativ und ockergelb verputzt, und sie passten sich gut in die märkische Landschaft mit ihren Kiefern und Eichen ein. Für die Betriebsgebäude hatte der Architekt rote Holländerziegel verwendet.

»Wenn auch der gestrige Tag der Verherrlichung des Pferdesports geweiht war, stand die Auffahrt zum Rennplatz fast vollständig im Zeichen des Automobils. Das Knattern der Motoren übertönte das Wiehern der Pferde«, schrieb das »Berliner Tageblatt« über die Eröffnung der Rennbahn, und der Chronist notierte, dass selbst der Kaiser mit einer Benzindroschke angereist war.[10] Während sich die Prinzen und die Höflinge um dessen Pavillon drängelten und rund 40 000 Besucher die Tribünen und den Innenraum bevölkerten, verlieh Wilhelm II. erst einmal einen Satz Orden, darunter den Roten Adlerorden 2. Klasse an Oberregierungsrat Ulrich von Oertzen, weil er sich ums neue Wettgesetz verdient machte, und jenen der 4. Klasse an den Architekten. Dann folgte das erste Rennen, welches auf dem sandigen, vom Regen aufgeweichten Parcours den Sieg einer mäßigen Stute und einer kleinen Schar von Mutigen die sagenhafte Quote von 606:10 als Premierengeschenk bescherte.

Die Presse überbot sich im Lob für den idyllisch gelegenen Turf mit seinen Kolossaltribünen, Schmuckwegen, Hecken und Hürden. Doch wenn das Auge über die breite Grasnarbe schweifte, starrte es plötzlich in eine gigantische Sandgrube mit schräg abfallenden Rändern, die von Tausenden von Händen vertieft worden war. Diese natürliche Mulde hatte March Anfang 1907 entdeckt, und da er bald darauf erste Schmierskizzen für ein versenktes Stadion vorlegte, konnte die Baukommission des Rennvereins bereits zu Ostern einen fertigen Plan beraten, mit dem Asseburg, der – selbstredend – der Finanzkommission des Union-Klubs angehörte, zum Kaiser marschierte. Der zeigte sich begeistert, zumal die Sicht über das Geläuf durch keinerlei Hochbauten gestört wurde. Was allerdings die nötigen Gelder anging, so lag Wilhelm II. die Aufstockung des Militärhaushalts mehr am Herzen, worauf das ganze Werk ins Stocken geriet.

Nationalstadion als »geweihte Stätte«

Seit die hohen Herren die Olympischen Spiele entdeckt hatten, war Gebhardt überflüssig geworden. Ende 1906 trat er verärgert als DRAfOS-Geschäftsführer zugunsten von Dr. Paul Martin zurück. Da zudem keines seiner eingereichten Patente erfolgreich war, stand er auch wirtschaftlich vor einem Desaster und demissionierte aus dem IOC, dessen Mitglieder sich damals noch selbst finanzierten. Hinsichtlich der Stadionidee blieb er aber der uneigennützige Vorkämpfer früherer Jahre. Im Juni 1907 verfasste er eine kurz darauf vom Reichsausschuss gebilligte fünfseitige Denkschrift mit dem Titel »Das Stadion im Grunewald, eine Zentralstelle für

General Egbert von der Asseburg (Porträttafel am Marathontor).

General Egbert von der Asseburg (Portrait at the Marathon Gate).

körperliche Kraft und Gewandtheit«, in der er das Projekt einer Arena entwickelte, die Nationalstadion, »Stätte für ein großes internationales Olympia« und Schauplatz kultureller Veranstaltungen sein sollte. Schwärmerisch zeichnete er das Bild einer »geweihten Stätte«, aus der er das Schreien und Johlen ebenso verbannen wollte wie den »berufsmäßigen Sport« und den ausufernden Wettbetrieb. Dass Gebhardt auch recht modern dachte, beweist sein Vorschlag, eine Zentralstelle zu schaffen, um unter den Sportlern »körperliche Messungen zu veranstalten, auch wissenschaftliche Untersuchungen des Herzens und der Lunge vorzunehmen«.[11]

Die Anforderungen der Sportverbände an das Stadion überreichte Gebhardts Nachfolger dem Architekten, der nunmehr Baukosten von einer Million Mark errechnete, die der Reichsausschuss mit einem durch die jährlichen Einnahmen gedeckten Darlehen aufbringen wollte. Die Tilgung war auf die Dauer des Pachtvertrages veranschlagt, wobei darauf spekuliert wurde, dass der preußische Staat ein intaktes Stadion nach den 30 Jahren wohl kaum wieder abreißen würde. Allerdings verlangte der DRAfOS eine Ausfallbürgschaft, für die Berlin, die noch selbstständigen Städte Charlottenburg, Schöneberg, Wilmersdorf und Rixdorf sowie der Kreis Teltow einen »Garantieverband« bilden sollten.[12] Deren anfangs freundliche Anteilnahme verflog jedoch, als die Sportverbände ihre Wünsche erweiterten, worauf March seinen neuen Kostenvoranschlag zuerst auf zwei Millionen und schließlich auf drei Millionen Mark bezifferte. Dagegen stand die von Dr. Martin vorgelegte Rentabilitätsrechnung auf wackligen Füßen. Die jährlichen Einnahmen von 280 000 Reichsmark wollte man mit einem spärlichen Sportprogramm erwirtschaften, das lediglich aus einem zweitägigen Meeting »mit allen Korporationen« im Frühjahr und im Herbst, drei Fußballspielen sowie jeweils Veranstaltungen an zwei Tagen in der Leichtathletik, im Radsport, Turnen, Tennis und Schwimmen bestand.[13] Ende 1908 war die Ablehnung definitiv. In Abstimmung mit den Nachbarkommunen teilte Berlins Oberbürgermeister Martin Kirschner dem Reichsausschuss als gemeinsame Auffassung mit, »dass das Unternehmen auf breitester nationale Basis gestellt und von vornherein als allgemeine Deutsche Angelegenheit ins Leben gerufen« werden sollte.[14] »Der Traum vom Berliner Stadion scheint ausgeträumt zu sein. Wir werden die stolze Arena nicht erhalten«, prophezeite die Zeitung »Der Tag«.[15]

Trotz des Rückschlags wollte Asseburg nicht aufgeben. Allerdings handelte er zunehmend unter Termindruck, da das IOC Ende Mai 1909 erstmals seine Jahrestagung in Berlin abhalten wollte, von der sich der Graf eine positive Entscheidung über die Olympischen Spiele von 1912 erhoffte, die man in Berlin sehen wollte. Obwohl er kränkelte, verzichtete er auf seinen Winterurlaub, den er im Süden zu verbringen pflegte. Stattdessen kündigte er einer Reihe von Persönlichkeiten einen »Aufruf zur Beteiligung am Bau eines deutschen Stadions« an.[16] Asseburgs Aufruf, der bis Mitte Februar 1909 auf sich warten ließ, richtete sich an 130 deutsche Städte mit mehr als 50 000 Einwohnern und alle Provinzialverwaltungen Preußens. Darin bat er um jährliche Subventionen von 500 bis 3000 Mark, die der Reichsausschuss »in absehbarer Zeit« zurückzahlen wollte.[17] Doch vergeblich beschwor man »das Gefühl der Zusammengehörigkeit aller deutschen Stämme«, denn von den insgesamt 180 Gesuchen wurde nur ein einziges erhört: Die Stadt Brandenburg stellte den Betrag von 1000 Reichsmark in Aussicht. 21 Tage nach Ablauf des Termins für eine Rückmeldung – am 31. März 1909 – ereilte Asseburg nach zweitägigem Krankenlager der Tod. Diem schrieb: »... er ist am Stadion gestorben.«[18]

Die Finanzierungsprobleme des DRAfOS hatten nun auch die Herrenreiter in Verlegenheit gebracht. Im Vertrauen darauf, dass die Pläne doch realisiert würden, gingen sie das Risiko ein, wenigstens die Erdarbeiten auszuführen und einen Tunnel nebst Ehrenhof bauen zu lassen, da diese zu einem späteren Zeitpunkt doppelt so teuer gekommen wären. Die Kosten trug der Rennverein, so dass sich die für das Stadion notwendige

---

9 Barch R 43/944, Verfahren gegen Tippelskirch & Co., 8.8.1906–28.2.1907.
10 Berliner Tageblatt, 24.5.1909.
11 Landesarchiv Berlin, A Rep. 039-03, Nr. 53. Die Denkschrift wurde später mehrfach kopiert und als Artikel in der Unterhaltungsbeilage der »Täglichen Rundschau« vom 3.2.1908 veröffentlicht. Der Begriff »Zentralstelle« in der Überschrift wurde darin jedoch durch »deutscher Kampfplatz« ersetzt.
12 Ebenda, Denkschrift des Deutschen Reichsausschusses für die Olympischen Spiele, 31.1.1908.
13 Ebenda, Asseburg an den Bürgermeister von Deutsch Wilmersdorf, 21.3.1908.
14 Ebenda, Kirschner an Dr. Martin, 3.11.1908.
15 Zitiert nach: Arthur Mallwitz, Das deutsche Stadion im Grunewald, Verlag für Volkshygiene und Medizin, Berlin 1909, S. 36.
16 CuLDA, Reihenbrief, 30.12.1908.
17 Landesarchiv Berlin, A Rep. 039-03, Nr. 53. DRAfOS an den Magistrat von Deutsch Wilmersdorf, 19.2.1909.
18 Das Deutsche Stadion, August Reher's Verlag, Charlottenburg 1913, S. 10.

Zeichnung des Stadiontunnels von Otto March.

Drawing of the Stadium tunnel by Otto March.

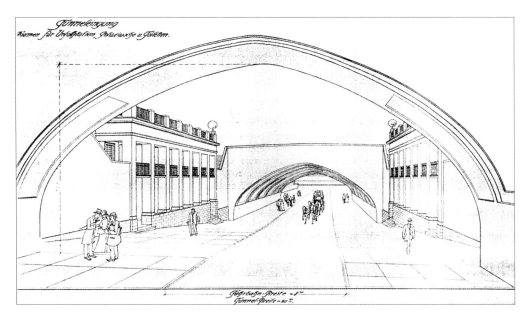

Investition auf 2,2 Millionen Mark verringert hatte.[19] Damit konnte der Reichsausschuss dem IOC bei dessen Besichtigungstour am 1. Juni 1909 wenigstens einen Zugang präsentieren, während das Stadion nur als Blaupause existierte. Es war ein schwacher Trost, als Coubertin beim anschließenden Festessen im Rennbahnrestaurant den Olympischen Spielen, die mit einer »französischen Periode« begonnen hatten und der eine »britische« gefolgt war, nun eine »skandinavisch-germanische« vorhersagte, die das IOC mit der Vergabe der Spiele von 1912 an Stockholm drei Tage zuvor eingeleitet hatte. Was die Deutschen betraf, so hielt der IOC-Präsident sie als Organisatoren für besonders geeignet, weil sie – so seine Worte – eine »strenge und zugleich intelligente Disziplin« einführen würden.[20]

Davon waren die Deutschen allerdings noch ein Stück entfernt. »Blutenden Herzens, fast ohne Debatte, wurde die Ablehnung der Olympischen Spiele für 1912 einstimmig beschlossen«, schilderte der Arzt Arthur Mallwitz die vorangegangene Hauptversammlung des Reichsausschusses vom 17. Mai 1909.[21] Die Tagesordnung hatte mit der Wahl eines Nachfolgers für Graf Asseburg begonnen, zu dem das Gremium Victor von Podbielski kürte. Seiner Exzellenz stellte man Ulrich von Oertzen zur Seite, der auch im Rennverein den Stellvertreterposten innehatte, womit der DRAfOS unter Kuratel stand, was sich auch in der identischen Büroadresse ausdrückte: Berlin NW 7, Schadowstraße 8.

Unterm Kuratel der Herrenreiter

Dabei hatte Podbielskis sportliche Funktionärskarriere mit einem eklatanten Fehlgriff begonnen, als er – vom Pariser Militärattaché Oberstleutnant Max von Schwartzkoppen empfohlen – Coubertins Einladung zum olympischen Gründungskongress von 1894 in den Papierkorb beförderte. Auch als Vorsitzender der »Gruppe 21« der Berliner Gewerbeausstellung von 1896, die das Zusammenwirken von Sport und Industrie demonstrieren wollte, machte der von Gicht geplagte Podbielski nicht gerade eine hellenische Figur. Doch was ihm an Sportlichkeit fehlte, kompensierte er mit Durchsetzungsfähigkeit. »In der Geschäftsführung großzügig, auf weite Ziele eingestellt, dabei verschlagen und verschwiegen«, schilderte ihn Diem, der auch dessen Rücksichtslosigkeit bewunderte. »Was Podbielski nicht in den Sitzungen gelang, regelte er nachher beim Glase Wein.«[22] Nachdem Berlin 1911 jede finanzielle Unterstützung für den Stadionbau abgelehnt hatte, scheiterte im Mai des folgenden Jahres auch eine Übereinkunft mit Charlottenburg. Die Stadt konnte zwar eine Zinsgarantie von 15 000 Mark in Aussicht stellen, verlangte dafür aber als Gegenleistung die Überlassung der Anlage an 120 Übungstagen und sechs Sonntagen, was aus wirtschaftlichen Gründen für den Reichsausschuss unannehmbar war. Auch die Versuche, das Kapital über Banken zu beschaffen oder das Reichsamt des Inneren und das Preußische Kultusministerium einzubeziehen, scheiterten.

Schließlich entschied sich Podbielski, ein weiteres Mal an den Union-Klub heranzutreten, der in jenem Jahr unter der Präsidentschaft des Fürsten von Pleß 453 Mitglieder besaß, von denen einige über riesige Vermögen verfügten. Es dauerte nicht einmal sechs Monate, bis Podbielski die notwendigen 2,25 Millionen Goldmark zusammen hatte. Wie bei der Rennbahn erfolgte die Finanzierung durch die Hausbank und durch die Ausgabe von Obligationen. Damit war das wichtigste Hindernis, die Olympischen Spiele nach Berlin zu holen, beseitigt. Von ihnen versprach sich Podbielski im Einvernehmen mit dem Kaiser die Vermehrung des Prestiges und dessen Umsetzung in »wirtschaftliche Werte«, vor allem aber »Kraft und Zufriedenheit, Gesundheit und einen festen Willen«, was besonders die deutsche Jugend »bis in alle Schichten« ergreifen sollte.[23]

Im Mai 1912 reichte der Reichsausschuss beim IOC eine Bewerbung für 1916 ein, worauf Budapest und Alexandria, die sich gleichfalls Hoffnungen gemacht hatten, auf Gegenkandidaturen verzichteten. Damit war es nur noch eine Formsache, als das IOC am 4. Juli 1912 – zwei Tage vor Beginn der Spiele in Stockholm – Berlin einstimmig den Zuschlag erteilte.

Ohne jede Feierlichkeit begannen vier Wochen später die Ausschachtungsarbeiten für das Deutsche Stadion, um dessen Namen zum wiederholten Male ein Streit entflammt war. Ein deutsches »Stadion«? Allein der Gedanke an eine solche Namensgebung galt als »unschicklich«, denn für die Jünger von »Turnvater« Friedrich Ludwig Jahn gehörte ein »national gesinnter Mann« selbstredend nicht in ein griechisches »Stadion«, sondern in eine »Kampfbahn«. »Das ist dem Deutschen Reichsausschuss für Olympische Spiele ins Stammbuch geschrieben«, wetterte Berlins ehemaliger Turnwart Heinrich Schröer: »Mitglieder dieses Ausschusses, seid

Das Deutsche Stadion innerhalb der Grunewald-Rennbahn.

The German Stadium inside the Grunewald Racecourse.

deutsche Männer! Noch ist es Zeit, Eurer Schöpfung den verdienten deutschen Namen zu geben!«[24] Doch die Beschwörung des Sprachgewissens war vergebens, da die Bezeichnung von der Obrigkeit längst genehmigt war – schließlich war Wilhelm II. mit dem griechischen König verschwägert.
Was den Architekten anging, so stand March vor der Schwierigkeit, das Projekt in kurzer Zeit zu verwirklichen und seinen Entwurf den örtlichen Verhältnissen anzupassen, ohne die Gesetze der architektonischen Ästhetik zu verletzen. Die Sportverbände, deren Forderungen sich oftmals widersprachen, machten es ihm dabei nicht leicht. So verlangten die Leichtathleten eine 400-Meter-Rundbahn, während die Radsportler auf einem Zementring mit einer Länge von 666 2/3 Meter bestanden, was nicht in Einklang zu bringen war, ohne eine Vielzahl unnützer »Zwickel« zu erzeugen. Das Problem war erst zu lösen, als die Leichtathleten nachgaben und ihre »Fußlaufbahn« auf 600 Meter verlängerten, so dass die Radpiste, die mit ihren bis zu 4,40 Meter hohen Kurven auf Geschwindigkeiten bis zu 70 km/h konzipiert war, gerade noch hineinpasste. Die Fußballer wiederum mussten sich nach den Leichtathleten richten und sich statt eines Spielfelds von 90 x 60 Metern mit den Dimensionen von 110 x 70 zufriedengeben.
Eine weitere Klippe war die Konstruktion der Schwimmanlage, die mit der Arena organisch verbunden sein sollte, ohne jedoch den Betrieb im Innenraum zu stören. Da March ein elliptisches Erdstadion errichtete, wich er von der damals herrschenden Lehre ab, das Becken quer zur Längsachse zu legen, und platzierte es stattdessen an der nördlichen Längsseite, indem er die 100 Meter lange und 22 Meter breite Schwimmbahn hinter die Radpiste hinausrückte. Das brachte allerdings den Nachteil mit sich, dass ein Großteil der besten Zuschauerplätze für das Geschehen im Stadion verloren gingen, während die Wasserfläche andererseits das Bild belebte und den Eindruck einer hässlichen Zementschüssel verminderte.
Abgesehen von den antiken Vorbildern existierten zu jener Zeit lediglich die Olympiastadien von London und Stockholm, an denen sich der Architekt orientieren konnte. Das Deutsche Stadion übertraf beide, da es deren Enge vermied. Später wurde das weite Innenfeld, mit dem March den Anforderungen der Verbände genügt hatte, damit die unterschiedlichsten Sportarten parallel ausgetragen werden konnten, jedoch als Nachteil empfunden. Der einzelne Wettkampf verlor sich in dem weitläufigen Oval, dessen Längsausdehnung 294 Meter und dessen Breite 95 Meter betrug. Die maximale Sehweite von den Kurventribünen bis zur Rassenmitte belief sich auf rund 170 Meter, und selbst von der letzten Reihe der Schwimmbahntribüne hatte das Auge noch immer eine Entfernung von 98 Metern zu überblicken. Trotz der beträchtlichen Ausmaße fasste das Stadion aber nur 26 910 Zuschauer, die sich auf 2208 Logen-, 12 232 Sitz- und 12 470 Stehplätze verteilten und zu denen noch 3000 Sitzgelegenheiten auf der Schwimmbahntribüne kamen.[25] Für die Arena hatte March die Form eines in den Boden eingepassten Amphitheaters gewählt, das von einer massiven Betonbrüstung umgeben war, die dem nach Norden abfallenden Gelände angepasst war. Während sich unter den Tribünen an den Längsseiten Hohlräume befanden, hatte er aus Gründen der Ersparnis die übrigen Zuschauerreihen auf den gewachsenen Boden gelegt. Beim Material dominierte Eisenbeton, der am billigsten kam, weil der Sand für die Mischung an Ort und Stelle vorhanden war.
Wie von den Geldgebern verlangt, beeinträchtigten keinerlei Hochbauten den Blick über die Bahn – bis auf zwei Ausnahmen: Im Süden ragte die als pompejische Villa gestaltete Kaiserloge und im Norden eine Viktoria-Säule über den Muldenrand hinaus. Derweil die Kutsche des Imperators über den Rasen fuhr, durfte das Volk die Anlage lediglich unterirdisch betreten. Sein Weg führte in Höhe der Rennbahntribüne III durch eine Brücke, hinter der ein Ehrenhof lag, der von zwei Gebäuden flankiert wurde. Links befand sich das Verwaltungshaus, das man später in eine Jugendherberge umgestaltete; rechts war eine Polizei- und Sanitätswache, die nach dem Ersten Weltkrieg der Hochschule für Leibesübungen als Turnhalle diente. Danach begann der nach dem Architekten benannte Tunnel, über den der Parcours verlief. Das stattliche Gewölbe war

---

19 Landesarchiv Berlin, A Rep. 039-03, Nr. 53. Otto March, Revidirter Kosten-Voranschlag zum Bau des Stadions auf dem Rennplatze im Grunewald, 9.7.1908.
20 Revue Olympique, 1909, S. 102 ff.
21 Mallwitz, Stadion, S. 24
22 Diem, Olympische Flamme, S. 473.
23 Barch, R 901/37985, Podbielski an Reichskanzler von Bethmann-Hollweg, 4.2.1913.
24 Tägliche Rundschau, 12.12.1912.
25 Das Deutsche Stadion, S. 20. Die Angaben über die Zuschauerkapazität differieren. So war am Tag der »Stadion-Weihe« von insg. 27 000 Plätzen die Rede, von denen 17 970 Sitzplätze sein sollten. Vgl. Berliner Tageblatt, 7.6.1913.

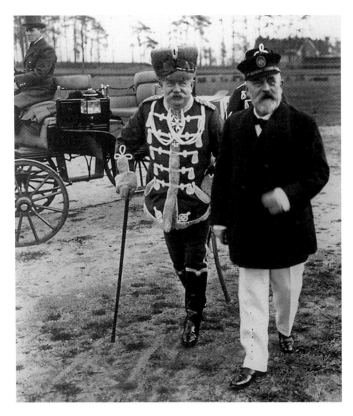

Herrenreiter: Husarengeneral Victor von Podbielski (links) und Ulrich von Oertzen.

Aristocratic Horsemen: General of Hussars Victor von Podbielski (left) and Ulrich von Oertzen.

60 Meter lang, 20 Meter breit und sieben Meter hoch; über seinem Eingang prangten die Bronzelettern »Erbaut unter der Regierung Wilhelm II. 1912 – 1913«. Der Tunnel endete vor der Haupttribüne, die zu unterqueren war, um die Logensitze einzunehmen. Wer auf die billigen Plätze wollte, musste eine der beiden zwölf Meter hohen Treppenanlagen bewältigen. Im Erdgeschoss der Haupttribüne hatte March eine Post, eine Fernsprechzentrale, Presseräume und ein Arztzimmer untergebracht. Direkt unter den Logenplätzen lagen zwei Säle, von denen der eine als Schlafsaal für die Athleten und der andere als Restaurant genutzt wurde. Dies löste jedoch nicht nur Begeisterung aus, denn ein Stadion sollte nach Ansicht mancher Kritiker allein eine »klassische Stätte der Körperkultur« und keinen »Vergnügungspark« darstellen.[26] Doch die Meckerei war unberechtigt, denn March fühlte sich durchaus dem antiken Vorbild verpflichtet, wonach auch sportliche Bauten den Gesetzen künstlerischer Schönheit zu folgen hatten.[27] Allerdings war der ihm gesetzte finanzielle Rahmen sehr knapp bemessen, so dass Marchs Pläne lange ruhten und erst während der Bauphase realisiert werden konnten. Das war letztlich ein Verdienst von Adalbert von Francken-Sierstorpff, der dem IOC angehörte und der sich der Verbindung von Sport und Kultur verpflichtet fühlte. Der Graf berief einen Ausschuss namhafter Künstler, dem Walter Schmarje, Hermann Fuchs, Ludwig Cauer, August Kraus, »Sascha« Schneider, Ludwig Vordermayer und der als jugendliches Genie gefeierte Georg Kolbe angehörten, die sämtlich damit beauftragt wurden, Skulpturen zu liefern, die von den berühmten Professoren Louis Tuaillon und August Gaul begutachtet wurden.

March beschränkte den künstlerischen Schmuck auf die Schwimmbahntribüne. An deren Stirnseiten setzte er Reiterfiguren, die Fuchs und Vordermayer geschaffen hatten. In die Mitte kam eine Siegessäule, die Schmarje mit einer »Viktoria« krönte und zu deren Füßen eine Neptungruppe platziert war. Östlich befanden sich Schneiders »Leichtathlet«, Schmarjes »Sandalenbinder« sowie ein weiterer »Leichtathlet« von Kolbe. Auf dem Westflügel standen Schmarjes »Ringer«, Cauers »Athlet« sowie ein »Schwimmer« von Kraus – alles nackte Jünglinge, deren Bestimmung man allein nach dem Körperbau deuten konnte. Mangels Geld und Zeit konnten die Figuren nur in Stucco ausgeführt werden, damals ein sehr beliebter künstlicher Marmor. Spätestens bis zu den Olympischen Spielen wollte man sie in Bronze gießen.

»Stadion-Weihe« als Kaiserhuldigung

Wilhelm II. beabsichtigte, sein 25-jähriges Regierungsjubiläum, das auf den 16. Juni 1913 fiel, aufwändig zu begehen. Die Festlichkeiten sollten mit der Einweihung des Deutschen Stadions am 8. Juni beginnen. Nachdem March ihm Mitte März die Pläne vorgestellt hatte, besichtigte er kurz darauf gemeinsam mit der Kaiserin die imposante Baustelle. Keine zwei Wochen später verstarb der Architekt an den Folgen eines Schlaganfalls, so dass sein erster Mitarbeiter, Johannes Seiffert, das Werk allein vollenden musste. Trotz des unvorhergesehenen Zwischenfalls und dank des milden Winters war am 15. Mai alles fertig – seit dem offiziellen Baubeginn waren lediglich 200 Arbeitstage vergangen. Posthum bedankte sich der Union-Klub bei dem verstorbenen Architekten mit einer bronzenen Gedenktafel, die Schmarje noch im selben Jahr modellierte und die ihren Platz an der Hauptloge der Schwimmbahntribüne fand.

Es war ein Sonntag, an dem Wilhelm II. das Stadion einweihen und die Huldigungen der 30 000 dafür eingeladenen Turner und Sportler entgegennehmen wollte. Die Berliner Omnibusgesellschaft bot eine Fahrgelegenheit vom Alexanderplatz bis zum Südeingang der Rennbahn; die Hochbahngesellschaft eröffnete den Betrieb der neuen Strecke »Reichskanzlerplatz – Stadion«, auf der die Bahnen im Fünfminutentakt fuhren. Und die Stadtbahn setzte ab Lehrter Bahnhof 28 Sonderzüge ein, mit denen die Teilnehmer, darunter 4500 zum Jubeln bestellte Schulkinder, zu den Stationen »Rennbahn« und »Pichelsberg« transportiert wurden. Es war das erste Mal, dass die Reichsbahn Fahrpreisermäßigungen für Sportveranstaltungen gewährte.

Gegen Mittag füllte sich die steingraue Riesenarena, um die man 50 weiße girlandengeschmückte Stangen mit Fahnen in allen Farben gesteckt hatte. Die Ränge mit den nummerierten Plätzen waren bereits seit einigen Tagen ausverkauft, obwohl die Eintrittskarten zwischen drei und fünf Mark gekostet hatten. Dicht besetzt waren auch die Stehplätze für zwei Mark, was damals nicht wenig Geld bedeutete. Dagegen füllten sich die 280 Logen, die als vier-

Plakat der »Stadion-Weihe« von Fritz Rumpf, der dem Athleten die Züge des Hohenzollern-Prinzen Friedrich Karl verlieh.

Poster of the ›Stadium Inauguration‹ by Fritz Rumpf, who gave the athlete the features of Hohenzollern Prince Friedrich Karl.

eckige Kästen den Kaiserpavillon zu beiden Seiten flankierten, nur zögernd – offenbar gab es nicht allzu viele Gutbetuchte, die für eine »Stadion-Weihe« 25 Mark ausgeben wollten. Zahlreich hingegen die Ehrengäste, allen voran Reichskanzler von Bethmann Hollweg im schwarzen Gehrock, der zehn Minister, eine Vielzahl von Staats- und Unterstaatssekretären sowie das halbe diplomatisch Korps mitgebracht hatte. Auch eine Vielzahl hochrangiger Uniformträger und Bürokraten wurde gesichtet, darunter Berlins Oberbürgermeister Adolph Wermuth, obwohl dieser doch mit seinem Magistrat rein gar nichts zum Entstehen des Bauwerks beigetragen hatte. Schwer auf seinen Stock gestützt, erklomm Podbielski, der die Montur der Rathenower Husaren angelegt hatte, kurz vor zwölf Uhr das Podium, was unter den Ordnern Geschäftigkeit auslöste. Trommelschlagend, singend und mit dröhnendem Schritt zog die Sportarmee ins Stadion, das inzwischen von 50 000 Menschen gefüllt wurde und über deren Köpfen in 300 Metern Höhe ein gelber Doppeldecker, eine aus Döberitz kommende »Albatros«, gegen die Windböen ankämpfte. Die Uhr zeigte 12.20, als das Kaiserpaar im »à la Daumont« bespannten Wagen, dem beim Adel beliebten Viergespann, anrollte: Wilhelm II. in der Uniform der Zieten-Husaren mit Kalpak, die Kaiserin in grasgrüner Robe mit grauem Federhut. Im Gefolge die Prinzessinnen und Prinzen, darunter Friedrich Karl, der sich als erster Spross der Hohenzollern in kurzen Hosen unters Volk gemischt und als Springreiter sogar an den Olympischen Spielen in Stockholm teilgenommen hatte. »Während die Fanfaren schmettern, lässt der Kaiser sein Auge wie berauscht über den mächtigen Platz gleiten«, war tags darauf in der Zeitung zu lesen.[28] Fahnenkolonnen bauten sich auf dem Rasen auf, wo sich Podbielski anschickte, seine Eröffnungsrede zu halten, in der von einer »Stätte für friedliche Wettkämpfe, berufen zur Förderung der Körperkraft, zur Stählung der Willenskraft, zur Pflege patriotischen Geistes« die Rede war. Martialisch auf seinen Säbel gestützt, verkündete er mit dröhnender Stimme die Losung: »Allezeit bereit für des Reiches Herrlichkeit!« Sein »Hurra auf Seine Majestät« wurde von der Menge dreifach erwidert. Während man die Kaiserhymne »Heil dir im Siegerkranz« anstimmte, hörte man von Westen her ein wildes Brausen und Flattern. Ein Schwarm von 10 000 Militärbrieftauben, die aus dem ganzen Reich herbeigeholt worden waren, um die Weiherede in alle Orte zu tragen, verdunkelte den Himmel. Damit war das Stadion aus der Taufe gehoben.

Die Klänge des Hohenfriedberger Marsches kündigten den Beginn des Huldigungszuges an, den die Herren vom Reichsausschuss mit wuchtigem Schritt eröffneten. Anschließend kamen die Kolonnen der Deutschen Turnerschaft, angeführt von Jünglingen mit Eichenkranz im Haar. Besonderen Beifall ernteten die in weiße Matrosenjacken und blaue Pumphosen gekleideten Damen-Abteilungen, wie Diem schrieb.[29] Tennisspieler im vornehmen Weiß, Schwimmer mit Käppis auf dem Kopf, Radsportler in knappen Trikots, Hockeyspieler im Sweater, knienackte Leichtathleten und Fußballer sowie die robuste Garde der Kraftsportler. Schließlich die Chargierten der akademischen Sportvereine im vollen Wichs und albernen Stechschritt – Landsmannschaftler, Corpsiers und Burschenschaftler, gefolgt vom tausendköpfigen Heer des Jungdeutschland-Bundes, das von einem Hauptmann von Zitzewitz kommandiert wurde und über dessen haarscharf ausgerichteten Linien Offiziere wachten. Den Schluss des Zuges bildeten Pfadfinderinnen in jägerähnlicher Kleidung – sie alle bildeten die Bataillone des deutschen Sports und ein Kolossalgemälde des preußischen Militarismus.

Beinahe eine Stunde lang erklangen die Heil-Rufe, während Wilhelm Zwo unterm Baldachin fleißig salutierte. Zur Freude des Monarchen begannen danach die »sportlichen Vorführungen« mit zwei Kompanien des Gardekorps in feldmarschmäßiger Ausrüstung, die bei ihrem

---

26 Sport im Wort, Nr. 74/1912, S. 1751.
27 Vgl. Otto March, Die Beziehungen festlicher Kampfspiele zur Kunst, in: Otto March 1845–1912, Reden und Aufsätze, Herausgegeben von Werner March, Verlag Ernst Wasmuth, Tübingen 1972, S. 87 ff.
28 Berliner Tageblatt, 9.6.1913.
29 Vossische Zeitung, 9.6.1913.

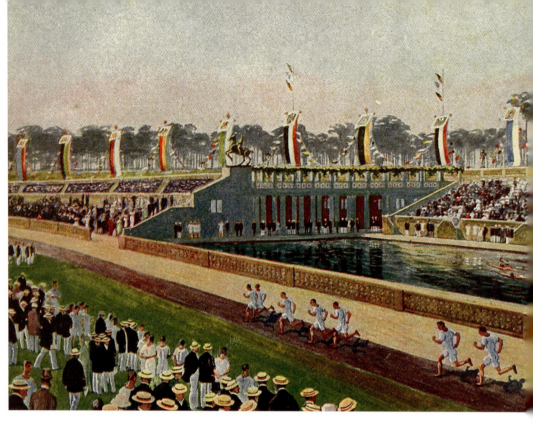

Multifunktionsarena: Läufer und Schwimmer parallel im Wettkampf. Ganz rechts: Fahne der »Stadion-Weihe«. Unten: Wilhelm II. beglückwünscht die Sieger auf der Brücke zur Hauptloge.

Multifunctional arena: Runners and swimmers in parallel competition. Far right: ›Stadium Inauguration‹ flag. Below: Wilhelm II. congratulates the winners on the bridge leading to the Imperial Box.

Hindernislauf eine vier Meter hohe Eskaladierwand zu überwinden hatten. Zackig auch die Massenübungen der Turnerinnen und Turner; selbst die Läufer rannten im militärischen Gleichschritt. Während sich die Radsportler über 4000 Meter abstrampelten, die Leichtathleten einen Staffellauf absolvierten, die Wasserspringer vom Turm stürzten und die Ringer griechisch-römisch balgten, ließen sich der Kaiser und sein Gefolge ein Frühstück servieren. Nebenbei wurde eine IOC-Deputation mit Präsident Coubertin an der Spitze empfangen, was kaum eine Notiz wert war.

Als die Vorführungen beendet waren, brauste Wilhelm II. im Automobil nach Grünau zur Jubiläums-Ruderregatta, für die sein Großvater 30 Jahre vorher einen Wanderpreis gestiftet hatte. Beim Abgang ließ er sich noch einige Sieger der Stadionwettkämpfe vorstellen und verteilte auf die Schnelle eine Anzahl Orden, von denen der letzte und niedrigste an die Brust des Poliers Franz Wurster geheftet wurde – stellvertretend für jene, die hier im Akkord geschuftet hatten. Nach der Abfahrt des Hofes leerte sich das Stadion zusehends, während sich das Rennbahnrestaurant füllte. Es blieben nur noch 6000 Zuschauer zum Finale um den Kronprinzenpokal zwischen den Mannschaften des Verbandes Brandenburgischer Ballspiel-Vereine und dem Westdeutschen Spiel-Verband, das von den Gästen 5:3 gewonnen wurde. Es war die »Abseitsfrage«, die noch auf dem Heimweg bei vielen für heiße Debatten sorgte.

Wie trunken schwelgten die meisten Blätter am nächsten Tag im Nationalismus; kritische Stimmen wie die des Schriftstellers Ulrich Rauscher waren die Ausnahme. In der »Frankfurter Zeitung«, damals das Flagschiff einer liberal-bürgerlichen Opposition, bezeichnete er die »Stadion-Weihe« als »antiquierte, wenn auch aufs Sportliche abzielende Vereinsmeierei« und »Militärschau«. Wo andere urdeutsche Manneskraft gesehen hatten, entdeckte er die viel besungene »starke und gesunde Jugend« nur in einzelnen Exemplaren. »Kein Jüngling fast, der gehen (nicht marschieren) konnte, von den Jungfrauen ganz zu schweigen. Überall das Bestreben zur Strammheit, besonders bei dem massenhaften Jungdeutschland das Bekenntnis zum Drill, als ob das nicht gerade dem wahren Sinn solcher Stadions widerspräche. Wenn sich freie Kräfte im Wettspiel regen sollen, muss der Unteroffizier das Feld räumen. Der Miniatur-Militarismus all dieser Knaben-Organisationen mag für diese Kaiserhuldigung am Platze gewesen sein, weil er eben seiner Natur oder Unnatur nach nicht ohne einen kleinen ›obersten Kriegsherrn‹ zu denken ist. Aber so seltsam das im wilhelminischen Berlin klingen mag, auf dem Rasen olympischer Spiele wirkt er peinlich, schematisch, kommissig!«[30]

Auch das Stadion beeindruckte Rauscher, der im Revolutionsnovember 1918 einer der engsten Mitarbeiter von Reichskanzler Friedrich Ebert wurde, nur wenig. Da es in die Erde versenkt war, vermisste er dessen monumentale Wirkung. Dafür waren ihm die Athletenfiguren zu klein geraten, die Siegessäule zu dürftig. Das Ganze fand er so »überwältigend« wie den Eisenbeton als Material: »Das Detail ist flüchtig oder (in jedem Sinne) billig.«

Erstmals Sportabzeichen und Jugendspielfest

»Bisher forderten wir das Stadion, jetzt fordert das Stadion uns!« Diem – vordem Redakteur im August Scherl Verlag und nun Generalsekretär für die VI. Olympiade – schrieb den Satz in einer »Stadion-Broschüre«, der er den Untertitel »Eine Denkschrift für das deutsche Volk« gegeben hatte.[31] Außerdem hatte Podbielski noch einen weiteren Generalsekretär namens Kurd Roessler angestellt, der am 8. Juni gemeinsam mit Walter von Reichenau die Sportlerparade kommandiert hatte und der nun offiziell für den Reichsausschuss zuständig sein sollte, tatsächlich aber um Diem zu kontrollieren. In sportlichen Fragen war der junge Oberleutnant, der frisch von der Kriegsakademie gekommen war und für den es im preußischen Generalstab keine Verwendung gegeben hatte, vollkommen unbeleckt. Doch

das war Podbielski völlig egal, da er mit dessen Vater geschäftlich liiert war. »Er und ich bildeten das Team zweiter Klasse«, schrieb der aus einfachen Verhältnissen stammende Diem in seinen Erinnerungen.[32]

Zu Roesslers Aufgabenbereichen zählte auch das Stadion. Wer es nutzen wollte, dem waren enge Grenzen gesetzt. So hatte der Union-Klub dem DRAfOS zwar die Verwaltung überlassen, doch die Zügel gab er nicht aus der Hand. Der Vorsitzende und sein Stellvertreter galten erst als gewählt, wenn der Präsident des Rennvereins zugestimmt hatte.

In der »Abmachung betreffend des Stadions« beanspruchten die Herrenreiter sämtliche Gelder für sich; im Gegenzug wurden dem Reichsausschuss für die folgenden vier Jahre jeweils 25 000 Mark für den laufenden Betrieb bewilligt. Die zwei Millionen, die das Bauwerk verschlungen hatte, waren jährlich mit 110 000 Mark zu verzinsen. Zwei Drittel der Reineinnahmen, die über der Zinssumme lagen, mussten abgeführt werden.[33]

Selbst nach der vollständigen Amortisation der Arena verlangten die Rennvereine noch 50 Prozent der Reineinnahmen. Bauliche Veränderungen konnten nur mit ihrer Zustimmung vorgenommen werden.

Auch bei der Festsetzung der Veranstaltungen, die in der Regel sonntags stattfanden, da an einen arbeitsfreien Sonnabend noch nicht zu denken war, hatte der Pferdesport Vorrang. So waren bis zum Saisonende Mitte Oktober 1913 elf Sonntage für den Rennbetrieb reserviert, so dass der Reichsausschuss und die ihm angeschlossenen Sportverbände das Stadion lediglich an den anderen acht Sonntagen nutzen konnten. Eine der Veranstaltungen war das Erste Berliner Jugendspielfest mit 3762 Teilnehmern, das erstmals die schulentlassene Berliner Jugend vereinigte und 16 000 Besucher anlockte. Am Rande wurde zum ersten Mal das vom Reichsausschuss geschaffene Sportabzeichen verliehen – viermal in Gold und 18-mal in Bronze. Die »Vossische Zeitung« beobachtete bei der Gelegenheit, dass Podbielski ein längeres Gespräch mit Gebhardt führte, der – so das Blatt – als Erster »die Notwendigkeit der Schaffung eines deutschen Stadions ausgesprochen hatte«.[34]

Trotz der eingeschränkten Nutzungsmöglichkeiten hing der DRAfOS-Vorstand der Illusion nach, dass sich das Stadion nach 20 Jahren durch Eintrittsgelder amortisieren würde. Aus diesem Grund setzte man die Preise ungewöhnlich hoch an. So kostete eine Loge mit vier Plätzen pro Jahr 100 Mark, wobei keine Ausnahmen gemacht wurden. Bei der Eröffnung mussten selbst die Mitglieder des Reichsausschusses ihre Tickets bezahlen, lediglich der Kaiser und sein Gefolge bekamen freien Eintritt. Später senkte man die Preise, die dann zwischen einer und zehn Mark lagen.

Seit dem 16. Juli 1913 stand das Stadion auch »zu Übungszwecken« zur Verfügung, denn die Befürworter des Stadionbaus sorgten sich um die »degenerierenden« Auswirkungen der entstehenden Industriegesellschaft. »Es ist bekannt, dass das unaufhaltsame Wachsen der deutschen Städte als Kehrseite eine Erschlaffung der Jugend aufweist«, schrieb Dr. Martin, nach dessen Worten das Stadion als »großer nationaler Kampfplatz« gegen die drohenden Gefahren der »Verweichlichung« dienen sollte, »wo alles zusammenströmt, was die Pflege körperlicher Kraft und Gewandtheit auf seine Fahne geschrieben hat«.[35] Davon waren allerdings die Arbeiterturn- und Sportvereine, die zu Hunderten von der Polizei zu politischen Vereinen erklärt worden waren, ebenso ausgeschlossen wie »der berufsmäßige Sport«. Wettbewerbe um Geldpreise, Wetten und Werbung

---

30 Frankfurter Zeitung, 10.6.1913.
31 Das Deutsche Stadion, S. 6.
32 Carl Diem, Ein Leben für den Sport, A. Henn Verlag, Ratingen/Kastellann/Düsseldorf, o. J. S. 85.
33 CuLDA, Mappe 657.
34 Vossische Zeitung, 8.9.1913.
35 Berliner Tageblatt, 8.6.1913.

1909–1918

Waldlaufmeisterschaften über die Stadiontreppen am Haupteingang. Unten: Erster »Sportlehrerkurs« durch den Amerikaner Alvin Kraenzlein.

Cross-country championships across the stadium step. Below: First Sports teachers' course conducted by the American Alvin Kraenzlein.

sollten grundsätzlich aus dem Stadion verbannt bleiben. Wer dagegen einem Sportverband angehörte, der dem DRAfOS angeschlossen war, konnte an den Wochentagen täglich zwischen 17 und 21 Uhr trainieren. Dazu musste er eine Übungskarte lösen, die 1914 zehn Mark kostete. Benutzer einer Umkleidekabine hatten 50 Mark zu zahlen; ein einmaliges Training war für 50 Pfennig zu haben. Ansonsten herrschte Prüderie: Die Geschlechter übten fein getrennt, davon an zwei Tagen pro Woche die Frauen, die allerdings nur für wenige Sportarten zugelassen waren – in der Regel für Schwimmen, Turnen und Tennis.

Im Konzept von 1907 hatte Gebhardt dem Stadion die Rolle einer »Zentralstelle« zugedacht, die sowohl das geistige Zentrum des deutschen Sports zur Ausarbeitung und Überwachung einheitlicher Regeln als auch der wichtigste Ort sein sollte, um die Athleten auf die nächsten Olympischen Spiele vorzubereiten. Dafür gab Diem nun die großsprecherische Losung aus: »1916 müssen wir siegen, und zwar auf der ganzen Linie!«[36] Drei Jahre vorher war man von diesem Anspruch recht weit entfernt, denn 1912 in Stockholm hatten sich die Deutschen wiederum nur als zweitklassig erwiesen. Um die Ursachen der amerikanischen Überlegenheit zu erforschen, schickte der Reichsausschuss Diem auf eine Studienreise in die USA, die vom 20. August bis 23. September 1913 dauerte. Begleitet wurde er dabei von dem an die Kriegsakademie abkommandierten Oberleutnant von Reichenau, dem als Olympia-Pressechef vorgesehenen Dr. Martin Berner und dem Münchner Wurfathleten Josef Waitzer. Diem verpflichtete bei der Gelegenheit den vierfachen Leichtathletik-Olympioniken von 1900 und bisherigen Coach der Universität von Michigan, Alvin C. Kraenzlein, den der nordamerikanische Langstreckenläufer Dr. George Orton dem Kaiser in einem persönlichen Brief als Olympiatrainer empfohlen hatte.[37]

Schon am 1. Oktober 1913 trat Kraenzlein, dessen Eltern aus Würzburg stammten und der fließend Deutsch sprach, seinen Dienst an, für ein für damalige Verhältnisse fürstliches Jahresgehalt von 18 000 Mark. Seine erste Aufgabe bestand darin, im Stadion »Sportlehrer« auszubilden – eine Berufsbezeichnung, die sich Diem ausgedacht hatte, um den fremdländischen »Trainer« zu umgehen, und die sich rasch durchsetzte. Die ersten vier Schüler waren der spätere Reichstrainer Josef Waitzer, der Olympiaturner von 1904 Christian Busch, der Ex-Diskuswerfer und Redakteur Wilhelm Dörr sowie Speerwurfrekordler Alex Abraham. Später sollte Kraenzlein seine Erfahrungen auch im ganzen Reich bekannt machen. Allein für 1914 waren zwölf »Sportlehrer-Kurse« geplant. Um die deutschen Teilnehmer für 1916 zu finden, hatte der Reichsausschuss einheitliche »Olympia-Prüfungswettkämpfe« in der Leichtathletik, im Schwimmen und im Radsport ausgeschrieben und dafür 60 000 Medaillen mit dem Bildnis des Kaisers gestiftet. Die besten Talente wollte der DRAfOS »im Deutschen Stadion zusammenziehen und sie dort unter Aufsicht der von ihm verpflichteten erstklassigen Sportler in bester Weise ausbilden« lassen.[38] Um sie medizinisch zu betreuen und »Messungen« vorzunehmen, wurde eigens Arthur Mallwitz als »Stadionarzt« angestellt. Mitte 1913 ordnete das

»Olympische Spiele 1914« – »Witzpostkarte«, um Kriegsbegeisterung zu schüren.

›Olympic Games 1914‹ – ›Joke postcard‹ to whip up enthusiasm for the war.

Preußische Kriegsministerium die Teilnahme aller Regimenter an den »Olympia-Prüfungswettkämpfen« an. Nach diesem Beispiel sollten anschließend auch die Studenten und Schüler einbezogen werden. Der öffentliche Dienst war angehalten, seine Angestellten für Olympiakurse zu beurlauben; Privatunternehmen stellte man als Ausgleich Zuschüsse in Aussicht.

Das Schicksalsjahr 1914 begann im Stadion bereits am 22. Februar. Anlass war der bevorstehende 70. Geburtstag des DRAfOS-Präsidenten, zu dessen Ehren eine »Podbielski-Feier« veranstaltet wurde, die mit dem Endspiel um den Kronprinzenpokal zwischen dem Norddeutschen und dem Mitteldeutschen Fußballverband begann. In der Halbzeitpause marschierten Abordnungen der Turn- und Sportverbände mit ihren Bannern, militärische Einheiten und eine Gruppe des Jungdeutschlandbundes in die Ostkurve, wo der Architekt auf dem äußersten Rand beziehungsvoll eine Eiche stehen gelassen hatte. Deren mächtige Wurzeln waren von einem Sockel ummauert, der mit einem grünen Tuch bespannt war. Dahinter verbarg sich eine vom Union-Klub bei Professor Schmarje in Auftrag gegebene Bronzetafel mit Podbielskis Bildnis, der als »Förderer des deutschen Sports« gewürdigt wurde. Während der Enthüllung hielt Vizepräsident Oertzen die Festansprache. Damit war die »Podbielski-Eiche« mit dem davorliegenden »Podbielski-Platz« in die Welt gesetzt, worüber dem Kaiser telegrafisch Meldung gemacht wurde.

Jähes Ende des Olympiatraumes

Anfang 1914 ging es mit den Olympia-Vorbereitungen zügig voran. Diem warb mit Erfolg bei der Generalanzeiger-Presse. Er veröffentlichte Denkschrift auf Denkschrift und verlangte – eine der Hauptforderungen seines amerikanischen Reiseberichts – die Einführung einer gesetzlichen Pflicht zum Bau von Spielplätzen in den Kommunen.[39]

In mehreren Städten fanden Wettkämpfe statt, die von den Organisatoren großspurig als »Olympische Spiele« bezeichnet wurden.

Nachdem der preußische Staat 100 000 und Berlin 63 000 Mark zugesagt hatten, bewilligte der Reichstag am 14. Februar 1914 gegen die Stimmen von SPD und Teilen des Zentrums weitere 200 000 Mark, so dass die Kasse des Reichsausschusses gut gefüllt war. Die Zahl der privaten Förderer wuchs auf 456.[40] Neuerdings befand sich auch das Haus Krupp von Bohlen und Halbach im Boot, nachdem der Junior-Chef dem »Klub« mit der stattlichen Summe von 25 000 Mark beigetreten war.

Nach dem Frühjahrs-Waldlauf der Berliner Athletik-Vereine, mit Start und Ziel im Stadion, ergriffen auch die Radsportler von der Zementbahn Besitz. Sie hatten sie bereits im letzten August bei den Weltmeisterschaften kennengelernt. Am 10. Mai füllte das Fußballstädtespiel Berlin gegen Paris die Tribünen, und Anfang Juni veranstaltete das Heer, in dessen Offizierskorps der Sport inzwischen festen Fuß gefasst hatte, Armee-Wettkämpfe.

Kurz darauf tagte in Paris der VI. Olympische Kongress, der das vorläufige Programm für 1916 mit einigen Veränderungen bestätigte. Wie schon in London und Stockholm sollten die Spiele in drei Abschnitte unterteilt sein – in eine Spielwoche (28. Mai bis 4. Juni), eine Stadion-Woche (1. bis 10. Juli) und eine Ruder- und Segelwoche (12. bis 21. August). Als Auftakt auf dem Weg dorthin galten die »Olympia-Vorspiele« am 27. und 28. Juni 1914, die vom Reichsausschuss als erste Qualifikationswettkämpfe angesehen wurden. Das Neue daran: Erstmals traten Sportler und Turner gemeinsam auf, wie das auch bei den für 1915 ausgeschriebenen Deutschen Kampfspielen geplant war, die als Überleitung zu den Olympischen Spielen gedacht waren.

Am zweiten Tag der »Vorspiele« – einem Sonntagnachmittag – brach kurz vor Abschluss der Veranstaltung plötzlich die Marschmusik ab, und die schwarzweißrote Fahne sank auf Halbmast. Wie ein Lauffeuer verbreitete sich die Nachricht, dass am Vormittag gegen 11.30 Uhr im fernen Sarajevo ein 19-jähriger bosnischer Nationalist namens Gavrilo Princip das österreichisch-ungarische Thronfolgerpaar erschossen hatte. »Das gibt Krieg!«, erklärte der in solchen Fragen erfahrene Podbielski kryptisch.[41]

Während in Diplomaten- und

---

36 Carl Diem, in: Fußball und Leichtathletik, 1913, Heft 28, S. 465 ff.

37 Barch R 901/37985, Dr. George Orton an Wilhelm II., 23.9.1912.

38 Denkschrift zur Vorbereitung der VI. Olympiade 1916, herausgegeben vom Generalsekretariat, Berlin, o.J. (1914).

39 Generalsekretariat für die VI. Olympiade, Amerikas Sport und wir, Vortrag von Carl Diem, o. J. (1913).

40 Ebenda, Tätigkeitsbericht für 1913–14, S. 24.

41 Diem, Leben, S. 93.

Fahnenabordnungen anlässlich der Einweihung der »Podbielski-Eiche« am 22. Februar 1914.

Flag-lowering at the dedication of the ›Podbielski Oak‹ on 22 Februar 1914.

Generalstabskreisen längst hektische Betriebsamkeit ausgebrochen war, ging im Stadion das Geschehen erst einmal planmäßig weiter. Auf ausdrücklichen Wunsch von Mrs. Gerard, der Gattin des amerikanischen Botschafters, wurde am 18. Juli erstmals ein Baseballspiel ausgetragen, in dem sich die »Giants« – Angehörige der US-Kolonie in Deutschland – den »Athletics«, einem Team der Anglo-American Medical Association, gegenübersahen. Noch am selben Tag beendete Kraenzlein seine Trainertätigkeit und reiste »aus persönlichen Gründen« in die Staaten zurück. Zwei Wochen später ließ Wilhelm II. die Mobilmachung verkünden. Der Erste Weltkrieg hatte begonnen. Obwohl Diem nach seinen eigenen Bekundungen die jubelnde Begeisterung seiner Freunde und Mitstreiter nicht teilen konnte, war er unter den Ersten, die sich als Kriegsfreiwillige meldeten. Der Einberufung zur Landwehr entging er durch seine Beziehungen zu dem im Kriegsministerium für Sport zuständigen Major Walter Kortegan, dem man das Kommando über ein Bataillon der »Elisabether« übertragen hatte. Bald darauf durchquerte Diem im Eiltempo Belgien, um nach dem Überschreiten der Maas seine Feuertaufe zu erleben. Kaum aufgebrochen, stoppte ein Querschläger in die rechte Brust seinen Marsch auf Paris. Wie die meisten glaubte auch Diem, dass der Krieg nicht lange dauern und die Olympischen Spiele von 1916, von denen es gerüchteweise hieß, dass die Amerikaner danach trachteten, sie verlegen zu lassen, planmäßig stattfinden würden. Von der Front aus setzte er die Vorbereitungsarbeiten fort, was für den Bonner Turnpädagogen Ferdinand August Schmidt, der stets einer der erbittertsten Olympiagegner gewesen war, eine Blasphemie darstellte. Die Vorstellung, »dass wir die Herren Sportmänner aus England, dass wir Belgier, Franzosen, Russen und wie alle die liebenswerten Freunde heißen, in zwei Jahren schon wieder freundlich zum ›sportlichen Wettbewerb‹ in Berlin empfangen sollen – das ist ein Gedanke, der einem höchstens die Schamröte ins Gesicht steigen macht«.⁴² Schmidts Postulat: »Fort mit dem internationalen Olympia!« und »Fort mit allem, was welsch ist!«
Wenn Diem im Urlaub nach Berlin kam, suchte er sein verwaistes Büro auf. Am 1. Oktober 1914 hatte Podbielski das Generalsekretariat auflösen und den »Stadion-Kalender«, mit dem der DRAfOS seit 1913 die Vereine informierte, einstellen lassen. Der Reichsausschuss beschäftigte nur noch drei Angestellte: neben einem Rechnungsrat und einer Sekretärin auch den Stadionverwalter Hermann Berndt, für den es kaum noch etwas zu tun gab. Mit Kriegsbeginn hatte man die Arena geschlossen, um in ihren Bauten wie schon in den umliegenden Rennbahntribünen ein Lazarett unterzubringen. Im nahen Ruhleben wurde ein Lager errichtet, in dem man Hunderte britische Zivilisten internierte. Trotz immer größeren Materialeinsatzes waren die Fronten ein Jahr später im Stellungskrieg erstarrt. Da ein Ende nicht in Sicht war, begannen die Daheimgebliebenen, sich unter den neuen Bedingungen einzurichten. Das sportliche Leben erwachte wieder. Am 8. August 1915 öffnete man das Stadion erstmals, damit der Deutsche Radfahrer-Bund »Kriegswettkämpfe« und der Deutsche Schwimmverband ein Kreisfest veranstalten konnten. Endgültig lockerte sich das Verbot, als der Wettkampfausschuss des DRAfOS am 10. Februar 1916 erstmals seit Kriegsbeginn zusammentrat und in Erinnerung an seinen im Januar überraschend gestorbenen Präsidenten »Podbielski-Erinnerungsspiele« beschloss, die jährlich ausgetragen werden sollten. An einen Nachfolger wurde vorerst nicht gedacht – Oertzen wollte das Amt nur kommissarisch ausüben. Die »Podbielski-Erinnerungsspiele« fanden am 25. Juni 1916 mit 2000 Teilnehmern statt, von denen viele kurzzeitig von ihrem Fronteinsatz beurlaubt worden waren. Als eine der Attraktionen wurde ein »Kopfsprung in feldmarschmäßiger Ausrüstung« vom 10-Meter-Turm durch den Frankfurter Fritz Nicolai angekündigt, was 10 000 Zuschauer anlockte. Auch sonst war der Charakter der Wettkämpfe den Kriegszeiten angepasst: Neben dem Diskuswerfen stand der Handgranatenwurf ebenso auf dem Programm wie eine Kriegslagenstaffel im Schwimmen oder der Sturmlauf auf der 75 Meter langen Hindernisbahn, auf der mit dem MG 100 und mit dem Infanteriegewehr 50 Schuss abzugeben und außerdem 15 Handgranaten zu werfen waren.
Was nur eine Ausnahme sein sollte, wurde zur Regel. Schon am 18. Juni 1916 hatte das Stadion den Schauplatz für ein »Vaterländisches Festspiel« abgegeben, dessen Einnahmen der »Kriegshilfe« der Berliner Kommandantur zugutekommen sollten. Es wurde das erste große Volksfest seit Kriegsbeginn, zu dem der Wiener Publizist Stefan

»Vaterländisches Festspiel« am 18. Juni 1916 mit Wagners »Meistersingern«.

›Patriotic Festival‹ on 18 June 1916 with Wagners ›Meistersinger‹.

Großmann an einem heißen Sonntagabend gemeinsam mit 27 000 Mitbürgern die Heerstraße entlang marschierte, da die Verkehrsgesellschaften den Betrieb eingestellt hatten. »Meine unpolitische Nachbarin flüsterte: ›Wenn jetzt ein Flieger 30 000 Flugblätter herunterwürfe, auf denen in Riesenlettern stünde: Soeben Frieden geschlossen! ...‹ Ich nannte meine Nachbarin in aller Freundschaft ›Schafskopf‹ und ertappte mich fünf Minuten später dabei, dass ich mit meinem Feldstecher den sommerblauen Himmel absuchte ... «, schrieb er tags darauf in der »Vossischen Zeitung«.[43] Wenigstens für einige Stunden fühlten sich die festlich gekleideten Menschen wie im Frieden. In der Mitte der Betonschüssel hatte ein übergroßes Orchester Platz genommen – die Herren von der Königlichen Oper, verstärkt durch 300 Militärmusiker. Jede Menge Blech also, Dirigent Leo Blech nicht mitgerechnet. Dazu eine Tribüne für Richard Wagners »Meistersinger«. Kammersänger Michael Bohnen gab den Hans Sachs, Waldemar Garbe den Lehrbuben David; die Jungfrauen von Fürth setzten in einem Kahn über das Schwimmbecken, das man sich als das Flüsschen Pegnitz vorstellen sollte. Und endlich hörten die Massen den Tenor von Hermann Jadlowker. – Der Versuch war gelungen. Die Stimmen hatten über das Stadion gesiegt. Während die Oper das Feld räumte, jagte ein Schwadron eisengeschirrter Ritter auf die Wiese, wo »Wallensteins Lager« errichtet worden war. Die Kavallerie machte den größten Eindruck. Fürwahr, einen solchen Schiller hatte man noch nie gesehen. Ansonsten aber verlor sich das Auge in der verschwenderischen Fülle der Regiedetails, mit denen Victor Barnowsky das Bühnenbild überhäuft hatte. Für die Besucher war es nicht einfach, in dem bunten Gewimmel der Soldateska, Marktweiber und Gassenjungen stets jene Person ausfindig zu machen, die lauter als alle anderen sprach. Mal entdeckten sie Wilhelm Diegelmann, der einen Wachtmeister abgab, mal Paula Eberty als Gustel von Blasewitz, die bald wieder verloren ging. Der »Kapuzinermönch« Hermann Vallentin beherrschte mit seiner Trompetenstimme aber auch ein solches Auditorium. Ob dieser Abend das deutsche Theater vorangebracht hatte, wie im Programmheft ein anonymer Schwärmer verkündete, bezweifelte allerdings der Kritikus. »Schiller und Buffalo vertragen sich noch nicht«, schrieb Großmann, der im Übrigen fand, dass so ein Stadion seine Vorzüge besitze: »Die Luft ist besser als in den Theaterräumen! Die Siebenundzwanzigtausend kamen mit (mindestens auf der einen Seite) gebräunten Gesichtern heim. Der Anblick der vollbesetzten Arena war herrlich, und die Darsteller haben das Schauspiel, das wir Zuschauer ihnen boten, hoffentlich voll genossen.«[44]
In den nächsten Monaten wechselten sich die Kriegsmeisterschaften der Sportverbände mit den militärischen Wettkämpfen des Garde-Korps ab. Den Vorführungen der Kriegshundeschule folgten die Vaterländischen Kampfspiele, mit denen der 1908 gegründete Hauptausschuss für Leibesübungen und Jugendpflege den Nachwuchs für die Vaterlandsverteidigung motivieren wollte. Je schlechter die Zeiten, desto größer der Kult: 1918 widmete der Reichsausschuss sein bisheriges Sommersportfest dem Generalfeldmarschall von Hindenburg, auf dem – seit 1916 Chef der Obersten Heeresleitung – nun alle Hoffnungen auf einen glücklichen Sieg ruhten. Was man im Stadion zu sehen bekam, war indes nur eine wehmütige Reminiszenz an die ausgefallenen Olympischen Spiele von 1916, die nie offiziell abgesagt wurden. Dass sich der DRAfOS auch von der Olympischen Idee verabschiedet hatte, zeigte der Beschluss der Hauptversammlung vom 25. Januar 1917, mit dem man den Namen in Deutscher Reichsausschuss für Leibesübungen (DRA) veränderte. Während IOC-Mitglied Francken-Sierstorpff dem nur einen schwachen Widerstand entgegensetzte, protestierte Gebhardt als Einziger in mehreren Briefen heftig gegen den Abbruch aller Brücken. Diem, seit Roesslers »Heldentod« auch Generalsekretär des Reichsausschusses und seit dem 1. Januar 1917 mit einem üppigen Zwölf-Jahres-Vertrag ausgestattet, konterte mit der Erklärung, dass »der Gedanke an internationale Spiele ... für Deutschland tot« sei.[45] Der Krieg hätte »die Fortsetzung der alten Internationalen Olympischen Spiele auf Menschenalter hin unmöglich gemacht«.[46] Allein der Antrag auf »Verdeutschung« des Namens Stadions wurde abgelehnt.

---

42 Körper und Geist, Nr. 23, 1914/15, S. 147.
43 Vossische Zeitung, 19.6.1916.
44 Ebenda.
45 Barch R 901/1712, Schreiben Dr. Gebhardt an die Presseabteilung des Auswärtigen Amtes, 15.7.1920.
46 Stadion-Kalender, Nr. 1, 20.1.1917, S. 18. Der Stadion-Kalender erschien ab Anfang 1917 wieder.

Das Olympische Tor.
Oben: Blick auf Berlin vom Preußenturm. Rechts: äußerer Umgang mit historischen Fackelleuchten.

The Olympic Gate.
Above: view of Berlin from the Prussian Tower. Right: outer walkway with historic torch lanterns.

»Aus der Tiefe des Raumes...« Rechts: Blick auf die Haupttribüne mit der Ehrenloge und den Pressetribünen.

›From the depths of the arena...‹ Right: view of the main stand with the VIP box and the press stands.

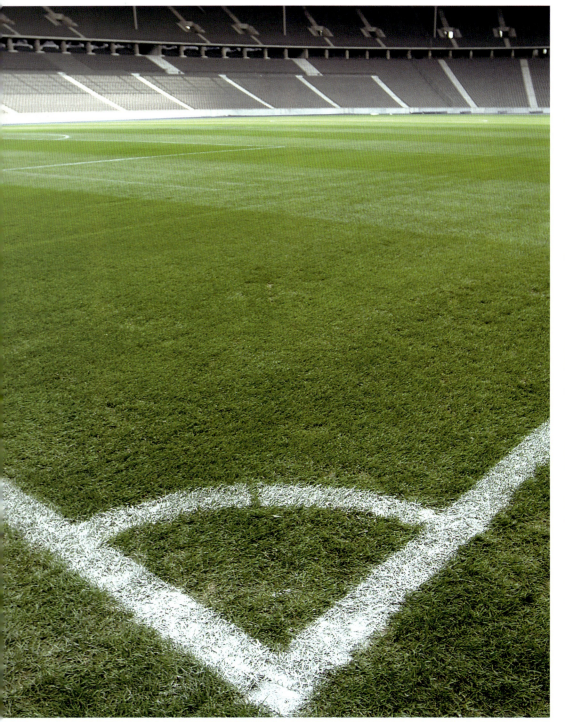

Alles im Blick: die Sicherheitszentrale (rechts). Daneben: Bei Gefahr können automatisch Rettungsbrücken über den Reportergraben ausgefahren werden.

Everything in sight: the security centre (right). Adjacent: In an emergency, rescue ladders can be automatically be taken out above the reporters' dugout.

Die stufenförmig angelegte Ehrentribüne, hinter der sich ein umfangreicher VIP-Bereich anschließt.

The stepped VIP stand, behind which there is an extensive area for the stand's occupants.

Eine historische Hypothek: die Ehrentribüne, deren »Führerloge« nach dem Zweiten Weltkrieg abgerissen wurde. Links: die sogenannte »Führertreppe«.

Burden of history: the VIP stand – the section known as the ›Führer's Box‹ was demolished after the Second World War. Left: the so-called ›Führer's Staircase‹.

Die Skyboxen, die in den ehemaligen Reporterkabinen errichtet wurden (unten).

The ›Skyboxes‹ which were erected in the former reporters' booths (below).

Das Atrium mit seinen vier Ebenen, auf denen sich großzügige Räumlichkeiten befinden, die für Tagungen, Präsentationen und Festlichkeiten genutzt werden.

The Atrium with its four levels, on which there is generous accommodation for meetings, presentations and festivities.

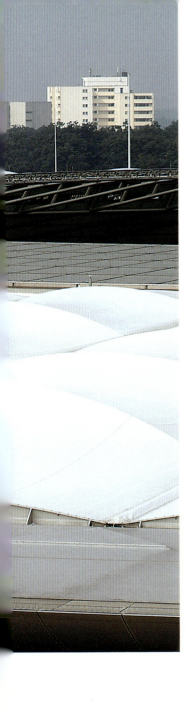

Über den Dächern von Berlin: Wie eine Schneelandschaft legt sich die obere Membran über das Tragwerk. Links: Die untere Membran, die für Wartungsarbeiten begehbar ist.

Above the roofs of Berlin: Like a snowy landscape, the upper membrane covers the framework. Left: The lower membrane which is accessible for maintenance.

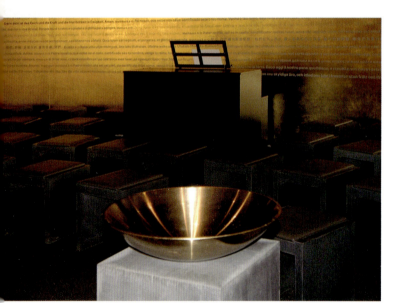

Wer nach oben will, muss erst einmal die Treppe hinab (rechts). Darunter: Spielerkabine und Entspannungsbad.
Links: Kapelle unter der Ehrentribüne.
Unten: der Hertha-Shop.

If you want to go up on top, you first have to go down the stair (right). Below: players' changing-room and relaxation bath.
Left: chapel under the VIP stand.
Below: the Hertha football shop.

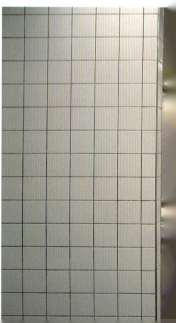

Das Marathontor mit der olympischen Flammenschale, die aus dem darunterliegenden Raum mit Propangas gespeist wird. Rechts: Porträtreliefs und Ehrentafel am Südturm.

The Marathon Gate with the cauldron for the Olympic flame, which is fed with propane gas from the room beneath. Right: Portrait reliefs and Roll of Honour at the South Tower.

Das Marathontor verbindet das Stadion mit dem Maifeld. Links oben: »Rosseführer« von Josef Wackerle.

The Marathon Gate links the Stadium to the Maifeld. Top left: ›Rosseführer‹ by Josef Wackerle.

Ein »Stadion ohne Ruh« im Grunewald

Das Deutsche Stadion hatte die Kriegsjahre ohne Schaden überstanden, lediglich das Kupferdach der Kaiserloge, in der der nach Holland geflohene Wilhelm II. niemals wieder Platz nahm, war der »allgemeinen Metallsammlung« zum Opfer gefallen. Unvergleichlich größer war der Verlust an Menschen: Unter den zehn Millionen Gefallenen waren auch viele Athleten, für die der Name des Münchner Läufers Hanns Braun stand, der noch kurz vor Kriegsende als Flieger in Flandern umgekommen war. Der Krieg hatte die Arbeit eines Jahrzehnts zunichte gemacht und die ökonomischen Grundlagen des Reichsausschusses zerstört.

Ebenso hatten die Herrenreiter an Einfluss verloren, denn die vier Kriegsjahre kosteten auch Massen an Pferden das Leben. Die Zucht lag am Boden, viele Güter waren ruiniert. Wie sehr sich das Ansehen des Union-Klubs verringert hatte, zeigte sich erstmals 1918, als es plötzlich möglich wurde, auf der Grunewaldbahn Pferderennen und gleichzeitig im Stadion Radsportwettkämpfe auszutragen, ohne dass sich die Besucher gegenseitig gestört hätten. Nur die bürgerliche Presse klagte: »Die Zeiten haben sich geändert. Auch die Menschen. Die Noblesse regiert nicht mehr.«[1] Bei der ersten Hauptausschusssitzung nach dem Kriege hatte Ulrich von Oertzen als letzter Vertreter des Union-Klubs den Reichsausschuss verlassen. Neuer Präsident wurde Theodor Lewald, den man 1917 zum Unterstaatssekretär im Reichsamt des Inneren berufen hatte. Da es keinen Kaiser mehr gab, hatte er nun wie Diem sein Herz für die Republik entdeckt. Dass sie ansonsten die Alten geblieben waren, zeigte sich im Juli 1919, als sie das Stadion dem Freikorps Hülsen öffneten, das in Berlin die März-Unruhen blutig niedergeschlagen hatte. Nur der große Verkehrsarbeiterstreik verhinderte das Sportfest, das der Selbstdarstellung des Freikorps dienen sollte.

Nachdem die Militärdienstpflicht entfallen war, begann die Bedeutung des Sports zu wachsen. Zu diesem Trend hatte auch das Anwachsen der Arbeitersportbewegung beigetragen, da sich der bürgerliche Sport, der sich unpolitisch gab, nach den gescheiterten Ausgrenzungsversuchen notgedrungen arrangieren musste. Man lockerte die Bestimmungen für die Jugendlichen, von denen vor dem Krieg nach der Schulentlassung nur zwei Prozent noch Sport getrieben hatten. Auch den Frauen, denen man während Krieges schon die Benutzung des Stadions ohne Einschränkungen gestattet hatte, mussten größere Rechte zugestanden werden. Ein erstes Anzeichen dafür war das »1. Damenturn- und Sportfest«, das der DRA Ende Mai 1919 im Grunewald veranstaltete. Große Bedeutung erhielt auch die Spielplatzfrage, in deren Lösung Diem den eigentlichen Hebel für die zukünftige Entwicklung sah. Neben der »Erholung

nach werktätigem Schaffen« wurde die Notwendigkeit eines Spielplatzgesetzes mit einem Ausgleich »für den Fortfall unserer Heereseinrichtungen, wie sie vor dem Kriege bestanden«, begründet. Für Drill und Körpertüchtigung sollte in Zukunft der Sport sorgen.[2] Mit Ausnahme von Lippe-Detmold kam es zwar in keinem deutschen Land zu der erhofften Gesetzgebung, aber auch ohne diese wurden nun viele der gestellten Forderungen verwirklicht.[3]

Sportlehrer zur Behebung der »Führernot«

Das betraf auch die Sportwissenschaft und -medizin, deren Anfänge in der Dresdner Hygiene-Ausstellung von 1911 zu suchen sind. Auf Initiative von Mallwitz, der dort die Sportabteilung geleitet hatte, wurde ein Jahr danach in Oberhof anlässlich des 1. Sportwissenschaftlichen Kongresses ein Reichskomitee für die wissenschaftliche Erforschung des Sports und der Leibesübungen gegründet. Zu deren Zielen gehörte es auch, im Deutschen Stadion die schon von Gebhardt verlangte Forschungsstelle einzurichten, zu der es aber wegen des Kriegsausbruchs nicht mehr gekommen war. Später machte sich Diem das Projekt zu eigen, doch die 1917 vom Reichsausschuss beschlossene Institution wurde zu seiner Enttäuschung der medizinischen Fakultät der Berliner Universität angeschlossen. Die im Stadion trainierenden Sportler verpflichtete man, »sich der wissenschaftlichen Forschung zur Verfügung zu stellen«.[4] Angesichts leerer Staatskassen favorisierte Diem nach Kriegsende eine »freie Hochschule für Leibesübungen«, deren Sitz im Stadion sein und die dem DRA gehören sollte.[5] Diesmal erreichte er sein Ziel. Am 15. Mai

Speerwurftraining der Sportstudentinnen an der »Podbielski-Eiche«. Darunter: Unterkunft in der Stadiontribüne. Rechts: der Boxsaal. Andere Seite: Lang und schmal – die 1921 eröffnete Deutsche Hochschule für Leibesübungen hinter der Schwimmbahntribüne.

Javelin practice by the female sports students at the ›Podbielski Oak‹. Below: accommodation in the stadium stands. Right: the boxing hall. Overleaf: long and narrow – the German Physical Education College (opened in 1921) behind the swimming pool stand.

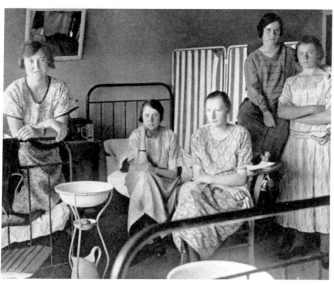

1920 kam es in der Aula der Universität in Anwesenheit von Reichspräsident Friedrich Ebert zur Gründung der Deutschen Hochschule für Leibesübungen (DHfL). Sie galt zwar als private Einrichtung, wurde aber zu einem Drittel vom Reich finanziert. Das zweite Drittel kam vom DRA, während die Differenz durch Studiengebühren und Spenden eingetrieben werden musste.

Für Diem, den man ohne akademische Ausbildung zum Prorektor berufen hatte, war sie ein »Kind der deutschen Not« und insofern notwendig, weil die schweren Menschenverluste des Weltkriegs angeblich eine »Führernot« hervorgebracht hätten.[6]

Eine Lücke, für die er auch den »einseitigen ›Intellektualismus‹« früherer Jahre verantwortlich machte und die durch die Ausbildung »wissenschaftlich geschulter Lehrkräfte für Leibesübungen« gefüllt werden sollte, womit praktisch Kraenzleins »Stadion-Kurse« fortgesetzt wurden.

Die Lehr- und Forschungsarbeit begann in den Räumlichkeiten der Schwimmbahntribüne, wo es aber im folgenden Wintersemester recht ungemütlich zuging, da das Stadion nur für den Sommerbetrieb gedacht und nicht alle Räume beheizbar waren. Schlafgelegenheiten fanden sich in den Kabinen und unter der Haupttribüne. Am Fußende der Betten standen Waschschüsseln, darunter Kannen mit Wasser. Selbst die ehemalige Kaiserloge war in den Lehrbetrieb einbezogen, der im Sommer 1920 mit 70 Studenten und einer Studentin, der 26-jährigen Sportredakteurin Marianne Georgi aus Leipzig, seinen Anfang nahm.

Für den Neubau, der am 26. Mai 1922 eingeweiht wurde und – inflationsbedingt – 5,5 Millionen Mark kostete, stand der schmale Aufmarschraum hinter der Schwimmbahntribüne zur Verfügung, der bis an das Geläuf der Rennbahn heranreichte. Architekt Johannes Seiffert, der auch das Fach »Übungsstättenbau« lehrte, errichtete darauf ein 133,5 Meter langes, aber nur knapp 13 Meter breites zweistöckiges Gebäude, das er zur Hälfte absenkte. Im Westflügel befand sich der Große Hörsaal mit 250 Plätzen, dessen Einrichtung der Reichspräsident gestiftet hatte; davor lagen die sieben Forschungszimmer. Im Mittelteil dominierte die 28 x 13 Meter große und sechs Meter hohe Turnhalle. Daneben lag ein zweiter Übungssaal für Fechten, Ringen und Boxen, und im Ostflügel befanden sich acht Wohnräume für je acht Studenten, der Speisesaal, die Bücherei, ein Laboratorium, das Lehrerzimmer und die Verwaltung.

---

1 Berliner Tageblatt, 30.4.1919.
2 Schröder, Fritz, Das Spielplatzgesetz, in: Jahrbuch der Leibesübungen 1919, Grethlein, Leipzig 1919, S. 26.
3 Diem, Leben, S. 100.
4 Stadion-Kalender, Nr. 5, 1917, S. 66.
5 Aus dem Archiv des D.R.A., 6.9.1919, in: Carl Diem, Jahrbuch der Leibesübungen, Weidmannsche Buchhandlung, Berlin 1929, S. 67 ff.
6 Diem, Die Hochschule für Leibesübungen, Eigenverlag 1924, S. 5.

Brustkorbmessungen durch Carl Diem. Unten: Schwimmwettkämpfe auf der 100-m-Bahn.

Carl Diem engaged in chest measurement. Below: swimming competitions in the 100 m pool.

Auto-, Flugzeug- und römische Wagenrennen

Die Nachkriegsjahre brachten dem Sport einen bisher unbekannten Zulauf, den Sebastian Haffner im Rückblick als »Sportfimmel« bezeichnete, dem er auch selbst erlag. Die neuen Heroen waren Boxer wie Hans Breitensträter, Läufer wie Dr. Otto Peltzer oder Schwimmer wie Erich Rademacher. Während sie der Republik außerhalb zu Ansehen verhalfen, wurde im Inland geflissentlich übersehen, dass sich einige schwarzweißrote Kokarden ansteckten. Bei den jährlichen »Gefallenen-Gedenk-Sportfesten« im Stadion kämpfte man weiterhin um Kaiser- und Kronprinzenpreise, und manche Veranstaltung wurde ganz offen politisch instrumentalisiert. So kamen die Einnahmen des »Internationalen Stadion-Sportfestes« (Istaf), das am 3. Juli 1921 vom Berliner Sport-Club, dem Sport-Club Charlottenburg und vom Schwimm-Club Poseidon ausgerichtet wurde, dem oberschlesischen Hilfswerk zugute und damit den Freikorps, die sich sechs Wochen vorher mit polnischen Freischärlern auf dem Annaberg blutige Gefechte geliefert hatten. Zum Abschluss der Veranstaltung durfte der Preußische Ministerpräsident Adam Stegerwald in einer Rede die »traurige Lage« Oberschlesiens darlegen.[7]

Die Lasten der Reparationsverpflichtungen, die der Versailler Vertrag den Deutschen aufgebürdet hatte, ließen die staatlichen Zuschüsse auf ein Minimum herabsinken. Der Reichsausschuss musste alle seine Mittel aufbringen, um den Stadionbetrieb weiter zu gewährleisten. Die rasche Geldentwertung zwang zudem manchen, sich von liebgewordenen Grundsätzen zu verabschieden. Den Radprofis, die im Stadion seit 1921 den »Großen Preis von Grunewald« austrugen, folgten die Motorradfahrer, und mit diesen kamen die Reklameaufschriften auf der Betonpiste, am Tunnel und an den Brüstungen.

Ende April 1923 erlaubte man notgedrungen erstmals auch dem Allgemeinen Deutschen Automobil-Club, Kleinwagenrennen zu veranstalten, was einige 10 000 Besucher anlockte, die im vierten Lauf den 22-jährigen Rudolf Caracciola sahen, wie er mit einem geborgten 3,95 PS starkem »Ego« über 40 Runden den ersten seiner noch zahlreichen Siege errang.

Inzwischen war der Dollarkurs auf 414 000 Reichsmark gestiegen. Je schlimmer die Zeiten, desto mehr gierten die Massen nach Attraktionen, wie sie im Radsport geboten wurden. Und während die Profis am 22. Juli 1923 um den »Großen Preis von Berlin« strampelten, inszenierte der Promoter Paul Schwartz gleichzeitig ein »Flugzeug-Rennen«, bei dem zweimal die Strecke Staaken – Stadion zurückzulegen war. Die Zuschauer staunten nicht schlecht, als die schnittigen Mark-Eindecker über ihren Köpfen hinweg im Innenraum landeten. Nach 22 Minuten stand der Sieger fest: Er hieß Viktor Carganico und wurde später Kommandant des Flughafens Tempelhof.

»Die eigenartigste unter diesen sportfremden Veranstaltungen war eine Großaufnahme der Fern-Andra-Filmgesellschaft«, heißt es in einer Broschüre, die den 18-jährigen Jura-Studenten Gerhard Krause als Autor ausweist, die tatsächlich aber von Diem geschrieben wurde.[8] Es war am 18. September 1921, als 30 000 Menschen mitten in einem mächtigen Verkehrsarbeiterstreik zu Fuß zum Stadion hinstrebten, um ein Zirkusfest mitzuerleben, bei dem beinahe alles aufgeboten wurde, was man sich vorstellen konnte. In den vier Manegen, die Direktor Fleißner aufbauen ließ, traten Artisten, Clowns, Cowboys, rotbefrackte Reiter und sogar das Ballett der Staatsoper auf. Auf den Rängen sah man ein Publikum, das sich ansonsten nur bei großen Film- oder Theaterpremieren einfand. Angelockt wurde es von der Schauspielerin Vernal Edna Andrews – genannt Fern Andra –, die vor den Linsen der Filmoperateure in einem von vier Schimmeln gezogenen römischen Streitwagen ein Rennen gegen ein feuriges Rappengespann zu bestreiten hatte, das die Amerikanerin laut Drehbuch, das die Modejournalistin Ola Alsen verfasst hatte, mit anderthalb Längen Vorsprung gewann. Nicht vorgesehen war jedoch, dass sie hinter der Ziellinie zum Entsetzen der Menge stürzte, woraufhin Ärzte und Krankenpfleger herbeieilten, um ihr die blutenden Wunden zu verbinden. »Zu all dem freiwillige Volksstatisterie«, schrieb die Kritik. »Zum Abschluss ein Looping the loop und dreifacher Fallschirmabsturz aus über 1000 m Höhe. Zufrieden über einen gut verbrachten Sonntag-Nachmittag wandern die Stadionbesucher heimwärts, gespannt ›Des Lebens und der Liebe Wellen‹ erwartend.«[9] Es war die Geburt eines der ersten Monumentalfilme, der Ende des Jahres 1921 in München seine Premiere feierte.

Deutsche Kampfspiele 1922. Der 21-jährige Ringer Heinrich Lacour aus Minden war der »Herold«, dessen Konterfei auch die Werbemarke zierte. Unten: Sieger im Musterriegen-Wettbewerb: »Deutsche Eiche« Bochum.

German Games of 1922. The 21 year old wrestler Heinrich Lacour from Minden was the ›herald‹ whose image also adorned the advertising stamp. Below: winners in the demonstration team competition: ›German Oak‹ of Bochum.

Deutsche Kampfspiele als Olympia-Ersatz

Nach der Gründung der Sporthochschule ging der Reichsausschuss daran, sein ältestes Vorhaben umzusetzen, das in Paragraph 1 seiner Satzung von 1904 enthalten war: die Durchführung »nationaler Olympischer Spiele«, die nun »Deutsche Kampfspiele« genannt wurden und die erstmals »zwei Jahre nach dem Kriege« stattfinden sollten, wie der Wettkampfausschuss 1915 festgelegt hatte. Da aber kaum mit staatlicher Unterstützung zu rechnen war, dauerte es bis 1921, ehe der Minister des Innern, Alexander Dominicus, die Genehmigung für eine Lotterie erteilen konnte, die dem DRA 800 000 Mark garantierte. Da auch das Reich und Berlin Gelder zusagten, wurden schließlich die 1. Deutschen Kampfspiele für das darauffolgende Jahr anberaumt.

Es war selbstverständlich, dass die Sommer-Wettkämpfe im Deutschen Stadion stattfanden. Allerdings wurde die offizielle Eröffnung am 25. Juni 1922 von der Ermordung Reichsaußenministers Walther Rathenau überschattet, dem ein rechtsradikales Terrorkommando am Vortag im Grunewald aufgelauert hatte. In seiner Rede sprach Theodor Lewald zwar von einem »erschütternden Verbrechen«, doch statt sich zur Republik zu bekennen, grüßte er die Sportler der »abgetrennten Gebiete«, die wie alle »Deutschstämmigen« startberechtigt waren.[10]

Was das sportliche Programm betraf, so war der »Kassenschlager« schon eine Woche vorher über die Bühne gegangen: das Endspiel um die deutsche Fußballmeisterschaft 1. FC Nürnburg – Hamburger SV, das 2:2 geendet hatte, worauf die Partie um zweimal 15 Minuten und danach – noch immer unentschieden – bis zur Entscheidung verlängert worden war. Das erlösende Tor wollte und wollte nicht fallen. In der 168. Minute bekam dann der Kölner Schiedsrichter Peco Bauwens einen Wadenkrampf, aber nach einer Pause ging es weiter, gleichwohl viele der 30 000 Zuschauer schon abwanderten. Weder Spieler noch Referee wollten aufgeben, bis nach 3:05 Stunden Spielzeit über dem Stadion die Dunkelheit hereinbrach.[11] Da auch das Wiederholungsspiel remis ausging und eine Entscheidung am Grünen Tisch abgelehnt wurde, konnte sich 1922 keine Mannschaft mit dem Meistertitel schmücken.

Obwohl sich die Wirtschaft nach der Inflation nur langsam erholte, konnte man Mitte der zwanziger Jahre den Eindruck gewinnen, als hätten die Deutschen im Nachhinein noch den Krieg gewonnen. Das Volk dürstete nach Abwechslung, wobei Sportveranstaltungen mit an erster Stelle standen. Vielerorts – so in Düsseldorf, Duisburg, Dortmund, Köln, Frankfurt oder Nürnberg – entstanden riesige Arenen, die häufig lange vorher konzipiert waren, für deren Realisierung aber bisher das Geld gefehlt hatte. Zwar waren diese Anlagen meist großzügiger als die in Berlin, doch keine konnte der »Arena der Nation« den Rang ablaufen, obwohl nach zehn Jahren schon die Bausubstanz zu bröckeln begann und die Trennfugen zwischen den Betonfeldern die Radrennbahn zunehmend unbefahrbar machten. Zum Erfolg des Stadions trugen auch die attraktiven Veranstaltungen bei, für die Verlage wie Scherl und Ullstein das Patronat übernommen hatten. So lockte das Jubiläumsfest des Verbandes Brandenburgischer Athletik-Vereine 50 000 Zuschauer an, was

---

7 Berliner Lokal-Anzeiger, 4.7.1921.
8 Gerhard Krause, Das Deutsche Stadion und Sportforum, Weidmannsche Buchhandlung, Berlin 1926, S. 37.
9 Der Film, Nr. 38, 1921, S. 38.
10 Carl Diem, Deutsche Kampfspiele 1922, Weidmannsche Buchhandlung, Berlin o. J., S. 34.
11 Ebenda, S. 206.

Erster Weltrekord: Der »fliegende Finne« Paavo Nurmi läuft 1926 die 3000 m in 8:25,4 min. Rechts: Vignette der »Europa-Wettkämpfe«.

First world record: In 1926 the ›Flying Finn‹ Paavo Nurmi runs the 3000m in 8:25.4. Right: vignette for the ›European Games‹.

zuvor nur einmal gelungen war – 1920 beim Fußball-Länderspiel Deutschland – Ungarn, das die Gastgeber durch Foulelfmeter gewannen, den der Altonaer Adolf Jäger verwandelte.
1924 demütigten die Franzosen die Deutschen, als sie jene erneut nicht zu den Olympischen Spielen nach Paris einluden, worauf diese als »Rumpf-Olympiade« geschmäht wurden. Umso mehr gierte man nach Siegen gegen internationale Konkurrenz wie im Fünf-Städte-Kampf der Leichtathleten am 24. Mai 1925 im Deutschen Stadion, dem vier Wochen später an gleicher Stelle »Europa-Wettkämpfe« folgten, bei denen die Deutschen Hubert Houben und Helmut Körnig die US-amerikanischen Olympiasieger Charles Paddock und Loren Murchison im 100-Meter-Lauf schlugen, was man gebührend feierte.
Dank Ullsteins Finanzkraft war es möglich geworden, internationale Leichtathletik-Stars nach Berlin zu holen. So bezahlte der Zeitungsverlag nach den »Europa-Wettkämpfen« Pfingsten 1926 auch das Gastspiel von Paavo Nurmi, für das sich der »fliegende Finne« – offiziell ein Amateur – über 3000 Meter mit dem ersten Weltrekord im Deutschen Stadion bei den über 40 000 Zuschauern bedankte.

Die Rennbahn wird zur Fessel

Obwohl Turn- und Sportlehrer mit dem Diplom kein Anrecht auf eine staatliche Anstellung erwarben, begann ihr Studium attraktiv zu werden. Die Zahl der Bewerber übertraf die zur Verfügung stehenden Plätze um ein Mehrfaches, so dass erstmals für das Sommersemester 1926 ein Aufnahmestopp erlassen werden musste. An warmen Tagen trainierten im Stadion gleichzeitig bis zu 2000 Menschen, da zu den 200 Direktstudenten ebenso viele Kursisten, 500 Studenten der Berliner Hochschulen, 200 Teilnehmer der Volkshochschulkurse, die Mitglieder der zugelassenen Sportverbände sowie die Inhaber von Jahres- und Tagesübungskarten hinzukamen. Die Kapazität war also vollkommen erschöpft und eine großzügige Erweiterung unausweichlich, was aber die Rennbahn verhinderte, die sich wie eine Fessel um das Stadion legte. Als einzig mögliche Lösung bot sich ein Gelände außerhalb des Areals an, doch es war Eile geboten, da sich auch der Villengürtel von Neu-Westend immer enger zusammenzog. Diem favorisierte anfangs eine zehn Hektar große Fläche östlich zwischen der Rennbahn und dem Untergrundbahnhof »Stadion«, die er mit einem Tunnel anschließen wollte, so dass ein zweiter Eingang entstanden wäre, der den Benutzern der U-Bahn den langen Sandweg bis zum Marchtunnel erspart hätte. Diem sprach in diesem Zusammenhang erstmals von einem »Reichssportpark«, den er schaffen wollte – ein Begriff, der sich in abgewandelter Form später im »Reichssportfeld« wiederfand.[12]
Nachdem im Sommer 1923 ein Konkurs der Hochschule nur knapp verhindert werden konnte, wurden die Arbeiten nach der Inflation wieder aufgenommen. Am 24. Juni 1924 beantragte der DRA bei der zuständigen Regierung in Potsdam ein Gelände, das südlich der Rennbahn zwischen Eisenbahnstrecke und Heerstraße lag, das von den Behörden aber für Sportzwecke als zu hochwertig angesehen wurde. Als Ausgleich bot man im Norden – abseits der Verkehrswege – ein 16,5 Hektar großes Waldstück an, das dem DRA 1925 für 30 Jahre zur Pacht überlassen wurde.
Diem begann sofort mit der Planung eines »Deutschen Sportforums« – eine Wortschöpfung Lewalds, den das Forum Romanum dazu inspiriert hatte. Auch diese Bezeichnung löste Diskussionen unter denen aus, die seit jeher meinten, dass »deutsche Stätten« deutsche Namen tragen sollten. Was wurde da nicht alles vorgeschlagen! Nach Diems »Reichssportpark«, der als zu verwaschen galt, lauteten die Alternativen »Deutsche Volksschmiede«, »Körperkulturstelle«, »Deutsche Kraft- und Willensschule«, »Sportburg«, »Sporthain«, »Volkskraftburg« und »Deutscher Born für Leibesübungen«.[13] Dazu kam die »Sport-Musterfarm im Grunewald«, die von der »BZ am Mittag« empfohlen wurde.[14] Keines dieser Angebote wurde angenommen.

»Treu und hart!« Grundsteinlegung für das Sportforum durch Reichspräsident Hindenburg. Unten: Die in einem Ziegelblock eingemauerte Gründungsurkunde.

›Faithful and hard‹ President Hindenburg laying the foundation stone for the Sportsforum. Below: the foundation certificate cemented into its ›time capsule‹.

Nachdem der Reichstag auf Antrag der bürgerlichen Parteien eine Million Mark – davon 300 000 als Vorschuss – genehmigt hatte, vergab der DRA die ersten Aufträge an die Firma Philipp Holzmann, die am 8. September 1925 damit begann, Spielflächen und Wege anzulegen, Zäune zu errichten und eine Kanalisation zu graben. Die feierliche Grundsteinlegung durch Reichspräsident Hindenburg hatte der DRA für den 18. Oktober 1925 angesetzt – den 112. Jahrestag der Völkerschlacht bei Leipzig –, so dass Lewald in seiner »Weiherede« gleich eine Brücke von der Befreiung vom Napoleonischen Joch zum neuen »Morgenrot deutscher Größe«, das durch »ernste Körperschulung« erreicht werden sollte, schlagen konnte.[15]

Es war eine düstere Zeremonie von Scharen älterer Herren mit Zylindern, die sich um einen kleinen Ziegelwürfel versammelt hatten, in dem zuvor eine Kupfertruhe mit der Urkunde und anderen Devotionalien versenkt worden war. Zu den drei symbolischen Hammerschlägen sprach Hindenburg die markigen Worte: »Deutsche Jugend, der dieses Werk hier gewidmet ist, werde treu, werde einig, werde stark und hart!«[16] Dazu passte der einsetzende Regen. Es folgten weitere 69 Hammerschläge, ehe mit der 17-jährigen Sportstudentin Maria Ziegler auch eine Frau zu Wort kam. Anschließend zog die ganze Korona in die Arena, wo man Vertreter aller Sportzweige aufgeboten hatte. Es war das erste Mal, dass Hindenburg ein Stadion betrat.

Diem hatte zum richtigen Zeitpunkt eine Denkschrift vorgelegt, in der es einleitend hieß: »Leibesübungen müssen Volksgewohnheiten werden, damit das Volk wehrtüchtig bleibe und, soweit es die Jugend noch nicht ist, dazu gelange.«[17] Sie enthielt Studien für eine Sportstadt, die Seiffert nach Diems Bauprogramm entworfen hatte und die sich in drei Gruppen unterteilte: eine östliche mit dem Hauptgebäude, dem Schwimm- und Turnhaus, den Verbandshäusern sowie einem Winterstadion, eine mittlere mit drei Fußballfeldern, einer 400-Meter-Rundbahn und sechs Tennisplätzen sowie eine westliche mit einem abgeschlossenen Frauenbereich, der auch zwei Tanzringe enthalten sollte.

Die Bewunderung hielt sich aber in Grenzen, weshalb Diem und Seiffert widerstrebend einem Ideenwettbewerb zustimmten, zu dem der Reichsausschuss im Dezember 1925 unter anderem den damals meist genannten

---

12 Carl Diem, Olympische Flamme, S. 1508 ff.
13 Krause, Das Deutsche Stadion und Sportforum, S. 49 f.
14 BZ am Mittag, 15.10.1925.
15 Die Feier der Grundsteinlegung, Sonderdruck o. J., S. 18.
16 Ebenda, S. 29.
17 Carl Diem, Das Deutsche Sportforum, Denkschrift zur Feier der Grundsteinlegung 18. Oktober 1925, o. J. (1925), S. 5.

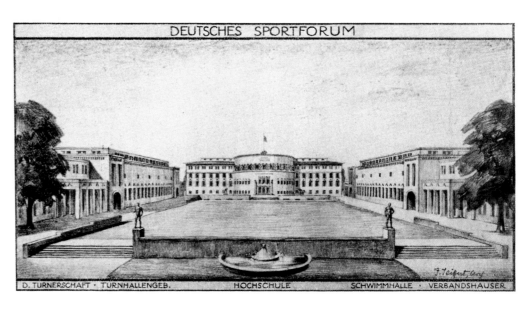

Zukunftspläne: Hochschule für Leibesübung nach einem Entwurf von Architekt Johannes Seiffert. Andere Seite: Gegenplan von Werner March. Unten: Deutsche Turnschule von Ernst Heinrich Schütte.

Plans for the future: Physical Education College from a concept design by architect Johannes Seiffert. Overleaf: rival design by Werner March. Below: German Gymnastic College by Ernst Heinrich Schütte.

Architekten Hans Poelzig, den Erbauer des Sportpalastes Hermann Dernburg, Max Taut als Vertreter der Moderne sowie – vielleicht als Verbeugung vor der Geschichte – die Söhne des Stadion-Erbauers, Werner und Walter March, einlud. Seiffert beteiligte sich von sich aus, wobei er die bewährten Architekten Albert Biebendt und Ernst Rentsch einbezog.

In die engere Wahl kamen die Entwürfe von Poelzig, Taut und der March-Brüder. Poelzig hatte seine monumental kubischen Gebäude zu einer Burg angehäuft, deren eindrucksvoller Höhepunkt das Winterstadion war. Doch wie Taut, der die Fläche in fünf Rechtecke eingeteilt hatte, um die er die einzelnen Häuser platzierte, handelte er sich den Vorwurf ein, keine Freiluftsportanlage, sondern ein »Fabrikgebäude« konzipiert zu haben. Das war wohl der Grund, weshalb das Preisgericht am 5. Februar 1926 überraschend für den Vorschlag II der Marchs plädierte, angeblich weil diese »den Nordrand besonders reizvoll entwickelt« hätten.[18] Es war aber weniger die Architektur, die der konservativen Moderne zuzurechnen war, als die Anordnung, die den Juroren gefiel. Die Marchs hatten als Einzige alle Bauten zu einem geschlossenen Ensemble in drei Höfen zusammengestellt und die von Seiffert konzipierten Sportflächen danach ausgerichtet.

Kaum war das Urteil veröffentlicht, meldete sich Diem zu Wort, obwohl er der Jury angehört hatte. All die Vorteile, die man dem March-Entwurf nachsagte, träfen in Wirklichkeit gar nicht zu, schrieb er an Lewald. Die Architektur bezeichnete er als »farblos«; die verlangten Änderungen würden den Plan zudem vollkommen umwerfen. Überdeutlich auch sein Hinweis auf die mit der Denkschrift vorgelegten Studien von Seiffert.[19] Zwar gelang es Diem nicht, die Entscheidung zu kippen, immerhin erreichte er aber, dass Walter March, der nach zweijährigem Aufenthalt in den USA nach Deutschland zurückgekehrt war, ausscheiden musste. Den Auftrag erhielt allein seiner älterer Bruder, dem Diem eigentlich nur als »künstlerischen Mitberater« einbeziehen wollte.[20]

Rückkehr in die olympische Familie

Die Aussicht, 1928 wieder bei den Olympischen Spielen dabei zu sein, belebte den gesamten Sportbetrieb. Wie die Kampfspiele, deren zweite der DRA für 1926 nach Köln gelegt hatte, um ein Zeichen gegen die alliierte Besetzung des Rheinlandes zu setzen, waren auch die Reichsjugendwettkämpfe zu einer festen Institution geworden – gegenüber dem Gründungsjahr 1920 mit 45 000 Jugendlichen hatte sich die Teilnehmerzahl mehr als vervierfacht.

Währenddessen liefen im Deutschen Stadion die ersten Olympia-Kurse an, die man durch eine »Olympia-Spende« des Ullstein Verlages finanzierte. Von den talentierten Schülern im Reich erhielten die besten 60 eine Einladung nach Berlin, wo nach den zukünftigen Olympia-Kandidaten gesucht wurde. Allmählich eroberten sich auch die bisher ausgesperrten Arbeitersportvereine das Stadion. Nach dem »Arbeiter-Sport-Tag« im Juni 1926 – einer Werbeveranstaltung des Kartells für Sport- und Körperpflege – fand dort zwei Monate später auch das erste internationale Arbeitersportfest statt, das Leichtathleten aus Finnland und der UdSSR am Start sah. Kaum ein Stadion-Wochenende ohne Höhepunkte. Beeindruckt von dem Dauerbetrieb war im »Corriere della Sera« vom »Stadion ohne Ruh« zu lesen.[21]

Anfang Juli 1926 wurde im Sportforum die Baugrube für den Turnhallenflügel ausgehoben, der zuerst entstehen sollte. Der Gebäudekomplex bildete den Südrand des Jahnplatzes, zu dem er sich mit einer Pfeilerhalle öffnete. March verblendete das Mauerwerk mit kleinformatigen holländischen Ziegeln, die Sockel und Pfeiler mit Kirchheimer Muschelkalk – ein Charakteristikum des Sportforums. Da die Finanzierung bald ins Stocken geriet, musste der Ausbau auf 1929 verschoben werden.

Nicht anders erging es dem Nordflügel mit dem Hallenbad und dem sich anschließenden Verbandsheim, mit dessen Entwurf der Deutsche Schwimm-Verband den Hildesheimer Bäder-Architekten Otto Immendorff beauftragt hatte. Mit einem lauten »Gut Nass!« und einem Hoch auf Hindenburg wurde 1928 am ersten Tag der Deutschen Meisterschaften zwar der Grundstein gelegt, doch dann passierte lange gar nichts mehr, weshalb Diem darüber nachzudenken begann, das Haus durch die Ausgabe von Anteilscheinen zu 1000 Mark zu finanzieren, deren Inhaber das Recht auf jährlich 250 Besuche haben sollten – und das 20 Jahre lang.

Es gab auch Fortschritte: Am 4. Juni 1928 wurde die erste deutsche Frauensportstätte im Nordwestteil übergeben, gestiftet vom sportfreundlichen Oberbürgermeister Gustav Böß aus Mitteln der Groß-Berliner Turn- und Sportwoche. Das modern gestaltete Haus, bei dessen Ent-

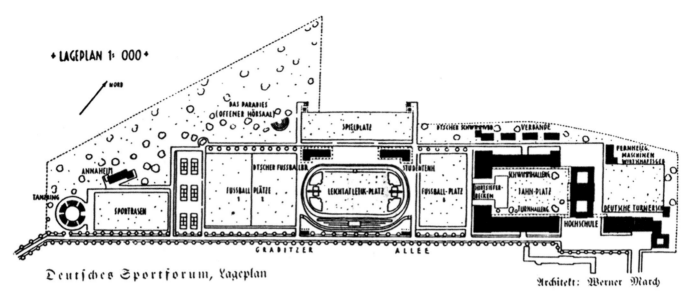

Deutsches Sportforum, Lageplan — Architekt: Werner March

wurf man March freie Hand gelassen hatte, besaß 25 Wohn- und Schlafzimmer, die sich jeweils zwei Sportstudentinnen teilten. Es gab ein Lehrerinnenzimmer, den Musik- und Leseraum, einen Aufenthaltsraum und eine Kaffeeküche, die die Firma »Kathreiner« spendiert hatte. Da Anna Böß, die Ehefrau des Oberbürgermeisters, die Einweihung vornahm, erhielt das Gebäude den Namen »Annaheim«.

Anfang Oktober 1928 öffnete am östlichen Rand des Forums auch die von Regierungsbaumeister a. D. Ernst Heinrich Schütte entworfene Deutsche Turnschule. Der mächtige Bau im »Fabrikstil« verfügte über eine Männer- und Frauenturnhalle und einen Leichtathletiksaal mit »weichem« Boden. Sechs Tage später versammelten sich die Honorationen erneut, um das Sommerschwimmbecken am Jahnplatz auf den Namen »Hirtsiefer-Becken« zu taufen – eine Stiftung des Preußischen Ministers für Volkswohlfahrt Heinrich Hirtsiefer. Auch der vom Freundeskreis der Hochschule geschenkte Tennistempel wurde beendet. Und endlich begannen die Ausschachtungsarbeiten für den 390 Meter langen und vier Meter breiten Tunnel, der das Stadion mit dem Sportforum verbinden sollte. Den Einstieg legte man ins Hochschulgebäude, den Ausgang an die Nordostecke des Leichtathletikplatzes.

»Berlin hat den ersten Anspruch ...«

Theodor Lewald griff 1924 erstmals wieder den Gedanken einer Berliner Olympiabewerbung auf – und zwar für 1936. Da die deutsche Wirtschaft gerade eine Konjunktur erlebte, wurde das Projekt bald spruchreif, nachdem Lewald bei Außenminister Gustav Stresemann angefragt hatte, ob es im Reichsinteresse sei, die Spiele nach Deutschland zu holen.[22] Da die Idee in dessen Konzept passte, die internationale Isolation Deutschlands auf breiter Front zu durchbrechen, beschloss der Deutsche Olympische Ausschuss (DOA), der als Unterausschuss des DRA die olympischen Interessen vertrat, während der 26. Session in Monaco einen Antrag beim IOC einzureichen, wo man schon das Interesse von Alexandria, Barcelona, Budapest, Lausanne, Rio de Janeiro und Italien – die Rede war von Rom oder Mailand – registriert hatte.[23]

Obwohl Diem den Vorstoß für verfrüht hielt, forderte er Werner March 1928 auf, die Verhältnisse bei seiner Reise zu den Olympischen Spielen in Amsterdam, für die der Holländer Jan Wils ein Stadion mit einem sachlichen Betonskelett und einer geschlossenen Ziegelsteinfassade konstruiert hatte, genau zu studieren. Von einem solch großzügigen Herangehen konnte March allerdings nur träumen, da sich sein Auftrag lediglich auf die Erweiterung der Arena bezog, die sich in einem beklagenswerten Zustand befand, wie ihm bei einer Begehung am 8. Juli 1928 bewusst wurde. Mit einem »Vorprojekt« empfahl er anschließend die »Vertiefung des Stadions zur Schaffung von insgesamt 65 000 Zuschauerplätzen«, wodurch das Amsterdamer Bauwerk, in das nur etwas mehr als 33 000 Menschen hineinpassten, deutlich übertroffen würde.[24] Solche Massen, wie man sie in Berlin erwartete, verlangten auch völlig andere Verkehrslösungen, denen March mit einem veränderten Südzugang und dem Bau eines Osttunnels unter der »Podbielski-Eiche« hindurch entsprechen wollte.

Eine der wichtigsten Änderungen betraf die Ehrenloge, die – bisher alles überragend – Diem »demokratischer«, das heißt mit einem Unterring, gestalten wollte. Die aufwändigen kastenförmigen Logenplätze hatte er

---

18 Blätter für Volksgesundheit und Volkskraft, 9.2.1926.
19 CuLDA, Mappe 24, Brief an Lewald, 11.2.1926.
20 Ebenda.
21 Blätter, 27.7.1928.
22 Barch R 8077/210, Lewald an den Staatssekretär der Reichskanzlei Pünder, 1.3.1927.
23 Tätigkeitsbericht DRA 1926–27, S. 27.
24 CuLDA, Notiz March »Betrifft Stadionerweiterung«, 19.7.1928.

Eintrittskarte zur zehnjährigen Verfassungsfeier von 1929.

Entry ticket for the tenth anniversary celebration of the Constitution, 1929.

vollständig gestrichen. Stattdessen sollten auf dem Flügel östlich der Kaiserloge 1000 Presseplätze mit 100 »Diktierkabinen« entstehen. Diesem neuen Informationsbedürfnis entsprachen auch die beiden geplanten »Nachrichtentürme« neben dem Schwimmbecken. Für solche Vorarbeiten berechnete March den »Freundschaftspreis« von 6000 Mark, er erwartete jedoch eine unentgeltliche Studienreise, um weltweit die wichtigsten Anlagen kennenzulernen. Während in der DRA-Führung keine Zweifel herrschten, dass allein Berlin zu einer Bewerbung berechtigt wäre, sah man das an Rhein und Main anders. Kaum waren die Amsterdamer Spiele vorüber, meldeten sich die Oberbürgermeister von Köln und Frankfurt, die für sich in Anspruch nahmen, über bessere Anlagen zu verfügen, zumal Berlin seit einiger Zeit auch vom Deutschen Fußball-Bund (DFB) gemieden wurde. Diese Konkurrenz war zwar nicht willkommen, dennoch griff die von Diem formulierte Pressemeldung genüsslich das Argument der Mitbewerber auf, wonach die dortigen Behörden solche Veranstaltungen ganz anders zu fördern pflegten als die der Reichshauptstadt.[25] Die Reaktion ließ nicht lange auf sich warten, besonders da nun auch Nürnberg auf den Plan trat. Kurz darauf berief der Magistrat eine »Stadion-Kommission«, der die Vertreter der vier größten Parteien angehörten und die von dem bekannten Bakteriologen und Stadtmedizinalrat Wilhelm von Drigalski geleitet wurde.

Im Frühjahr 1929 herrschte Einigkeit, dass das Stadion erweitert werden müsste. Durch den Wegfall der Radrennbahn und einen tiefer gelegten Innenraum hoffte Diem, 15 000 bis 20 000 zusätzliche Zuschauerplätze zu gewinnen. Die Südtribüne, für die umfangreiche Presseplätze geplant waren, sollte überdacht werden. Ein Osttunnel wurde als wünschenswert, jedoch nicht als unerlässlich bezeichnet. Die geschätzten Kosten beliefen sich auf drei Millionen ohne und auf vier Millionen Mark mit Tunnel. Verworfen wurde dagegen die Vision einer repräsentativen Feststätte, die Seiffert südlich der Heerstraße vorgeschlagen hatte. Das Projekt besaß auch die Unterstützung des Rennvereins, weil einige Renntage wegen Sportveranstaltungen ausgefallen waren. Verärgert trachteten die Reiter nun danach, das Stadion loszuwerden, was sich Seiffert zu eigen machte.[26] Diem hielt einen solchen Platz jedoch weder für finanzierbar noch für notwendig, zumal sich am 11. August 1929 anlässlich des zehnjährigen Verfassungstages mit dem von Reichskunstwart Dr. Edwin Redslob geleiteten Festspiel, an dem über 10 000 Schulkinder mitwirkten, gezeigt hatte, dass auch das Stadion eine solche Rolle ausfüllen konnte.[27] Schwer gekränkt reichte Seiffert, den Diem 1927 zum Leiter der Spielplatzberatungsstelle gemacht hatte, seinen Abschied ein. Wenig später verstarb er.

Während Lewald und Diem öffentlich vorgaben, die Entscheidung über die deutsche Bewerberstadt sei noch offen, hatten sie sich intern längst zugunsten Berlins entschieden. Dabei kam ihnen entgegen, dass man den 9. Olympischen Kongress für

»Wir fahren nach Berlin!« Nürnberger Fußball-Fans am 8. Juni 1924, die den Meistertitel ihrer Mannschaft bejubeln.

›We're off to Berlin!‹ Nuremberg football fans on 8 June 1924, celebrating their team's championship title.

»Propagandalauf« der Frauenabteilung des SC Charlottenburg, dessen Männer sich um die Ausrichtung der Reihen sorgen.

›Propaganda run‹ by the women's section of SC Charlottenburg, whose male athletes are making sure the lines are all straight.

1930 nach Berlin einberufen hatte, um die strittige Amateurfrage zu klären. Ins Rahmenprogramm hatten sie als Organisatoren auch eine Exkursion zu den Sportanlagen, die unter Gustav Böß entstanden waren, aufgenommen. Der hatte jahrelang die Vergabe von Baugenehmigungen, bei denen die Berliner Traufhöhe überschritten werden sollte, von einer »Spende für Licht und Luft« als Gegenleistung abhängig gemacht. »Als die Autobusse des IOC die Parks der Stadt besuchten, überall von olympischen Fahnen empfangen wurden (es waren immer dieselben), dort spielende, fröhliche Jugend sahen, war der Sieg Berlins entschieden«, schrieb Diem später.[28]
Das war jedoch eine recht vereinfachte Darstellung, denn tatsächlich war die Wahl noch nicht einmal auf nationaler Ebene entschieden. Vor allem Kölns Oberbürgermeister Konrad Adenauer reagierte verärgert, weil in den offiziellen Mitteilungen des Reichsausschusses lediglich Berlin und Frankfurt als deutsche Bewerber erwähnt worden waren, obwohl Köln doch schon am 8. April 1930 seine Einladung ans IOC verschickt hatte.[29] Lewald wurde angekreidet, dass er den Kongress mit den Worten »Auf Wiedersehen 1936 in Berlin!« beendet hatte.[30]
In seiner Stellungnahme blieb dem so Kritisierten nun nichts weiter übrig, als das Versteckspiel aufzugeben. Um sich weltweit unter den bis dahin elf Kandidaten durchzusetzen, so Lewald, sei ein einheitliches Vorgehen der drei deutschen IOC-Mitglieder unerlässlich, um sich ihrerseits über die deutsche Stadt schlüssig zu werden. »In dieser Beziehung liegt der Sachverhalt wie folgt: Berlin war während der Spiele in Stockholm als Feststadt für 1916 gewählt; das Deutsche Stadion im Grunewald verdankt diesem Entschluss seine Entstehung. Berlin hat also, da nicht durch seine Schuld, sondern durch den Krieg die Abhaltung der Spiele unmöglich wurde, nach meinem Rechtsempfinden den ersten Anspruch auf die Spiele.«[31]
Damit war die Katze aus dem Sack und die innerdeutsche Konkurrenz entschieden.
Diese Klarstellung fiel in eine Zeit, als das Land am Boden lag. Die prekäre Lage hatte am 29. Oktober 1929 mit einem New Yorker Börsenkrach begonnen, der als »Schwarzer Freitag« in die Geschichte einging. Was man anfangs für ein lokales Vorkommnis hielt, entwickelte sich schnell zu einer Weltwirtschaftskrise ungeahnten Ausmaßes. Zur großen Katastrophe kam für Berlin aber noch eine kleine: Drei Brüdern namens Sklarek, denen ein bestechlicher Stadtrat das Belieferungsmonopol für die Dienstbekleidung der Magistratsangestellten zugeschanzt hatte, war es gelungen, die halbe Stadtverwaltung zu unterminieren. Kredite wurden ohne Sicherheiten vergeben, was einen Schaden von zehn Millionen Mark zur Folge hatte. Angeheizt von den erstarkten Nationalsozialisten, eskalierte der Skandal vor den Wahlen zur Stadtverordnetenversammlung, als Sklareks Kundenliste bekannt wurde, auf der auch der Name der Gattin des Oberbürgermeisters stand. Man hatte ihr eine Pelzjacke im Wert von 4950 Mark geliefert, obwohl die Rechnung nur 375 Mark auswies. Böß, dem man die Affäre anlastete, beantragte daraufhin ein Disziplinarverfahren gegen sich, das mit der Versetzung in den Ruhestand abschloss.

Eine Briefabstimmung zugunsten Berlins

Genau einen Monat vor Kongressbeginn hatte sich der Magistrat, der nun kommissarisch durch Arthur Scholtz geleitet wurde, zu den Verpflichtungen bekannt, die sich aus der Übernahme der Olympischen Spiele ergeben würden. Bei ihrer Ankunft erhielten die Delegierten zudem eine 44-seitige Broschüre mit dem Titel »Berlin. Die Sporthauptstadt Deutschlands«, die

---

25 Barch R 8077/210, Entwurf »Cöln und Frankfurt/Main Bewerber für die Olympischen Spiele 1936«.
26 CuLDA, Rundschreiben Seiffert, 31.10.1929.
27 Ebenda, Diem an Seiffert, 21.11.1929.
28 Diem, Leben, S. 116.
29 Blätter, Nr. 20, 20.5.1930.
30 Barch R 8077/210, Adenauer an Lewald, 5.6.1930.
31 Ebenda, Lewald an Adenauer, 5.6.1930.

Leichtathletikplatz des Sportforums mit der Großen Turnhalle im Hintergrund. Unten: Carl Diem und Werner March am Modell des umgebauten Stadions. Ganz rechts: Programm des Reichs-Arbeiter-Sport-Tages 1931.

Athletics arena of the Sport Forum with the Large Gymnastics Hall in the background. Below: Carl Diem and Werner March beside the model of the reconstructed stadium. Far right: programme for the German Workers Sports Day in 1931.

auch die von Drigalski und Bürgermeister Emil Wutzky unterzeichnete »Einladung der Stadt Berlin zur Durchführung der Olympischen Spiele 1936« enthielt.

Auf die Frage, was Berlin – mit viereinhalb Millionen Einwohnern damals die drittgrößte Stadt der Welt – zu bieten habe, wurde »zunächst die Sinnesart und die Fähigkeit der Bevölkerung zur gerechten Würdigung einer so großen Veranstaltung« aufgeführt. Es folgten die »un-

geheure Zahl der aktiv Sport Treibenden«, das »ungemein große Verständnis der gesamten Bevölkerung für sportliche Leistung, sportliche Regeln, die Schönheit des Sports« und deren Gastfreundschaft. Die Berliner wurden wie folgt charakterisiert: »... hart mit sich selbst, im innersten Herzen unendlich gutmütig, ohne es allzu gern zu verraten.«[32]

Es war eine beachtliche Sportlandschaft, die Berlin zu bieten hatte und deren Schwerpunkt das Deutsche Stadion darstellte. In seinem jüngsten Entwurf hatte March die Radrennbahn her-

ausgenommen, den Innenraum 4,50 Meter tiefer gelegt und die Aschenbahn auf 500 Meter verkürzt, um 70 000 Zuschauer unterzubringen, denen 50 000 nummerierte Sitzplätze – davon 4000 überdacht – zur Verfügung stehen sollten. Die wesentliche Neuerung war der Osttunnel unter der »Podbielski-Eiche«. Unangetastet hatte er das Schwimmbassin gelassen. »Doch es besteht die Absicht, nicht dieses, sondern das Schwimmbecken auf dem Deutschen Sportforum zu benutzen«, gab Diem bekannt.[33] Was er verschwieg: Die Bauarbeiten waren mangels Geld längst zum Erliegen gekommen.

Ende 1930 waren von elf Bewerberstädten noch vier übrig: außer Berlin noch Budapest und Rom – dazu ausgerechnet Barcelona, wo im Frühjahr 1931 die 30. IOC-Session stattfinden sollte, auf deren Tagesordnung die Vergabe der Olympiastadt stand. Neben Budapest kam jedoch auch Rom nach Ansicht von IOC-Präsident Baillet-Latour kaum infrage, »da es Ende Juli und Anfang August dort viel zu heiß« sei.[34] Schwerer wog, dass das faschistische Italien im IOC wenig Sympathien genoss. Dennoch fürchtete Lewald, »dass man vor Überraschungen in Barcelona nicht sicher sein kann«.[35] Zwei Wochen vorher fanden in Spanien erstmals seit dem Militärputsch von 1923 Gemeindewahlen statt, aus denen die Sozialisten und die republikanischen Parteien gestärkt hervorgingen. Als dann am 14. April

1931 gleich in mehreren Orten die Republik ausgerufen wurde, entschied sich König Alfons XIII. am selben Tag fürs Exil, ohne allerdings auf die Krone zu verzichten. Die Folge waren Unruhen und Streiks, worauf sich die Mehrzahl der 67 IOC-Mitglieder entschloss, nicht nach Barcelona zu reisen.

Lediglich 20 von ihnen versammelten sich Ende April 1931 im Hotel »Ritz«, um über die Olympiastadt abzustimmen. Nach dem Rückzug von Budapest und Rom war es ein Zweikampf geworden, in dem Barcelona plötzlich schlechte Karten hatte. Nur vier Olympier plädierten für die aufmüpfigen Katalanen, während 15 Berlin vorn sahen, zu denen noch weitere acht Stimmen kamen, die dem IOC-Sekretariat schriftlich zugegangen waren. Dennoch wurde die Wahl vertagt, da der IOC-Präsident vorgeschlagen hatte, auch die restlichen Kollegen einzubeziehen. Wieder zu Hause verschickte Lewald eine Reihe persönlicher Briefe, in denen er um Unterstützung bat und sogar die Rückerstattung der Telegrammgebühren zusagte.[36] Auch das Auswärtige Amt beauftragte seine Botschafter, Werbung für

Berlin zu machen, so dass es kaum verwundern konnte, dass die Auszählung am 15. Mai 1931 in Lausanne mit 43:16 Stimmen zugunsten Berlins deutlich ausfiel, was laut Diem allein Lewald zu verdanken war.[37]

Auf der Berliner Bauausstellung präsentierte Werner March erstmals am 11. Juni 1931 ein vom Messeamt bezahltes Tonmodell des zukünftigen Deutschen Stadions. Doch der geplante Umbau, für den March 4,4 Millionen Mark veranschlagt hatte, war noch keine beschlossene Sache, da es Widerstände nicht nur beim Fiskus und der Domäne Dahlem, sondern auch beim Rennverein gab, der zunehmend seine Interessen bedroht sah. Deshalb sei es wichtig, hatte Lewald nach der IOC-Entscheidung erklärt, »das Stadiongelände von der preußischen Regierung auf 90 Jahre in Erbpacht zu bekommen, da es nur dann Zweck hätte, einen mehrere Millionen kostenden Umbau vorzunehmen«.[38] Mittlerweile war man sich einig, auch das Sportforum einzubeziehen. Für die Schwimmwettkämpfe schien das Hirtsieferbecken geeigneter, zumal es die international übliche Länge von 50 Meter besaß.

Die inzwischen fertiggestellte Turnhalle wurde für die Hallensportarten Ringen, Fechten und Boxen vorgesehen. Erstmals wurde auch ein Olympisches Dorf erwähnt, für das man das Sportforum nutzen wollte.[39] Mitte 1931 griff der Kollaps des US-Binnenmarktes auf Europa über. Die Zusammenbrüche der Banken verschlimmerten die Depression, so dass zum Jahresende in Deutschland schon 5,668 Millionen Arbeitslose registriert wurden, was den radikalen Parteien einen enormen Zulauf bescherte – allen voran der NSDAP mit ihrem Führer Adolf Hitler. Die Teilnahme an den Olympischen Spielen von 1932 in Lake Placid und Los Angeles war ernsthaft gefährdet. Auch Lewalds Intervention, wonach die Deutschen unmöglich vier Jahre später Gastgeber sein könnten, wenn sie jetzt fehlten, änderte daran nichts. Der von der Reichsregierung zugesagte Zuschuss, der einen wesentlichen Teil der Finanzierung darstellen sollte, blieb aus, so dass letztlich die Sportverbände und private Spender einspringen mussten. Als dann auch noch der sportliche Erfolg ausblieb, hagelte es Kritik. Diem verteidigte jedoch die Reisekosten von 283 000 Mark und prophezeite, dass die 1936er Spiele den hundertfachen Gewinn abwerfen würden. Im Übrigen stellte er fest: »Solche olympischen Expeditionen sind eine Deutschtumspropaganda ...«[40] Trotz der Weltwirtschaftskrise veranstaltete Los Angeles großartige Spiele, die in vielerlei Hinsicht Maßstäbe setzten. Abgesichert durch eine staatliche Garantiesumme von einer Million Dollar, erzielte das Organisationskomitee einen Profit in gleicher Höhe, was dem großen Publikumszuspruch von mehr als 1,2 Millionen verkauften Tickets zu verdanken war. Dagegen rechnete der DOA für Berlin lediglich mit einem Verkauf von 900 000 Eintrittskarten, aus denen er vier Millionen Mark erzielen wollte. Sie sollten den Löwenanteil der auf fünfeinhalb Millionen geschätzten Unkosten decken. Die Differenz wollte man durch Beihilfen, Spenden, mit einer Lotterie sowie dem »Olympia-Groschen« beschaffen, der auf alle Sportveranstaltungen der nächsten vier Jahre erhoben werden sollte.[41]
March, der seinen Bruder Walter gebeten hatte, nach Los Angeles zu reisen, um die Sportstätten kennenzulernen, arbeitete unterdessen an der Weiterentwicklung des Stadionmodells. Bei seinem aktuellen Entwurf hatte er das Schwimmbecken als Annex in die Ostkurve gelegt und die »Podbielski-Eiche« auf den gegenüberliegenden Wall verpflanzt, so dass er auf der nördlichen Längsseite wertvolle Zuschauerplätze gewann. Dem stand eine Spar-Variante des Magistrats gegenüber, der auf dem Messegelände unterm Funkturm für zwei Millionen Mark eine hölzerne provisorische Arena errichten wollte. Doch bald trennte man sich wieder von der Idee, weil zusätzliche Straßenbaukosten von drei Millionen angefallen wären. Ungeachtet dessen stiegen Diem und March mit Obermagistratsrat Dr. Arthur Liebrecht, den der neue Oberbürgermeister Heinrich Sahm am 12. Oktober 1932 als »Olympia-Kommissar« eingesetzt hatte, auf den Funkturm, um von oben einen Platz für ein Olympisches Dorf zu suchen, das nach dem Beispiel von Los Angeles gebaut werden sollte. Doch wohin sie auch schauten, nirgends war ein zusammenhängendes Gelände auszumachen, das dafür geeignet schien.[42] Ende 1932 schienen die Würfel für den Ausbau gefallen, der am 1. Oktober 1933 beginnen sollte. Vergeblich wünschte sich die »BZ am Mittag« ein neues Stadion und »keine Zerstörung einer vorhandenen Anlage, um zweifelhafte Verbesserungen auf einem sehr beengten Raum zu schaffen«.[43] Die Zeitung lieferte auch gleich den gewünschten Entwurf des jungen Architekten Heinrich Kosina, der eine »ideale Kampfstätte im Walde gelegen, in direkter Verbindung mit einem größeren Wasser und im Anschluss an bereits vorhandene Volkserholungsstätten« skizziert hatte. Es blieb ein Luftschloss.

---

32 Berlin. Die Sporthauptstadt Deutschlands, bearbeitet durch Stadtmedizinalrat Professor Dr. von Drigalski, o. J. (1930), S. 5 f.
33 Ebenda, S. 14.
34 Barch R 8077/210, Aktennotiz Lewalds für die Sitzung des Olympischen Ausschusses am 15. November 1930, 17.10.1930.
35 Ebenda, Lewald an Adenauer, 5.6.1930.
36 Ebenda, Mitteilung Lewald, 5.5.1931.
37 Diem, Leben, S. 115.
38 Barch R 8077/210, Bericht über die Sitzung des Deutschen Olympischen Ausschusses, 30.5.1931.
39 BZ am Mittag, 15.5.1931.
40 DOA, Bericht über die Beteiligung Deutschlands an den X. Olympischen Spielen in Los Angeles und den III. Winterspielen in Lake Placid 1932, o. J. (1932), S. 8.
41 Ebenda, Denkschrift über die Vorbereitung der XI. Olympischen Spiele zu Berlin, o. J. (1932).
42 Barch R 8077/612, Bericht über die Besichtigung des Stadions und Sportforum, 20.10.1932.
43 BZ am Mittag, 25.12.1932.

»Eine Schöpfung des Dritten Reiches«

Am 24. Januar 1933 konstituierte sich im Magistratssitzungssaal des Rathauses das »Organisationskomitee für die XI. Olympiade Berlin 1936« mit Lewald als Präsident. Unter lächelnder Zustimmung von Diem, der sich den Posten eines Generalsekretärs und den Vorsitz im Bauausschuss gesichert hatte, verteidigte er in seiner Rede den Ausbau des Deutschen Stadions, ohne auch nur mit einer Silbe auf die Vielzahl der Vorschläge einzugehen, die in jüngster Zeit an den DOA herangetragen worden waren. Vorsichtig äußerte er sich zum Problem der Finanzierung, bei dessen Lösung er optimistisch auf das Reich setzte. Unterstützung erwartete er auch von Berlin, dem er einen Vier-Millionen-Kredit schmackhaft machen wollte. Das Organisationskomitee wollte das Darlehen unmittelbar nach den Spielen, die nach jüngsten Rechnungen sechs bis sieben Millionen Gewinn bringen sollten, zurückzahlen. Als Gegenleistung stellte man der Stadt eine Beteiligung am Stadion in Aussicht. Außerdem erklärte sich der DRA bereit, darin die »Arbeiter-Weltspiele« ausrichten zu lassen. Nachdem Lewald zu den drängendsten Fragen nur das unbedingt Nötige gesagt hatte, wandte er sich den schönen Dingen zu: dass er den Dichter Gerhard Hauptmann gebeten hatte, den Text für eine Olympiahymne zu schreiben, dass man zur Eröffnung Beethovens »Neunte Symphonie« aufführen würde, dass die Medaillengewinner bei ihren Siegerehrungen nicht nur ein simples Holzpodest wie in Los Angeles, sondern eine spezielle »Nische« vorfinden würden.[1]

Sechs Tage nach der Gründungsversammlung ernannte Hindenburg Hitler zum Reichskanzler, was bei Lewald und Diem Ratlosigkeit hervorrief. Wie würde sich die neue Regierung zu den Olympischen Spielen stellen? Es war noch kein halbes Jahr her, dass das Kampfblatt der Nazipartei, der »Völkische Beobachter«, unter der Überschrift »Neger haben auf der Olympiade nichts zu suchen« für 1936 den Ausschluss aller farbigen Sportler gefordert hatte.

Anfang 1933 verstärkten sich solche Stimmen, insbesondere unter den »völkischen« Studenten, die die Spiele wegen ihrer Internationalität und den Leistungssport generell wegen seines Individualismus als Spätform des Liberalismus ablehnten. Als Wortführer fungierte der NS-Studentenführer Dr. Harro Hagen, der einen »Deutschen Kampfring gegen Olympische Spiele« gegründet hatte. Unter seinem Einfluss verabschiedeten Vertreter von 18 Hochschulen am 27. Januar 1933 eine antiolympische Entschließung, mit der sie statt »lärmender Olympiavorbereitung geschäftstüchtiger Kreise« und »Reklametätigkeit für internationale Veranstaltungen« die »Förderung wirklich nationaler Aufgaben wie Arbeitsdienst, Arbeitsbeschaffung, Siedlung, studentisches Werkjahr, Wehr- und

Geländesport« forderten.[2] Die braunen Studenten, die als Zeichen ihres Protests auf der Aschenbahn des Stadions nachts kleine Eichen pflanzten, ahnten jedoch nicht, dass Hitler dem Münchner Leichtathletikfunktionär und IOC-Mitglied Karl Ritter von Halt zuerst über seine Kanzlei und schließlich im Herbst 1932 auch persönlich sein Interesse an den Olympischen Spielen mitgeteilt hatte.[3]

Am Tag nach Hitlers »Machtergreifung« gratulierte Lewald dem neuen Staatssekretär in der Reichskanzlei, Hans Heinrich Lammers, zu dessen Ernennung, wobei er nicht vergaß, seiner Freude Ausdruck zu geben, dass Hitlers juristischer Berater wie er selbst aus dem Reichsinnenministerium hervorgegangen war.[4] Da die Kontaktaufnahme zunächst ergebnislos blieb, entschloss sich Lewald am 3. Februar 1933 – in der Annahme, einen guten Schachzug zu tun –, Hindenburg die Schirmherrschaft anzutragen.[5] Damit hatte sich Lewald allerdings einen Weg verbaut, denn Hitler dachte

Statt Fußball und Leichtathletik: 25-Kilometer-Gepäckorientierungsmarsch der SA am 5. August 1933.

Instead of football and athletics: the SA on a 25 kilometre orientation march, with full kit, on 5 August 1933.

später nicht daran, die für ihn vorgesehene zweitrangige Präsidentschaft eines geplanten Ehrenausschusses anzunehmen. Mit den Reichstagswahlen vom 5. März 1933 gelang es Hitler, seine Macht zu stabilisieren. Zuvor hatte Hindenburg unter dem Eindruck des Reichstagsbrandes sieben Artikel der Reichsverfassung außer Kraft gesetzt, womit er der Demokratie den Todesstoß versetzte. Die NSDAP kam auf 43,9 Prozent der Stimmen, doch sie benötigte wie schon am 30. Januar 1933 die Deutsch-Nationalen zur Bildung einer mehrheitsfähigen Regierung. Lewald nutzte die Gunst der Stunde, um sich bei Lammers in Erinnerung zu bringen und um eine Audienz bei Hitler für sich und seinen Stellvertreter Heinrich Sahm zu bitten – mit Erfolg.

Der Empfang fand am 16. März 1933 in der Reichskanzlei statt. Lewald hielt zunächst einen kurzen Vortrag über die Bedeutung der Olympischen Spiele und unterbreitete dann die Pläne für den Umbau von Stadion und Sportforum, dessen Kosten er auf fünf Millionen Mark bezifferte. Dafür erbat er eine Reichsgarantie von sechs Millionen und schlug vor, diese über das von Hitler angekündigte Arbeitsbeschaffungsprogramm zu finanzieren.[6]

In der schriftlichen Zusammenfassung, die Lewald am selben Tag an Lammers sandte, ergänzte er: »Was ich heute nicht mehr erwähnen konnte, ist die ungeheure Propagandawirkung für Deutschland, die dadurch eintritt, dass mindestens 1000 Journalisten (in Los Angeles waren es über 800) zu den Spielen entsandt werden, darunter etwa 400 ausländische; 16 Tage hintereinander – vom 1.–16. August – werden diese Journalisten die Zeitungen der ganzen Welt mit Telegrammen über Deutschland versorgen. Keine andere Veranstaltung kann auch nur entfernt mit einer solchen Propaganda in Wettbewerb treten.«[7] Die anschließende Pressemeldung erschöpfte sich indes in Allgemeinplätzen. Die Öffentlichkeit erfuhr lediglich, dass Hitler ein »lebhaftes Interesse für die Olympischen Spiele« bekundet und »den Sport als ein unentbehrliches Mittel für die Ertüchtigung der deutschen Jugend« bezeichnet hatte.[8]

Es ist nicht überliefert, welche Argumente für Hitler ausschlaggebend waren. Da Lammers in seiner Erwiderung aber vor allem die »ungeheure Propagandawirkung« hervorhob, die er mit besonderer Anteilnahme gelesen hätte, so spiegelte sich darin vermutlich auch Hitlers Auffassung wider, zumal der Kanzleichef noch am selben Tage Lewalds Bitte »mit wärmster Befürwortung« an Reichspropagandaminister Joseph Goebbels weiterleitete, das Organisationskomitee »bei der Propaganda im In- und Auslande nach jeder Richtung hin zu unterstützen«.[9]

Lewald und Diem sichern sich Ämter

Während Hitler den Staatsmann mimte, regierte auf den Straßen der braune Mob. Gleichzeitig entdeckten Hunderttausende ihr Herz für den Nationalsozialismus. Zu den »Märzgefallenen«, wie sie im Volksmund abfällig tituliert wurden, gehörte auch March. Wer hingegen das Regime ablehnte, ging das Risiko ein, mit »eisernem Besen« aus Amt und Würden hinausgefegt zu werden, wie das der Preußische Innenminister Hermann Göring angekündigt hatte.[10]

---

1 12 Uhr Blatt, 25.1.1933.
2 Ebenda, 2.2.1933.
3 IOC-Archiv, Halt an IOC-Sekretär Berdez, 26.10.1932.
4 Barch R 8077/223, Lewald an Lammers, 31.1.1933.
5 Ebenda R 43 II 729, Hindenburg an Lewald, 9.2.1933.
6 Ebenda, Lewald an Lammers, 16.3.1933.
7 Ebenda.
8 Ebenda, Lammers an Presseabteilung, 16.3.1933.
9 Ebenda, Lammers an Lewald, Lammers an Goebbels, 24.3.1933.
10 Bundesfilmarchiv, Deutschland erwacht, NS-Propagandafilm, hrsg. v. d. NSDAP, 1933.

Theodor Lewald, Porträtrelief von Harald Haacke am Marathontor. Obwohl Lewald von den NS-Rassegesetzen als »Halbjude« eingestuft wurde, beließ ihn Hitler mit Rücksicht auf das IOC als Präsident des Organisationskomitees der Olympischen Spiele 1936.

Theodor Lewald, a relief portrait by Harald Haacke at the Marathon Gate. Although Lewald was classified under the Nazi race laws as ›half-Jew‹, out of consideration for the IOC Hitler let him stay on as President of the Organising Committee of the Olympic Games 1936.

In die Gefahr liefen auch jene, die dem »Novembersystem« der Weimarer Republik gedient hatten. Am 1. April 1933, als erstmals jüdische Geschäfte boykottiert wurden und der Ausschluss der Juden aus den Sportvereinen begann, veröffentlichte Arno Breitmeyer im »Völkischen Beobachter« einen Artikel mit der Überschrift »Die deutsche Sportjugend fordert: Neue Männer an die Spitze!«. Der ehemalige Rennruderer, der sich den SA-Rabauken angeschlossen hatte, schrieb: »Ja, das möchte manchem dieser Sportführer Vergnügen bereiten, im Strom der nationalen Erneuerung mitzutreiben, sich vielleicht hochtreiben zu lassen ... Dr. Lewald – übrigens semitischer Abstammung – sowie sein getreuer Adlatus Dr. Diem haben nicht nur alle nationalen und völkischen Regungen bewusst unterdrückt, sie haben die andere Seite, die sich schwarz-rot-gelb drapierte, einseitig gefördert.«[11]

Ins gleiche Horn stieß »Der Angriff«, dessen Schlagzeile eine Beziehung zu einem bekannten jüdischen Verlagshaus herstellte, das zu den Sponsoren des DRA gehörte: »Es wird gesprungen – Lewald + Diem = Ullstein.«[12] Auch das antisemitische Hetzblatt »Der Stürmer« stimmte in diesen Chor ein und hielt Lewald seine jüdischen Wurzeln vor.[13] Allerdings wehrte sich Lewald, dessen Vater ein getaufter Jude war, nur gegen den »Angriff« mit einem dreiseitigen Brief an die Schriftleitung, in dem es hieß: »Auf Diem und mich ist es zurückzuführen, dass in die Bedingungen für das Erlangen des Turn- und Sportabzeichens das Kleinkaliberschießen und der Gepäckmarsch aufgenommen sind. Mit welchen unsäglichen Schwierigkeiten hatte ich zu kämpfen, bis endlich der Kleinkaliberstand auf dem Sportforum genehmigt wurde. Wo ist in den letzten 10 Jahren ein Denkmal errichtet worden, wie das für den im Luftkampf gefallenen Prinzen Friedrich Karl von Preußen auf dem Sportforum, das die Inschrift trägt: ›Ein Vorbild der deutschen Sportjugend‹?«[14] Beigelegt war die Kopie eines Schreibens vom 4. Februar 1931 an das Reichswehrministerium, in dem er »in schärfster Weise die Erziehung zur Wehrhaftigkeit« gefordert hatte.

Weil er wegen »reaktionärer Gesinnung« 1921 vom SPD-Innenminister Adolf Köster in den Ruhestand geschickt worden war, wollte Lewald offenbar nun vom neuen Regime belohnt werden. Vorsorglich teilte er Lammers zudem mit, dass, falls er sein Amt als Präsident des Organisationskomitees verlieren würde, »die Abhaltung der Olympischen Spiele in Deutschland aufs schwerste gefährdet sein würde«.[15] Das überzeugte, worauf Lammers folgende Notiz zu den Akten gab: »Nach Vortrag beim Herrn Reichskanzler: 1.) Der Pressechef der NSDAP, Herr Dr. Dietrich, ist dahin verständigt, dass es der Wunsch des Herrn Reichskanzlers ist, dass weitere Angriffe gegen Exzellenz Lewald in der nationalsozialistischen Presse unterbleiben.«[16]

Doch die inneren Machtkämpfe waren noch nicht vorbei. Sie flackerten erneut auf, als Hitler auch im Sport das »Führerprinzip« anordnete und am 28. April 1933 den SA-Gruppenführer Mitte, Hans von Tschammer und Osten, zum »Reichssportkommissar« ernennen ließ. Damit wurde ein vierwöchiges Rätselraten beendet, wer wohl der neue starke Mann sein würde. Sehr zur Enttäuschung von Diem, der von seinem alten Weggefährten Walter von Reichenau, nun Chef des Ministeramtes im Reichswehrministerium, ins Gespräch gebracht worden war. Obwohl Diem für sich beanspruchte, »niemals Demokrat«[17] gewesen zu sein, verlor er sein Amt als Generalsekretär, als die »Sportführer« am 10. Mai 1933 in vorauseilendem Gehorsam den DRA auflösten. Auch als Prorektor der DHfL wurde er beurlaubt, so dass ihm plötzlich nur noch der Posten des Organisationschefs der Olympischen Spiele verblieb, der ihm keineswegs sicher war.

Anfang Mai 1933 wandte sich deshalb IOC-Präsident Baillet-Latour an seine »lieben Kollegen« in Deutschland, um seine große Besorgnis über den »feindlichen Beschluss von 18 Universitäten«, die »Amtsniederlegung gewisser leitender Persönlichkeiten und die Erklärung des neuen Reichssportkommissars, der die Organisation der Olympischen Spiele als zu seinen Obliegenheiten gehörig bezeichnete«, zum Ausdruck zu bringen. Für die bevorstehende IOC-Session in Wien verlangte er eine schriftliche Garantie der Reichsregierung, dass diese 1936 die olympischen Regeln einhalten würde. Der belgische Graf hielt es für unerlässlich, Hitler klarzumachen, dass die Spiele »keinerlei politischen, rassenmäßigen, nationalen oder konfessionellen Charakter haben dürfen, dass das Organisationskomitee allein dem IOC untersteht und allein die deutschen Mitglieder befugt sind, sich mit dem IOC in Verbindung zu setzen«. Abschließend riet er: »Falls diese Bedingungen nicht die Zustimmung des Reichskanzlers finden sollten, wäre es vorzuziehen, wenn die Stadt Berlin ihre Kandidatur zurückzöge.«[18] Lewald, der das Schreiben höchstwahrscheinlich im Verein mit Diem lanciert hatte, reichte die deutsche Übersetzung an Lammers weiter und erbat gleichzeitig um eine Audienz bei Hitler für sich und seine IOC-Kollegen Ritter von Halt und den Herzog zu Mecklenburg.[19] Hitler verweigerte diese aber mit dem Hinweis, Lewald solle sich an den Reichsinnenminister wenden. Außerdem ließ er Lammers mitteilen, dass er die Übernahme des Ehrenvorsitzes, um die man ihn erneut gebeten hatte, »mit Rücksicht auf das ziemlich anmaßende Schreiben des Grafen Baillet-Latour« ablehnen würde.[20]

Keine vier Wochen später tagte das IOC in der Wiener Akademie der Wissenschaften. Mit der Vollmacht der Reichsregierung

Antreten zum ersten »Olympia-Lehrgang« im Oktober 1933 im »Deutschen Stadion«.

Lining up for the first ›Olympics Course‹ in October 1933 in the German Stadium.

gab Lewald eine Erklärung ab, die in jeder Hinsicht Baillet-Latours Forderungen entsprach, womit auch sein und Diems olympisches Amt gerettet waren. Außerdem erklärte er, dass »2) alle olympischen Regeln beobachtet werden; 3) ein grundsätzlicher Ausschluss deutscher Juden von den deutschen Mannschaften bei den Olympischen Spielen 1936 nicht erfolgen wird«.[21] Dennoch gab der Amerikaner William May Garland zu verstehen, dass die USA nicht teilnehmen würden, »wenn den deutschen Juden anlässlich der Olympischen Spiele nicht die gleiche Behandlung wie ihren Glaubensgenossen aus den anderen Ländern zugesichert worden wäre«.[22] Damit galt das Problem vorerst als erledigt.

Entweihung der Grunewald-Arena

Am 19. März 1933 erlebten 50 000 Zuschauer das Fußball-Länderspiel Deutschland gegen Frankreich, das 3:3 endete. Es war auch der Abschied des Dresdner Mittelstürmers Richard Hofmann, der vom DFB wegen einer Zigarettenwerbung aus der Nationalmannschaft ausgeschlossen wurde – und das als Nichtraucher. Das Match war, was niemand zu diesem Zeitpunkt wusste, zudem die letzte bedeutende Sportveranstaltung in der Grunewald-Arena, die in den folgenden Monaten von Propaganda-Spektakeln entweiht wurde. Schon beim Reichstagswahlkampf im Sommer 1932 hatten die Nazis den Ort für sich entdeckt und zur Abschlussstation von Hitlers »Deutschlandflug« gemacht. Wie schon bei einer Kundgebung am Vormittag in Eberswalde, kündigte Hitler vor 120 000 Anhängern an, »diese 30 Parteien aus Deutschland wegzufegen«, wenn er an die Macht kommen würde.[23]

Kein Jahr später war das Realität. Es gab nur noch die NSDAP, und statt der Gewerkschaften marschierte die Nationalsozialistische Betriebsorganisation (NSBO), die am 21. Mai 1933 im Stadion ihren Generalappell veranstaltete. Es war vor allem die Technik, mit der die neuen Herren gefallen wollten und die naive Gemüter schon immer beeindruckte. Was sich jetzt »Sportfest« nannte, bestand aus SS-Gelände-Meldefahrten oder Rennen der SA-Motorradgespanne. Statt Leichtathleten sah man SA-Standarten, die in feldmarschmäßiger Ausrüstung nach einem 25-Kilometer-Orientierungsgepäckmarsch das Stadion ansteuerten. Eine Woche später – am 13. August 1933 – paradierten 10 000 SS-Männer der Gruppe Ost vor SA-Stabschef Ernst Röhm und Heinrich Himmler, der die SS kommandierte. Den »Tag der Hitler-Jugend« am 11. Juni nicht zu vergessen, an dem 40 000 Mädchen und Jungen im strömenden Regen hinaus in den Grunewald marschieren mussten, um dort von Goebbels, der im Trockenen saß, zu hören, dass das vergangene »rot-schwarze Regime« die Jugend erbittert, »aber auch hart gemacht habe«.[24]

Unterdessen gingen die Olympiaorganisatoren weiter davon aus, dass man das Stadion lediglich ausbauen würde, was Reichsinnenminister Frick, in dessen Ressort Sportfragen fielen, in erster Linie als Aufgabe von Berlin ansah. Dagegen sollte die Erweiterung des Sportforums durch das Reich vorfinanziert und später mit dem Gewinn der Spiele verrechnet werden.[25]

Mit der Auflösung des DRA, der zuletzt die Gesamtkosten der Spiele mit 5,4 Millionen Mark angegeben hatte, war dessen Vermögen dem Reich zugefallen, womit durch die Erweiterung des dazugehörenden Stadions plötzlich »Reichsbauten auf Pachtgelände« entstehen würden, was man im Reichsinnenministerium aber für wenig zweckmäßig hielt.[26] Angesichts der unklaren Finanzierung, die Diem mit einer Lotterie lösen wollte, deren Lose durch SA- und Stahlhelm-Männer vertrieben werden sollten, verlangte Staatssekretär Hans Pfundtner, die Ausgaben auf ein »unbedingt erforderliches Mindestmaß« einzuschränken.[27] Nach einem bei dem Architekten Paul Schultze-Naumburg in Auftrag gegebenen Gutachten war es unmöglich, »aus einem Nebeneinander von bereits bestehenden massiven Bauten und solchen provisorischer Natur ein Ganzes zu schaffen«, so dass der »Blut-und-Boden«-Professor keinen anderen Weg sah, »die für eine würdige Vorbereitung zur Olympiade nötigen Summen gut anzulegen, als die hier in

---

11 Völkischer Beobachter, 1.4.1933.
12 Der Angriff, 3.4.1933.
13 Der Stürmer, Nr. 15.4.1933.
14 Barch R 43 II 729, Lewald an die Schriftleitung des »Angriffs«, 3.4.1933.
15 Ebenda, Lewald an Lammers, 3.4.1933.
16 Ebenda, Notiz Lammers, 4.4.1933.
17 CuLDA, Diem an Werner Klingeberg, 18.4.1933.
18 Barch R 43 II 729, Baillet-Latour an die deutschen IOC-Mitglieder, 3.5.1933.
19 Ebenda, Lewald an Lammers, 6.5.1933.
20 Ebenda, Lammers an Lewald, 10.5.1933.
21 Offizielles Organ des Internationalen Olympischen Ausschusses, Nr. 24, Lausanne 1933, S. 41.
22 Ebenda.
23 Völkischer Beobachter, 29.7.1932. Das Blatt gab die Zahl der Teilnehmer mit 180 000 an.
24 Berliner Tageblatt, 12.6.1933.
25 Barch R 43 II 729, Lammers an Finanzminister Schwerin von Krosigk, 28.3.1933.
26 Ebenda R 1501/5608, RMdI, Vermerk, betreffend Olympiafinanzierung, 6.7.1933,.
27 Ebenda, Bericht über die Sitzung des Finanzausschusses des Organisationskomitees, 10.7.1933.

1933–1936

Hitler am 5. Oktober 1933 im Deutschen Sportforum. Foto unten: Hitlers zweite Visite am 31. Oktober 1934: Nach der Besichtigung der Großen Turnhalle, ganz vorn Bauleiter Richard Sponholz, dahinter (mit Stock) Hans Pfundtner, links hinter Hitler in der zweiten Reihe: Werner March.

Hitler in the German Sportforum on 5 October 1933. Photo below: Hitler's second visit on 31 October 1934: after visiting the Large Gymnastics Hall, in front building director Richard Sponholz, behind (with stick) Hans Pfundtner, left, standing behind Hitler in the second row, Werner March.

Jahren gereiften Pläne zu billigen«[28], was nichts anderes als den Ausbau nach Marchs Vorstellungen bedeutete.
Der Sommer verging jedoch ohne Entscheidung. Zwar erklärte sich die Gesellschaft für öffentliche Arbeiten (Öffa), mit der man seit 1930 die Konjunktur ankurbeln wollte, bereit, einen Wechselkredit über 1,3 Millionen Mark im Rahmen des III. Arbeitsbeschaffungsprogramms – »Reinhardt-Programm« genannt – zinslos für fünf Jahre zu gewähren. Als sich aber Berlin weigerte, seinen Teil zu übernehmen, gerieten die Planungen schnell aufs Abstellgleis.

»Etwas Großartiges muss entstehen«

Am 3. Oktober 1933 begann im Sportforum der erste »Olympia-Nachwuchs-Lehrgang« mit 573 Teilnehmern – darunter über 100 Leichtathleten, außerdem Radsportler, Schwerathleten, Boxer, Fechter, Ruderer, Schwimmer, Tennisspieler sowie die Fußball-Nationalelf. Nachdem Tschammer, der sich seit Juli »Reichssportführer« nannte, beim Eröffnungsappell alle Kandidaten namentlich vorgestellt hatte, begann der Trainingsbetrieb mit Ordnungsübungen. Am dritten Tag, um 8.30 Uhr, erschien Hitler, zu dessen Begrüßung die Kursisten ein Spalier bilden mussten. Man stellte ihm einige Prominente vor: Tennisspieler Gottfried von Cramm, Kugelstoßer Emil Hirschfeld, Speerwerfer Gottfried Weimann.

Nachdem Hitler mit seinem Gefolge, zu dem Frick, Pfundtner, Lewald, Schultze-Naumburg, die March-Brüder, Ministerialbeamte sowie eine Anzahl SS- und SA-Führer gehörten, die Übungssäle der Turnschule besucht hatte, besichtigte er in der noch unfertigen Großen Turnhalle die Modelle des Stadions und Sportforums.
Schon auf dem Weg dorthin hatte sich Hitler für den Wegfall der Rennbahn entschieden. Lewald notierte: »Der Kanzler erklärte, das Stadion müsse vom Reich gebaut werden, es sei das eine Reichsaufgabe, wenn man die ganze Welt zu Gast geladen hätte, müsste etwas Großartiges und Schönes entstehen.«[29]
Großartig fand Hitler vor allem das Monumentale und Urwüchsige, und nachdem ihm March verschiedene Steinsorten gezeigt

hatte, verlangte er: »... das Stadion müsse mit Haustein bekleidet sein; wenn man vier Millionen Arbeitslose habe, müsse man für Arbeit sorgen, da spielten einige Millionen mehr gar keine Rolle.«[30]
Für die nächste Woche wurde March in die Reichskanzlei bestellt, in die er einen neuen Gesamtplan mit allen Zeichnungen und Kostenvoranschlägen mitbringen sollte, obwohl darüber bisher nur grobe Schätzungen existierten.[31] Dass sich Hitler für den älteren March entschieden hatte, provozierte dessen Gegner und Neider besonders im »Kampfbund für Deutsche Kultur«, die schon im Frühjahr 1933 versucht hatten, ihn als Günstling der »Systemzeit« zu denunzieren. Andere Kollegen wie der Kölner Stadtbaurat Theo Nussbaum plädierten dagegen

dafür, »einen engeren Wettbewerb unter denjenigen deutschen Baukünstlern zu veranstalten, die sich in den letzten Jahren erfolgreich mit dem Bau von Großkampfbahnen befasst« hatten.[32]
Die Würfel waren jedoch gefallen, als March am 10. Oktober 1933 in der Reichskanzlei die Wünsche in Anwesenheit von Frick, Goebbels, Tschammer und Lewald diktiert bekam. Hitler verlangte ein neues Stadion für 100 000 Zuschauer, das durch einen Einschnitt mit einem Aufmarschgelände verbunden sein sollte, dessen Ausmaße er selbst skizzierte und für das March eine Kapazität von einer halben Million Menschen errechnete.[33]
Goebbels beanspruchte außerdem eine Freilichtbühne für 50 000 Personen als »geistiges Zentrum«, deren Standort man

Der Plan des Reichssportfeldes, wie er am 14. Dezember 1933 von Werner und Walter March bei Hitler eingereicht wurde, sah ein Radstadion am U-Bahnhof vor.

On the plan of the Reichssportfeld, as given to Hitler on 14 December 1933 by Werner and Walter March, there was intended to be a cycling stadium next to the Underground station.

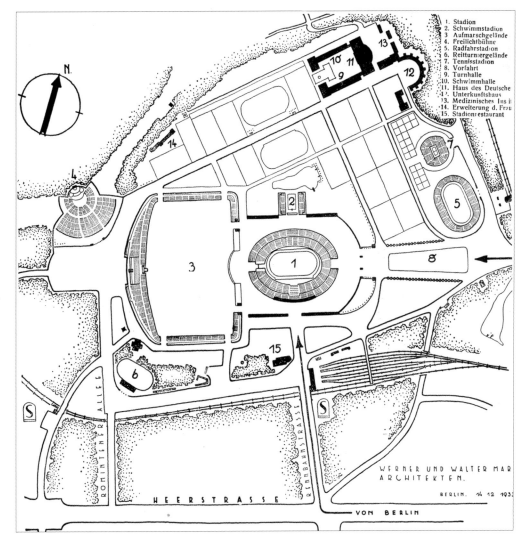

in der nahen Murellenschlucht schon während der Besichtigungstour gefunden hatte. Wie von March geplant, sollten auch die übrigen Anlagen des Sportforums einschließlich Schwimm-, Tennis- und Radstadion gebaut werden.³⁴

Wovon Lewald & Co. jahrelang nur träumten, hatte Hitler an einem Nachmittag zu ihren Gunsten entschieden, ohne dass die Kosten geschätzt oder Experten konsultiert wurden. Für solche Selbstherrlichkeit, euphemistisch als Durchsetzungsvermögen gerühmt, bewunderte man den »Führer« sogar. Diem, der als Vorsitzender des Bauausschusses von niemand gehört worden war, blieb nichts anderes übrig, als seine dreimonatige Vortragsreise durch die Türkei, zu der er Mitte September aufgebrochen war, zu unterbrechen, um sich in Berlin über die neue Lage zu informieren.³⁵

Austreibung der Herrenreiter

Am 18. Oktober endete die 1933er Turfsaison mit dem siebten Rennen, das man »Auf Wiedersehen« genannt hatte. Die wenigen Besucher waren voller Wehmut, denn sie ahnten, dass es ein solches im Grunewald nicht geben würde. Bevor man allerdings mit der Errichtung der »Kampf- und Feststätte des deutschen Volkes«³⁶ nach Hitlers Plänen begann, mussten Eigentumsfragen geklärt werden, denn der Rennverein besaß noch immer einen bis zum 1. April 1943 laufenden Pachtvertrag mit der Potsdamer Oberförsterei. Obwohl die Aufgabe der Bahn einen schweren Verlust darstellte, waren die Herrenreiter vom Grundsatz her zum Nachgeben bereit, allerdings nur gegen eine Entschädigung von 2,75 Millionen Mark, mit denen sie ihre Verbindlichkeiten tilgen und Hoppegarten und Karlshorst ausbauen wollten.³⁷ Hitler dachte aber gar nicht daran, zumal ihm der Union-Klub, in dem die NS-Presse in den Nachkriegsjahren den Einzug »jüdischen Wesens«³⁸ entdeckt hatte, schon lange ein Dorn im Auge war. Vizepräsident Graf Spreti und Generalsekretär Werner Krause wurde deshalb schnell klargemacht, wer am längeren Hebel saß, so dass sie schon in der ersten Besprechung mit Pfundtner ihre Ansprüche deutlich reduzierten.³⁹ Die zweite Zusammenkunft am 4. Dezember 1933, die eher einem Befehlsempfang entsprach, dauerte angeblich sogar nur fünf Minuten.⁴⁰ Anschließend übernahm das Reich die Schulden des Rennvereins und zahlte zusätzlich eine Million Mark, die jeweils zur Hälfte an den Union-Klub und den Verein für Hinderniss-Rennen ging. Im Gegenzug wurde auf alle Rechte an der Grunewald-Bahn verzichtet. In die bestehenden Verträge trat der Reichsfiskus ein, der am 27. Dezember 1933 die 131 Hektar große Fläche für eine Million – nicht einmal ein Sechstel des ursprünglichen Preises – dem Land Preußen abkaufte.⁴¹

Mit den nochmals überarbeiteten Plänen wurde March am 14. Dezember 1933 erneut in der Reichskanzlei vorstellig, wo

28 Ebenda, Gutachten Prof. Paul Schultze-Naumburg, 15.7.1933.
29 Ebenda, Lewald an Pfundtner, Vertrauliche Aufzeichnung, 5.10.1933.
30 Ebenda.
31 Ebenda R 43 II 729, Frick an Lammers, 5.10.1933.
32 Ebenda, Nussbaum an das Büro des Reichskanzlers, 10.10.1933.
33 XI. Olympiade Berlin 1936, Amtlicher Bericht, Bd. I, Limpert-Verlag, Berlin 1937, S. 55.
34 Vossische Zeitung, 17.10.1933.
35 BZ am Mittag, 11.11.1933.
36 Völkischer Beobachter, 21.12.1933.
37 Barch R 1501/5608, Präsidium des Berliner Rennvereins an RMdI, 17.10.1933.
38 Der Angriff, 7.2.1933.
39 Barch R 1501/5608, RMdI, Vermerk über die Besprechung mit dem Präsidium des Berliner Rennvereins, 11.11.1933.
40 Franz Chales de Beaulieu, 100 Jahre Union-Klub 1867–1967, Köln 1967, S. 25 f.
41 Barch R 1501/5609, Reichsfinanzminister an Reichsinnenminister, 1.12.1933.

Walter March, der seit 1928 die US-Staatsbürgerschaft besaß (rechts). Unten: Plan des Reichssportfeldes mit dem nach seinem Vater benannten Marchtunnel, der im Süden am Eingang der ehemaligen Rennbahn beginnt und im Norden in einer Laube am August-Bier-Platz endet. Andere Seite: Reichssportfeld aus der Vogelperspektive.

Walter March, who had US citizenship since 1928 (right). Below: Plan of the Reichssportfeld with the March Tunnel (named after his father), which begins to the south at the entrance to the former racecourse and ends to the north in a summerhouse at the August-Bier-Platz. Overleaf: bird's eye view of the Reichssportfeld.

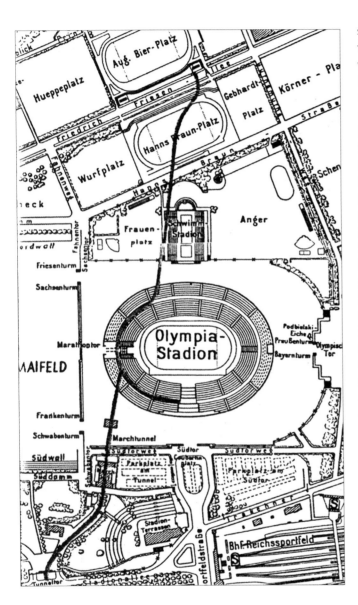

er Hitler den Abbruch der Anlage vorschlug, die sein Vater erbaut hatte. An deren Stelle sollte ein Stadion für 100 000 Zuschauer – mit 65 000 Sitz- und 35 000 Stehplätzen – gebaut werden, für das er mehrere Lösungsmöglichkeiten anbot, deren erste an die Ausbau-Variante anknüpfte und von einem »völlig eingesenkten Stadion« und der Weiterverwendung der bestehenden Anlagen ausging. Mit einer Kapazität von 90 000 Menschen fiel das Aufmarschgelände entsprechend kleiner aus.

Im zweiten Vorschlag hatte der Architekt zwei klare Hauptachsen entwickelt: Die Ost-West-Achse führte von der Zufahrt durch die Mittelachse des Stadions zum Aufmarschgelände, dessen Fassungsvermögen nunmehr für 150 000 Menschen ausgelegt war. Um dafür den erforderlichen Platz zu finden, verschob er das neue Stadion um 150 Meter nach Osten. Die Nord-Süd-Achse begann an der Heerstraße, führte über die Rennbahnstraße durch das Stadion und wurde im Norden mit dem Schwimmstadion und dem Sportforum fortgesetzt. Die Hauptarena sollte um zehn Meter vertieft und um 13 Meter »überirdisch« als beherrschender, sichtbarer Baukörper errichtet werden, so dass die Zuschauer das Stadion ebenerdig betreten konnten.

Bei einer dritten Variante hatte March das Areal nicht mehr vom Osten her erschlossen, vielmehr erhielt es seine innere Hauptachse durch die »Führertribüne«, das Stadion sowie das Schwimm- und Radstadion. Das Aufmarschgelände hatte er nach Norden verschoben und die übrigen Anlagen radial angeordnet.[42]

Hitler entschied sich für den mit »b« bezeichneten zweiten Entwurf und ließ die »endgültige Genehmigung« am selben Tage verkünden.[43] Offenbar war es March gelungen, damit die Intentionen des »Führers« am besten zu erfassen, auch wenn der Architekt später noch einiges korrigieren musste. So verschwand das Radstadion, das er vor dem U-Bahnhof »Stadion« im Steilhang einsenken wollte. Stattdessen baute man für die Olympischen Spiele eine temporäre Anlage aus Holz auf dem Gelände des ehemaligen BSC-Stadions in der Nähe des Funkturms.

Reichsinnenministerium als Bauherr

Hitler hatte festgelegt, dass das Reichsinnenministerium als Bauherr auftreten sollte. Staatssekretär Hans Pfundtner, der 1932 von den Deutschnationalen zur NSDAP gewechselt war und den Frick ein Jahr später zu seinem ständigen Vertreter ernannte, wurde die Gesamtverantwortung übertragen. Gegenüber dem renommiersüchtigen Tschammer, dem alle sportfachlichen Entscheidungen überlassen waren, wirkte der erfahrene Verwaltungsbeamte, der schon 1917 im damaligen Reichsamt des Inneren und später als Regierungsrat im Reichswirtschaftsamt gedient hatte, ausgleichend. Zusammen mit Tschammer, March, dem Vertreter des Reichsfinanzministeriums Karl Reichle und dem Oberregierungsrat im Reichsinnenministerium Hans Ritter von Lex bildete er den »engeren Bauausschuss«, zu dem bei Bedarf weitere Personen wie Schultze-Naumburg, Stadtbaudirektor Benno Kühn und Architekt Dr. Georg Steinmetz hinzugezogen werden sollten. Gedacht war »ferner an Lewald, dem es freistehe, Diem mitzubringen«, wie es im Protokoll hieß.[44] Damit war der Bauausschuss des Organisationskomitees überflüssig geworden.

Als ausführende Dienststelle errichtete das Reichsfinanzministerium ein »Reichsneubauamt Stadion«, dem der Oberregierungsbaurat Richard Sponholz

vorstand. In dessen Zuständigkeit fielen die örtliche Bauleitung, die Ausschreibung der Aufträge, Kostenvoranschläge, Massenberechungen und die Abnahme des Projekts, das vollständig vom Reich bezahlt wurde. Die Stadt Berlin hatte lediglich für die Finanzierung der Zufahrtswege zu sorgen, die ab 1934 entstanden.[45]

Für die Entwurfsarbeiten sicherte man March, zu dessen Aufgabe auch die »Beratung in künstlerischer Hinsicht« gehörte – von der Ausschmückung über die gärtnerische Gestaltung, Fragen des Lichts bis hin zu Theater- und Festspielaufführungen –, vertraglich 304 500 Mark zu. Dazu kamen noch weitere 58 600 Mark, mit denen er pauschal für seine bis 1932 geleisteten Vorarbeiten abgefunden wurde.[46] Aus seinem Honorar finanzierte er ein Atelier im Sportforum, das er in zwei Abteilungen gliederte: 1. Bauten, 2. technische und installatorische Fragen. In dem vom Reichsinnenministerium herausgegebenen Werk »Das Reichssportfeld« mit dem programmatischen Untertitel »Eine Schöpfung des Dritten Reiches für die Olympischen Spiele und die Deutschen Leibesübungen«, würdigte March später die Verdienste seiner 22 »treuen Helfer«, unter denen Architekten, Ingenieure, Statiker, Gartenbaugestalter, Bildhauer und Theaterfachmänner waren. Darunter auch sein Bruder Walter, den er allerdings nur als seinen ersten Mitarbeiter bezeichnete, obwohl der von Hitler genehmigte Entwurf vom 14. Dezember 1933 noch beide gleichberechtigt als Urheber auswies. Die Gründe für die neue Rollenverteilung dürften auf der Hand liegen, da der 1933 nach Deutschland zurückgekehrte Walter March seit fünf Jahren US-Bürger war und somit für das NS-Regime kein Verhandlungspartner sein konnte.

Auch sonst waren die Brüder sehr verschieden: Während Werner als selbstbewusster Draufgänger seine Ellenbogen einzusetzen wusste, verkörperte Walter den sensiblen, kunstsinnigen Typ, der dem Älteren gern die Führungsrolle überließ. Der eine ordnete sein Privatleben völlig dem Beruf unter und blieb zeitlebens ein notorischer Junggeselle; der andere war familiär und Vater von fünf Kindern. Mit den Nationalsozialisten hatte Walter wenig im Sinn, was letztlich auch zum Zerwürfnis mit seinem Bruder beitrug. Kaum dass die Olympischen Spiele von 1936 vorüber waren, verschwand er aus Deutschland, ohne große Worte zu machen. Von New York aus ließ er der Reichskammer der bildenden Künste mitteilen, dass er sich auf einer längeren Auslandsreise befinden würde, worauf sein Name zum 30. September 1936 in der Mitgliederliste gelöscht wurde.[47]

Arbeitsplätze nur für »Arier«

Als im Spätherbst 1933 die Radrennbahn aus dem Stadion herausgesprengt und die ehemalige Kaiserloge beseitigt wurde, herrschten sowohl beim Bauherrn als auch beim Architekten noch ziemlich verschwommene Vorstellungen, wie der Nachfolgebau aussehen, vor allem was er kosten würde. Im November hatte Pfundtner den Aufwand zur Vorbereitung einschließlich Bodenkäufe, Entschädigungen, Abfindungen, Zufahrtswege und der Olympischen Winterspiele, die mittlerweile an die bayrische Marktgemeinde Garmisch-Partenkirchen gegangen waren, auf 19,425 Millionen geschätzt und die benötigte Grundfläche mit 67 Hektar angegeben, was bald

---

42 Ebenda, Werner March, Bericht über die baukünstlerische und technische Vorbereitung für die Anlage des Deutschen Reichsstadions mit Aufmarschgelände, Sportforum und Deutscher Freilichtbühne im Grunewald, 13.12.1933.
43 Ebenda, Erklärung des Reichskanzlers, 14.12.1933.
44 Ebenda, RMdI, Besprechung vom 18.12.1933.
45 Landesarchiv Berlin A Rep. 02-01, Nr. 313, Vorlage an die Ratsherren, 24.4.1936.
46 Barch R 1501/5609, Vertrag zwischen dem RMdI und Architekt Werner March, 27.4.1934.
47 Barch ehem. BDC RKK, Rechtsanwalt Dr. Walter Lisco an das Präsidium der Reichskammer der bildenden Künste, 19.11.1936.

Der jüdische Chefstatiker des Reichssportfeldes Georg Fekete musste 1934 von Werner March entlassen werden; er beschäftigte ihn aber illegal weiter.

The Jewish chief structural engineer of the Reichssportfeld Georg Fekete had to be dismissed by Werner March in 1934, but he continued to employ Fekete illegally.

hinfällig war.[48] Von Hitler mit allen Vollmachten ausgerüstet, beschaffte Pfundtner vom preußischen Staat in elf Wochen weitere Flächen rund um die Rennbahn, so dass das Gesamtgelände auf 131,61 Hektar anwuchs.[49]

Auf diesem Areal realisierte March, der auch den Erwerb von Boden »unter Umständen im Wege der Enteignung«[50] empfahl, sein Konzept, das sich an die Antike anlehnte und in den 1920er Jahren von Diem und Renner zum »Idealen Sportpark« entwickelt worden war. »Neben der Kampfbahn das s t a d i o n«, so lautete Marchs Beschreibung, »lagert sich das Maifeld als f o r u m mit der Langemarckhalle als t e m p l o n, die Freilichtbühne als t h e a t r o n, die Reichsakademie als g y m n a s i o n, das Haus des Deutschen Sports als p r y t a n e i o n und das öffentliche Erholungsgelände als p a l ä s t r a.«[51]

Allerdings entsprach das »f o r u m« weniger der Antike als vielmehr Hitlers Forderung nach einem Aufmarschfeld als Ersatz für das als Zentralflughafen vorgesehene Tempelhofer Feld, wo das Regime am 1. Mai 1933 mit einer Großkundgebung vor einer Million Menschen erstmals den »Tag der Arbeit« offiziell begangen hatte. Das »theatron« ging dagegen auf Goebbels zurück, der in einer Rede vor Bühnenleitern die Errichtung von Freilichttheatern für 50 000 bis 100 000 Zuschauer verlangt hatte, um »Vaterländische Volksschauspiele« aufzuführen.[52] Und auch das »prytaneion« war nicht Marchs Eingebung, sondern Tschammers Wunsch, der Hitler während des Rundgangs ein »Haus des Deutschen Sports« als Sitz der Reichssportführung abgerungen hatte.

Während March noch über seinen Plänen grübelte und schon 800 teilweise uralte Bäume ausgegraben und versetzt wurden, versammelte der Reichssportführer am 22. März 1934 ausgewählte Vertreter »der Stirn und der Faust«, die im früheren Rennbahnrestaurant den »Befehl des Führers« vernahmen, bevor ein Eintopfessen die »neue Arbeitsschlacht« eröffnete. Diese erschöpfte sich allerdings vorerst in der Zerstörung der alten Substanz, die von ungelernten Kräften in Handarbeit erledigt werden musste. »So wurde erreicht, dass über 500 Firmen und täglich bis zu 2600 Arbeiter 2 ½ Jahre lang auf der Baustelle beschäftigt wurden«[53], meldete später der Amtliche Bericht, in dem die Nachteile verschwiegen wurden: Als die Massenarbeitslosigkeit durch das unwirtschaftliche »Reinhardt-Programm« zurückging, trat ein Mangel an Fachkräften ein, der sich negativ auf das Baugeschehen auswirkte, das sich wochenlang dahinschleppte. Die bedenklichen Verzögerungen konnten erst durch den vermehrten Einsatz von Maschinen wettgemacht werden. Allerdings waren auch nicht alle willkommen, denn bei Aufträgen der Öffa galt die Verpflichtung, »nur wirtschaftsfriedliche Arbeiter deutscher Staatsangehörigkeit arischer Abstammung« sowie Unternehmen aus Berlin oder dem Umland zu beschäftigen. »Angestellte und Arbeiter, die eine staatsfeindliche Gesinnung zeigen oder gezeigt haben, dürfen bei diesem Bauvorhaben nicht beschäftigt werden. Es sollen nach Möglichkeit arbeitslose, aktive, durch den Bauherrn empfohlene Sportler Beschäftigung finden.«[54]

Dass March ähnlich vorgehen würde, hatte man offenbar vorausgesetzt. Umso schärfer die Reaktionen, als ein Mitarbeiter – ein bekennender Nazi namens Köhler – ihn Anfang Juni 1934 bei der Reichssportführung denunzierte, weil er in seinem Charlottenburger Atelier in der Marchstr. 9 den jüdischen Statiker Georg Fekete beschäftigte. Auf Verlangen Tschammers wurde March daraufhin von Pfundtner ultimativ aufgefordert, den seit 1929 in Berlin lebenden Ungarn unverzüglich zu entlassen. Lediglich die bereits begonnenen Arbeiten konnte er noch beenden, um die Termine einzuhalten.

Damit das »Vorkommnis« nicht auf Pfundtner zurückfallen konnte, versuchte er, die Wogen zu glätten. An Tschammer schrieb er: »Nachdem Herr March die peinliche Angelegenheit wenigstens nachträglich so rasch wie möglich aus der Welt geschafft hat, sehe ich schon im Hinblick auf die Notwendigkeit der rechtzeitigen Fertigstellung der Bauvorhaben die Angelegenheit als erledigt an und halte eine weitere Erörterung der Angelegenheit außerhalb unseres Geschäftsbereichs für unerwünscht.«[55]

Damit nicht genug. Aus den in den Siemens-Schuckert-Werken produzierten Bakelit-Modellen des Reichssportfeldes, die Marchs leitender Bildhauer Oskar Reich entworfen hatte, wurde Feketes Name herausgekratzt. Dennoch ging March anschließend noch das Risiko ein, den Diplomingenieur unter einem Tarnnamen weiter in seinem Atelier zu beschäftigen. Fekete kehrte Ende 1938 für einige Monate nach Ungarn zurück, um dann Anfang 1939 mit seiner Familie via England nach Australien zu emigrieren, wo er bei einer Vielzahl von Großpro-

Hitler ließ sich 1934 im Sportforum von March Werksteinproben zeigen. Anschließend ordnete er an, damit die Stadionfassade zu verkleiden. Unten: Sprengung der Kaiserloge im »Deutschen Stadion«.

In 1934 Hitler had March show him samples of stone in the Sportforum. Subsequently he ordered the stadium facade to be clad in this material. Below: Blowing up the Imperial Box in the German Stadium.

jekte – insbesondere beim Bau von Wasserkraftwerken und Brücken – in seinen Beruf zurückkehren konnte. Nach dem Zweiten Weltkrieg bedankte er sich bei March mit einer wohlwollenden Aussage in dessen Entnazifizierungsverfahren.[56]

Nicht March war's, Speer war's!

Im Sommer 1934 waren Stadion und Rennbahn eingeebnet, und die Mulde für die neue Arena begann sich abzuzeichnen. Anfang September meldete March den Abschluss der Projektierungsarbeiten, so dass mit der Umsetzung begonnen werden konnte, wozu jedoch Hitlers Entscheidung notwendig war, der sich selbst für den allergrößten Baumeister hielt. Erneut vergingen zwei Monate mit Nichtstun, ehe dieser am 31. Oktober 1934 die Baustelle besichtigte. Hitler äußerte sich danach zustimmend über die städtebaulichen, verkehrstechnischen und gärtnerischen Lösungen; auch die Entwürfe der Bauten genehmigte er.

Eine Ausnahme bildete das Olympiastadion, das March zur Hälfte im Erdreich versenkt hatte und dessen Aufbauten er mittels eines 15 Meter hohen Pfeilermodells in natürlicher Größe darzustellen versuchte. Hitler, der sich auf dem obersten Podest einen Überblick verschaffen wollte, gefiel zwar die axiale Anordnung des Kessels, der durch seine Öffnung mit dem Aufmarschgelände eine Einheit bildete, doch er stieß sich an der Fassade, für die March eine unverkleidete Stahlbetonkonstruktion gewählt hatte. Doch Hitler war das alles zu wenig monumental. Er verlangte stattdessen wuchtigere Stützpfeiler und eine Verkleidung mit »Haustein«, was sich in der Meldung des Deutschen Nachrichten-Büros (DNB) so las: »Der Führer gab wichtige Fingerzeige für die Gestaltung der Bauten und für die Auswahl des bei ihnen zu verwendenden Werksteins, wobei er seiner Befriedigung über die Wiederbelebung der Werksteinindustrie Ausdruck verlieh.«[57]

In den folgenden Wochen überarbeitete March den Säulenring, der am 17. Dezember 1934 der einzige Tagesordnungspunkt einer von Pfundtner einberufenen Sitzung war. Nachdem der Staatssekretär einleitend bekannt gegeben hatte, dass Hitler »die endgültige Gestaltung des Kampfbahngebäudes und die Auswahl des Werksteins« dem Bauausschuss überließ, erklärte March, dass er den Wunsch »nach wuchtigerer Gestaltung« damit zu erfüllen gedachte, dass er die Breite der Pfeiler von 62 auf 72 und die Tiefe von 85 auf 100 Zentimeter verstärkte. Auch die inneren Fensterpfeiler hatte er von 30 auf 45 Zentimeter verbreitert und den bisher schmalen Fenstersturz bis auf 2,40 Meter erhöht, so dass eine »regelrechte Mauerwirkung« entstanden war, wie Pfundtner zufrieden protokollierte. Dagegen fand Schultze-Naumburg dienstbeflissen, dass die Pfeiler aus größerer Entfernung noch immer recht schlank wirkten.[58]

Es ist unbestritten, dass sich mit dieser Detailfrage auch Albert Speer befasste, der seit 1933 als Architekt im Reichspropagandaministerium für die Planung und Ausgestaltung von Großveranstaltungen der NSDAP zuständig war. Als dessen Chef, Joseph Goebbels, sich Ende Februar 1935 vom Stand der Arbeiten überzeugen wollte, teilte ihm Pfundtner mit, dass »ein neues, den Ideen des Führers Rechnung tragendes Modell des Herrn March ... zur Stelle sein« würde. Weiter schrieb er: »Herr March hat sich bei dieser Umgestaltung, wie ich Ihnen

---

48 Barch R 1501/5608, Reichsinnenminister an Reichsfinanzminister, 16.11.1933.
49 Ebenda, Schnellbrief des Reichsinnenministers an den Ministerpräsident von Preußen, 18.12.1933.
50 Ebenda, March an Ritter von Lex, 10.4.1934.
51 Werner March, Bauwerk Reichssportfeld, Deutscher Kunstverlag, Berlin 1936, S. 13.
52 Völkischer Beobachter, 18.7.1933.
53 Amtlicher Bericht, Bd. I, S. 137.
54 Fr. Balke, Kunst und Kaserne, Anwendungsarten der Malerei, in: Zeitschrift für die Heeresverwaltung, 2/1937, S. 209.
55 Barch R 1501/5610, Pfundtner an Tschammer, 13.6.1934.
56 George Fekete an Werner March, 6.7.1947, Familienarchiv Hazel Hillier-Fekete.
57 Nacht-Ausgabe DNB, 31.10.1934.
58 Barch R 1501/5611, Vermerk Pfundtners: Betrifft: Gestaltung des Säulenringes beim Kampfbahngebäude, 27.12.1934.

1933–1936

REICHSSPORTFELD·OLYMPIA·U·SCHWIMM-STADION

schon andeutete, in enger Fühlung mit Herrn Architekt Speer gehalten und hofft nunmehr, den Anregungen des Führers in vollem Umfang Rechnung getragen zu haben.«[59]

Obwohl außer dieser »engen Fühlung« Speers Mitwirkung nirgends belegt ist, dient die knappe Erwähnung bis heute dazu, March eine Opferrolle anzudichten. So heißt es in einer Monografie: »Aufgrund seiner Widerstände gegen die Eingriffe wurde March im Februar 1935 schließlich die Entscheidung über die bauliche Gestaltung entzogen.«[60] Endgültig zum Widerständler wurde er für den späteren NOK-Präsidenten Willi Daume, der ihn in einer Stellungnahme als »alles andere als ein Drittes-Reich-Künstler« bezeichnete. »Es kam zu immer schärferen Auseinandersetzungen, je länger daran gebaut wurde. Das ist heute alles vergessen. Hitler selbst mischte sich ein, die Gegensätze wurden unüberbrückbar, March schlug sich tapfer – aber als es dann an die Vollendung des Baues ging, an die Fassaden, da wurde er brutal hinausgeworfen.«[61]

Kein Wunder, dass Speer, der 1946 im Nürnberger Hauptkriegsverbrecherprozess zu 20 Jahren Gefängnis verurteilt worden war, nach seiner Freilassung solche Legenden dankbar aufgriff und sich im Nachhinein mit dem allgemein anerkannten Olympiastadion schmückte, während er etwa in der Frage der Konzentrationslager unter Amnesie litt. In seinen »Erinnerungen«, die der Publizist Joachim C. Fest verfasste, schilderte er, wie Hitler nach der Besichtigung der Baustelle zornig in seine Wohnung zurückgekehrt wäre und den Staatssekretär angewiesen hätte, die Olympischen Spiele abzusagen, die ohne ihn als Staatsoberhaupt nicht eröffnet werden könnten. »Einen solchen modernen Glaskasten würde er jedoch nie betreten. Ich zeichnete über Nacht eine Skizze, die eine Umkleidung des Konstruktionsgerippes mit Naturstein sowie kräftigere Gesimse vorsah, die Verglasung fiel fort, und Hitler war zufrieden. Er sorgte für die Finanzierung des Mehraufwandes, Professor March stimmte der Änderung zu, und die Spiele waren für Berlin gerettet ...«[62]

Natursteine für alle Prestigebauten

Ende März 1935 hatte Hitler alle Vorhaben abgesegnet, allerdings war bis dahin noch nicht einmal das Gelände vermessen. Da bis zur Eröffnung der Olympischen Spiele nur noch 17 Monate verblieben, verlangte Pfundtner von allen Beteiligten die »äußerste Anspannung aller Kräfte«. March und Sponholz wurden aufgefordert, ihm »künftig zum Montag jeder Woche einen Bericht über die in der abgelaufenen Woche erzielten Fortschritte zu übermitteln«.[63]

Schwierigkeiten machte vor allem die Beschaffung des Werksteins, der nach Hitlers Befehl jetzt in riesigen Mengen benötigt wurde. Der erste große Muschelkalktransport, mit dessen Ladung die 136 großen Pfeiler verkleidet wurden, die den Oberring tragen sollten, traf am 3. Juni 1935 ein – insgesamt 30 500 Kubikmeter Material, das ausgereicht hätte, eine Pyramide mit einer Höhe und Seitenlänge von jeweils 45 Metern zu errichten.

Die Ladung stammte aus der Gegend von Würzburg, wo seit jeher der fränkische Muschelkalk gebrochen wird, der wegen seiner kräftigen Struktur als einer der besten gilt und dessen wesentlicher Vorteil seine große Wetterbeständigkeit ist, mit der er dem Granit kaum nachsteht. Am bekanntesten ist der Stein aus Kirchheim, den eine wunderbare Gleichmäßigkeit auszeichnet und der durch die Aufträge der Berliner Architekten Alfred Messel und Ludwig Hoffmann – wie das Kaufhaus Wertheim oder das Neue Stadthaus – schon vor dem Ersten Weltkrieg berühmt geworden war.

In der Folgezeit hatte sich eine Reihe Berliner Firmen wie Zeidler & Wimmel, die Holzmann AG, Dürr Natursteine, Karl Teich oder Feicht in Kirchheim, Kleinrinderfeld, Ochsenhausen, Randersacker oder Kelheim niedergelassen, wo sie durch die Steinbrüche vermögend wurden, bis die Weltwirtschaftskrise zum Niedergang führte. Einige Brüche, von denen es in den besten Zeiten allein in Kirchheim 20 gab, mussten wegen des jahrelangen Auftragsmangels schließen.

Durch die Bauvorhaben des »Dritten Reiches« änderte sich die Situation von einem Tag auf den anderen. Nachdem ein Goebbels-Erlass vom 25. Mai 1934 die Produktion von Natursteinen ins förderungswürdige »künstlerische Handwerk« einbezogen hatte, gab es in der ganzen Muschelkalkregion bald keinen arbeitslosen Facharbeiter mehr. Auch die Lage in den anderen Notstandsgebieten besserte sich: in der Eifel, wo Basalt gebrochen wurde, in Thüringen, wo man Travertin abbaute, in

Werbepostkarte zur Finanzierung der Olympischen Spiele 1936. Unten: Betonunterbauten des Olympiastadions. Rechts: Die Verkleidung der Stahlkonstruktion des Glockenturms.

Advertising postcard for the funding of the Olympic Games 1936. Below: concrete foundations of the Olympic Stadium. Right: covering up the steel construction of the bell-tower.

den Granitbrüchen des Fichtelgebirges, Schlesiens und der Bayerischen Ostmark, in den Marmorwerken von Schlesien, Sachsen und in der Oberpfalz, in den Kalktuffstein-Gebieten der Rauhen Alb, im bayrischen Brannenburg, wo Nagelfluh, oder in Anröchte bei Soest, wo Dolomit gewonnen wurde.

Da Speer zur gleichen Zeit in Nürnberg die Haupttribüne auf dem Zeppelinfeld errichtete, die ebenfalls mit Werkstein verkleidet wurde und bis zum Reichsparteitag 1935 fertig sein sollte, entstand eine Konkurrenzsituation, die Pfundtner durch die Einsetzung eines »Olympia-Kommissars« für sich entscheiden wollte. Nach dem Beispiel der beiden wichtigsten Kommissariate – Fritz Todt für Straßenwesen und Carl Friedrich Goerdeler für Preisüberwachung – sollte der neue starke Mann Hitler direkt unterstellt und mit Extra-Vollmachten ausgestattet sein, etwa zur Sicherstellung der erforderlichen Werkstoffe, zur Rekrutierung von Arbeitskräften, zur Bereitstellung von Unterkünften, Verpflegung und Verkehrsmitteln, zur Kontrolle der Reichsbahn bei der Fertigstellung von Verkehrsbauten sowie zur Bekämpfung der Preistreiberei bei den Olympiaanlagen.[64]

Bei der Besetzung des Postens dachte Pfundtner zunächst an den SA-Führer Julius Lippert, der als Staatskommissar von Berlin bereits in die Olympiavorbereitungen einbezogen war. Befürchtet wurde allerdings eine Schwächung der Rolle des Reichsinnenministers und der Widerstand Tschammers, der Lippert nicht ausstehen konnte. Endgültig erledigt hatte sich die Idee im Herbst 1935 durch die Entlassung von Oberbürgermeister Heinrich Sahm, dessen Frau man bei Einkäufen in jüdischen Kaufhäusern und Geschäften beobachtet hatte, worauf die Amtsgeschäfte durch Lippert übernommen wurden.

Letztlich entschied sich Pfundtner, die Aufgaben eines »Olympia-Kommissars« selbst wahrzunehmen, ohne den Titel zu führen. Fortan traktierte er den Architekten und den Bauleiter mit Fristenplänen und verlangte ein Maximum an Arbeitskräften. Durch diesen Druck wurde ab April 1935 binnen weniger Wochen die Zahl der Beschäftigten von 1500 auf 2600 gesteigert, die auch am Wochenende zu arbeiten und Überstunden zu leisten hatten. »Firmen, die dem Mehrschichtenbetrieb nicht gewachsen sind oder diesem aus sonstigen Gründen Widerstand entgegensetzen, sind sofort durch andere zu ersetzen«, lautete die Anordnung.[65] Mit wachsendem Missvergnügen beobachtete Pfundtner zudem Marchs Engagement im Olympischen Dorf, das seit Frühjahr 1934 im 14 Kilometer entfernten

59 Ebenda R 1501/5612, Pfundtner an Goebbels, 21.2.1935.
60 Thomas Schmidt, Werner March, Architekt des Olympia-Stadions 1894–1976, Birkhäuser Verlag, Basel/Berlin/Boston 1992, S. 48.
61 Hilmar Hoffmann, Mythos Olympia. Autonomie und Unterwerfung von Sport und Kultur, Aufbau-Verlag, Berlin 1993, S. 193.
62 Albert Speer, Erinnerungen, Ullstein Verlag, Frankfurt/Main/Berlin 1969, S. 169. Tatsächlich wurde March erst am 4. August 1936 von Hitler zum Professor ernannt.
63 Barch R 1501/5612, Pfundtner an March und Reichsneubauamt Stadion, 23.3.1935.
64 Ebenda, RMdI, Vertraulicher Vermerk, 13.3.1935.
65 Ebenda, Pfundtner an March und Vorstand des Reichsneubauamtes Stadion, 11.4.1935.

1933 – 1936

Die versenkbaren Scheinwerfer auf der Stadionkrone, die bei Abendveranstaltungen nur ein mattes Licht spendeten.

The retractable spotlights on the top of the stadium, which only gave off a dull light during evening events.

Döberitz im Auftrage des Reichskriegsministeriums errichtet wurde und für das er den Gesamtauftrag erhalten hatte. Um Pfundtner ruhigzustellen, entschloss sich March dort zur Bildung einer Arbeitsgemeinschaft, der Bruder Walter und Dr. Georg Steinmetz als Architekten und Prof. Heinrich Wiepking-Jürgensmann als Gartengestalter angehörten.

Gesamtkosten bleiben ein Geheimnis

Mit seinem Vertrag war March ein detaillierter Finanzrahmen vorgegeben worden. Danach standen ihm 16,15 Millionen Mark zur Verfügung, von denen 8,5 Millionen für den Bau des Olympiastadions, von Schwimm- und Radstadion, des Aufmarschgeländes und der Freilichtbühne sowie sechs Millionen für das Sportforum ausgegeben werden konnten.[66] Das Architektenhonorar und die Bauleitungskosten waren aktuell mit 650 000 Mark angesetzt.

Hitlers Sonderwünsche rissen jedoch ein derartiges Loch in das Budget, so dass sich Pfundtner veranlasst sah, »von Reichs wegen« einen Finanzausschuss unter seiner Leitung zu berufen, der zwar keine Entscheidungen fällen, aber als »sachverständiges Organ« beraten sollte.[67] Gedacht war vor allem an die Erschließung zusätzlicher Geldquellen – etwa von Privatpersonen. Ein Teilerfolg gelang Mitte 1935, als der Vorsitzende der »Adolf-Hitler-Spende der deutschen Wirtschaft«, Gustav Krupp von Bohlen und Halbach, zu einer Zahlung von 550 000 Mark überredet werden konnte, die jedoch erst den Auftakt für eine »Olympische Hilfe der deutschen Wirtschaft« darstellen sollte.[68] Während die Öffentlichkeit anfangs noch über die Kosten der Olympiavorbereitungen informiert worden war, herrschte in der Folgezeit Stillschweigen. Dem Amtlichen Bericht lassen sich zwar die Einnahmen, nicht aber die Ausgaben entnehmen. Aufschlussreich ist in dieser Hinsicht eine Mitteilung des Staatssekretärs im Finanzministerium, Fritz Reinhardt, der Mitte 1935 die Kostenvoranschläge für die einzelnen Anlagen einschließlich der Grünauer Ruderstrecke überprüfte und auf Gesamtkosten von 27 Millionen Mark kam. »Dies würde eine Überschreitung der zur Verfügung stehenden Mittel um rd. 2 800 000 RM bedeuten«, teilte er dem Reichsinnenminister mit, wobei er betonte, dass alle übrigen Kosten mehr oder weniger auf Schätzungen beruhten.[69] Reichsinnenminister Frick hatte allerdings längst entschieden, dass ein Defizit kein Problem sein würde: »Die Aufbringung des Restbetrages rechtfertigt sich dadurch, dass die Olympischen Spiele eine einzigartige Gelegenheit bieten, den Aufbauwillen und die Aufbaukraft des nationalsozialistischen Deutschlands der ganzen Welt vor Augen zu führen.«[70]

Das entsprach ganz Hitlers Willen, wie er Jahre später prahlerisch verkündet haben soll: »Wie die Olympischen Spiele in Deutschland hätten abgehalten werden sollen, seien ihm vom Reichsinnenministerium zwei Projekte für den Ausbau eines Berliner Stadions vorgelegt worden, von denen das eine 1,1 Millionen und das andere 1,4 Millionen gekostet hätte. Keinem der Sachbearbeiter sei also aufgegangen, dass es sich bei der Durchführung der Olympischen Spiele um eine einmalige Möglichkeit für uns handelte, Devisen zu bekommen und unser Auslandsansehen zu erhöhen. Noch heute müsse er über die sprachlosen Gesichter lächeln, als er den Männern verkündet habe, er setze für den Entwurf eines neuen Olympia-Stadions als erste Zahlung 28 Millionen aus. Das Stadion habe dann insgesamt 77 Millionen gekostet und uns ½ Milliarde Devisen eingebracht.«[71]

Allerdings finden sich für solche Sprüche keine Belege, so dass das vom Reichsinnenministerium herausgegebene Werk schon eher glaubwürdig ist. Darin heißt es: »So ergab sich schließlich für die Bauten und Anlagen des gesamten Reichssportfeldes einschließlich Bauleitungskosten, Architektenhonorar, Grunderwerbskosten und Abfindungen ein Gesamtkostenbetrag von rund 40 Millionen RM.«[72] Das deckt sich mit späteren Angaben, die von 42 Millionen ausgingen, zu denen jedoch noch acht Millionen für die Zufahrtsstraßen kamen, die über ein Darlehen der Öffa durch Berlin getragen wurden.[73]

Hitler verweigert seinen Namen

Anfang Juni 1935 war das Hockeystadion fertiggestellt; im Reiterstadion, das wegen seiner Enge für die Spiele dann keine Verwendung fand, hatte man eine der alten Rennbahntribünen wiederaufgebaut. Der Rohbau des Schwimmstadions war nahezu vollendet; auf dem Aufmarschgelände goss man die Fundamente für den »Führerturm«, der nach neuesten Meldungen nicht mehr nur 65, sondern 76 Meter hoch sein sollte. Im Stadion, wo durchgängig in drei Schichten gearbeitet wurde, konnte man bereits die ersten Sitzreihen erkennen. Mit dem baulichen Fortschritt stieg die Menge der Besucher. Da Pfundtner angesichts der zeitlichen Rückstände unberechtigte Kritik und Gerüchte

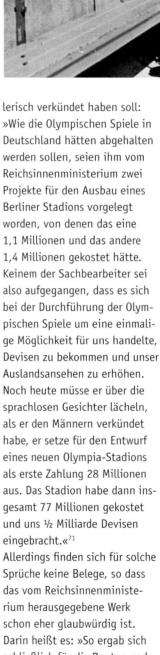

Coubertin-Relief in der IOC-Ehrenhalle. Das Original von Richard Martin Werner wurde nach Kriegsende gestohlen und 1952 durch eine Kopie ersetzt.

Coubertin relief in the IOC Hall of Honour. The original by Richard Martin Werner was stolen after the end of the war and replaced by a copy in 1952.

fürchtete und es ihm nicht gelang, die Zahl der Delegationen zu verringern, für die vor allem Tschammer sorgte, veranlasste er ein grundsätzliches Besichtigungsverbot bis zum Oktober, das am 18. Juli 1935 von Frick erlassen und später bis zum 30. April 1936 verlängert wurde.[74]

Für den 22. August 1935 hatte Frick zum »Richtfest der Olympiabauten« eingeladen, das vor dem Sportforum auf der Graditzer Allee gefeiert wurde, die anschließend mit der Rominter Allee vereinigt und in Friedrich-Friesen-Allee umgetauft wurde. Das entsprach dem Konzept, angesichts der »hohen vaterländischen Aufgaben« Plätze und Wege »künftig mit deutschen Bezeichnungen statt der bisherigen griechischen und lateinischen Fremdnamen zu benennen«.[75] Mit Hitlers Genehmigung sollte das Stadion zukünftig »Deutsche Kampfbahn« und das Sportforum »Reichsanstalt für Leibesübungen« heißen. Für das Gesamtgelände konnte sich Frick »keine würdigere Benennung als ›Adolf-Hitler-Feld‹« vorstellen, dem Hitler aber eine Absage erteilte.[76]

Nachdem zwischenzeitlich vom »Reichssportplatz« gesprochen wurde, vielleicht in Anlehnung an den einst von Diem propagierten »Reichssportpark«, setzte sich ab Ende 1934 der Begriff »Reichssportfeld« durch. »Wenn man sich erst einmal damit abgefunden hat, dass das aus dem Englischen entstammende Wort ›Sport‹ für uns unentbehrlich, weil unersetzbar geworden ist … wird man die Bezeichnung ›Reichssportfeld‹ für sehr glücklich ansehen«, war nun zu lesen.[77]

Die Benennung der Anlagen, Gebäude, Straßen und Plätze zog sich noch über Monate hin, wobei der auch in diesen Fragen federführende Pfundtner engen Kontakt mit dem Reichspropagandaministerium und dem Auswärtigen Amt hielt. Das Problem wurde dringlich, als Anfang 1936 der Drucktermin für Millionen von Eintrittskarten nahte, worauf Pfundtner in der Reichskanzlei um die Genehmigung nachsuchte, statt »Deutsche Kampfbahn« den Namen »Olympia-Stadion« einzuführen, wobei er sich auf Goebbels berief, der dieser Bezeichnung ebenfalls den Vorzug gegeben hatte.[78]

Auch der »Führerturm« verschwand so auf dessen Empfehlung und wurde durch »Glockenturm« ersetzt. Hitler war damit genauso einverstanden wie mit der Bezeichnung der sechs kleineren Türme, die nach den deutschen »Hauptstämmen« als Preußen-, Bayern-, Schwaben-, Franken-, Sachsen- und Friesenturm benannt wurden. Das vorm Glockenturm gelegene Aufmarschgelände wurde zum »Maifeld«, weil dort ab 1937 die zentralen Kundgebungen zum 1. Mai stattfinden sollten. Da der Platz aber nur 250 000 Menschen fasste, erfüllte er Hitlers Erwartungen nicht, worauf dort auch niemals der »Tag der Arbeit« begangen wurde.

Gebilligt wurde auch die Namensgebung für den vorm Südtor gelegenen Platz, der nach Pierre de Coubertin heißen sollte, was nach Ansicht von Pfundtner »auch im Ausland und vor allem bei dem französischen Nachbarvolke lebhafte Befriedigung hervorrufen« sollte.[79] Zwar gelang es nicht, den alten Mann, der sein Lebenswerk in guten Händen wähnte, im November 1934 nach Berlin zu lotsen, so dass es bei brieflichen Schmeicheleien blieb, die jedoch als zusätzliche Legitimation für die Durchführung der Spiele gewertet und dem Baron, dem seine Familie längst die Geschäftsfähigkeit entzogen hatte, von Hitler mit einer »Ehrengabe« von 10 000 Mark vergolten wurde.[80]

Bei den übrigen Namensgebungen, die am 23. April 1936 stattfanden, half ein Blick ins Geschichtsbuch der Turn- und Sportbewegung. Die Philantrophen (GutsMuths) waren ebenso vertreten wie die Väter des deutschen Turnens (Jahn, Friesen, Georgii und Jaeger) und der Vorkämpfer der Jugendspiele (Schenckendorff) sowie der Gründer der Olympischen Bewegung in Deutschland (Gebhardt). Hanns Braun und Prinz Friedrich Karl standen für eine im Ersten Weltkrieg gefallene Sportlergeneration, Hindenburg und Gustav Bier – neben Coubertin der einzige noch Lebende – für die Entstehung des Sportforums bzw. der Hochschule für Leibesübungen. Die einzige Ausnahme bildete Dietrich Eckart, der als »Künders der Bewegung« galt und der NSDAP mit dem Gedicht »Deutschland erwache« einen Schlachtruf geliefert hatte, weshalb Goebbels seinen Namen für die Freilichtbühne verlangte.[81]

---

66 Ebenda R 1501/5609, Entwurf des Vertrags zwischen dem Reichsfiskus und March, 27.4.1934.
67 Ebenda R 1501/5610, Pfundtner an Lewald, 11.6.1934.
68 Ebenda, Pfundtner an Krupp, 6.7.1935.
69 Ebenda R 1501/5612, Reinhardt an Reichsinnenminister, 4.6.1935.
70 Ebenda, RMdI, Die Finanzierung der Bauten auf dem Reichssportfeld, 4.1.1935.
71 Henry Picker, Hitlers Tischgespräche, Ullstein Verlag, Frankfurt/Main/Berlin 1993, S. 216 f.
72 Reichssportfeld, S. 25. Diese Summe nennt Diem auch in dem Beitrag »Ein großer Aufwand – nicht vertan«, in: Das Reich, 28.7.1940.
73 Senat von Berlin, Berliner Sportstätten, 1958, S. 121.
74 Barch R 1501/5612, Pfundtner an Tschammer, 6.12.1935.
75 Ebenda R 43 II/729, Frick an Lammers, 25.4.1934.
76 Ebenda, Lammers an Frick, 1.6.1934.
77 Dr. Wilhelm Euken, Die Olympischen Spiele 1936 in Berlin, Neuer Berliner Buchvertrieb, Berlin 1935, S. 43.
78 Barch R 43 II/731, Pfundtner an Lammers, 22.1.1936.
79 Ebenda.
80 Ebenda, R 43 II/730, Pfundtner an Lewald, 3.6.1936.
81 Ebenda R 1501/5609, Pressenotiz, 6.7.1934.

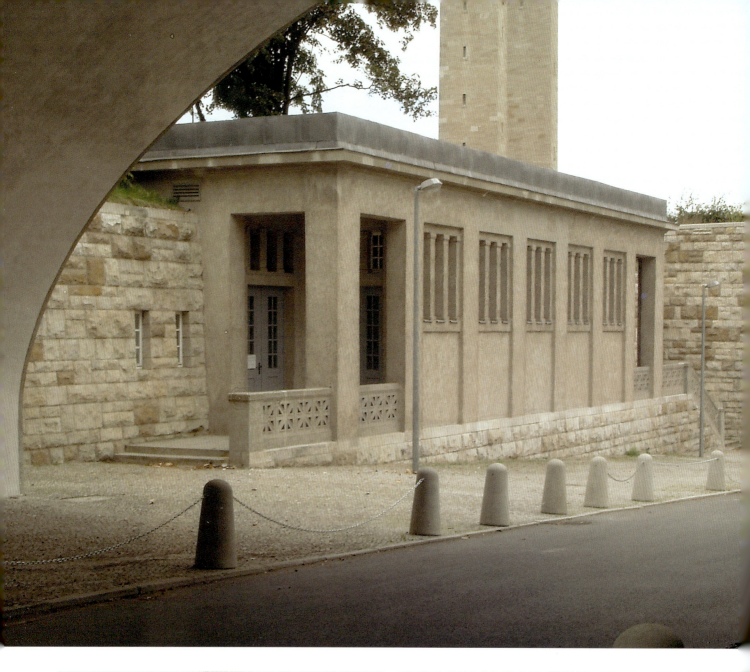

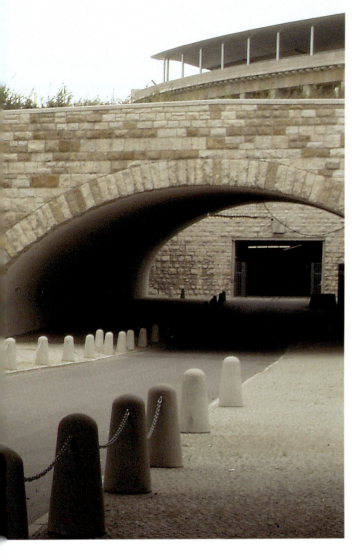

Der Große Marchhof mit dem anschließenden Marchtunnel.
Links: Im kleinen Hof befindet sich die Polizeiwache.
Links außen: Tunneltor der ehemaligen Pferderennbahn.
Rechts: die martialisch anzusehenden »Sportkameraden« von Sepp Mages.

The Large March Court with the connecting March Tunnel.
Left: In the small courtyard is the police office.
Far left: Tunnel gate to the former horse racecourse.
Right: the martial-looking ›Sportkameraden‹ by Sepp Mages.

»Jüngling mit Siegerbinde«
von Paul Peterich.

›Youth with victor's headband‹
by Paul Peterich.

Durch den fast 500 Meter langen Tunnel gelangt man trockenen Fußes vom Sportforum ins Stadion. Unten: unterirdische Aufwärmhalle hinter dem Marathontor.

Via the almost 500 metre long tunnel you can go from the Sportforum to the Stadium and keep your feet dry. Below: Subterranean warm-up hall behind the Marathon Gate.

Blick vom Frankenturm auf das Maifeld und den Glockenturm. Links: für immer verstummt: die alte Olympiaglocke mit Durchschuss.

View from the Frankish Tower of the Maifeld and the Bell Tower. Left: silenced for ever: the old Olympic Bell holed by an anti-aircraft round.

Langemarckhalle mit Hölderlin-Zitat an der südlichen Stirnwand. Links: das 2006 eröffnete Dokumentationszentrum im Glockenturm.

Langemarckhalle with Hölderlin quotation on the south front wall. Left: the Documentation Centre in the Bell Tower, opened in 2006.

Sanierungsarbeiten an der Maifeldtribüne (unten). Links: Der Glockenturm bietet eine einmalige Aussicht über die Berliner Umgebung.

Restorative work on the Maifeld stand (below). Left: The Bell Tower offers a unique view of the setting of Berlin.

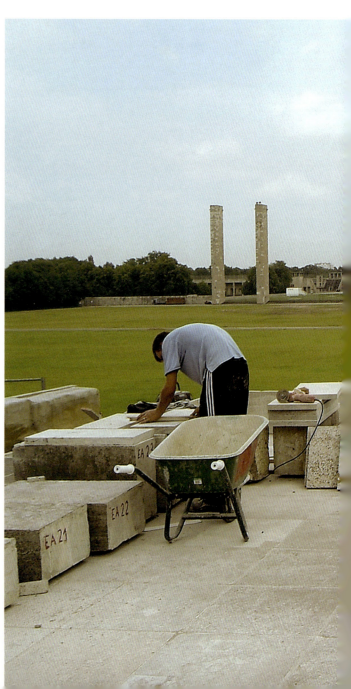

Muskelmänner, Glockenklang und Totenkult

Das Deutsche Stadion war die erste neuzeitliche olympische Arena, die einen bedeutenden plastischen Schmuck besaß. Da er – kriegsbedingt – aber nicht mehr in Bronze gegossen werden konnte, verfiel er und wurde bis 1926 vollständig abgerissen. In den folgenden Jahren reichte es nur zu kleineren Neuerwerbungen. Nach dem Beispiel der Bronzereliefs für Otto March und Podbielski schuf der Bildhauer Ernst Gorsemann Porträts von Asseburg und Gebhardt, die ab 1926 die Seitenpfeiler der Hauptloge zierten. Werner March ließ die Tafeln zunächst im Ehrenhof und ab 1936 in den Putzfeldern und Fenstergalerien des Olympiastadions aufhängen.

Von Gorsemann, der zum Hausbildhauer des DRA avancierte, stammte auch der »Sportjunge«, der im Ehrenhof vor der Kleinen Turnhalle seinen Platz fand. Auf deren Dach thronte der von Paul Peterich gestaltete bronzene »Jüngling mit Siegesbinde«; gegenüber stand ein Gewichtheber von Hugo Lederer.

Auch das Sportforum wurde dekoriert: Einen »Diskuswerfer« von Wolfgang Schaper spendierte 1927 die Zigarettenfirma Reemtsma; die Mutter von Friedrich Karl finanzierte eine Läuferstatue ihres gefallenen Sohnes, dem Gorsemann jedoch eine Hose anzuziehen hatte, da es sich für Preußenprinzen nicht schickte, nackt herumzulaufen. Die Inschrift auf dem Sockel lautete: »Ein Vorbild der deutschen Sportjugend«. Was an seinem Tod so vorbildlich gewesen sein sollte, erläuterte Major Walter von Reichenau in einer Einweihungsrede.

An das väterliche Werk konnten jedoch die March-Brüder bei ihrem Neubau vorerst nicht anknüpfen, da ihnen für die Kunst ganze 2000 Mark bewilligt worden waren. Alles änderte sich mit dem 31. Oktober 1934 und Hitlers hochfliegenden Plänen, die auch eine Verschönerung des Areals vorsahen. Allerdings gab es dafür noch kein Konzept. Da das Geld knapp war, befahl Hitler seinen Gauleitern, dass jeder ein Kunstobjekt »als Gabe darzubringen« hätte. Dafür kämen Nachbildungen hervorragendster Werke der Antike, wie des Diskuswerfers und des »Kämpfers mit dem Schabeisen«, in Betracht, wie es hieß. »In erster Linie werden jedoch Kunstwerke unserer Zeit zu schaffen sein.«[1]

Das war die Idee Lewalds, der sich in Kunstfragen für kompetent hielt und der in einer Denkschrift vorgeschlagen hatte, das Gelände neben antiken

Abgüssen mit bekannten deutschen Kunstwerken wie Max Kruses »Siegesbote von Marathon«, Lederers »Fechter« oder Franz von Stucks »Athlet mit Kugel« zu garnieren. Das jedoch war nicht im Sinne Marchs, der sich weder das alte Olympia, wo Plastiken nur im losen Zusammenhang zu den Bauwerken standen, noch Roms Marmorstadion im Foro Mussolini, das einen Kranz von 65 etwa vier Meter hohen Athletenfiguren besaß, zum Vorbild nahm. Stattdessen schwebten dem Architekten wenige Großplastiken vor, die sich in einer offenen Landschaft gegen den monumentalen Baukörper der Arena behaupten sollten. Reine Sportlerfiguren, wie sie von Ludwig Cauer angeboten wurden, kamen für March nicht infrage. Statt dekorativer Elemente suchte er Kunstwerke, die er nach strengräumlichen Beziehungen in die Achsen eines städtebaulichen Ensembles einordnen konnte. »Im Vordergrund stand die Aufgabe, zwischen dem Olympiastadion und dem Maifeld die hier durch die vier Türme gebildete Kulisse in der Mitte und an den Enden durch monumentale Plastik mit gliedernden Akzenten zu versehen«, schilderte er später sein Herangehen.[2]

March hatte sich mit dem Präsidenten der Reichskammer der bildenden Künste, Eugen Hönig, geeinigt, nur lebende Künstler zu berücksichtigen, was Lewald nicht akzeptieren konnte, zumal er sich von Hitler in der Frage der Gauleiter als be-

»Olympiafahrt« der LZ 129 »Hindenburg« am Eröffnungstag der Olympischen Spiele. Andere Seite: Tagesprogramm für den 1. August 1936.

›Olympic Flight‹ of the LZ 129 ›Hindenburg‹ on the opening day of the Olympic Games. Overleaf: programme for the 1st August 1936.

den sollten. Das westliche Gegengewicht bildeten die »Siegesgöttin« von Willy Meller und eine Figurengruppe namens »Sportkameraden« von Sepp Mages, die auch das Maifeld nördlich und südlich absteckten. Zur Betonung der Ost-West-Achse fiel die Wahl auf zwei Rosseführergruppen, die die Eckblöcke des Marathontores wiederholten. Bildhauer Josef Wackerle hatte sich dabei wohl von dem spätrömischen Rosselenker vom Monte Cavallo vor dem Quirinalspalast inspirieren lassen.

Anders als die antiken Vorbilder, die durch ihre Leichtigkeit gefielen, war keine der Monumentalplastiken, die in Gauinger Travertin ausgeführt wurden, aufs Feinste durchgearbeitet. Aus der Nähe machten sie mit ihrer rauen Oberfläche sogar einen unförmigen Eindruck, wozu die stehen gebliebenen Bossen beitrugen. Ihre Wirkung änderte sich aber zum Positiven, je weiter sich der Betrachter entfernte. Insofern ging Marchs Selbstbeschränkung auf, dem es lediglich an dieser Fernsicht lag. Hitlers Forderung »einer dauernden Ehrung aller deutschen Sieger«[4], die er im Herbst 1934 bei

vollmächtigt ansah. Als Lewald zum wiederholten Male seine Einbeziehung in den engeren Kunstausschuss verlangte, den Pfundtner einberufen hatte, wurde ihm jedoch unmissverständlich klargemacht, dass weder der Bau des Reichssportfeldes noch dessen Ausgestaltung in den Aufgabenbereich des Organisationskomitees fielen.[3]

Es dauerte bis Ende 1935, ehe Marchs Intentionen sichtbar wurden, die vertikale Stimmung der Stadionpfeiler nicht nur mit Türmen, sondern auch durch säulenartige Statuen zu verlängern. Der Ausschuss, an dessen Sitzung diesmal auch Hitlers Kanzleichef Philipp Bouhler teilnahm, entschied sich für zwei sieben Meter hohe und von dem Münchner Bildhauer Karl Albiker vorgeschlagene Figurengruppen namens »Diskuswerfer« und »Staffelläufer«, die beiderseits des Osteingangs aufgestellt wer-

---

1 Barch R 43 II 729, Hitler an die Gauleiter der NSDAP, 13.11.1934.
2 Werner March, Die Plastik im Reichssportfeld, in: Kunst und Volk, Heft 8, August 1936.
3 Barch R 43 II 729, Lewald an Reichsinnenminister, 12.12.1934.
4 Nacht-Ausgabe DNB, 31.10.1934.

Olympia 1936

»Zehnkämpfer« – Kolossalfigur von Arno Breker vor der Pfeilerhalle am Jahnplatz. Unten: Stelenring an der Südosthecke (vorn die Säule für die Spiele von 1936).

›Decathlete‹ – colossal statue by Arno Breker in front of the Hall of Pillars on Jahnplatz. Below: stone circle at the south east hedge (in front: column for the 1936 Games).

seiner Baustellenbesichtigung kundgetan hatte, löste March durch Stelen, in die die Namen aller deutscher Olympioniken eingemeißelt wurden. Die Seiten waren plastischem Schmuck vorbehalten, meist Darstellungen von Sportarten, in denen die Deutschen erfolgreich gewesen waren. Zehn Bildhauer hatte man aufgefordert, Modelle einzureichen, wobei ihnen die Wahl des Materials freigestellt war. Die acht fertigen Steinsäulen, die für die Olympiaden von 1896 bis 1932 standen, platzierte March südöstlich im Abstand von zehn Metern vor der halbrunden zwei Meter hohen Hecke, so dass sie den Rhythmus der Stadionpfeiler wiederholten. Warum diese aber erst unmittelbar nach dem Ende der Olympischen Spiele aufgestellt wurden, bleibt unklar, möglicherweise weil ihre Einweihung nicht ohne die Stele von 1936, die die Vielzahl der deutschen Goldmedaillengewinner kaum fassen konnte, erfolgen sollte.[5] Deren Namen wiederholen sich an den Eckblöcken des Marathontors auf den von Adolf Wamper entworfenen Ehrentafeln, auf denen auch die ausländischen Einzelsieger in Bronzebuchstaben verewigt wurden, womit man einem IOC-Beschluss von 1929 genügte.[6] Was den Stelenring anging, so brüstete sich Diem, dass dieser »seine Entstehung einem persönlichen Vorschlag des Führers und Reichskanzlers, der an Ort und Stelle wie eine Eingebung entstand, zu verdanken«[7] war. Als man aber nach dem Zweiten Weltkrieg bruchlos an diese Tradition anknüpfte, äußerte er sich vorsichtiger wie in einem Brief an den damaligen Stadionverwalter Max Gereit, wo es heißt: »... es freut mich innig, dass der Säulengedanke weitergeführt wird. Wir beide werden ja klug genug sein zu verheimlichen, von wem er stammt.«[8] Eine Nebelkerze, die bis in die Gegenwart hineinwirkt.

Der »schöne Mensch« ist gefragt

Was March im Olympiastadion mit der Monumentalplastik als Gegengewicht zur Architektur und Landschaft glückte, gelang auch im übrigen Reichssportfeld. Natürlich durften die Insignien der Macht nicht fehlen: Vorm »Haus des Deutschen Sports« flankierten zwei Bronzeadler auf Hochpfeilern den Haupteingang, die Bildhauer Waldemar Raemisch geschaffen hatte. Auch der Eingangspfeiler der Reichsakademie der Leibesübungen, die inzwischen an die Stelle der DHfL getreten war,

zeigte das NS-Hoheitszeichen als Relief. Die britischen Besatzungstruppen, die nach 1945 im Sportforum einzogen, beließen den Muschelkalkblock vor der Großen Turnhalle auf seinem Platz – nur das Hakenkreuz wurde halbherzig herausgeschlagen. Der Innenhof, Jahnplatz genannt, zeigt die von March bevorzugte Axialität. Zwischen die Pfeiler des Mittelbaus stellte er zwei monumentale Bronzefiguren von Arno Breker, die der Freitreppe ein feierliches Gepräge geben sollten. Als Westabschluss wählte er zwei im Wasser stehende Tiere: Stier und Kuh. Die Längsseiten am Schwimm- bzw. Turnhaus schmückte March mit Friesen, die Arno Lehmann als Terrakotten ausführte und die vorbildlich mit den Ziegelbauten harmonierten. Vor die Ostwand der Schwimmhalle platzierte er Georg Kolbes überlebensgroße Figur »Ruhender Athlet«, womit dieser als einziger Bildhauer für das alte Stadion und das Olympiagelände berücksichtigt wurde.

Das Reichssportfeld war das erste architektonische Großprojekt der Nationalsozialisten und somit richtungsweisend. Doch es unterschied sich von den Nachfolgebauten, für die es kaum noch Ausschreibungen und debattierende Juroren gab. Zwar waren allein Mitglieder der Reichskammer zugelassen, aber dieser gehörten damals noch Künstler mit jüdischen Wurzeln und auch solche an, die andere Stilrichtungen vertraten als jene, über deren Sinngebung der

Zu locker für das Reichssportfeld – Georg Kolbes »Liegender Mann« wurde ins Abseits geschoben.

Too relaxed for the Reichssportfeld – Georg Kolbe's ›Recumbent man‹ was put to one side.

Hauptamtsleiter des Reichspropagandaministeriums, Dr. Adolf Dresler, wachte.
Die Plastiken im Reichssportfeld deshalb pauschal als »Nazi-Kunst« zu denunzieren, offenbart eine Portion Unkenntnis, denn Statuen wohlgeformter Athleten sind im Olympiastadion von Amsterdam ebenso anzutreffen wie im Los Angeles Memorial Coliseum. Einige der kritisierten deutschen Bildhauer waren zudem Vertreter der Moderne, die sich Anfang der 1930er Jahre einem monumentalen Klassizismus zugewandt hatten. Sie waren Jünger von Adolf von Hildebrand oder Schüler von Louis Tuaillon und August Gaul, und manche hatten sogar in Rom und Paris studiert. Selbst ein Gerhard Marcks, der für die Gestaltung des Reichssportfeldes in die engere Auswahl gekommen war, hatte sich mit dem »schönen Menschen« angefreundet und widmete sich einem archaischen Stil. Er und die anderen bekannten Modelleure hatten ja darin auch viel Übung, denn in den zurückliegenden Jahren bestritten sie häufig ihr Auskommen mit den zahlreichen Heldenfiguren, die während der Weimarer Republik entstandenen Kriegerdenkmäler schmückten.
Es war ein Vorschlag von Hugo Lederer, die Meisterateliers der Bildhauerei ins Sportforum zu verlegen. Dort fand sich im Sommer 1930 der berühmte Franzose Aristide Maillol ein. Nachdem er die Einrichtungen der DHfL besichtigt hatte, bat er den Hausfotografen Gerhard Riebicke, ihm Aufnahmen von zwei der am besten proportionierten Studenten zu machen. Unter dem Einfluss von Maillol stand auch Arno Breker, der 1934 bei seiner Rückkehr nach siebenjährigem Frankreich-Aufenthalt in Deutschland noch so unbekannt war, dass er als »Brecker« und als »ein figürlicher Plastiker mehr realistischer Art« bezeichnet wurde.[9] Es dauerte indes nicht lange, bis er den neuen Trend erkannt hatte, der heroisch, nordisch und bodenständig sein sollte. Auf der Suche nach ersten öffentlichen Aufträgen beteiligte sich Breker vergeblich am Ideenwettbewerb für die Torpfeiler der Freilichtbühne. Es gelang ihm aber, sich für die beiden großen Figuren am »Haus des Deutschen Sports« ins Gespräch zu bringen.
In den Sitzungsprotokollen des Kunstausschusses finden sich Hinweise über die Ausgrenzung missliebiger Künstler. So wurde Hönigs Bemerkung festgehalten, dass er über den Königsberger Bildhauer Hermann Brachert, dessen Pfeilerentwurf für die Freilichtbühne die Anerkennung der Jury gefunden hatte, »noch gewisse Ermittlungen (sic!) anstellen will«. Aber auch die beiden Preisträger – Konstantin Frick aus München und Josef Walz aus Rottenburg am Neckar – fielen letztlich durch. Wie vom Ausschuss empfohlen, ging der Auftrag des Reichspropagandaministeriums an Adolf Wamper aus Münster, der wie Albiker und Wackerle frühzeitig der NSDAP beigetreten war. Leier und Schwert – diese Symbole entsprachen wohl am ehesten den Vorstellungen von Goebbels. Zur Verfeinerung seiner Figuren wurde der Bildhauer sofort nach Berlin gerufen, um »besondere Weisungen« entgegenzunehmen.[10]
Vor der Auftragsvergabe hatten die Künstler die Möglichkeit, auf Staatskosten nach Berlin zu reisen und die örtlichen Gegebenheiten im Reichssportfeld zu besichtigen. Danach war ein Modell im Maßstab von 1:5 einzureichen, das honoriert wurde. Das Doppelte stand dem Künstler als Abstandssumme zu, falls der Entwurf keine Verwendung fand. Wie Pfundtner mehrfach betont hatte, sollten jedoch »endgültige Aufträge an die Künstler erst nach ausdrücklicher Billigung der Entwürfe durch den Führer erteilt werden dürfen«.[11] Ob tatsächlich so verfahren wurde, lässt sich allerdings nicht belegen. Die Sitzungsteilnahme von Bouhler am 17. Dezember 1935 könnte jedoch ein Hinweis darauf sein. Im Gegenzug mussten die Künstler hinnehmen, dass ihnen bei der Gestaltung hineingeredet wurde. Mehrfach gab es Korrekturwünsche, doch es ist eine Übertreibung, von einer »befohlenen Ästhetik«[12] zu reden. Aus den Sitzungsprotokollen lässt sich lediglich eine recht moderate Einmischung herauslesen, die sich meist um die Wörter »einfacher und strenger« drehte. So wurde bei Brekers

---

5 Der Angriff, 20.8.1936. In einer Bildunterschrift heißt es: »Vor dem Olympiastadion werden jetzt große Blöcke aufgestellt, die die Darstellung der verschiedenen Sportarten tragen und in der Inschrift auf die früheren Olympischen Spiele und ihre deutschen Olympiasieger hinweisen.«
6 CIO, Charte des Jeux Olympiques, S.58: Regel XVIII. Preise: »Die Namen der Sieger werden an den Wänden des Stadions, in dem die Spiele stattfanden, angebracht.«
7 Carl Diem, Olympische Siegersäulen, in: Olympische Rundschau, Heft 4, Januar 1939, S. 12.
8 CuLDA, Diem an Gereit, 23.7.1955.
9 Barch R 1501/5612, Aufzeichnung über die Sitzung des Kunstausschusses der Olympiade, 7.3.1935.
10 Ebenda.
11 Ebenda, Pfundtner an March, 4.10.1935.
12 Hilmar Hoffmann, Die alten Denkmale und der neue Geist, in: Tagesspiegel, 23.10.1992.

Thoraks brutaler »Faustkämpfer« trägt unverkennbar die Züge von Max Schmeling. Die Briten stellten nach dem Zweiten Weltkrieg noch einen Geräteschuppen dahinter.

Thorak's brutal ›Fist fighter‹ unmistakably bears the features of Max Schmeling. After the Second World War the British placed an additional tool shed behind it.

»Zehnkämpfer« die »zu weiche und unbestimmte Behandlung der Konturen neben der strengen Architektur« bemängelt und darum gebeten, »das Tuch nicht wulstartig zusammengerollt, sondern flach über die Schulter fallend, kaum deren Kontur verändernd, auszubilden«.[13] Bei der weiblichen Figur, die Breker als Pendant geschaffen hatte, wurden die starken Schenkel kritisiert; statt des Zweiges in der Hand sollte die Handfläche besser geöffnet sein. Indes: Keiner dieser Änderungswünsche wurde von Breker beherzigt.

Auch Kolbes Figur, die im Dezember 1935 als erste Statue unter der Bezeichnung »Großer liegender Mann« aufgestellt wurde, war nicht das, was sich der Kunstausschuss vorstellte, der vergeblich angeregt hatte: »Die Haltung des übergeschlagenen Beines soll weniger locker gefasst werden.«[14] Schließlich ordnete Pfundtner an, die Plastik vor die Balustrade an den Toiletten zu rücken. Kolbe jedoch gefiel seine Figur: »Sie ist gut gelungen, sie sieht nach etwas aus, sie ist gewiss kein Dreck. Aber: sie ist gar nicht das, was man da draußen will. Gewiss, sie ist als Placement auch abseits stehend – ganz und gar nicht als Werbung für die große Stadionsache gedacht. – Aber selbst an der ihr zugemessenen Stelle am Schwimmschulbecken, also abseits aller Olympiasiegereinstellung, wird sie als eindeutig künstlerisch empfunden.«[15] Die Pointe: Für den Jüngling soll Hans Loewy – genannt »Ivan« – Modell gelegen haben, von dem auch Riebicke mehrfach Aktfotos angefertigt hatte und der von den zur gleichen Zeit erlassenen »Nürnberger Gesetzen« als »Halbjude« klassifiziert wurde.[16] Dass Kolbes »Zehnkampfmann« ausgerechnet von der SS-Zeitschrift »Das Schwarze Korps« als »Gegenstück«[17] zu den expressionistischen »Machwerken« des Worpsweder Künstlers Bernhard Hoetger angepriesen wurde, entbehrt nicht der Ironie. Im Unterschied zum NSDAP-Mitglied Hoetger, der sich lange als ein von einer jüdischen Kunstmafia verfolgter Märtyrer ausgab, bevor er von der eigenen Kameraderie 1937 in die »entarteten« Künstler eingereiht wurde, war Kolbe politisch naiv. Den angeblich nordischen Menschen, für den der Zehnkämpfer und Olympiateilnehmer von 1928, Hermann Lemperle, das Modell abgab, hatte er schon 1933 geschaffen und im Jahr darauf auf der Biennale in Venedig unter dem Titel »Figur für ein Stadion« ausgestellt, vielleicht ein Hinweis, dass Kolbe schon damals mit einem Auftrag für das Reichssportfeld gerechnet hatte. Dass die Nationalsozialisten den Kunstbetrieb zu jener Zeit noch nicht vollständig reglementierten, zeigt auch die Beteiligung von Ludwig Gies, der 1921/22 mit seinem Gefallenendenkmal im Lübecker Dom, für das er ein unkonventionelles »Kruzifixus« wählte, einen der größten Kunstskandale der Weimarer Republik ausgelöst hatte. Für die Eingangshalle des Turnhallengebäudes reichte Gies den Entwurf eines Sgraffito-Gemäldes ein, das aber abgelehnt wurde. Stattdessen bekam der Münchner Lois Gruber den Auftrag. Dennoch ging Gies nicht leer aus, da ihn March bei der Ausgestaltung des Kuppelsaals berücksichtigte, für den er einen Mäander-Fries und einen stilisierten Adler aus Aluminium schuf, den man später gegen einen aus Bronze austauschte. Die anfänglichen Bedenken, dass man dessen Arbeit als Persiflage auffassen könnte, verflogen bald, zumal Gies auch andernorts – etwa in der Alten Reichskanzlei – seine (Adler-)Spuren hinterließ.

Ähnliches galt im Fall von Waldemar Raemisch, für den ebenfalls künstlerische Aspekte sprachen. Immerhin setzte sich dieser gegen einen der bekanntesten Tierbildhauer, Max Esser, durch, der von der Reichskanzlei empfohlen worden war.[18] Allerdings dürfte Pfundtner die Wahl bald bereut haben. Als Anfang 1936 bekannt wurde, dass Raemisch mit einer »Volljüdin« verheiratet war, berichtete er davon empört Goebbels.[19] Doch für einen Entzug des Auftrags war es nun zu spät, denn die Adler-Pfeiler waren ebenso in Arbeit wie der von Hitler gestiftete »Olympische Orden«, den Reichenau vorgeschlagen hatte.[20]

Hitler sponsert Josef Thorak

Obwohl Raemisch 1936 der Ausschluss aus der Reichskammer drohte, trennte er sich nicht von seiner Frau. Stattdessen emigrierte er mit ihr drei Jahre später in die USA, wo ihm noch eine große Karriere bevorstand. Anders sein Kollege Josef Thorak, der sich Ende 1933 von seiner ebenfalls jüdischen Frau scheiden ließ, allerdings weiterhin mit ihr unter einem Dach

Das von Johannes Boehland entworfene Emblem der Spiele. Unten: Nur noch ein Museumsstück – die alte Olympiaglocke.

The emblem of the Games, conceived by Johannes Boehland. Below: now just a museum piece – the old Olympic bell.

wohnte. Die Tarnung flog durch eine Denunziation auf. Die Gestapo umstellte daraufhin im Herbst 1935 das Haus in Saarow-Pieskow, um festzustellen, ob die Thoraks noch immer wie Eheleute lebten. Das anschließend von der Reichskammer eingeleitete Ausschlussverfahren wurde allerdings von Goebbels untersagt, er zwang aber Frau Thorak, mit ihrem Sohn nach England zu emigrieren.[21]

Somit stand Thoraks Karriere nichts mehr im Wege, denn der »Führer« hatte Großes mit ihm vor – er sollte die Monumentalfiguren für das Nürnberger Reichsparteitagsgelände liefern. Und auch für Pfundtners Kunstausschuss, der bisher eine Auftragserteilung an Thorak verweigert hatte[22], war es damit an der Zeit, sich der neuen Lage anzupassen. Nahezu in letzter Minute entschloss sich Pfundtner zur Einbeziehung Thoraks, worauf er sich in der Reichskanzlei anbiederte: »Von prominenter Parteiseite (u. a. von den Herren BOUHLER und AMMANN) bin ich darauf aufmerksam gemacht worden, dass der Führer die Arbeiten des Bildhauers Prof. TORAK (sic!) besonders schätzt. TORAK hat u. a. eine Führerbüste gemacht, die mit für die beste gehalten wird. Wir haben infolgedessen beschlossen, zunächst durch TORAK eine Führerbüste für die Ehrenhalle des ›Hauses des Deutschen Sports‹ machen zu lassen. Das Geld hierfür steht im Rahmen unserer Mittel zur Verfügung./ TORAK hat nun aber auch ein prachtvolles Standbild eines Boxers (Schmeling) geschaffen, das der Führer außerordentlich schätzen soll. Wir beabsichtigen, diese Statue – in stark vergrößertem Ausmaß, 3,75 m hoch – gleichfalls für das Reichssportfeld zu erwerben. Der Preis wird mindestens 15 000 RM betragen. Da wir infolge der Ihnen bekannten finanziellen Nichtbeteiligung der Partei an der künstlerischen Ausschmückung des Reichssportfeldes hierfür außerordentlich knapp sind, wird es für uns sehr schwer sein, auch diesen Betrag verfügbar zu machen. Ich wäre Ihnen daher für eine baldige Prüfung dankbar, ob sich aus den zu Ihrer Verfügung stehenden Mitteln ein Betrag von etwa 10 000 RM für den genannten Zweck bereitstellen lässt. Ich glaube, dass der Führer in diesem Falle, wo es sich um die Förderung eines von ihm geschätzten Künstlers handelt, auch damit einverstanden sein wird, dass sie dem Reichssportfeld zugute kommt.«[23]

Pfundtner hatte richtig kalkuliert, denn Hitler ließ die Statue aus seiner Stiftung bezahlen.[24] Damit kam der »Faustkämpfer«, der unverkennbar die Züge des ehemaligen Box-Weltmeisters trug, noch zu späten Ehren, denn Schmeling hatte Thorak, der in Saarow-Pieskow sein Nachbar war, dafür schon 1932 Modell gestanden. Doch die brutale Körpersprache der Figur entsprach offenbar so gar nicht dem Geschmack von March, weshalb er sie auf den Anger rückte. Trotz Hitlers Order kam über die Gauleiter kein einziges Kunstwerk zustande, worüber vermutlich March, der das Ensemble wie aus einem Guss gestalten wollte und dazu Bildhauer von Rang benötigte, am wenigsten böse war, zumal die Partei-

---

13 Barch R 1501/5612, Protokoll der Sitzung des Kunstausschusses für die Ausschmückung des Reichssportfeldes, 17.12.1935.
14 Ebenda, Sitzung des Kunstausschusses, 7.3.1935.
15 Kolbe-Museum, Kolbe an Hilde von Dirksen, 1.10.1935.
16 Ursel Berger, Skulpturen im Olympia-Gelände, Verein für die Geschichte Berlins, www.diegeschichteberlins.de.
17 Das Schwarze Korps, 26.6.1935.
18 Barch R 43 II 729, Lammers an General Litzmann, 22.10.1934.
19 Ebenda, R 1501/5619, Pfundtner an Goebbels.
20 CuLDA, Reichenau an Diem, 21.11.1935.
21 Vgl. Volker Kluge, Max Schmeling. Eine Biographie in 15 Runden, Aufbau Verlag, Berlin 2004, S. 227 ff.
22 Barch R 1501/5612, Sitzungsprotokoll, 5.7.1935.
23 Ebenda, R 1501/5613, Pfundtner an Lammers, 13.3.1936.
24 Ebenda, R 43 II/730, Pfundtner an Lammers, 30.3.1936.

Olympia 1936

Die Glocke ziert auch die von Otto Placzek gestaltete Erinnerungsmedaille der 1936er Spiele.

The bell also adorns the commemorative medal, designed by Otto Placzek, for the 1936 Games.

größen versucht hätten, ihre lokalen Favoriten ins Spiel zu bringen und selbst Einfluss auf die Gestaltung »ihrer« Plastiken zu nehmen. Damit war es Sache des Reichs, die Kosten zu tragen. Das Goebbels-Ministerium bezahlte Wampers Eingangspfeiler der Freilichtbühne. Bernhard Rust als Minister für Wissenschaft, Erziehung und Volksbildung finanzierte die Adlerpfeiler, den Eingangsblock der Akademie, Kolbes »Ruhenden Athleten« und die Terrakotten. Das Reichsinnenministerium kam für die Kolossalfiguren am Olympiastadion, Brekers Athletenstatuen, Kurt Schmid-Ehmens Adler an der »Führerloge«, Kleins Hoheitszeichen am Marchtunnel, den keramischen Schmuck im Schwimmstadion sowie die Ausgestaltung des Reiterstadions auf. Letzteres schmückte man mit einem bronzenen »Turnierpferd« von Reinhold Kuebart und der Plastik »Reiterehrung« von Richard Scheibe, die drei bekannten Reitern gewidmet war, die sich zu Tode gestürzt hatten: Prinz Sigismund von Preußen, Dressur-Olympiasieger Carl-Friedrich von Langen und SS-Mann Axel Holst. Dazu kamen noch einige wenige Werke, die mit dem »blauen Dunst« der Tabakfirmen finanziert wurden: Reemtsma bezahlte die auf den westlichen Wangen am Forumbecken stehenden »Wassertiere«, das Kölner »Haus Neuenburg« sorgte für den von Kolbe gestalteten »Zehnkampfmann«, den sich der frühere Firmenbesitzer Heinrich Neuenburg eigentlich selbst kaufen wollte, sich dann aber entschloss, die Figur fürs Sportforum zu stiften.

Friedrich Schiller als olympischer Pate

Der Berliner Grafiker Johannes Boehland, der sich in Los Angeles am Olympischen Kunstwettbewerb mit Plakatentwürfen für die »Internationale 10 000-km-Fahrt des AvD« beteiligt hatte, entwarf Ende 1932 auf Bitten Lewalds ein Signet, das einen Reichsadler mit den Olympischen Ringen und dem Brandenburger Tor als dem Wahrzeichen Berlins zeigte. Im Amtlichen Bericht heißt es dazu: »Dr. Lewald empfand diese Vereinigung als eine nicht ganz glückliche Lösung. Durch die Öffnung der Ellipse am unteren Ende entstand in seiner flüchtigen Zeichnung eine Glocke, ein glücklicher Zufall, dessen Bedeutung er sofort erkannte.«[25]

Boehland erhielt den Auftrag, ein Emblem zu entwickeln, das vor allem für Briefköpfe und Drucksachen verwendet werden sollte. Er entwarf die gewünschte Glocke und verband sie mit dem Reichsadler und den Olympischen Ringen. Für den Schlagring hatte er die Worte »Ich rufe die Jugend der Welt« gewählt – frei nach Schiller, wie im Amtlichen Bericht zu lesen ist.[26]

Offenbar bezog sich der Autor dabei auf die »Schillerglocke« von Schaffhausen, die 1486 für das dortige Münster gegossen wurde und die angeblich den Dichter 1797/99 zu seiner berühmten Ballade »Lied von der Glocke« inspiriert hatte. Dort heißt es: »vivos voco. mortuos plango. fulgura frango« – zu Deutsch: »Die Lebenden rufe ich. Die Toten beklage ich. Die Blitze breche ich.«

Als das Organisationskomitee am 18. Juli 1933 seine Entscheidung mitteilte, stand bereits fest, dass neben dem Logo auch eine »richtige Glocke« entstehen würde, die die Olympischen Spiele ein- und ausläuten sowie sämtliche Entscheidungen durch einen Glockenschlag ankündigen sollte.[27] Den Gestaltungsauftrag vergab Lewald an den von Boehland empfohlenen Bildhauer Walter E. Lemcke, der 1929 die große Glocke für den Berliner Dom – die »Neue Wilsnacker« – geschaffen hatte. Lemcke formte nach Boehlands Skizze ein Modell, das er schon im Mai 1933 vorlegen konnte. Für die Vorderseite verwendete er das Brandenburger Tor; für die Rückseite den Reichsadler mit den Olympischen Ringen. Auf dem Spruchband war neben dem Motto der Spiele die Inschrift »11. Olympische Spiele Berlin« zu lesen. Lemcke hatte ursprünglich vor, nur eine kleinere, 60 Zentner schwere und mannshohe Glocke zu gießen. Sein endgültiger Entwurf orientierte sich dann aber an der »Rippe« der »Gloriosa« vom Erfurter Dom, die als die »Mutter aller Glocken« galt und deren Gewicht von 230 Zentnern das olympische Läutwerk später annähernd erreichen sollte. Die Glocke – eine Stiftung des Bochumer Vereins für Gussstahlfabrikation – wurde am 14. August 1935 gegossen und am 14. Januar 1936 auf die Reise nach Berlin geschickt, wo sie elf Tage später eintraf. Und bei jedem Halt des Transports ließ die NS-Führung die Braunhemden aufmarschieren.

Als die Glocke in Auftrag gegangen war, stand allerdings noch lange nicht fest, wo sie hängen würde. Wann die Entscheidung fiel, den »Führerturm«, der anfänglich auch als »Hitler-Turm«[28] bezeichnet wurde, um die Glocke zu ergänzen, ist unklar. Möglicherweise schon Ende 1933 in der Reichskanzlei, jedenfalls vor Sommer 1934, als bereits von einem Glockenturm die Rede war.[29] Das endgültige Maß von 76 Metern ergab sich vermutlich nach den Bodenuntersuchungen der Deutschen Forschungsgesellschaft für Bodenmechanik.

»Der Geist von Langemarck«

Die Verbindung der Olympiaglocke mit einem »Tempel«, aus dem March den Glockenturm herauswachsen ließ, war eine Erfindung Diems, der in einer Eingabe an den Reichsinnenminister eine Ehrenhalle für die deutschen Gefallenen des Ersten Weltkrieges vorgeschlagen hatte, der er den Namen des belgischen Dorfes Langemarck geben wollte.[30] Der Vorschlag entstand im Sommer 1934, als der 20. Jahrestag des Kriegsausbruchs überall im Reich mit

Eine Totenhalle: Unter der Olympiaglocke befand sich ein Schrein mit Erde aus Langemarck. An den Säulen hingen Fahnen der an dem Gemetzel beteiligten Regimenter.

A hall of the dead: Under the Olympic bell was a shrine with earth from Langemarck. On the columns hung flags of the regiments which had taken part in the slaughter.

pompösen Gedenkveranstaltungen begangen wurde. Kriegsveteranen wie der Präsident des Organisationskomitees der Winterspiele in Garmisch-Partenkirchen, Karl Ritter von Halt, kramten in ihren Erinnerungen und kamen zu der Erkenntnis: »Sportgeist ist Frontgeist, an der Spitze des deutschen Sports steht ein Frontsoldat, unser Reichssportführer. Er wird die deutschen Sportler in diesem Geiste erziehen und sie von Sieg zu Sieg führen.«[31]

Eine zentrale Rolle im kollektiven Gedenken spielte der sogenannte »Sturm auf Langemarck«, der sich am 11. November zum 20. Male jährte und auf einen einzigen Satz in den seit Kriegsbeginn herausgegebenen Heeresberichten zurückging, der 1934 bis zum Überdruss wiederholt wurde: »Westlich Langemarck brachen junge deutsche Regimenter unter dem Gesange ›Deutschland, Deutschland über alles‹ gegen die erste Linie der feindlichen Stellungen vor und nahmen sie.«[32] Der englische Bericht des folgenden Tages bestätigte diese Meldung: »An diesen Kämpfen haben zuerst die neugebildeten, größtenteils aus Kriegsfreiwilligen bestehenden Regimenter teilgenommen ... Ungeachtet des Mangels an Offizieren stellten sich diese Knaben unsern Kanonen entgegen, marschierten unbeirrt gegen die Läufe unsrer Gewehre und fanden furchtlos scharenweise den Tod. Das ist die Frucht eines Jahrhunderts nationaler Disziplin. Die Kraft der preußischen Kriegsmaschinerie schweißt sie zusammen, damit sie sich für die nationale Existenz einsetzen, und ihr Vorgehen beweist, dass für sie ›Deutschland, Deutschland über alles‹ kein leerer Schall ist.«[33]

Die Episode ereignete sich während der Yser- und Ypernschlacht, als nach der für die Deutschen verloren gegangenen Marneschlacht auf dem westeuropäischen Kriegsschauplatz ein ungefähres militärisches Gleichgewicht entstanden war und die Front begann, im Stellungskrieg zu ersticken. Um wieder in Bewegung zu kommen, strebten beide Seiten danach, die Nordflanke des Gegners zu umfassen. Für diesen »Wettlauf zum Meer« – aus deutscher Sicht bis zur Küste von Calais – ließ Kriegsminister von Falkenhayn in Flandern aus einem frei gewordenen sowie drei eilig aufgestellten Reservekorps eine neue 4. Armee unter dem Befehl des Herzogs Albrecht von Württemberg bilden, der etwa 120 000 meist junge Soldaten angehörten, die vor kurzem noch auf der Schulbank gesessen hatten. Sie waren ebenso unausgebildet und ohne jede Fronterfahrung wie ihre häufig älteren Reserveoffiziere. Da sich Falkenhayns »Kriegskunst« in einer bedingungslosen Angriffsoperation erschöpfte, für die den Truppen in einem von zahlreichen Gräben und Kanälen durchzogenem Gebiet nur ein neun Kilometer breiter Korridor zur Verfügung stand, mündete die Aktion in einer Katastrophe, die 80 000 junge Leute mit ihrem Leben bezahlten.

Obwohl es allen Grund gegeben hätte, ein solches militärisches Abenteuer kritisch zu betrachten, setzte jedoch schon kurz nach Kriegsende die Verherrlichung des sogenannten »Opfergangs der deutschen Jugend« ein. 1919 fand in der Berliner Kaiser-Wilhelm-Gedächtniskirche eine Langemarckfeier statt, der zwei Jahre später eine weitere in der Potsdamer Garnisonskirche folgte. Auftrieb bekam der Kult durch die umfangreiche kriegsbejahende Literatur und die Deutsche Studentenschaft, deren Vertreter im August 1928 auf ihrer Rückreise von Paris den Friedhof von Langemarck besuchten und verfallen vorfanden. Sie fassten daraufhin den Entschluss, die »Langemarckspende der Deutschen Studenten« zu gründen, einerseits um den Friedhof auszubauen und zu pflegen, andererseits um den »Langemarck-Geist« als Ausdruck der Opferbereitschaft des Einzelnen für das Ganze zu verbreiten. 1930 wurde der Grundstein für den Friedhof gelegt, auf den man 10 500 deutsche Soldaten umbettete.

Einen neuen Höhepunkt erlebte die Mystifizierung 1934, als die Reichsjugendführung ein »Referat Langemarck« einrichtete, das sich um die Heldenverehrung und Erziehung der Jugend im Sinne von Langemarck kümmerte. Die Deutsche Turnerschaft veranstaltete »Langemarck-Märsche«, und von der Reichs-

---

25 Amtlicher Bericht, Bd. I, S. 111.
26 Ebenda, S. 112.
27 Völkischer Beobachter, 19.7.1933.
28 Friedrich Mildner (Hrsg.), Olympia 1936 und die Leibesübungen im nationalsozialistischen Staat, »Sport und Spiel« Verlags- und Vertriebs-GmbH, Berlin 1934, S. 59.
29 Reichssportblatt, 5.8.1934, S. 721.
30 CuLDA, Diem an Reichenau, 29.7.1935.
31 Karl Ritter von Halt, Kamerad Sportsmann 1914–1918, in: Reichssportblatt, 29.7.1934, S. 668 f.
32 Deutscher Heeresbericht v. 11.11.1914, zit. in: Reinhard Dithmar (Hrsg.), Der Langemarck-Mythos in Dichtung und Unterricht, Luchterhand, Neuwied/Kriftel/Berlin 1992, S. 2.
33 Ebenda.

studentenführung wurde erstmals ein »Langemarck-Studium« ausgeschrieben, das ausschließlich jungen Männern im Alter von 17 bis 24 Jahren mit Volks- und Mittelschulbildung vorbehalten war, die »aus zwingenden Gründen das Reifezeugnis nicht erlangen« konnten.[34] Diese Einschränkung entsprach den Intentionen Hitlers von einer »Volksgemeinschaft«, wie sie – vom Fürst bis zum Arbeiter – angeblich in Langemarck gekämpft hätte und aus der nach dem Versagen von Kaiser und Generälen der Ruf nach einem »neuen Führer« ertönt wäre.

»In Jugendfrische wacker gestorben!«

Hitler hatte unweit von Langemarck – in Becelaere – seine »Feuertaufe« erlebt und in »Mein Kampf« eine ähnliche Schilderung von »Deutschland, Deutschland über alles« singenden jungen Soldaten gegeben.[35] Solche Fronterlebnisse teilte er unter anderem mit Tschammer, March und Diem, die sich ebenfalls als Kriegsfreiwillige gemeldet hatten. Dass es in den ersten Augusttagen von 1914 für die »noch nicht Heerespflichtigen« schwierig gewesen sei, überhaupt angenommen zu werden, und dass dabei die Mitgliedschaft in einem der Sportvereine geholfen hätte, schilderte Diem im »Fußball-Jahrbuch« von 1915. »Gott sei Dank, da war der Sport doch ordentlich zu was nütze«, schrieb er. »Ich glaube, wir haben unsere Sache dafür ganz gut gemacht. Die langen Listen unserer vor Ypern, Dixmuiden, Łódź und anderswo gefallenen unvergesslichen Sportkameraden bezeugen es wenigstens. / Nicht wahr, mein liebes Vaterland, diese deine Söhne haben mutig gekämpft und sind in Jugendfrische wacker gestorben!«[36]

Im Juni 1918, als jede Kriegsbegeisterung längst verrauscht war, aber manchen das Sterben an der Front noch immer nicht reichte, verhandelte Diem mit dem Kriegsministerium über die Gründung einer »Spielplatzspende des Deutschen Volkes«, mit der »Dank- und Wahrstätten für die Gefallenen des Weltkrieges und zur Stärkung des Nachwuchses der Nation« gebaut werden sollten.[37] Vorerst ergebnislos. Ab Herbst 1919 wurden dann allerdings jährlich »Gefallen-Gedenk-Sportfeste« veranstaltet. Die Absicht des Reichsausschusses, die im Stadion vorhandenen Bronzereliefs um Gedenktafeln für gefallene Sportler zu ergänzen – gedacht war beispielsweise an den Leichtathleten Hanns Braun und den Schwimmer Kurt Bretting –, scheiterte jedoch an fehlenden Finanzmitteln.

Diems Vorschlag war also ganz in dieser Kontinuität, in der auch andere standen. So findet sich in dem von dem SA-Sturmführer Friedrich Mildner herausgegebenen Werk »Olympia 1936« der Entwurf einer mit Hakenkreuz und Olympischen Flamme verzierten Ehrenhalle für »gefallene Sportkameraden«, zu der es heißt: »Die Helden machen sich bereit zu neuen Taten; sie ziehen hinab von Walhall zur Deutschen Kampfbahn.«[38]

Da sich Hitler im Sommer 1935 noch nicht für eine Langemarckhalle entschieden hatte, bat Diem den kurz vor seiner Beförderung zum General stehenden Reichenau erneut um Vermittlung, wobei er seinen Vorschlag um die Anregung erweiterte, in dem Gemäuer, das March als eine nach Westen offene und mit den Namen und Fahnen der in Langemarck beteiligten Regimenter dekorierte Waffenhalle aus rauem Naturstein gestalten wollte, Erde aus Langemarck einmauern zu lassen.[39]

Hitler war damit einverstanden, so dass Diem nach Langemarck reisen konnte, um vom dortigen Friedhof, der sich im Besitz des Deutschen Reiches befand, »blutgetränkte Erde« zu holen. Sie wurde anschließend in einem Schrein im Boden der Halle versenkt und mit einer Stahlplatte, die das Langemarck-Kreuz zeigte, unmittelbar unter der Olympiaglocke eingeschlossen. Deren Ruf sollte sich somit nicht an die Lebenden, sondern an die Toten richten und – wie im »Völkischen Beobachter« zu lesen – dem Reichssportfeld »geistig seinen kostbarsten Inhalt« schenken.[40]

Es war nichts Neues, die Erinnerung an die Weltkriegstoten mit dem olympischen Zeremoniell zu verbinden. 1920 in Antwerpen hatte man die übliche religiöse Feier erstmals von der Eröffnungsveranstaltung getrennt, um niemand einen bestimmten Glauben aufzuzwingen. Doch der zuvor abgehaltene Gottesdienst in der Kathedrale besaß den Charakter einer Gedenkfeier für die gefallenen und vermissten Athleten. Auch im Memorial Coliseum von Los Angeles würdigte man die Weltkriegstoten durch ein sakrales Portal, das von einem Bronzeturm gekrönt wird, auf dem die Olympische Flamme loderte.

In Berlin jedoch, wo man nur der eigenen Opfer gedachte, wurde das massenhafte Sterben zum »Heldentod«, der als Parole für eine neue lichtere Zukunft diente – ganz im Sinne des Hitler-Wortes »Du bist nichts, dein Volk ist alles«.[41] Explizit

Ein »Sinnbild deutschen Wesens« und »deutscher Kraft«: die »Podbielski-Eiche« am Eingang des Olympiastadions.

A ›symbol of German essence‹ and of ›German strength‹: the ›Podbielski Oak‹ at the entrance to the Olympic Stadium.

kam das in den Sprüchen an den Schmalseiten der Langemarckhalle zum Ausdruck. So ist an der südlichen Mauer ein Vers aus dem pathetischen Gedicht »Der Tod für's Vaterland« von Friedrich Hölderlin zu lesen, das dieser aus Begeisterung für die Französische Revolution geschrieben hatte und mit dem man schon im Ersten Weltkrieg versuchte, die Opferbereitschaft unter jungen Menschen zu schüren. Darin heißt es: »Lebe droben, o Vaterland / Und zähle nicht die Todten! Dir ist, / Liebes! nicht Einer zu viel gefallen.«⁴²

Dem entspricht auch die Gestaltung der Hallennordseite, für die man Kriegslyrik aus der Feder des Todesmystikers Walter Flex gewählt hatte, der als der »Langemarck-Dichter« an sich galt, obwohl er dort gar nicht gewesen war. Die Zeilen stammen aus einem der »Weihnachtsmärchen«, mit denen der Oberlehrer-Sohn, der in seinem Eisenacher Elternhaus von Kindheit an mit Bismarck-Kult und deutscher Burschenherrlichkeit gefüttert worden war, seinen Kameraden 1914 das Sterben unterm Tannenbaum schmackhaft machen wollte. Sie lauten: »Ihr heiligen / grauen Reihen / Geht unter Wolken des Ruhmes / Und tragt / Die blutigen Weihen / Des heimlichen Königtums!«⁴³ Für Flex, der in seinen Werken mehrfach das Glockensymbol verwendete, war der Krieg ein »Gottesgericht zwischen zwei Völkern«, das zwischen »Auserwählten« und »Verworfenen« streng unterschied, wobei er sich – keine Frage! – dem »Erlöservolk« zuordnete. Wunderte es, dass ein solch Verblendeter, der dem Tod einen höheren Rang zuordnete als dem Leben, letztlich selbst unter den Gefallenen war?

Deutsche Eiche versus griechischer Ölbaum

Es war die pseudosakrale Formensprache eines March und Diem, die aus dem Reichssportfeld eine mystische Stätte machte und die ihre Anleihen aus der Antike und einem angebräunten Germanenkult bezog. Typisch dafür war die »Podbielski-Eiche« gleich hinter dem Haupttor des Olympiastadions, die zu den rund 1000 großen Bäumen gehörte, die beim Bau des Reichssportfeldes umgesetzt wurden. In dieser Eiche sah March die »deutsche Wiederkehr« des heiligen Ölbaums »am Eingang des Tempels des olympischen Zeus, von dessen Zweigen ein Knabe mit goldenem Messer die Siegerkränze abschnitt«.⁴⁴

2000 Jahre später ging es allerdings weniger romantisch zu, denn die 1800 Siegerkränze, die für die Olympiamedaillengewinner von 1936 benötigt wurden, kamen in Wahrheit aus der Zehlendorfer Baumschule des Gärtners Hermann Rothe. Ein prima Geschäft für »Blumen-Rothe«, der seit langem mit seinen Erzeugnissen das vornehme Berlin und die großen Luxusdampfer der Hapag und des Norddeutschen Lloyd versorgte. Von ihm stammte auch der Vorschlag, allen Olympiasiegern neben der Goldmedaille und dem Diplom eine einjährige Stieleiche in einem braunen Keramiktopf mit der Aufschrift »Wachse zur Ehre des Sieges – rufe zu weiterer Tat« zu überreichen, eine Idee, die vom Organisationskomitee freudig aufgegriffen wurde. Von den 129 überreichten Sämlingen, die als »schönes Sinnbild deutschen Wesens, deutscher Kraft, deutscher Stärke und deutscher Gastfreundschaft«⁴⁵ gepriesen wurden, gingen allerdings einige mangels Pflege schon auf der Rückreise der Athleten ein.

Zu den originären Schöpfungen der Berliner Spiele zählt auch der Fackellauf, der seitdem Bestandteil des olympischen Zeremoniells ist. Glaubt man dem Amtlichen Bericht von 1936, so war er eine Erfindung des Goebbels-Ministeriums, das neun von 16 Mitgliedern des Olympia-Propagandaausschusses stellte, »der nicht nur die Propaganda der Olympischen Spiele, sondern auch alle übrigen Vorbereitungen für internationalen Sportverkehr zu treffen« hatte.⁴⁶ Über die zweite Sitzung dieses Gremiums am 8. Februar 1934 ist zu lesen: »Aus einer Anregung von Ministerialrat Haegert, eine Olympische Stafette zu organisieren, entwickelte sich in Erinnerung an ein antikes Relief mit dem Fackellauf von Eroten im Palazzo Colonna in Rom der Plan des Generalsekretärs zu einem Fackel-Staffellauf Olympia – Berlin.«⁴⁷

Mit ziemlicher Gewissheit kann man davon ausgehen, dass SA-Gruppenführer Wilhelm Haegert, der kurz zuvor noch NSDAP-Ortsgruppenleiter von Angermünde gewesen war, mit den Sitten der Eroten recht wenig anzufangen wusste; umso mehr jedoch der

---

34 Merkblatt, Langemarck-Studium der Reichsstudentenführung.
35 Adolf Hitler, Mein Kampf, Eher-Verlag, München 1925, S. 180 f.
36 Carl Diem, Sport und Vaterland, in: Olympische Flamme, Bd. 3, Deutscher Archiv-Verlag, Berlin 1942, S. 1618.
37 DRA, Tätigkeitsbericht, 12.4.1919, S. 12.
38 Mildner, S. 686 f.
39 CuLDA, Diem an Reichenau, 29.7.1935.
40 Völkischer Beobachter, 26.7.1936.
41 Dithmar, S. XXXI.
42 Friedrich Hölderlin, Der Tod für's Vaterland, in: Christian Ludwig Neuffer (Hrsg.), Taschenbuch für Frauenzimmer von Bildung 1800, Steinkopf, Stuttgart o. J. (1800), S. 203 f.
43 Walter Flex, Das Weihnachts-Märchen des 50sten Regiments, C.H. Beck'sche Verlagsbuchhandlung, München 1918.
44 March, Bauwerk Reichssportfeld, S. 13.
45 Amtlicher Bericht, Bd. I, S. 127.
46 Barch R 8077/437, Bericht über die Besprechung bei Herrn Reichsminister Dr. Goebbels, 15.1.1934.
47 Amtlicher Bericht, Bd. I, S. 58.

Hitler zeigte sich gern mit Kindern: Die fünfjährige Gudrun Diem durfte bei der olympischen Eröffnung Blumen überreichen.

Hitler liked to be seen with children: The five year old Gudrun Diem was permitted to hand over flowers at the Olympic Opening Ceremony.

jüdische Archäologe und Curtius-Schüler Alfred Schiff, den Diem als Berater für archäologische Fragen beschäftigte. In der jüngeren Zeit hatte diese Mischung von Prozession und Wettkampf bereits eine gewisse Tradition. So fanden 1894 in Paris während einer »Fête de Nuit« anlässlich des olympischen Gründungskongresses Fackelläufe über verschiedene Distanzen statt, die auch in Deutschland praktiziert wurden. Seit 1930 war Diem entschlossen, das »olympische Feuer« nach dem Beispiel von Amsterdam ins Berliner Programm zu integrieren. Da er den Turm von 1928 nicht kopieren wollte, plante er für das Stadion, im »Mittelteil der Tribüne eine Art großen Dreifuß aufzustellen, auf dem man das Feuer dann die Spiele über brennen lassen könnte«. An March schrieb er: »Das Anzünden des Feuers wollte ich mit einem großen Abendfest des Eröffnungstages verbinden.«[48]

March gestaltete daraufhin 1934 eine mit Schamottschotter ausgelegte Flammenschale nach dem Vorbild eines antiken Dreifußes, die er anfangs über der Anzeigetafel am Osttor und später in den Einschnitt des Marathontores rückte. Das Feuer wollte er mit Stadtgas speisen, doch der Plan wurde bald aufgegeben, weil die gewünschte Wirkung nur durch den Zusatz von Leuchtgas erzielt werden konnte, was eine stark rußende Flamme zur Folge hatte. Schließlich glückten im Mai 1935 die Versuche mit dem neu entwickelten flüssigen Propangas, das die Gewerkschaft Elwerath kostenlos in Stahlflaschen zur Verfügung stellte. Die Firma versorgte auch die Feueraltäre an der Ruderstrecke in Grünau, im Kieler Olympiahafen, im Berliner Lustgarten und in Dresden, Pirna, Meißen und Luckenwalde, wo die Stafetten »Weihestunden« einzulegen hatten.

Obwohl Marchs Büro rund um die Uhr arbeitete, gelang es nur teilweise, die Rückstände im Baugeschehen aufzuholen, so dass die Übergabe des Reichssportfeldes, die ursprünglich am 1. April 1936 in feierlicher Form stattfinden sollte, verschoben werden musste. Auch den nächsten Termin am 1. Mai hielt er nicht ein. Lediglich das »Haus des Deutschen Sports« konnte bezogen werden, in dem sich Tschammers Dienstsitz und die Reichsakademie für Leibesübungen befanden.

Getrieben von Pfundtner, wurde die offizielle Übergabe des Stadions nun für den 20. Juni 1936 angesetzt. Am nächsten Tag sollte an gleicher Stelle das Endspiel um die Deutsche Fußballmeisterschaft zwischen dem 1. FC Nürnberg und Fortuna Düsseldorf stattfinden. Für die ersten beiden Juli-Wochenenden waren die Titelkämpfe in der Leichtathletik und im Schwimmen geplant, um die deutschen Olympiateilnehmer frühzeitig an die Bedingungen zu gewöhnen. Obwohl diese Termine schon lange bekannt waren, untersagte Hitler, der die Information offenbar erst durch Pressemeldungen erfahren hatte, einen Monat vorher überraschend jedes – auch interne – Eröffnungszeremoniell. Alle Versuche, ihn mit Hilfe von Lammers und Goebbels noch umzustimmen, erwiesen sich als untauglich. Hitler lehnte ohne Begründung auch eine »deutsche Einweihungsfeier« ab, bei der er »das gesamte Bauwerk gewissermaßen in seine persönliche Obhut nehmen sollte«, wie ihm Pfundtner vergeblich schmackhaft machen wollte.[49] Selbst einer Generalprobe erteilte er eine Absage, obwohl Fachleute warnten, dass die Olympiaorganisatoren damit ein großes Wagnis eingehen würden. Vier Wochen später wendete sich doch noch das Blatt. Zunächst erhielten die »Volksgenossen« die Gelegenheit, das Reichssportfeld zwischen dem 1. und 12. Juli zu besichtigen – allerdings nur innerhalb einer »amtlichen Führung«, die eine Stunde dauerte und bei der das Fotografieren streng verboten war. Das zu erwartende Geschäft mit den offiziellen Stadionpostkarten wollte das Reichsinnenministerium mit keinem Amateurfotografen teilen. Da sich am letzten Tag 43 000 Besucher an den Pforten drängelten, entschloss man sich, die Besichtigungen, bei denen das »KdF«-Sportamt bis zu 30 000 Menschen in kurzer Zeit durch das Gelände schleußte, noch um eine weitere Woche zu verlängern.

In dieser Zeit – am 5. und 19. Juli – fanden »Füllproben« statt, bei denen die Akustik der Lautsprecher, das Funktionieren der Nachrichtenübermittlung, die Verkehrsströme und die Wirkungsweise der Olympiaglocke getestet werden konnten. Letztere erwies sich als Schwachstelle, denn sie war bei ungünstiger Windrichtung in der Arena kaum zu hören, obwohl March am Turm Öffnungen angebracht und das Mauerwerk schwach gehalten hatte. Daraufhin wurde erwogen, ihren Klang per Lautsprecher ins Stadion zu übertragen. Diem notierte später:

Eine originäre Berliner Schöpfung – der Olympische Fackellauf. Fritz Schilgen war der letzte von 3331 Läufern.

An original Berlin creation – the Olympic torch relay. Fritz Schilgen was the last of 3331 runners.

»Ich erinnere mich noch sehr gut, dass die Glocke zwar weit über Berlin zu hören war, aber nicht im Innern des Stadions selbst. Da gingen die Schallwellen drüber hinweg. Natürlich nicht so, dass man sie überhaupt nicht gehört hätte, aber doch in einem Maße, dass man nicht mitfieberte.«[50]
Auch die Generalprobe des »Festspiels«, mit dem der Abend des Eröffnungstages abgeschlossen werden sollte, konnte schließlich noch am 30. Juli stattfinden. Ausschlaggebend für Hitlers Meinungswandel dürfte die Tatsache gewesen sein, dass von den 60 000 abgesetzten Eintrittskarten zwei Monate vorher bereits 25 000 unentgeltlich den Eltern übergeben worden waren, deren Kinder sich seit Herbst 1935 auf die Aufführung vorbereitet hatten. Neben einigen geladenen Gästen durften allerdings nur sie teilnehmen. Alle übrigen Karteninhaber wurden auf die Wiederholung des »Festspiels« am 3. August 1936 vertröstet.

Tausende Verhaftungen vor den Spielen

Am 22. Mai 1936 hatte die Geheime Staatspolizei (Gestapo) begonnen, die etwa 2000 in Berlin befindlichen Sinti und Roma unter dem Deckmantel der »Verbrecher- und Bettlerbekämpfung« zu deportieren. Unter dem Stichwort »Zigeunerlager« wurden die Rastplätze am 16. Juli 1936, morgens um vier Uhr, schlagartig von der Schutzpolizei umstellt und deren Bewohner auf Nebenstraßen, die nicht asphaltiert sein durften, unter Bewachung in das östlich außerhalb der Stadtgrenze gelegene Dorf Marzahn verschleppt. Da viele über keine eigenen Pferde oder Zugmaschinen verfügten, wurden deren Unterkünfte auf Plattenwagen verladen, die die Stadtverwaltung zur Verfügung stellte.[51] Selbst Familien, die einen festen Wohnsitz besaßen und die sich durch eine berufliche Tätigkeit ernährten, wurden mit brutalsten Methoden aus ihren Wohnungen herausgeholt und verschleppt.[52]
Auch sogenannte Asoziale wurden aus Berlin ausgewiesen. Dagegen unterblieb die von Polizeipräsident Graf Helldorf geplante Kasernierung der 14 000 Prostituierten, die anfangs von Hitler gebilligt worden war. Aber aus Rücksicht auf die Ausländer sah man davon ab, um einen »spießbürgerlichen Eindruck« zu vermeiden, wie Staatskommissar Lippert der Reichskanzlei mitteilte.[53]
Hitlers Strategie ist dem geheimen »Runderlass über die Tätigkeit der Politischen Polizei hinsichtlich der Olympischen Spiele 1936 in Berlin« zu entnehmen, den SS-Standartenführer Dr. Werner Best im Auftrage von Reinhard Heydrich als Chef der Sicherheitspolizei (Sipo) und des Sicherheitsdienstes (SD) an alle Staatspolizeistellen und Polizeiämter des Reiches verschickte. Darin hieß es: »Ein großzügiger und reibungsloser Verlauf der Olympischen Spiele 1936 in Berlin ist für das Ansehen des neuen Deutschlands in den Augen aller ausländischen Gäste von weittragendster Bedeutung. Die Olympischen Spiele sollen nach dem Willen des Führers ein einmütiges Bekenntnis deutschen Friedenswillens und deutscher Gastfreundschaft sein und den ausländischen Besuchern die Ordnung und Disziplin des nationalsozialistischen Staates vor Augen führen.«[54]
Der »allgemeine Übersichtsplan« der Staatspolizeistelle Berlin sah drei Aktionsgebiete vor: »I. Kommunismus, II. Spionage und Abwehr, III. Schutzdienst«.[55] Als Schwerpunkt wurde das »rote Berlin« angesehen, bei dessen Arbeiterschaft die NSDAP nur schwer Fuß fassen konnte. Bei den Reichstagswahlen vom 5. März 1933, bei denen noch einigermaßen die demokratischen Spielregeln eingehalten wurden, kam die NSDAP dort auf nicht mehr als 34,6 Prozent der Stimmen, während sie im ganzen Reich 43,9 Prozent erhielt. Obwohl sich viele Oppositionelle aufgrund der Massenverhaftungen und der brutalen Übergriffe der braunen Kohorten nach der »Machtergreifung« entmutigt zurückgezogen hatten, blieb Berlin für die Nationalsozialisten ein gefährliches Pflaster. Um ein Ausrutschen zu verhindern, baute die Gestapo-Führung ihren Verfolgungsapparat enorm aus und legte als »Abwehrmaßnahme« fest: »Um der KPD den

---

48 CuLDA, Diem an March, Anweisungen an den Baumeister, 5.6.1930.
49 Barch R 43 II/730, Pfundtner an Goebbels, 14.5.1936.
50 CuLDA, Diem an March, 7.8.1961.
51 Barch R 8077/236, Kommando der Schutzpolizei, Überführung der Zigeuner aus Groß-Berlin auf den Rastplatz bei Marzahn, 10.7.1936.
52 Interview Elisabeth Lehmann, Darmstadt, 20.9.2003.
53 Barch R 43 II/572 a, Lippert an Lammers, 21.2.1936.
54 Ebenda R 58/2322, Runderlass, 18.7.1936.
55 Ebenda, Allgemeiner Übersichtsplan über die Tätigkeit der Staatspolizeistelle Berlin anlässlich der Olympiade 1936.

Olympia 1936

Wind aus den Segeln zu nehmen und sie moralisch zu treffen, dass die Neigung nach Betätigung während der Olympiade sich erheblich schwächt, sollen noch vor der Olympiade 2 Unterbezirke ... aufgerollt werden. Es wird mit der Festnahme von einigen hundert aktiven Kommunisten, darunter unverbesserliche Funktionäre, zu rechnen sein.«[56]

Tatsächlich gelang es der Gestapo, ihre V-Leute in die illegalen Gruppen einzuschleusen, und gelegentlich setzte sie auch Lockspitzel ein, die zu politischen Straftaten anstiften sollten. Ab Mitte 1935 wurden über 1000 Berliner Kommunisten und Sozialdemokraten verhaftet und – oftmals nach bestialischen Folterungen – zu hohen Zuchthausstrafen verurteilt.

Deshalb konnte die Gestapo im »Runderlass« bei ihrer Einschätzung der »staatsfeindlichen Elemente« auch beruhigt feststellen: »Größere Störungen wie Demonstration, Sabotageakte, Attentatspläne dürften von ihnen kaum zu erwarten sein.« Umso mehr befürchtete man, dass sich die zerschlagenen Reste zu kleineren Aktionen aufraffen könnten, »um dadurch die günstigen Eindrücke, welche die ausländischen Gäste bei ihrer Reise durch Deutschland gewinnen werden, herabzumindern«.[57]

Als Angriffspunkte wurden insbesondere die olympischen Wettkampfstätten, das Olympische Dorf mit seiner näheren Umgebung sowie Stadtgegenden angesehen, wo vorrangig die Quartiere der ausländischen Gäste lagen. Als besonders gefährdete Punkte galten Bahnhöfe, Mauern, Zäune und Treppenflure, die geeignet schienen, um regimefeindliche Losungen anzubringen, was unter allen Umständen verhindert werden sollte. Da »jegliche Beschmierungen pp. sofort verschwinden« sollten, hatte die Gestapo die Blockwarte der NSDAP mobilisiert und angeordnet, dass für den Ernstfall vorsorglich Farbtöpfe und Pinsel bereitgehalten werden sollten, ehe überhaupt ein Ausländer auftauchte. Ausnahmsweise galt deshalb der Grundsatz: »... die Fahndung nach den Tätern soll in dieser Zeit Nebensache sein.«[58]

Via triumphalis bis zum Reichssportfeld

Anfang Juli 1936, als Berlin den Olympischen Spielen entgegenfieberte, kehrte auf den Straßen und Boulevards vieles von dem zurück, was seit drei Jahren an Leichtigkeit verschwunden war. Beinahe täglich wurde irgendwo eine Einweihung gefeiert. Mal waren es Ausstellungen im Messegelände, mal die »KdF-Stadt«, ein anderes Mal Jugend- und Studentenlager. Eine deutliche Entlastung bedeutete die großzügig ausgebaute Heerstraße, die das Olympiastadion mit dem Olympischen Dorf in Döberitz verband – allerdings war sie für die Dauer der Spiele für den öffentlichen Verkehr gesperrt, da auf ihr die Sportler transportiert wurden. Nahezu zwölf Millionen

Mark hatte die Stadtverwaltung für die Verkehrswege aufgewendet. So waren nicht weniger als zwölf Brücken nötig, allen voran die Olympische Brücke, an der sich die Anmarschstraße zum Reichssportfeld mit der U-Bahn und der S-Bahn kreuzte. Besonderes Augenmerk legte man auf die Ausschmückung der Strecke zwischen dem Alexanderplatz und dem Reichssportfeld, die nach Plänen des Architekten Leo Lottermoser als Feststraße ausgebaut wurde, was sich die Stadt 400 000 Mark kosten ließ. Der Preußische Arbeitsminister stellte außerdem 100 000 Mark zur Verfügung, von denen den Hausbesitzern ein Zuschuss gewährt werden konnte, wenn sie die Fassaden renovieren und die Brandgiebel verputzen ließen. Nichts sollte das makellose Bild stören, weshalb der Polizeipräsident für die Dauer der Spiele auch das öffentliche Wäschetrocknen und »Bettensonnen« verbot.[59] Allerdings hatte die Prachtstraße Unter den Linden viel von ihrem Reiz verloren, seit die alten Bäume gefällt worden waren. Die gerade gepflanzten jungen Linden waren dagegen kaum wahrzunehmen. Um der Promenade mehr »Klassik« zu verleihen, wurde der Hauptabschnitt mit einer Vielzahl von Fahnenmasten bestückt, an denen neben dem Hakenkreuzbanner 450 Bilder aus 235 deutschen Städten angebracht waren. Den Abschluss am Pariser Platz bildeten zwei riesige Läufergruppen, die das »kämpferische Streben nach dem höchsten olympischen Ehrenpreis« symbolisieren sollten und die der Bildhauer Eberhard Encke geschaffen hatte.[60] Eine wahre Via triumphalis, wie Goebbels bei seiner Besichtigungsfahrt zufrieden feststellte.[61]

Zum ersten öffentlichen Ereignis gestaltete sich am 20. Juli 1936 die Entzündung des Olympischen Feuers, die vor dem Roten Rathaus in einer Rundfunkreportage aus dem fernen Olympia über Lautsprecher übertragen wurde. Aus diesem Anlass wurde ein von Herta Cauer entworfener »Olympiabrunnen« eingeweiht,

Am Marathontor: Der für Japan laufende Koreaner Sohn Kee Chung alias Kitei Son gewann den Marathonlauf. Rechts: Eintrittskarte für das Fußballfinale, das Italien gegen Österreich gewann.

At the Marathon Gate: The Korean Sohn Kee Chung alias Kitei Son – running for Japan – won the marathon. Right: Entry ticket for the football final, in which Italy defeated Austria.

der dort allerdings nur für die Dauer der Spiele stehen und später versetzt werden sollte. Der Countdown lief, und der Fackellauf erwies sich dafür als eine geniale Idee, denn mit jedem Kilometer, mit dem sich die Stafette näherte, stieg die Spannung, die von den Radioreportern noch angeheizt wurde. Was den »Volksgenossen« allerdings vorenthalten wurde, waren die massiven Störaktionen, die es auf der Strecke durch die Tschechoslowakei gab. Dort fuhr die Kolonne über Straßen, auf deren Pflaster man Anti-Nazi-Losungen geschrieben hatte.[62] Manche Läufer wurden mit faulen Eiern und sogar Pflastersteinen beworfen. Dagegen missbrauchten die Nationalsozialisten in Österreich, wo deren Partei und das Zeigen der Hakenkreuzflagge verboten waren, die »Weihestunde« auf dem Wiener Heldenplatz zu einer Kundgebung. Tausende sangen das »Deutschlandlied« und das »Horst-Wessel-Lied« und störten mit »Heil Hitler«-Rufen die Rede des österreichischen Vizekanzlers Fürst von Starhemberg.[63] »Offensichtlich ist aber in der illegalen Partei keinerlei Disziplin mehr vorhanden«, meldete Botschafter Franz von Papen[64], was sich bei der amtlichen Nachrichtenagentur so las: »Die Demonstrationen trugen typisch marxistischen Charakter. Zur Tarnung wurden von den Anführern der Demonstranten, die schon nach ihrem Aussehen zu den jüdisch-marxistischen Kreisen gehören dürften, national-sozialistische Kampfrufe ausgestoßen, zweifellos, um nationalsozialistisch gesinnte Teile der Bevölkerung zur Beteiligung an den Demonstrationen mitzureißen.«[65]

Statt Heiterkeit ist Pathos angesagt

Der 1. August 1936, der Tag der Eröffnung der Olympischen Spiele, begann für die Einwohner der Reichshauptstadt und ihre Gäste um 7.35 Uhr mit dem »Großen Wecken« der Wehrmacht. Die Mitglieder des IOC, die erstmals ihre von Berlin gestiftete goldene Amtskette um den Hals trugen, waren an diesem Samstagmorgen zu Festgottesdiensten in den protestantischen Dom und in die katholische St. Hedwigs-Kathedrale eingeladen. »Die Olympianer sehen aus wie Direktoren von Flohzirkussen«, spottete Goebbels.[66]
Währenddessen marschierte ein Ehrenbataillon auf, dass das militärische Gepränge für die Kranzniederlegung am Ehrenmal Unter den Linden abgab. Als sich das IOC danach auf Einladung des Preußischen Ministerpräsidenten Hermann Göring in der Rotunde des Alten Museums versammelte, formierten sich draußen im Lustgarten unter dumpfem Trommelwirbel die Kolonnen der Hitler-Jugend, des BDM und des Jungvolks – insgesamt 28 600 Mädchen und Jungen, die fünf Tage vorher das Auf- und Abmarschieren stundenlang geprobt hatten. Minutiös der Zeitplan: Um 11.54 Uhr erreichte der Olympische Fackellauf in Marienfelde das Stadtgebiet. 12.47 Uhr überquerte Siegfried Eifrig, ein 400-Meter-Läufer vom SC Charlottenburg, die Schlossbrücke, um in den Lustgarten einzubiegen, wo man vor dem Alten Museum eine Art Altar aufgebaut hatte, auf dem er das Olympische Feuer entzünden sollte. Während er auf dem Weg dorthin die letzten Meter zurücklegte, beendete Goebbels zeitgleich seine Ansprache mit überschlagener Stimme und dem Blick zum Himmel: »Heilige Flamme glüh, glüh und erlösche nie!«[67] Mittags empfing Hitler das IOC in der Reichskanzlei, wobei er die Wiederaufnahme der Ausgrabungen in Olympia bekanntgab, was von den Olympiern eifrig beklatscht wurde. Nach einer Werbereise nach Griechenland hatte Tschammer, der von Diem begleitet worden war, Hitler diesen Vorschlag unterbreitet, um der Welt zu beweisen, »wie hoch die Förderung der menschlichen Kultur als eine deutsche Aufgabe anerkannt wird«.[68] Aber auch Himmler hatte ein Interesse nachzuweisen, dass die alten Griechen blond gewesen wären, weshalb er eine beim »Ahnenerbe« angesiedelte archäologische Abteilung unterhielt, die »arische« Siedlungsgebiete aufspüren sollte, die nach seiner Interpretation überall dort lagen, wo sich ein kulturelles Erbe von Weltrang befand. Kein Wunder also, dass 1938, als die Ausgrabungen begannen, das Kommando dem SS-Sturmbannführer Hans Schleif übertragen wurde, der in Himmlers Persönlichem Stab das Amt des »Referenten für Ausgrabungen« bekleidete. Der Eröffnungsveranstaltung der Olympischen Spiele, deren Beginn für 16 Uhr anberaumt war, ging eine gigantische Inszenierung voraus. Das IOC, das Organisationskomitee und die Reichsregierung wurden nacheinander in drei Wagenkolonnen verfrachtet. Die Fahrt begann in der Wilhelmstraße, über die in dem Moment das Luftschiff »Hindenburg« glitt – ansonsten galt für die Dauer der Spiele über Berlin eine Luftsperre. Zuletzt – stehend in einer Limousine – fuhr der »neue Cäsar«.[69] Wie bei einer Prozession bildeten dafür Hunderttausende Menschen Spalier, wobei sie von

---

56 Ebenda.
57 Ebenda.
58 Ebenda.
59 Ebenda R 8077/236, Der Polizeipräsident, Betr.: Wäschetrocknen und Bettensonnen auf Vorderbalkonen, Loggien usw., 28.7.1936.
60 BZ am Mittag, 22.7.1936.
61 Der Angriff, 29.7.1936.
62 Barch NS 10/245, nicht zuzuordnender, vermutlich sudetendeutscher Zeitungsartikel.
63 Ebenda R 58/2320, Bericht der »Fliegenden Redaktion« des »Angriffs« an die Gestapo, 14.8.1936.
64 Ebenda R 43/1473 a, Papen an Hitler, 30.7.1936.
65 DNB, 30.7.1936.
66 Elke Fröhlich (Hrsg.), Die Tagebücher von Joseph Goebbels. Sämtliche Fragmente, Teil I, Saur, München 1987, S. 652.
67 DNB, 1.8.1936.
68 Barch R 43 II/729, Tschammer an Hitler, 11.12.1935.
69 New York Times, 2.8.1936.

Auch das von Ernst Böhm entworfene Siegerdiplom zeigt das Olympiastadion. Links: Der US-Amerikaner Jesse Owens war mit vier Goldmedaillen der Held der 1936er Spiele.

The winners' certificate, designed by Ernst Böhm, also shows the Olympic Stadium. Left: The American Jesse Owens, with four gold medals, was the hero of the 1936 Games.

50 000 Angehörigen der SA, der SS, des NSKK, der NSDAP und des Deutschen Luftsportverbandes in Schach gehalten wurden.[70] Allein kam Hitler am Glockenturm an, vor dem ein Ehrenbataillon der Wehrmacht angetreten war und ihn Reichskriegsminister Werner von

Blomberg erwartete, der ihn zu einer stillen Andacht in die Langemarckhalle begleitete. Es war der schauerliche Mythos der Weltkriegstoten, in dem Hitler das »Fest des Friedens« veranstaltet haben wollte. Wo fröhliche Heiterkeit angemessen gewesen wäre, dominierte feierlicher Ernst und militärischer Pomp. Auf dem Maifeld, wo eine Salutbatterie in Stellung gegangen war, schritt Hitler wie ein Heerführer die angetretenen Mannschaften ab, deren Zahl offiziell mit 50 angegeben wurde.[71] In letzter Minute hatte Spanien

sein Team zurückgezogen, nachdem General Franco am 17. Juli gegen die republikanische Regierung geputscht hatte. Am selben Tag, als die Olympischen Spiele begannen, lichtete im Hamburger Freihafen das Afrikaschiff »Usaramo« die Anker. An Bord befanden sich deutsche »Freiwilligenverbände«, die Hitler zu Francos Unterstützung entsandt hatte und die am Vortag – getarnt als Reisegesellschaft »Union« – auf dem Flugplatz Döberitz in Nachbarschaft des Olympischen Dorfes verabschiedet worden waren.

Aufforderung zum Opfertod

Unter den »Heil«-Rufen der Hunderttausend betrat Hitler mit seinem Gefolge das Olympiastadion über die Marathontreppe. Auf der Aschenbahn angekommen, eilte ihm ein kleines blondes Mädchen entgegen und überreichte ihm einen Blumenstrauß. Es handelte sich um die fünfjährige Gudrun Diem, Tochter des Generalsekretärs dieser Spiele, der später glauben machen wollte, er hätte davon selbst erst in diesem Moment erfahren.
Militärmärsche dröhnten, als die Mannschaften einmarschierten. Allen voran Griechenland, das von dem Marathon-Olympioniken von 1896, Spyridon Louis, angeführt wurde, der laut Programm Hitler einen Ölzweig aus Olympia mit einem Band in den blauweißen griechischen Farben überreichen sollte – »als Symbol

der Liebe und des Friedens«, wie nachzulesen war.[72] Der Beifall schwoll an, als die Franzosen vor der Ehrentribüne den rechten Arm nach oben rissen, was wohl von den meisten als Sympathiebekundung für den Nationalsozialismus gewertet wurde, obwohl die französische Mannschaft nichts anderes als den an der Militärsportschule von Joinville üblichen Sportgruß zeigte, mit dem sie seit 1920 bei allen olympischen Eröffnungsveranstaltungen einmarschiert war und der seitdem als »Olympischer Gruß« bezeichnet wurde. Freilich waren solche Nuancen kaum zu durchschauen, was die französische Zeitung »Œuvre« nicht dem Publikum, sondern den eigenen Athleten anlastete. »Täuschen wir uns darin nicht!«, hieß es im »Écho de Paris«, »Die Deutschen haben auf diese Geste gewartet. Sie haben es als eine Billigung ihrer Politik und als eine Ehrerbietung gegenüber ihrem Führer betrachtet.«[73]
Den Abschluss bildete das deutsche Team, bei dessen Auftauchen die Kapelle überraschend das »Deutschlandlied« intonierte, was unter den Athleten vorübergehend Verwirrung stiftete, da sich die Haydn'sche Melodie so gar nicht für einen Gleichschritt eignet. Da sich aber das »Horst-Wessel-Lied« anschloss, das Hitler in den Rang einer zweiten Nationalhymne erhoben hatte, war bald darauf die gewünschte Ordnung wiederhergestellt. Später hieß es, ein »Unbekannter« hätte dem Stadionkapellmeister Prof.

Gustav Havemann einen Zettel mit der Aufforderung gereicht, den »Einmarsch der Nationen« nicht mit einem der Militärmärsche, sondern – sozusagen als Steigerung – mit dem »Deutschlandlied« und dem SA-Kampflied abzuschließen.[74]
Nach einer Ansprache von Theodor Lewald, die dieser mit der Anrede »Mein Führer« begann, sollte Hitler die Olympischen Spiele laut Zeitplan um 17.03 Uhr eröffnen. Um die wenigen Worte, die dafür nötig waren, hatte es zuvor eine Unstimmigkeit gegeben, angeblich weil Baillet-Latour Hitler darauf aufmerksam machen ließ, dass er auch als Staatsoberhaupt nicht das Recht hätte, irgendeine Ansprache mit Ausnahme der Eröffnungsformel zu halten. Hitler hätte darauf mürrisch erwidert, dass er sich Mühe geben werde, diese auswendig zu lernen. Wie auch immer: Hitler hielt sich ans Protokoll, allerdings unter Verwendung seiner eigenen Grammatik, mit der er die Spiele »als eröffnet« erklärte.[75]
Brausendes »Heil«-Geschrei folgte der Verkündung. Nach einem Moment der Stille begannen auf dem Maifeld erneut die Kanonen zu dröhnen, während auf den Marathontürmen die Fanfaren schmetterten. In zwei Schwärmen wurden 30 000 Brieftauben aus ihren Verschlägen entlassen. Ein Chor von 1000 Sängerinnen und Sängern stimmte unter Leitung von Richard Strauss die von ihm komponierte »Olympische Hymne« an. Im gleichen Augenblick

erschien am Ostportal die schlanke Figur des Berliner Mittelstrecklers Fritz Schilgen, den eine Jury unter Beteiligung der Filmregisseurin Leni Riefenstahl wegen seines »Schwebeschritts« als letzten Läufer der Olympiastafette ausgewählt hatte. Leichtfüßig durchquerte Schilgen die Arena. Am Marathontor rannte er die Treppen empor, verharrte einen Augenblick, um mit der Fackel die olympische Gemeinde zu grüßen und tauchte sie dann in die Schale, aus der sofort die Flamme emporloderte. Das war das Zeichen für den Olympiasieger im Gewichtheben von 1932, Rudolf Ismayr, den Olympischen Eid zu sprechen. Händels »Halleluja« bildete den akustischen Abschluss. Nach dem Ausmarsch der Mannschaften leerte sich der riesige Ort überraschend schnell. Die Arbeiter begannen sofort mit der Säuberung, um das Stadion für den Abend herzurichten.

Zum ersten Mal in der olympischen Geschichte sollte der Eröffnungstag mit einem Festspiel ausklingen, das sich Carl Diem unter dem Titel »Olympische Jugend« erdacht und für das die Komponisten Werner Egk und Carl Orff die Musik geschrieben hatten. Angeblich wurde Diem dazu von Coubertin bei einem Treffen verpflichtet, das Anfang August 1933 im Schweizer Schaffhausen stattgefunden hatte.[76] Aus einem Rundschreiben, das Diem anschließend an den Vorstand des Organisationskomitees verschickte, könnte man auch herauslesen, dass es umgekehrt war: »Der Gedanke des Festspiels ... schien ihm (Coubertin) zu gefallen.«[77] Angeregt von der Verfassungsfeier von 1929, an der sich auch die Gymnastikgruppe von Liselott Bail – Diems spätere Frau – beteiligte, war das Festspiel in seinen Grundzügen schon 1930 entworfen. Es handelte sich um eine lose Aneinanderreihung von Bildern, die Jugend – so Diem – in ihren verschiedenen Etappen darstellen sollte. Allerdings war es ein seltsames Verständnis von jugendlichem Glück, wie die 100 000 Zuschauer im vierten Bild erfuhren, das die Überschrift »Heldenkampf und Totenklage« trug. Eingeleitet wurde es von Sprecher Joachim Eisenschmidt mit den Worten: »Allen Spiels / heil'ger Sinn: / Vaterlandes / Hochgewinn. / Vaterlandes höchst Gebot / in der Not: / Opfertod!«[78] Angeführt von den Solisten Harald Kreutzberg und Werner Stammer tanzten 60 »Krieger« den Kampf von Heroen, der mit dem »Schwerttod« endete. Mary Wigman und ihrer Gruppe blieb es vorbehalten, die gefallenen Helden mit einer »Totenklage« zu beweinen. Offenbar kam ihr diese Aufgabe aus einem olympischen Anlass selbst eigenartig vor. »Man könnte fragen«, schrieb sie im Programmheft, »was hat dieses in sich selbst tragische, ja düstere Thema mit der Jugend zu tun, deren Sinn viel eher auf die heiteren und unbeschwerten Inhalte des Lebens gerichtet sein dürfte.«[79] Die Antwort fiel ihr

---

70 Barch R 8077/236, Kommando der Schutzpolizei, Olympia-Befehl Nr. 21, 28.7.1936.
71 DNB, 1.8.1936. Da auch der einzige Haitianer dem Start fernblieb, reduzierte sich die Zahl noch auf 49.
72 Ebenda.
73 Écho de Paris, 4.8.1936.
74 So die Darstellung von Ritter von Halt, Bericht über die Besprechungen der beiden (deutschen) NOK, München, 18.3.1956, Archiv Kluge.
75 Ebenda.
76 Diem, Leben, S. 160.
77 Rundschreiben an die Mitglieder des Vorstandes des Organisationskomitees, 10.8.1933, Archiv Kluge.
78 Programm »Olympische Jugend. Festspiel«, Organisationskomitee XI. Olympische Spiele Berlin 1936, S. 11.
79 Ebenda, S. 41.

Scheinwerfer in der Nacht: die Abschlussveranstaltung als massen- und medienwirksame Inszenierung.

Floodlights in the night: the closing ceremony, staged to impress the masses and the media.

später sicher leichter als 1936, als sie die »Totenklage« mit »erzieherisch bewusster Ehrfurcht durch nationale Gedenktage« begründete.

Terrorstaat hinter einer schönen Fassade

In der ersten Augusthälfte 1936 erlebte Berlin schöne Tage. Die Ereignisse jagten sich gegenseitig. An den Wettkampfstätten gab es bedeutenden Sport zu sehen, und der Bedarf an Eintrittskarten war doppelt so groß wie das zur Verfügung stehende Kontingent. Am Ende wurden fast 3,8 Millionen Zuschauer gezählt – mehr als dreimal so viel wie 1932 in Los Angeles.

Die Mehrzahl der ausländischen Gäste war beeindruckt. Viele von ihnen verbanden ihren Abstecher nach Berlin mit einer anschließenden Reise in die schönsten Gegenden Deutschlands. Dabei kam den Touristen entgegen, dass sie bei Eisenbahnfahrten eine Fahrpreisermäßigung von 60 Prozent erhielten – einen Mindestaufenthalt von sieben Tagen vorausgesetzt. Auch die Gastgeber waren zufrieden. Der Einzelhandel meldete den totalen Ausverkauf an Fotoapparaten, und bei den Berliner Banken – Deutschland kannte schon keine Devisenfreiheit mehr – wurden dringend vom Regime benötigte Valuten im Gegenwert von 23 Millionen Mark umgetauscht. Auch die ausländische Presse berichtete überwiegend positiv. »Lobend wurde allgemein anerkannt, dass keine politische Propaganda getrieben wurde, wie dies besonders die Marxisten und Emigranten vor Beginn der Spiele hatten glauben machen wollen. Von kleinlichen Nörgeleien abgesehen, hatte das nationalsozialistische Deutschland noch nie eine so gute Presse«, hieß es in einem SD-Bericht.[80] Und Goebbels, der seine Einflussagenten auch in amerikanischen und britischen Zeitungen untergebracht hatte, triumphierte: »Die Auslandspresse über die Olympiade ist fantastisch. Alles geht wie am Schnürchen. Ein großer Erfolg.«[81]

In der Tat waren es nicht nur die Gazetten des William Randolph Hearst, mit dem Goebbels im Herbst 1934 ein Abkommen geschlossen hatte, wodurch sich der US-Pressezar zu einer deutschfreundlichen Berichterstattung bereit erklärte.[82] Auch in der »New York Times«, die man allgemein als objektiv schätzte, wurde das Regime in den höchsten Jubeltönen gefeiert. So bezeichnete Frederick T. Birchall Hitler als »einen der größten, wenn nicht den größten politischen Führer der Welt«.[83] Die Deutschen seien ein gastfreundliches, friedfertiges, viel verleumdetes Volk, hieß es in seinem Abschlussbericht, was von den SD-Presseauswertern als das bislang höchste Lob bezeichnet wurde, das eine US-Zeitung dem »Dritten Reich« gespendet hatte.[84]

Freilich gab es auch eine Vielzahl anderslautender Kommentare, die entweder geflissentlich übersehen oder als Meckereien abgetan wurden. Einige davon stießen sich an der pompösen Pracht, dem überschwappenden »Führer«-Kult und dem fanatisierten deutschen Publikum, das mit seinem endlosen »Heil«-Gebrüll die ausländischen Teilnehmer zu demütigen schien. Andere kritisierten die Organisation mancher Wettkämpfe und die bisweilen eigenartige Auslegung der Regeln, wobei manchmal den Deutschen auch zu Unrecht Manipulationen zugetraut wurden. So richtete sich in Lima die Volkswut der Peruaner gegen deutsche Einrichtungen und Firmen, weil der klare 4:2-Sieg ihrer Fußballmannschaft in der Zwischenrunde gegen Österreich nicht anerkannt wurde, da peruanische Zuschauer in der Verlängerung den Rasen des Hertha-Platzes gestürmt hatten. Als daraufhin der Internationale Fußballverband (FIFA) ein Wiederholungsspiel ansetzte, reiste die peruanische Mannschaft ab und überließ den Österreichern kampflos den Einzug ins Halbfinale.

Und das IOC? Las es Zeitungen wie »Paris-Soir«, wo die Frage gestellt wurde, wie lange dieser »Waffenstillstand der Muskeln«[85] dauern würde? Die meist konservativen Mitglieder des IOC, von denen viele prodeutsch eingestellt waren – manche sogar profaschistisch und antisemitisch –, waren mit diesen Spielen mehr als zufrieden. Argumente, die gegen sie vorgebracht wurden, waren in ihren Augen »politisch« und damit nicht opportun. Da sich Hitler letztendlich ihren Regeln gebeugt und der IOC-Präsident ihn sogar auf seinen Platz verwiesen hatte, glaubten sie allen Ernstes, dass der Sport über die Politik gesiegt hätte. »Nie sind so große Spiele abgehalten worden und nie waren sie so gelungen«, schrieb der schwedische Präsident des Internationalen Leichtathletikverbandes (IAAF), Sigfrid Edström, nach seiner Rückkehr an Reichsaußenminister von Neurath, eine Meinung, die vermutlich die meisten seiner Kollegen im IOC geteilt haben dürften.[86]

Gold fürs Sportfeld, Silber fürs Stadion

Viele Deutsche erlebten einen nationalen Taumel. Erstmals war ihr Team mit 38 Goldmedaillen am erfolgreichsten. Gab es einen besseren Beweis für die Überlegenheit der »Herrenrasse«? Wenn interessierte es schon, dass fünf der Siege auf das Konto der Kunstwettbewerbe gingen, die schwer zu bewerten waren und zu denen wichtige Nationen und Künstler gar nicht erst eingereicht hatten.

Auch Werner und Walter March belohnte man für ihr Werk mit einer Goldmedaille – allerdings nur das Reichssportfeld in der Kategorie »Städtebauliche Entwürfe«. Bei den »Architektonischen Entwürfen« wurde ein Skistadion des Österreichers Hermann Kutschera von der Jury, der auch Jan Wils, der Erbauer der Amsterdamer Arena

gen. Baillet-Latour hielt die Schlussansprache, gleichzeitig waren an der Anzeigetafel Worte von Coubertin zu lesen. Andächtiges Schweigen begleitete das Läuten der Olympiaglocke. 1000 Sängerinnen und Sänger stimmten Beethovens »Opferlied« an, während die Olympiafahne am Mast herabsank. Flakscheinwerfer verwandelten die Stätte in einen gewaltigen »Lichtdom«, den March konzipiert hatte und den man vier Wochen später auch beim Nürnberger Reichsparteitag sehen konnte. Eine »Erfindung«, die später von Albert Speer genauso beansprucht wurde wie von der Olympiafilmerin Leni Riefenstahl und deren Chefkameramann Walter Frentz.[87] Dumpf dröhnte die Glocke, als das Olympische Feuer verlosch. Eine mystische Stimme erklang: »Ich rufe die Jugend der Welt nach Tokio.« Eine Vorahnung, was kommen würde, hatten wohl nur wenige.

angehörte, höher eingestuft, so dass das Olympiastadion nur auf Rang zwei landete. Es war ein Vergleich von Äpfeln und Birnen. Zur Enttäuschung der March-Brüder fand die Übergabe der Preise dann auch noch nach den Leichtathletik-Wettkämpfen des zweiten Tages statt, als viele Zuschauer längst den Ausgängen zustrebten und sich die Ehrentribüne sichtbar geleert hatte. Die Spiele der XI. Olympiade gingen prächtig zu Ende. Noch einmal war das riesige Oval bis auf den letzten Platz besetzt. Wegen des sich hinziehenden Springreitens, das als letzte Disziplin ausgetragen wurde, hatte sich der für 19.30 Uhr angesetzte Abschlussakt um mehr als eine Stunde verzögert, so dass sich bereits Dunkelheit ausbreitete, bis die Scheinwerfer aufflammten. Die Fanfaren schmetterten und Kommandos ertönten. Die Fahnen der beteiligten Nationen – voran Griechenland und dann nach dem deutschen Alphabet – wurden hereingetra-

80 Barch R 58/2321, SD-Presse-Bericht, August 1936.
81 Tagebücher, Teil I, S. 656.
82 Vgl. George Seldes, Facts and Fascism, In Fact, New York 1943. Der amerikanische Journalist behauptete darin, dass das Reichspropagandaministerium als Gegenleistung Hearst jährlich 400 000 US-Dollar zahlte.
83 New York Times, 16.8.1936.
84 Barch R 58/2321, SD-Presse-Bericht, 18.8.1936.
85 Paris-Soir, 1.8.1936.
86 Barch R 8077/223, Edström an von Neurath, 21.8.1936.
87 Gitta Sereny, Albert Speer. Sein Ringen mit der Wahrheit, Goldmann Verlag, München 1996, S. 160.

Von der Apotheose zur Apokalypse

Als Hitler die deutsche Olympiamannschaft einen Tag vor Abschluss der Spiele in der Reichskanzlei empfing, versprach er, dass sie in vier Jahren mit dem »Zeppelin« nach Tokio reisen würde. »Und davon könnt ihr ausgehen, dass ab 1944 die Olympischen Spiele nur noch in Deutschland stattfinden.«[1] Es sei dahin gestellt, ob er wirklich solche Pläne verfolgte, doch zumindest zeigten sich die Anwesenden von dieser großspurigen Ankündigung beeindruckt. Der Größenwahn nahm Formen an, als Hitler am 9. September 1937 während des Nürnberger Reichsparteitages den Grundstein für ein neues »Deutsches Stadion« legte, dem Speer die klassische Hufeisenform gegeben hatte. Die riesige Arena war für 405 000 Zuschauer konzipiert. Die letzte Sitzreihe lag 75 Meter über dem Erdboden – die Menschen sollten sich hier wie Ameisen fühlen.
Verglichen mit diesem Monstrum, dessen Fertigstellung für das Jahr 1943 vorgesehen war, wirkte das Berliner Olympiastadion regelrecht filigran. Zwar wurde dessen Kapazität offiziell mit 100 000 Plätzen angegeben, tatsächlich passten aber nur 96 200 Zuschauer hinein, für die es lediglich 63 200 Sitzplätze gab.[2] Nicht nur die Olympischen Spiele, sondern auch die großen Sportereignisse in den Jahren danach zeigten, dass damit der Bedarf an Eintrittskarten nicht annähernd befriedigt werden konnte, weshalb schon bald eine Erweiterung diskutiert wurde.

»Wir wussten dies schon seit den Olympischen Spielen 1936, wir haben es uns nur nicht eingestanden«, schrieb Diem 1941. Damit stimmte er in den Chor derjenigen ein, die eine Vergrößerung forderten, »denn wir dürfen nicht mit der jetzigen Sportentwicklung rechnen, wir müssen die zukünftige ins Auge fassen, die unsere und die unserer Nachbarn, und dabei bedenken, dass Berlin der Mittelpunkt Europas, der Treffpunkt des Sports der Welt werden wird«.[3] Europa? Nach dem Willen Hitlers sollte an der Spree die »Welthauptstadt Germania« liegen, die ihm Speer, der sich nun »Generalbauinspektor für die Reichshauptstadt« nannte, bis 1950 bauen sollte.
Dafür wurde nicht nur eine Vergrößerung des Olympiastadions verlangt, sondern eine Verdoppelung der Zuschauerplätze auf 200 000, was March mit einem Mantelbau und einem dritten Rang lösen wollte. Gleichzeitig sollte der Innenraum von bisher zwölf auf 30 Meter abgesenkt werden, was neben dem Grundwasserspiegel noch eine Reihe anderer schwer zu lösender Probleme zur Folge gehabt hätten: Um die Arena im Katastrophenfall schnell leeren zu können, wären zusätzliche Rampen oder gar kostspielige Rolltreppen und Fahrstühle nötig gewesen. Auch die Zuschauer in den letzten Reihen, die sich in 70 Metern Höhe befunden hätten, wären über Sichtweiten von 250 Meter bis zum Spielfeld nicht glücklich gewesen. Zudem hätte der Um-

bau nachhaltig die Harmonie des Ensembles gestört, da der 76 Meter hohe Glockenturm die Dammkrone nur noch wenig überragt hätte.
Nachdem Hitler diese Einwände akzeptiert hatte, ordnete er einen Neubau an, den Speer in seiner Konzeption in die sogenannte Südstadt in Zehlendorf an das Ende der geplanten Nord-Süd-Achse legte. Mitten im Zweiten Weltkrieg – 1941 – wurde March mit dem Entwurf eines »Stadions der 200 000« einschließlich Sportforum und Aufmarschgelände unter der Bedingung beauftragt, gleichzeitig eine Kasernenanlage für die SS-Leibstandarte zu bearbeiten, die unmittelbar neben dem Sportfeld entstehen sollte.[4]

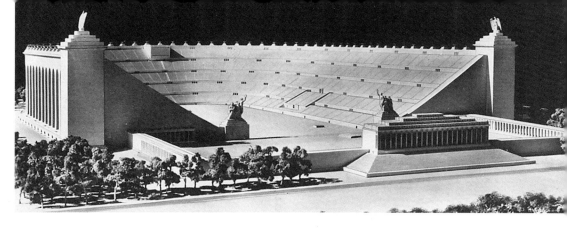

Architektur nach Hitlers Geschmack: Das Deutsche Stadion in Nürnberg (Modell). Links: Die Fußball-Nationalelf gewann 1937 die »Olympiarevanche« gegen Norwegen mit 3:0.

Architecture to Hitler's taste: the German Stadium in Nuremberg (model). Left: The national football team won the ›Olympic revenge match‹ against Norway 3:0 in 1937.

In der Nachkriegszeit war für dieses Projekt in Marchs Erinnerungen allerdings ebenso wenig Platz wie für das »Adolf-Hitler-Sportfeld«, das er aus Anlass des 50. Geburtstages des Diktators für die Frankfurter Wiesen in Leipzig konzipiert hatte. Mit einem »Stadion der Hunderttausend«, einem Aufmarschfeld, dem Glockenturm und einer Langemarckhalle, die am westlichen Ufer des Elsterstaubeckens entstehen sollte, glich die Anlage dem Reichssportfeld. Doch zu Marchs Enttäuschung wurde sie – natürlich mit anderen ideologischen Vorgaben – zwischen 1954 und 1956 von DDR-Architekten realisiert.[5]

Mit dem Reichssportfeld hatten die March-Brüder für die nächsten Jahrzehnte Maßstäbe gesetzt. Während aber über den Jüngeren schon bald keiner mehr sprach, erfreute sich der Ältere an einem auf Anordnung Hitlers verliehenen Professorentitel und neuen Staatsaufträgen, unter denen die Errichtung der jugoslawischen Gesandtschaft im Tiergarten-Viertel herausragte. Sie brachte ihm zudem eine Einladung an Hitlers Abendtafel anlässlich des Staatsbesuchs von Prinzregent Paul ein.[6] Nur in Japan war man weniger gut auf March zu sprechen, nachdem er für die Überlassung der Berliner Pläne 5000 Mark verlangt hatte, was von Dr. Hideto Kishida, der das Tokioter Olympiastadion für 1940 bauen sollte, beklagt wurde.[7] Ungeachtet dessen rühmten sich die Japaner, dass sie eine »Wagenladung« voll Material mitgenommen hatten. Nicht zu vergessen den Sack voller Ideen: Das Olympische Feuer sollte 1940 mit dem Schiff transportiert werden. Die Olympiaglocke würde wie eine Lotosblüte aussehen; statt einer Eiche sollten die Olympiasieger diesmal einen Ginkgo erhalten.

»Rassenbiologie« und »Führerausbildung«

Währenddessen zog der Alltag ein. Als die Blätter fielen, fand 1936 mit dem »Berliner Reitturnier« die verspätete Einweihung des Reiterstadions statt, das sich für die olympischen Konkurrenzen als zu klein erwiesen hatte. Im Kuppelsaal ermittelten die von SD-Chef Reinhard Heydrich protegierten SS-Fechter ihre Meister; im Forumbad absolvierte die Schwimmjugend Prüfungswettkämpfe.

Zwar war die fiebrige Aufregung der Augusttage mittlerweile abgeklungen, aber die Sportbegeisterung, die große Teile der Bevölkerung ergriffen hatte, war langanhaltend genug, so dass auch bei den nacholympischen Höhepunkten für genügend Zuspruch gesorgt war.

Während der Union-Klub 1912 bei seiner Investition noch davon ausgegangen war, dass sich die Errichtung des Stadions in 20 Jahren durch die Eintrittsgelder amortisieren würde, hatte Hitler andere Prioritäten gesetzt. Er verfolgte vorrangig das Ziel, mit dem Reichssportfeld das Ausland zu beeindrucken. An die Nachnutzung wurden indes nur wenige Gedanken verschwendet.

Im »Haus des Deutschen Sports« befand sich die Kommandozentrale des Nationalsozialistischen Reichsbundes für Leibesübungen (NSRL), der durch einen Hitler-Erlass zu einer von der NSDAP »betreuten« Organisation geworden war und der sich als »Erziehungsgemeinschaft« verstand.[8] An der Spitze stand weiter Tschammer, dem Hitler 1937 den Titel eines Preußisches Staatsrats verliehen und zum SA-Obergruppenführer befördert hatte. Seit dem Spätsommer 1938 verfügte Tschammer über eine von March entworfene Dienstvilla am Ende des Sportforums, für die man den bisherigen Tanzring des Frauenbezirks geopfert hatte. Unstrittig war auch die Bestimmung der übrigen Gebäude, in die die Reichsakademie für Leibesübungen einzog, deren neues Semester am 1. Mai 1937 begonnen hatte. Die ein Jahr zurückliegende Gründung hatte man schon beinahe verdrängt, so dass eine Anordnung Hitlers nötig war, um sie zurück ins Bewusstsein zu holen.[9] Die Nachfolgeeinrichtung der DHfL, deren Betrieb man 1934 stillschweigend eingestellt hatte, existierte bisher praktisch nur auf dem Papier, zukünftig aber sollte sie der »Mittelpunkt der Führerausbildung der deutschen Leibeserziehung« werden.[10] Was man darunter verstand, zeigte der Lehrgang von 450 Untergauführerinnen des BDM im April 1937, vor denen Himmler über die »Einheit der Weltanschauung« referierte. Zum »totalen Erlebnis«[11] der »Jungmädel-Führerinnen« zählte auch ein Vortrag von Dr. Walter Groß, Leiter des Rassenpolitischen Amtes der NSDAP und einer der fanatischsten und einflussreichsten Judenhasser.

Mit seinem Erlass hatte Hitler Tschammer auch noch zum Präsidenten der Reichsakademie ernannt. Direktor im Nebenamt wurde der Ministerialdirektor im Reichserziehungsministerium, Carl Krümmel, der zuvor die Geländesportschulen der SA und die Heeressportschule in Wünsdorf geleitet hatte. Als Dozent für »Rassenbiologie« wurde Bru-

---

1 Unveröffentlichte Erinnerungen Willi Daume, 1993.
2 Barch R 1501/5612, Reichsinnenministerium, Vermerk, 2.5.1935.
3 Carl Diem, »Das Olympia-Stadion zu klein«, in: Das Reich, 22.6.1941.
4 Barch R 4606, Speer an March, 3.5.1941.
5 Vgl. Heinz Jürgen Böhme, Thomas Nabert, Die Frankfurter Wiesen. Eine unendliche Planungsgeschichte, in: Waldstraßenviertel, Pro Leipzig, Nr. 5, o. J., S. 20 ff.
6 Barch NS 10/79795, Gästeliste, Abendtafel beim Führer und Reichskanzler, 1.6.1939.
7 Japan Advertiser, 20.10.1936.
8 Barch, R 43 II 728, Erlass des Führers und Reichskanzlers über den Nationalsozialistischen Reichsbund für Leibesübungen, 21.12.1938.
9 Erlass des Führers und Reichskanzlers über die Reichsakademie für Leibesübungen vom 7. April 1937, Reichsgesetzblatt, Nr. 47, 9.4.1937.
10 Barch R 43 II/728, Die Reichsakademie für Leibesübungen.
11 Reichssportblatt, 4.5.1937.

1937–1945

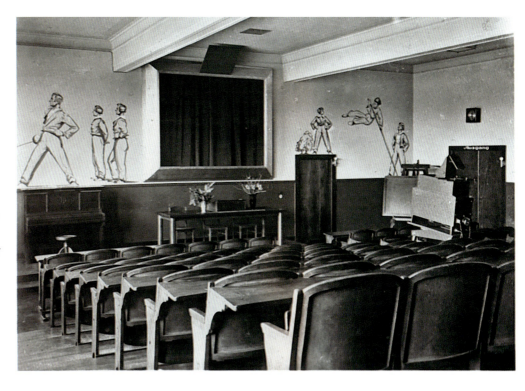

no Kurt Schultz berufen – später Chef des Rasse- und Siedlungsamtes der SS. Speziell für Werner March wurde ein Institut für Übungsstättenbau geschaffen, das aber kaum noch wirksam wurde. Mit Kriegsbeginn wurde die Akademie geschlossen.

Eine Zeit pausenloser Massenspiele

Es dauerte bis zum Frühjahr 1937, ehe man sich über die zukünftige Nutzung des Reichssportfeldes einig geworden war. Das »Paradies der Leibesübungen« wurde zum »Sportpark« erklärt, der gegen ein geringes Entgelt besichtigt und zum Teil auch genutzt werden konnte.[12] Sein touristischer Wert stieg noch, als im Sommer die Aussichtsplattform des Glockenturms eröffnet wurde. Von dort oben schaute man auf die Freilichtbühne, für die es vorerst keine Verwendung mehr gab. Anders lag das im Falle des Olympiastadions, dessen Konzept mit den Worten »wenig, aber würdig« umschrieben wurde. »Diese Feststätten des deutschen Volkes sollen ihre besondere Stellung schon dadurch bekunden, dass sie nur zu ganz besonderen Anlässen herangezogen werden, zu Veranstaltungen, die fast immer auch einen gewissen feierlichen Charakter haben werden«, hieß es in den Verlautbarungen.[13]
Auf dem Plan für das laufende Jahr standen das Endspiel um die Deutsche Fußballmeisterschaft, das mehrtägige 1. Brandenburgische Turn- und Sportfest, Sportfeste der HJ und der NS-Gemeinschaft »Kraft durch Freude« (KdF), die Deutschen Leichtathletikmeisterschaften, das Internationale Stadion-Fest (ISTAF), ein Großkonzert der Wehrmacht und das Festspiel anlässlich der 700-Jahr-Feier Berlins, das von dem gleichen Team unter Leitung von Hanns Niedecken-Gebhard inszeniert wurde wie jenes während der Olympischen Spiele. Wegen des großen Erfolgs wurde dem Publikum auch 1938 zu den »Berliner Sommerfestspielen« an elf Abenden ein solches Historienspektakel vor der eindrucksvollen Stadionkulisse geboten. Sein Titel suggerierte den Deutschen, dass sie ein »Frohes, freies, glückliches Volk« wären, dessen Bestimmung – so das fünfte Bild – die Wehrhaftigkeit sein sollte.[14]
Unangefochtener Publikumsmagnet war »König Fußball«, dessen Anziehungskraft sich englischen Verhältnissen näherte. Zu Jahresbeginn hatten 70 000 Zuschauer das Endspiel um den 1934 eingeführten Tschammer-Pokal zwischen dem FC Schalke 04 und dem VfB Leipzig erlebt. Mitte April strömten 90 000 Menschen ins Stadion, um das Gruppenspiel um die Deutsche Meisterschaft zwischen Hertha BSC und Schalke zu sehen, das 1:2 endete. Schließlich erlebten 101 000 am 20. Juni 1937 das Finale, das die »Knappen« mit 2:0 gegen den 1. FC Nürnberg gewannen, der zwei Wochen zuvor in der Vorschlussrunde an gleicher Stelle den Hamburger SV ausgeschaltet hatte.
Zum ersten nacholympischen Fußballhöhepunkt wurde das Länderspiel Deutschland gegen Italien am 15. November 1936, für das Hunderttausende von Kartenbestellungen eingingen, so dass man die Arena mehrmals hätte füllen können. Gegen den Weltmeister gelang den Deutschen, die sich im Olympia-Turnier mit ihrem frühzeitigen Ausscheiden gegen Norwegen gehörig blamiert hatten, ein achtbares 2:2-Unentschieden – und mit Mittelstürmer Silvio Piola hatten die Zuschauer auch schon den nächsten großen WM-Star von 1938 gesehen.
Die Versöhnung schien gelungen. Sie schlug in Überheblichkeit um, als die Mannschaft 1937 zehn von elf Spielen gewann – darunter die »Revanche« gegen Norwegen am 24. Oktober im Olympiastadion, wo Otto Siffling vom SV Waldhof Mannheim, der schon beide Tore gegen Italien geschossen hatte, ein Hattrick glückte. Die Fans schwärmten fortan von der »Breslauer Elf« – eine Anspielung auf das 8:0, mit dem man Dänemark in Breslau vom Platz gefegt hatte.
Mit dem sogenannten »Anschluss« Österreichs im Frühjahr 1938 schien Hitlers Größenwahn auch auf die Mehrheit der Deutschen übergesprungen zu sein.

Seminarraum im Friesenheim: Auf dem Lehrplan stand »Rassenbiologie«. Unten: ISTAF-Programmheft von 1937.

Seminar room in the Friesenheim: On the syllabus was ›Race biology‹. Below: 1937 ISTAF programme.

Nach der »Olympischen Jugend« von 1936 sah das Olympiastadion auch in den nächsten beiden Jahren »Festspiele«, die ein Team von Hanns Niedecken-Gebhard organisierte.

After the ›Olympic Youth‹ of 1936, ›festivals‹ were also held in the Olympic Stadium in the next two years, organised by a team led by Hanns Niedecken-Gebhard.

Deren und des Reichssportführers liebstes Kind war nun die »großdeutsche Elf«, mit der man zur nächsten Weltmeisterschaft antreten wollte. Was allerdings das bevorstehende Prestigespiel gegen England im Olympiastadion betraf, so war den Gästen versprochen worden, diesmal noch auf eine personelle Verstärkung zu verzichten. Als Gegenleistung sollte die Profimannschaft des Birminghamer Clubs Aston Villa auf Deutschlandtournee gehen und einen Tag nach dem England-Match an gleicher Stelle gegen eine »Deutsche Auswahlmannschaft« antreten, hinter der sich – mit einer Ausnahme – die Österreicher verbargen.

Es waren nicht weniger als 105 000 Zuschauer, die am 14. Mai 1938 in das Olympiastadion gepresst wurden, wo sie eine englische Mannschaft sahen, die auf Veranlassung des britischen Botschafters Sir Neville Henderson die Hand zum Hitlergruß erhob, als vor Spielbeginn das »Deutschlandlied« intoniert wurde. Damit waren aber auch schon die Nettigkeiten beendet. Die Engländer, deren überragender Spieler der 23-jährige Rechtsaußen Stanley Matthews war, erteilten den Deutschen mit einem 6:3-Sieg eine Lektion, der 24 Stunden später eine weitere Demütigung folgte, als Aston Villa die »Ostmärker«, wie die Österreicher nun genannt wurden, mit 3:2 nach Hause schickte.

Das Ergebnis war ein Vorgeschmack auf die Weltmeisterschaft in Paris, bei der ein zusammengewürfeltes »großdeutsches« Team im Achtelfinale – nach einem 1:1 gegen die Schweiz im mit 2:4 verlorenen Wiederholungsspiel – ausscheiden musste. Für die Fans war es wenig trostvoll, als die Deutschen einen Monat später die Schweiz im Berliner Olympiastadion glatt mit 23:0 besiegten – allerdings nicht im Fußball, sondern im Finale der 1. Handball-WM, die auf dem Großfeld ausgetragen wurde. Sternstunden gab es in der Leichtathletik. Genau ein Jahr nach dem Beginn der Olympischen Spiele, erlebte das Stadion die ISTAF-Premiere, die bei Sonnenschein begann und im strömenden Regen endete. Vom Namen her knüpfte das Sportfest an jene erste international besetzte Veranstaltung nach dem Ersten Weltkrieg an, an der 1921 im Deutschen Stadion neben den Leichtathleten auch die Schwimmer mitgewirkt hatten. Viele der 85 000 Besucher, von den 75 000 mit einer »KdF«-Reise nach Berlin gekommen waren, zeigten sich aber enttäuscht, denn neben den leistungsstarken Finnen fehlten vor allem die US-Athleten. Als das Kräftemessen ein Jahr später mit einem Männer-Länderkampf nachgeholt wurde, ging dieser mit 92:122 Punkten klar verloren, obwohl die Amerikaner keinen der 1936er Olympiasieger aufboten.

Trotz der enormen Kartennachfrage gelang es der Reichssportfeldverwaltung nie, auch nur annähernd schwarze Zahlen zu schreiben. Die Ausgaben von 1,5 bis 1,6 Millionen Mark, die die Anlage jährlich erforderte, übertrafen die Einnahmen, weshalb ein Zuschuss von 400 000 bis 500 000 Mark benötigt wurde.[15] Für die Aufrechterhaltung des Betriebs beschäftigte man nicht weniger als 356 Arbeiter und Angestellte, die vom Reichssportfeld-Inspektor Gerhard Schnabel angeleitet wurden, der schon unter Diem im DRA ab 1920 als Kassengehilfe und später als Rechnungsführer gedient hatte. Der eigentlich starke Mann war aber Tschammers ehemaliger Referent Emil Friedrich Dreher, ein »alter Kämpfer«, der schon am 1. September 1923 der NSDAP beigetreten war und die Uniform eines SA-Standartenführers trug.

Nachdem der Diplomingenieur im Frühjahr 1937 aus der Reichssportführung herübergewechselt war, bekleidete er offiziell das Amt des stellvertretenden Direktors und Betriebsleiters.

Mit einer Kundgebung der Hitler-Jugend am 1. Mai 1937 hatte die Zeit der pausenlosen Massenspiele begonnen, die ein raffinierter Propagandaapparat steuerte. Hitler wurde im offenen Wagen durch das Marathontor ins Stadion hineingefahren, wo er von 150 000 Jugendlichen frenetisch gefeiert wurde. Neben dem jährlichen »Tag der HJ« fanden im Olympiastadion auch die zentralen Sonnenwendfeiern statt, die von Mal zu Mal gruseliger wurden. In der dunklen Nacht marschierten 6000 Fackelträger im Kreis, wobei sie ein Hakenkreuz bildeten, in dessen Mitte sie schließlich einen riesigen Holzstoß entzündeten. Zu den lodernden Flammen passten Goebbels' Brandreden, der ein Jahr später – am 22. Juni 1938 – hier gegen das »internationale Judentum« hetzte und unter den Beifallsstürmen der aufgeputschten Massen ankündigte, »dass in

---

12 Ebenda, 25.4.1937.
13 Ebenda, 25.5.1937.
14 Berliner Sommerfestspiele, Frohes, freies glückliches Volk, Festspiel im Olympiastadion, 18. bis 28. August 1938, veranstaltet von der Reichshauptstadt.
15 CuLDA, Diem an NOK-Geschäftsführer Walter König, 12.10.1957.

absehbarer Zeit der jüdische Einfluss auch in der Wirtschaft gebrochen« würde.[16] Viereinhalb Monate später folgte das als »Reichskristallnacht« bezeichnete Pogrom.

Solche Propagandaspektakel ließen sich noch steigern, wie »Reichsbühnenbildner« Benno von Arent, der schon bei den Olympischen Spielen den Hintergrund für die Aufmärsche und Aufzüge geliefert hatte, anlässlich des Staatsbesuches von Mussolini unter Beweis stellte. In Berlin, das gerade eine von Göring angeordnete sechstägige Verdunkelung hinter sich hatte, wurden sämtliche Betriebe geschlossen und die Schulferien vorgezogen, damit Goebbels am Abend des 28. September 1937 seinem »Führer« drei Millionen Menschen melden konnte, die zur »Völkerkundgebung« auf dem Reichssportfeld und an deren Zufahrtstraßen angetreten seien.[17] Eine Million sollen es auf dem Maifeld gewesen sein, wo der »Duce« von der dröhnenden Olympiaglocke empfangen wurde. Nachdem die beiden Diktatoren von der »Führerkanzel« den Weltfrieden beschworen hatten, den niemand anderes als sie gefährdeten, schritten sie anschließend das Spalier der braunen und schwarzen Kohorten ab, die seit Stunden im Nieselregen ausharren mussten. Im Olympiastadion fand die gespenstige Szene dann ihre Fortsetzung. Beim »Großen Zapfenstreich« marschierten 3600 Militärmusiker unter den Klängen von »Preußens Gloria« in das Riesenoval ein, um das Tausende Fackelträger einen Strahlenkranz gebildet hatten. Wie zuletzt beim Reichsparteitag in Nürnberg sorgten Lichtdom und Feuerwerk für die Apotheose.

»Weitermachen!« lautet die Parole

Am 1. Mai 1939 begrüßte die versammelte Berliner Hitler-Jugend ihren »Führer« im Olympiastadion mit den von dunklen Tüchern gebildeten Worten »WIR GEHÖREN DIR«. Die Jugendlichen ahnten nicht, dass Hitler sie bald darauf beim Wort nehmen würde. Genau vier Monate später überfiel die Wehrmacht Polen, worauf Großbritannien und Frankreich in Erfüllung ihrer Bündnisverpflichtung Deutschland formell den Krieg erklärten. Die Veranstaltungen des folgenden Wochenendes wurden daher abgesagt. Vergeblich hatte man das Olympiastadion auf den Leichtathletik-Länderkampf Deutschland gegen Schweden vorbereitet. In den nächsten Wochen kam der ganze Sportbetrieb beinahe zum Erliegen. Da viele Stammspieler eingezogen wurden, mussten die Mannschaften auf den Nachwuchs zurückgreifen. Wegen der umfangreichen Reisebeschränkungen orientierte die Reichssportführung außerdem auf »Aushilfswettbewerbe« innerhalb von Gau- oder Stadtgrenzen. So wurde für den Berliner Fußball der »Danzig-Pokal« erfunden – die bisher Freie Stadt hatte

Hitler kurzerhand einverleibt. Die NSRL-Führung ging zu diesem Zeitpunkt offenbar davon aus, dass der internationale Sport wie im Ersten Weltkrieg eingestellt werden würde, doch Hitler dachte gar nicht daran, auf dieses wirkungsvolle Propagandainstrument zu verzichten. Am 20. Oktober wurde beschlossen, die Arbeiten an den Olympiabauten für die Winterspiele von 1940, die das IOC wegen eines Streits um die Ausrichtung der Skidisziplinen kurzfristig St. Moritz entzogen und Garmisch-Partenkirchen übertragen hatte, vorerst bis zum 15. Dezember 1939 fortzusetzen. Gleichzeitig wurden auf Wunsch des Auswärtigen Amtes die sportlichen Beziehungen zu den »neutralen Nachbarstaaten« wiederaufgenommen.[18] Die deutschen Fußballer traten somit am 24. September 1939 in Budapest gegen Vizeweltmeister Ungarn an und erlebten mit 1:5 ein unerwartetes Debakel.

Eine besondere Rolle spielten die Begegnungen mit dem Achsenpartner Italien, das sich damals noch nicht im Kriegszustand befand. Zwar war man einerseits verbündet, andererseits beanspruchten die südlichen Nachbarn, die auf sportliche Niederlagen ausgesprochen empfindlich zu reagieren pflegten, selbst eine führende Rolle bei der nun angesagten »Neuordnung Europas«. Insofern war es auch ein »Prestigeduell«, als die deutsche Fußballauswahl am 26. November 1939 im Olympiastadion gegen die neu formierte »Squadra Azzurra« antrat. Obwohl sich der NSRL damit brüs-

»WIR GEHÖREN DIR« skandierten am 1. Mai 1939 132 000 Hitler-Jungen im Olympiastadion. Ein halbes Jahr später nahm ihr »Führer« das Versprechen wörtlich.

On 1 May 1939 in the Olympic Stadium 132,000 members of the Hitler Youth movement chanted ›WE BELONG TO YOU‹. Six months later their ›Führer‹ took their promise literally.

tete, dass er keine Vorsichtsmaßnahmen ergriffen hatte – in Großbritannien ließ man zur gleichen Zeit wegen der drohenden Fliegerangriffe nur noch kleine Menschenansammlungen zu –, wurde es ein trister Tag. Von den 88 000 angekündigten Zuschauern kamen lediglich 70 000 – zumeist Soldaten, die für das Spiel Urlaub erhalten hatten. Eröffnet wurde es mit einem Gedenken an die Gefallenen des »Polen-Feldzuges«, gesenkten Fahnen und dem »Lied vom guten Kameraden«. Die betretene Stimmung verflog erst, als es dem Wiener »Bimbo« Binder gelang, zweimal die Führung der Italiener auszugleichen. Mit 2:2 ging es in die Halbzeitpause, in der eine Militärkapelle das »Engelandlied« von Hermann Löns intonierte, das von den Massen begeistert mitgegrölt wurde: »... denn wir fahren gegen Engeland, Engeland«. Vorerst beließ man es aber bei einem (Fußball-)Sieg über Italien, der mit 5:2 überraschend deutlich ausfiel.

Ende 1939 hatte Tschammer die einengenden Bestimmungen für den Spielverkehr gelockert. Nun lautete die Parole »Weitermachen!«, galt es doch jetzt, Zuversicht und »Friedensmäßigkeit« zu demonstrieren, wie es im »Reichssportblatt« hieß, das auf 80 internationale Wettkämpfe verwies, die man seit Kriegsbeginn bestritten hatte.[19] Ein »Kriegssportausschuss« sollte fortan alle Kräfte von Partei, Staat und Wehrmacht bündeln. Nachdem der NSRL schon Ostern 1940 versucht hatte, eine »volkstümlich-bunte Schau« zu organisieren, waren auch die »Pfingsttage der deutschen Leibesübungen« für die große Mobilisierung der Massen vorgesehen. Zehntausende »Machdoch-mit«-Plakate riefen dazu auf, einen Beitrag zu liefern, »wie sich das deutsche Volk mit den Problemen des Krieges abfindet«.[20]

Als Höhepunkt sollte am 13. Mai im Olympiastadion das Fußball-Länderspiel Deutschland gegen Dänemark stattfinden – eine makabre Idee von Goebbels, der sich auf einen Wunsch Hitlers berief, mit den Dänen, deren Land fünf Wochen vorher von der Wehrmacht besetzt worden war, so freundlich wie möglich umzugehen. Trotz massiven Drucks gelang es jedoch nicht, dem dänischen Fußballverband eine Zusage abzuringen. Dem NSRL blieb somit in der Kürze der Zeit nichts anderes übrig, als das 31. Städtespiel Berlin gegen Wien anzusetzen, das kaum mehr als 30 000, wegen der Eisheiligen fröstelnde Zuschauer anlockte.

Ende 1939 hatte Tschammer die Austragung von »Kriegsmeisterschaften« angeordnet, die erstmals im Sommer 1940 groß aufgezogen wurden. Wären die meisten Zuschauer nicht Uniformträger gewesen, so hätte man sich fast wie in normalen Zeiten fühlen können: Nach den Gruppen-Entscheidungsspielen erlebten 90 000 am 21. Juli 1940 in einer Doppelveranstaltung das Finale um die »1. Deutsche Kriegsmeisterschaft im Fußball«, die erwartungsgemäß vom FC Schalke 04 gewonnen wurde, der in einem unschönen Spiel den Dresdner Sportclub bezwang.

Zwischen den beiden Fußball-Terminen lagen die Schwimmmeisterschaften, denen Mitte August die Titelkämpfe der Leichtathleten folgten, bei denen man »friedensmäßige Leistungen« zu sehen bekam, wie Carl Diem befriedigt feststellte.[21] Im »Reichssportblatt« erinnerte er daran, dass zu dieser Zeit eigentlich die Olympischen Spiele in Helsinki gefeiert werden sollten, die Diem in einem von ihm erdachten Fernwettkampf, auf dem Papier als »zum guten Teil« von den Deutschen gewonnen ansah.

Der Zufall wollte es, dass das nächste Fußballfinale, für das sich Titelverteidiger Schalke und Rapid Wien qualifiziert hatten, ausgerechnet auf den 22. Juni 1941 fiel. Am Morgen jenes Sonntags hatten die deutschen Truppen die Sowjetunion überfallen, was von den 95 000 Zuschauern im Stadion, die eine der raren Eintrittskarten ergattern konnten, vor dem Anpfiff mit einem dreifachen »Sieg Heil« begangen wurde. Ob die Nachricht wirklich einen Überschwang der Gefühle ausgelöst

---

16 Völkischer Beobachter, 23.6.1938.
17 Ebenda, 29.9.1937.
18 Barch R 18/5101,
   Tschammer an Frick, 7.10.1939.
19 Reichssportblatt, 26.3.1940.
20 Ebenda, 7.5.1940.
21 Ebenda, 27.8.1940.

hatte? Die Dramatik des Spiels verdrängte die Frage. Die »Knappen« führten bereits mit 3:0, als eine sensationelle Wendung eintrat und Rapid noch mit 4:3 gewann.

Im März 1941 wurde Diem, der kurz nach Kriegsbeginn zum kommissarischen Leiter der NSRL-Auslandsabteilung ernannt worden war, durch Tschammer informiert, dass »der internationale Sportverkehr im Hinblick auf die bevorstehenden Ereignisse nach Möglichkeit einzuschränken und demgemäß auch jede Anforderung auf Beurlaubung von Wehrmachtsangehörigen zu unterlassen« war.[22] Erst im Spätsommer wurde der Beschluss auf Drängen der Reichssportführung ausgesetzt, so dass ab Oktober 1941 die ausgefallenen Veranstaltungen nachgeholt werden konnten. Zu den Ländern, die als »politisch wichtig«[23] galten, zählte Spanien. Zwar hatte Diktator Franco den Kriegseintritt an der Seite der Achsenmächte verweigert, er unterstützte aber Hitler an der Ostfront mit der »Blauen Division«. Zu den Gesten, die als Gegenleistung zu verstehen waren, gehörte ein Fußball-Länderspiel am 12. April 1942 im Olympiastadion, das im Zeichen der »herzlichen Verbundenheit der beiden Nationen«[24] stehen sollte. Dementsprechend das Ergebnis – 1:1 unentschieden. Angesichts der schweren Verluste an der Ostfront veränderte sich die Stimmungslage im Laufe des Jahres 1942, so dass sich Tschammer gezwungen sah, sich öffentlich gegen die »Zurückhaltung von Spitzensportlern von der Front zur Durchführung von Sportveranstaltungen« auszusprechen.[25] Das Unverständnis wuchs, als die vom Kriegsdienst befreite Fußballauswahl am 20. September mit 2:3 gegen Schweden verlor, was Goebbels mit den Worten kommentierte: »100 000 sind deprimiert aus dem Stadion weggegangen. Den Leuten liegt der Gewinn dieses Fußballspiels mehr am Herzen als die Einnahme irgendeiner Stadt im Osten.«[26]

Auf die Niederlage von Stalingrad antwortete das Regime mit dem »Totalen Krieg«, den Goebbels am 18. Februar 1943 im Berliner Sportpalast ausrief. Einen Tag später verbot Tschammer internationale Wettkämpfe und »Meisterschaften in der Reichsstufe«. Erlaubt war nur noch der »nachbarliche Sportverkehr« bis zur »Gaustufe« und bis zu einer Entfernung von 100 Kilometer vom Heimatort.[27] Zu diesem Niedergang passte, dass Tschammer am 25. März 1943 an einer Angina pectoris starb, die er sich zwei Jahre vorher durch Unterkühlung während einer Reise nach Straßburg zugezogen hatte. Auch die psychischen Belastungen – sein Bedeutungsverlust und die Lage an der Ostfront – dürften zu seinem schnellen Tod beigetragen haben. Hitler ordnete ein Staatsbegräbnis an, dass am 30. März 1943 im Mosaiksaal der Neuen Reichskanzlei stattfand und bei dem Goebbels die Gedenkrede hielt. Zwei Tage zuvor ließ man Tschammers Leiche im Reiterhaus des Reichssportfeldes aufbahren und Kolonnen von Hitler-Jungen vorbeidefilieren. Damit nicht genug: Die Urne, an der auch der Weltrekordhalter im 800-Meter-Lauf und nunmehrige Luftwaffenfeldwebel Rudolf Harbig Ehrenwache hielt, wurde auf Anordnung Hitlers am 2. Mai 1943 unter dem Geläut der Olympiaglocke in einem Steinblock in der Langemarckhalle versenkt, womit das düstere Gewölbe endgültig seine Bestimmung als Totenhalle erhielt.

»Uns kann nichts erschüttern ...«

Das Reichssportfeld hatte man schon frühzeitig auf den Krieg vorbereitet. Bereits 1938 zog man im Marathontunnel eine 2400 Quadratmeter große Betondecke sowie eine Vielzahl von Trennwänden ein. Mit Kriegsbeginn wurde in diesen Katakomben eine Zweigstelle der Flugzeugwerke Henschel eingerichtet, die ab Frühjahr 1940 Fernlenkwaffen wie die elek-

Rudolf Harbig (vorn in weißer Hose) lief am 9. Juli 1939 über 800 Meter mit 1:49,4 min Deutschen Rekord. Eine Woche später steigerte er sich in Mailand auf 1:46,6 min – Weltrekord.

Rudolf Harbig (front, white shorts) set a German 800 metre record of 1:49.4 on 9 July 1939. A week later he reduced this in Milan to 1:46.6 – a world record.

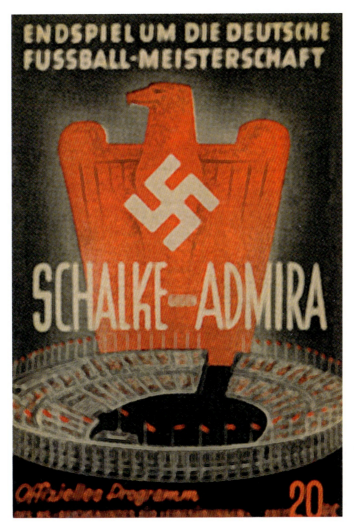

Ein historisches Programmheft: Im Endspiel um die Deutsche Fußballmeisterschaft 1939 besiegte der FC Schalke 04 Admira Wien mit einem sagenhaften Ergebnis: 9:0.

An historic programme: In the final of the 1939 German football championship FC Schalke 04 defeated Admira Wien with the amazing score of 9:0.

trisch gesteuerte Gleitbombe Hs 293 produzierte. In unmittelbarer Nachbarschaft, unter der Südwesttribüne, entstand der »Blaupunktbunker«, wo Röhren, Detektorempfänger und Zünder für Flugabwehrwaffen hergestellt wurden.

Zur gleichen Zeit war am Nordrand des Reichssportfeldes zwischen der Dienstvilla des Reichssportführers und dem Frauenheim ein Hochbunker entstanden, der der 1940 eingerichteten »Luftflotte Mitte« als Gefechtsstand diente. Im Zentrum des sechsstöckigen Gebäudes, das man in den Abhang der Murellenschlucht hineingebaut hatte, befand sich ein drei mal vier Meter großer Raum, in dem eine Milchglasscheibe stand. Darauf markierten Nachrichtenhelferinnen laufend mit Lichtpunktwerfern die aus der Zentrale im Friesenheim gemeldeten Standorte der eigenen und gegnerischen Verbände.[28]

Doch schon bald zeigte sich, dass der Befehlsstand, aus dem man die gesamte Luftverteidigung im Großraum Berlin überwachen wollte, viel zu klein war, worauf das ganze Kommando 1941 in einen größeren Bunker am Wannsee mit der Bezeichnung »Herold 2« umzog. Im Reichssportfeld verblieb nur eine Außenstelle. Bei Fliegeralarm durfte der Bunker zudem von Tschammers Familie, Mitarbeitern der Reichssportführung und Studentinnen der Berliner Universität benutzt werden, die seit einiger Zeit das Frauenheim bewohnten.[29] Es war ein Nebeneinander von Sport und Militär. Letzteres unterhielt auf dem Reichssportfeld zeitweise bis zu 30 Dienststellen. Im Sommer 1943 ermittelte die Hitler-Jugend auf dem Hanns-Braun-Platz und im Schwimmstadion Bannmeister und bezog anschließend nebenan ein Wehrertüchtigungslager. Beim Berliner Turn- und Spielfest versuchten sich 730 Frauen und Männer im volkstümlichen Mehrkampf, dessen Disziplinen – Schießen, Keulenzielwurf, bayrisches Ringen und Prellball – der neuen Lage angepasst worden waren. »Leibesertüchtigung« galt fortan als »kriegswichtig«.

Außerdem musste das Volk auch bei guter Laune gehalten werden, was in die Verantwortung des »Amtes für Truppenbetreuung« fiel, das am 18. September 1943 auf der Freilichtbühne »für Soldaten und Rüstungsarbeiter«[30] den »Tag der Meisterboxer« mit dem Schwergewichtsduell zwischen Europameister Hein ten Hoff und Olympiasieger Herbert Runge als Höhepunkt veranstaltete. Geboxt wurde auch im Kuppelsaal vor der Kamera des »Deutschen Fernsehsenders«, der die Kämpfe in die Berliner Lazarette ebenso übertrug wie die Auftritte des Deutschen Meisters im Kunstradfahren Kurt Heinicke und ein Turnier im Radball.

Zu den wenigen Anlässen, bei denen das Olympiastadion geöffnet wurde, gehörte die »4. Kriegsmeisterschaft« in der Leichtathletik, zu der ausschließlich »wirkliche Könner mit meisterschaftswürdigen Leistungen« zugelassen wurden, was man »mit Rücksicht auf die Verkehrsprobleme« begründete.[31] Die Teilnehmer schliefen in den Gebäuden des Sportforums, wo man Feldbetten aufgestellt hatte.

Wie seit Kriegsbeginn üblich, begannen die Titelkämpfe mit der »Heldenehrung«. Reichsfachamtsleiter Ritter von Halt verlas eine Totenliste, die mit dem im Bett gestorbenen Reichssportführer und Hanns Braun, der im Ersten Weltkrieg abgestürzt war, anfing. Erst dann folgten die Namen von 14 Deutschen Meistern, die im Jahr davor gefallen waren. Elf der 15 aktuellen Titelträger waren Soldaten. Besonders hervorgehoben wurde der Angehörige der Waffen-SS Heinz Schlundt, der 1942 einen Beinschuss erlitten hatte und nun den 800-Meter-Lauf in 1:56,3 Minuten gewann.[32]

---

22 PAdAA R 99038, Diem an Manfred Garben, 21.03.1941.
23 Ebenda R 99040, Rundschreiben Tschammer, 27.6.1941.
24 Reichssportblatt, 7.4.1942.
25 »Sport im Kriege ...?«, in: NS-Sport, Aug. 1942.
26 Zit. nach: Gerhard Fischer, Ulrich Lindner, Werner Skrentny, Stürmer für Hitler. Vom Zusammenspiel zwischen Fußball und Nationalsozialismus, Die Werkstatt, Göttingen 1999, S. 124.
27 Anordnung des Reichssportführers. Die Einordnung des Sports in die Aufgaben der totalen Kriegsführung, Völkischer Beobachter, 20.2.1943.
28 Vgl. Wolfgang Falck, Falkenjahre. Erinnerungen 1910–2003, NeunundzwanzigSechs Verlag, Moosburg 2003, S. 271.
29 Laut Information von Ingeborg Kirchhoff (Berlin), 8.10.2001.
30 Berliner Morgenpost, 9.9.1943.
31 Der Leichtathlet, Nr. 10/11, 1943, S. 8.
32 Illustrierte Nachtausgabe, 24.7.1943.

Boxen, Frauenturnen, Hallenradsport und Judo: Das Fernsehen übertrug die Veranstaltungen aus dem Kuppelsaal im »Haus des Deutschen Sports« für die Verwundeten in den Berliner Lazaretten.

Boxing, women's gymnastics, indoor cycling and judo: The events in the Kuppelsaal in the ›Haus des Deutschen Sports‹ were televised for the wounded in the military hospitals of Berlin.

Vergeblich hielten die 40 000 Zuschauer allerdings nach Rudolf Harbig Ausschau, dessen Start man angekündigt hatte. Doch der Weltrekordler, der zuletzt im November 1942 bei einem Hallensportfest in Magde-

burg gelaufen war, diente als Zugführer in einem Fallschirmregiment, das seit September 1943 nach seiner Verlegung in die Ukraine als Infanterie in vorderster Front eingesetzt wurde. Harbigs Spur verlor sich am 5. März 1944 im Raum Kirowograd.

Währenddessen ging der Fußball-Spielbetrieb unverdrossen weiter. Nach elf vergeblichen Anläufen war dem Dresdner Sport Club (DSC) am 27. Juni 1943 im Olympiastadion ein klarer 3:0-Erfolg über den FV Saarbrücken gelungen, womit die Elf, die »ausschließlich aus Soldaten und Rüstungsarbeitern«[33] bestand, erstmals die »Viktoria« – die Trophäe des Meisters – gewonnen hatte. Das Gros der 90 000 Eintrittskarten war an die Wehrmachtskommandantur und an die Hitler-Jugend gegangen, so dass für den freien Verkauf nur 14 000 übriggeblieben waren.

Obwohl aus Berlin, das am 1. März 1943 den ersten Großangriff der Royal Air Force erlebt hatte, inzwischen eine Trümmerstadt geworden war, fand auch ein Jahr später das Meisterschaftsfinale statt. Diesmal – am 18. Juni 1944 – bestritt der DSC das Endspiel gegen den Luftwaffen-Sport-Verein (LSV) Hamburg, der einige Nationalspieler in seinen Reihen hatte. »Aber wo und wann dieses Endspiel stattfinden sollte – das wusste offiziell niemand. Jetzt hatte man tatsächlich Angst, die Alliierten könnten das vollbesetzte Olympiastadion bombardieren, am helllichten Tage«, erinnerte sich der spätere Bundestrainer Helmut Schön.[34] Im Nachhinein war es für ihn wie ein Wunder, dass trotzdem 70 000 Menschen, die über Rundfunk informiert worden waren, den Weg in die Arena fanden. Über ihre Sicherheit hatte eine Sonderkommission des Luftgaukommandos zu wachen, die alle 15 Minuten über die Luftlage informierte. Im Falle eines Angriffs hatte man die Zuschauer angewiesen, sich »irgendwie in der Gegend« zu zerstreuen oder sich einfach flach auf die Stadionstufen zu legen. Für Schön, der zum 4:0-Sieg der Dresdner den dritten Treffer beisteuerte, war klar, was das Regime damit sagen wollte: »Uns kann nichts erschüttern, wir spielen sogar weiter Fußball.«[35]

»Schön ist der Tod fürs Vaterland«

In der Nacht zum 4. September 1943 wurde Berlin erneut von der Royal Air Force mit 295 Flugzeugen angegriffen, die eine Bombenlast von 906 Tonnen über der Stadt abluden. Dabei nahm auch das Reichssportfeld Schaden. Ein Treffer ging im Turnhaus nieder, in dem sich das von Diem geleitete Internationale Olympische Institut befand, das Anfang 1938 mit Hitlers Zustimmung gegründet worden war.[36] Vernichtet wurden alle dort deponierten Erinnerungsstücke an die Olympischen Spiele von 1936 – Urkunden, Medaillen, Orden, Fahnen, Drucksachen, 10 000 Fotos und Hunderte von Lichtbildern. Bis auf wenige Dokumente gingen auch die Handschriften Coubertins in Flammen auf, darunter jener Brief vom 16. März 1937, in dem er dieses »bescheidene, kleine Institut«, dem er alle seine Papiere schenken wollte, angeregt hatte.[37] Diem vermeldete den »Kriegsverlust« in einem seiner faksimilierten Feldpostbriefe, mit denen seit Kriegsbeginn alle Truppenteile beliefert wurden und der diesmal mit den Worten schloss: »Lass fahren dahin. Wir haben andere Sorgen und andere Gedanken, ohne den Werken des Friedens untreu zu werden.«[38]

Nach der Landung der Amerikaner in der Normandie und der erfolgreichen Sommeroffensive der Roten Armee, die bis zur Weichsel vorstieß, bahnte sich für das NS-Regime die militärische Katastrophe an. Am 6. September 1944 befahl Hitler die Bildung des Deutschen Volkssturms, mit dem zusätzlich sechs Millionen Männer und Jugendliche im Alter von 16 bis 60 Jahren mobilisiert werden sollten.[39] Zwei Wochen später erließ Arno Breitmeyer, der das Amt des Reichssportführers seit Tschammers Tod kommissarisch ausgeübt hatte, »Maßnahmen für die Einordnung des Sports in die totale Kriegsführung«, die Sportveranstaltungen nur noch »mit örtlicher und nachbarlicher Beteiligung« gestatteten.[40] Da es nun beim NSRL nichts mehr zu verwalten gab, meldete sich Breitmeyer an die Ostfront, wo er Anfang 1945 umkam.

In seiner Funktion als Reichsinnenminister hatte Himmler Mitte Oktober 1944 Ritter von Halt, der seinem »Freundeskreis« angehörte, zu Breitmeyers Nachfolger bestimmt.[41] Da ihm als Chef des Ersatzheeres auch der Volkssturm unterstand, beauftragte er Halt zudem mit der Aufstellung eines Bataillons auf dem Reichssportfeld, für das neben den 15 verbliebenen NSRL-Mitarbeitern ausschließlich ältere Männer aus der Umgebung des Olympiastadions rekrutiert wurden. Ihre Vereidigung fand am 12. November 1944 auf dem Olympischen Platz statt, wo man bereits vor Jahresfrist die

»Weitermachen« hieß die Parole auch im Hindernislauf: Bei den 1. Deutschen Kriegsmeisterschaften im August 1940 waren die Teilnehmerfelder noch groß.

›Keep going‹ was the watchword in the steeplechase, too: At the 1st German Wartime Championships in August 1940 the field was still large.

Olympischen Ringe abgehängt hatte, um den alliierten Bomberverbänden, die das Stadionoval bei ihren Anflügen auf Berlin als Orientierungspunkt nahmen, kein weiteres Zeichen zu bieten. Es waren Zehntausende Volkssturmmänner, die an diesem Sonntagvormittag auf weiteren neun Berliner Plätzen zwangsverpflichtet wurden.42
Aus dem Olympiastadion war inzwischen ein Ort ständigen Auf- und Abladens geworden. Im Nordhaus und im Tunnel wurde Munition gelagert; in den Gebäuden des Sportforums hatte man Nahrungsmittel und große Vorräte Wein deponiert. Der äußere Pfeilergang der Arena war vollgestopft mit den Habseligkeiten der Ausgebombten, die diese aus den Trümmern ihrer Häuser hatten retten können. Und zwischen den an- und abfahrenden Behelfsfahrzeugen exerzierte unter dem Befehl von Obergebietsführer Dr. Ernst Schlünder, der seit 1944 die Uniform eines SS-Hauptsturmführers trug, das HJ-Bataillon »Reichssportfeld«.
Schaute man sich allerdings im Sportforum um, dann schien der Krieg selbst im Januar 1945 noch immer weit weg. In der Schwimmhalle bestritt die HJ Vergleichswettkämpfe. Im Kuppelsaal standen sich Amateurboxer gegenüber, und für die Verwundeten organisierte das »Amt für Truppenbetreuung« eine Propagandashow mit Judovorführungen der deutschen Jugendmeister. In Halle VI fand ein Basketballturnier statt, an dem auch eine Mannschaft der Lettischen SS-Freiwilligen-Legion mit dem 29-fachen Nationalspieler Alexanders Vanags teilnahm. Die Regeln hatte der NSRL der Zeit angepasst: Im Falle eines Spielabbruchs durch Fliegeralarm galt eine Partie als ordnungsgemäß beendet, wenn das Ergebnis eindeutig war. Andernfalls musste das Spiel neu angesetzt werden.43
Ritter von Halt kommandierte sein nur mäßig ausgerüstetes Bataillon in der Uniform eines SA-Oberführers, vergleichbar mit einem Generalsrang. Diem, der sich – obwohl schon 62-jährig – freiwillig gemeldet hatte und eine Zolluniform mit drei Sternen tragen durfte, war von ihm zum Adjutanten ernannt worden. Da er aber schon bald darauf im Auftrage der Wehrmacht zu einer Vortragsreise nach Norwegen aufbrechen musste, übernahm Guido von Mengden diesen Posten. Der NSRL-Stabsleiter blieb bis »fünf nach 12« ein glühender Nationalsozialist.
Als Diem Ende Januar 1945 aus Dänemark zurückkehrte, war die Truppe nun auf dem Reichssportfeld kaserniert. Ihm blieb jedoch das Privileg, zu Hause zu wohnen, und auch sonst hatte er als offizieller »Propagandaredner« noch immer viel Bewegungsfreiheit. Am 27. Januar wurde er in Cottbus erwartet, und auch die Februar- und März-Termine standen schon lange fest: Am 3. Februar, als die alliierten Bomber die letzten Reste der Berliner Innenstadt in Schutt und Asche legten, sollte er in Luckenwalde sprechen. Es folgten am 11.2. Potsdam, am 18.2. Wittenberg, am 22.2. Lübben, am 25.2. Landsberg an der Warthe, am 4.3. Lippehne, am 11.3. Frankfurt/Oder, am 18.3. Fürstenwalde.44
Am 18. März 1945, einem Sonntag, sprach Diem noch ein weiteres Mal – im Kuppelsaal vor Volkssturmmännern und einem HJ-Bataillon, das seit Ende Januar auf dem Reichssportfeld einen Lehrgang absolvierte und dabei besonders im Gebrauch der Panzerfaust ausgebildet worden war. Unter den Halbwüchsigen befand sich auch der 17-jährige Reinhard Appel, der sich fast 40 Jahre später eher durch Zufall an jenen Abend erinnerte. Diems Vortrag hatte der spätere ZDF-Chefredakteur »flammend und voller Pathos« erlebt, und es war darin viel von Sparta die Rede gewesen. »Unzweideutig appellierte er an uns, den Opfergang für das Vaterland auch im Bewusstsein möglicher Unterlegenheit, wie einst die Spartaner, nicht zu scheuen.«45 Appels Erinnerungen, die eine bis heute andauernde Diem-Debatte auslöste, wurden durch einen Stichwortzettel46 bestätigt,

---

33 Berliner Lokalanzeiger, 29.6.1943.
34 Helmut Schön, Fußball, Ullstein, Berlin o. J. (1978), S. 122.
35 Ebenda.
36 Olympische Rundschau, Heft 1, April 1938, S. 1.
37 Ebenda, S. 3.
38 CuLDA, Diem, 91. Feldpostbrief, 7.10.1943.
39 Barch NS 2528/3, Das Schreiben Himmlers an den Reichssportführer bezieht sich auf den »Führererlass« vom 6. September 1944, während in der Literatur die Bekanntgabe mit dem 25. September 1944 angegeben wird.
40 DNB-Sportdienst, 19.9.1944.
41 Ebenda, 2.10.1944.
42 Völkischer Beobachter, 14.11.1944.
43 Berliner Morgenpost, 16.1.1945.
44 Ebenda, 18.1.1945.
45 Bengt von zur Mühlen (Hrsg.), Der Todeskampf der Reichshauptstadt, Chronos Film, Kleinmachnow, 1994, S. 298. Appel, der diesen Vorgang erstmals in einem Referat an der Führungs- und Verwaltungsakademie des Deutschen Sportbundes am 28.4.1984 in West-Berlin erwähnt hatte, verlegte den Vortrag damals noch irrtümlich auf Februar 1945.
46 Karl Lennartz, Sportführer in vier Epochen. Zur Diem-Kritik und ihren Methoden, CuLDA, 1995, S. 23. Die auf den 6.11.1987 datierte Transkription besorgte Walter Borgers.

Die Ruinen des Hochbunkers auf dem Reichssportfeld. Hier wurde 1940/41 die Luftverteidigung im Großraum Berlin überwacht.

The ruins of the high ›bunker‹ in the Reichssportfeld. From here in 1940/41 surveillance was kept on the air defences of Greater Berlin.

mit dem sich die Ansprache relativ leicht rekonstruieren lässt, auch weil der Autor fast wörtlich aus der Einleitung seines Buches »Der Olympische Gedanke im neuen Europa« abgeschrieben hat, wo es heißt: »Den Spartanern ... blieb es vorbehalten, das homerische Ideal der ›Arete‹, dieses schwer übersetzbaren griechischen Begriffes, in den Heroismus der Vaterlandsliebe umzuwandeln. Wir übersetzen ›Arete‹ mit ›Tugend‹, das hat für uns den etwas schwächlichen Beigeschmack demütigender Sündelosigkeit, für die Griechen aber war ›Arete‹ kampferfochtene Tugend, ein Begriff von Härte und Unerschrockenheit. Dieser allgemeine Heroismus wurde

dann von den Spartanern zur Opferbereitschaft für das Vaterland umgeprägt. Es war der Spartanerdichter Tyrtaios, der da gesungen hat:
›Schön ist der Tod,
wenn der edle Krieger im vordersten Treffen
für das Vaterland ficht
und für das Vaterland stirbt.
Der Krieger dringt mit gewaltigem Schritt
in den Feind,

mit gebissener Lippe,
steht dann im Kampf,
fest wie die Eiche der Fuß,
mächtige Taten der Schlacht er vollbringt.
Sie lerne der Jüngling.‹«[47]
Es waren nicht die üblichen Durchhaltephrasen der HJ-Führer, sondern die Rede eines »Schöngeistes«, mit der den Jugendlichen der »Heldentod« schmackhaft gemacht werden sollte. Was die Kampftaktik betraf, so hatte Diem ebenfalls einige antike Hinweise parat: »Lasst keine Schwalben in Euer Haus / Wenn die Perser mit ihren Pfeilen die Sonne verfinstern, werden wir im Schatten kämpfen.« Und auch an die hinterbliebenen Frauen und Mütter war gedacht: »Dein Mann und Dein Sohn sind gefallen. Sage mir, ob sie gesiegt haben.«[48]
Aus einem Brief, den Diem am 25. März 1945 an Josef Göhler, der im Internationalen Olympischen Institut sein Mitarbeiter gewesen war, schrieb, spricht Abschiedsstimmung: »Da Berlin bis zur letzten Patrone verteidigt werden soll, kann es nur ein Massengrab für die verbleibende Bevölkerung werden. Davor möchte man die Nächsten bewahrt wissen, und der stellvertr. Gauleiter hat es auch Kindern und Müttern nahe gelegt.«
Die Apokalypse schien offenbar unausweichlich: »Ich verbleibe, wenn der Befehl nicht sich ändert, als Volkssturmmann auf dem Reichssportfeld, ein ganz sinngemäßer Abschluss eigentlich.«[49]
Dann allerdings entschied sich

der alte Mann doch fürs Weiterleben. 48 Stunden, nachdem er nach Grünheide bei Erkner ausgerückt war, wo die Rote Armee an einem Wegekreuz aufgehalten werden sollte, kehrte er abgerissen mit Fußbeschwerden nach Hause zurück, während Guido von Mengden, dem der wegen eines Achillessehnenrisses ausgeschiedene Halt das Kommando übertragen hatte, die Reste des Bataillons wieder in die Schlacht führte.[50]

Schlachtfeld – Reichssportfeld

Im März 1945 bestand die Berliner Besatzung aus 42 000 Mann. Mehr als die Hälfte – 24 000 – waren Volkssturmleute und Hitler-Jungen, die Reichsjugendführer Artur Axmann ungeachtet ihrer unzureichenden Ausbildung am alljährlichen »Tag der Verpflichtung«, an dem man traditionell die 14-Jährigen in die HJ aufnahm, »zum Zentrum unseres nationalen Widerstandes«

erklärt hatte.[51] Pflichteifrig bot er auch Hitler das auf dem Reichssportfeld stationierte HJ-Bataillon an, das unter Schlünders Befehl die an der Heerstraße gelegenen Pichelsdorfer Brücken schützen sollte, damit darüber die sagenumwobene Armee Wenck zum Entsatz der Reichshauptstadt einmarschieren konnte.
Wer Anzeichen von Kriegsmüdigkeit zeigte, riskierte sein Leben, wie auch Appel miterleben musste: »Unvergesslich ist mir auch jener Morgen im März 1945, als unsere Einheit auf eine Anhöhe hinter dem Reichssportfeld in unmittelbarer Nähe der sogenannten Dietrich-Eckart-Bühne (heute Waldbühne) geführt wurde. Der Anlass dieser Sonderübung wurde alsbald klar. Wir wurden Zeuge der Erschießung von sechs deutschen Soldaten, die wegen Fahnenflucht als Deserteure zum Tode verurteilt worden waren. Unter den Deliquenten waren drei junge Soldaten in unserem

Das letzte Aufgebot: Vereidigung des Volkssturms am 12. November 1944 auf dem Olympischen Platz.

The last contingent: The ›Volkssturm‹ (national militia) on 12 November 1944 taking the oath of allegiance on Olympic Square.

Alter. ›Tod durch Erschießen wegen unerlaubter Entfernung von der Truppe‹, lauteten die Urteile, deren Vollstreckung uns einen ungeheuren Schock versetzte. Das war wohl auch beabsichtigt.«[52]
Es handelte sich um die »Wehrmachts-Erschießungsstätte Ruhleben«, die sich am Hang des Murellenberges befand, wo vom Sommer 1944 bis zum 14. April 1945 rund 300 Menschen hingerichtet wurden, zumeist wegen Desertion oder sogenannter »Wehrkraftzersetzung«.[53]
Von den 232 ermittelten Personen, unter denen sich auch zwei Generale befanden, waren rund acht Prozent jünger als 20 Jahre.[54]
Am 25. April 1945 drangen Einheiten der sowjetischen 55. Garde-Panzerbrigade von Zehlendorf aus bis zur westlichen Innenstadt vor; einen Tag später erreichten sie die Heerstraße. Von dort stießen sie am Morgen des 28. April überraschend auf das Reichssportfeld vor, das man zu einem Artillerie-Stützpunkt ausgebaut hatte. Nachdem die dort fest montierten schweren Geschütze unversehrt in gegnerische Hände gefallen waren, trat plötzlich Stille ein, die erst von einem Lautsprecher unterbrochen wurde. Eine Stimme forderte die in der nahen Ruhlebener Kaserne stationierten Soldaten zur Aufgabe auf: »Lauft über und meldet euch bei den russischen Truppen auf dem Reichssportfeld!«[55]
In dem nach Kriegsende veröffentlichten Zeitzeugenbericht von Helmut Altner heißt es: »Das Reichssportfeld soll zurückerobert werden. Verstärkungen sind aus den Deutschen Werken und den Stützpunkten ringsum herbeigeeilt. Alles Hitlerjungen von 10 bis 14 Jahren, die noch nicht in die Uniform des Volkssturms oder der Wehrmacht gesteckt waren, sind in Spandau und Ruhleben aus den Häusern geholt worden. Es sind fast 2000 Hitlerjungen und 1000 Soldaten. Punkt 10 Uhr soll der Gegenangriff losbrechen. Von der U-Bahnstation aus haben sich ebenfalls zwei Kampfgruppen in der Richtung auf das Reichssportfeld vorgekämpft und können bis zu diesem Zeitpunkt in der Höhe des Stadions sein.«[56]
Kurz vor 10 Uhr wurde das Reichssportfeld von der Alexander-Kaserne aus mit Granaten beschossen – das Signal für die Hitler-Jungen, die sich ängstlich den Abhang hinauftasteten und dabei versuchten, ihre Waffen zu benutzen. Tatsächlich gelang es, den Gegner in Richtung Heerstraße zu vertreiben. »Ein teuer erkaufter ›Erfolg‹«, wie Altner schreibt. »Rund 2000 Tote und Verletzte sind nicht zu viel geschätzt für die Stunde des Angriffs.«[57] In die Ruhlebener Kaserne zurückgekehrt, erfuhr er am nächsten Tag, dass die Rote Armee das Gelände wieder unter Kontrolle hatte.
Nachdem sich die Armee Wenck ebenso wie die lange zuvor angekündigten »Wunderwaffen« als Phantom erwiesen hatten, beging Hitler am 30. April 1945 Selbstmord. Nun sahen auch seine Paladine – unter ihnen Axmann – keinen Grund mehr, in Nibelungentreue länger im umzingelten Berlin auszuharren. In den Morgenstunden des 2. Mai gelang ihnen im Schutze der Reste der Panzerdivision »Müncheberg« der Durchbruch durch die sowjetischen Linien, wofür Schlünders Himmelfahrtskommando die Havel-Brücken offen gehalten hatte. Wie vielen jungen Menschen dieser sinnlose Kampf noch in letzter Minute das Leben kostete, ist unbekannt. Der ehemalige Rittmeister Gerhard Boldt, der als Generalstabsoffizier Hitlers Ende im Bunker der Reichskanzlei miterlebt hatte, bezifferte die Opfer auf 5000. Dabei berief er sich auf Schlünder, der ihm mitgeteilt hatte, dass von seinem Bataillon, das aus 5000 Jungen bestanden hatte, nur etwa 500 kampffähige übrig geblieben wären.[58] Unzählige Gefallene hat auch Helmut Altner gesehen, während vier Jahrzehnte später der von Rechtfertigungsdrang getriebene Axmann – ebenfalls unter Berufung auf Schlünder – die Zahl mit 70 angab.[59] Wie viele auch immer es waren – jeder Einzelne war einer zu viel.

---

47 Carl Diem, Der Olympische Gedanke im neuen Europa, Terramare Institut, Berlin 1942, S. 8.
48 Lennartz, Sportführer, S. 23.
49 CuLDA, Diem an Göhler, 25.3.1945.
50 Liselott Diem, Fliehen oder bleiben? Dramatisches Kriegsende in Berlin, Herderbücherei, Freiburg 1982, S. 59.
51 Völkischer Beobachter, 27.3.1945.
52 Der Todeskampf der Reichshauptstadt, S. 300.
53 Der Sozialdemokrat, Nr. 164, 17.7.1946.
54 Wehrmachts-Erschießungsstätte Ruhleben (»Murellenschlucht«), Gutachten von Dr. Norbert Haase, 1995, www.denkzeichen-am-murellenberg.
55 Helmut Altner, Totentanz Berlin, Bollwerk, Offenbach 1947, S. 158 f.
56 Ebenda, S. 160.
57 Ebenda, S. 161.
58 Gerhard Boldt, Die letzten Tage der Reichskanzlei, Rowohlt, Hamburg/Stuttgart 1947, S. 86 f.
59 Artur Axmann, Das kann doch nicht das Ende sein, Verlag S. Bublies, Koblenz, 1995, S. 423.

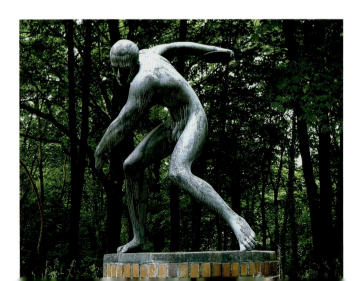

Olympische Parklandschaft: Reiterstadion (oben). Daneben: »Deutsche Nike« von Willy Meller. Links: das Reiterhaus (ehemals die Waage). Mitte: Eingangspfeiler von Adolf Wamper an der Waldbühne. Ganz links: »Diskuswerfer« von Wolfgang Schaper.

Olympic parkland: Riding Stadium (above). Adjacent: ›Deutsche Nike‹ by Willy Meller. Left: the riders' house (formerly the weigh-in room). Centre: entrance pillar by Adolf Wamper at the Waldbühne amphitheatre. Far left: ›Discus thrower‹ by Wolfgang Schaper.

Großplastik im Stadionumfeld: »Diskuswerfer« von Karl Albiker. Daneben: ehemalige Dienstvilla des Reichssportführers. Im Garten steht die Bronzestatue »Falkner« von Paul Wynand (ganz rechts). Daneben: Kopie des antiken »Faustkämpfers«.

Giant sculpture in the Stadium grounds: ›Discus Throwers‹ by Karl Albiker. Adjacent: former official villa of the Reichssportführer. In the garden stands the bronze ›Falconer‹ by Paul Wynand (far right). Adjacent: copy of the classical ›Fist Fighter‹.

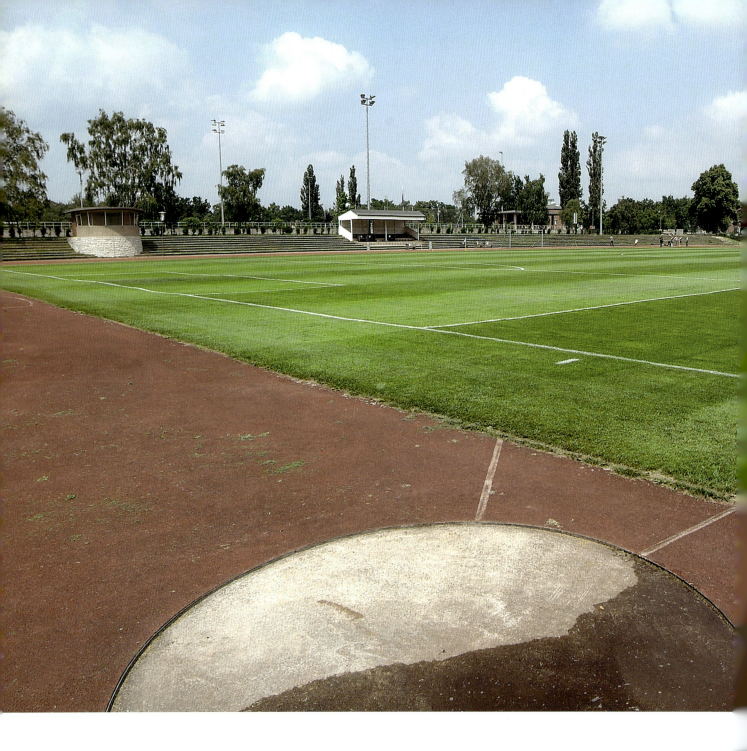

Hanns-Braun-Platz im Sportforum. Rechts: Auf der Stele von 1896 befinden sich auch die Namen der jüdischen Olympioniken Alfred und Felix Flatow, die vom NS-Regime umgebracht wurden.

Hanns Braun Square in the Sportforum. Right: On the 1896 stele are included the names of the Jewish Olympic champions Alfred and Felix Flatow, who were murdered by the NS regime.

Der Schenckendorffplatz – Trainingsstätte von Hertha BSC. Rechts: Schwimmstadion. Darunter: brachliegendes Familienbad. Ganz unten: Schmelings Linke (Thorak-Statue auf dem Anger).

Schenckendorff Square – training ground of Hertha BSC. Right: Swimming Stadium. Below: neglected family bathing pool. Foot of page: Schmeling's left hand (Thorak statue on the Meadow).

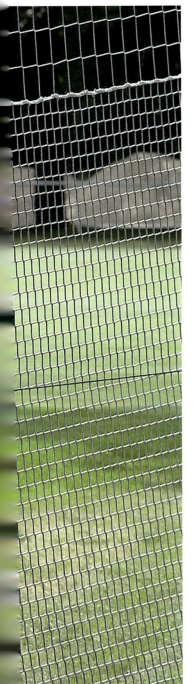

Ein Symbol des Kalten Krieges

Kaum schwiegen die Waffen, besuchte Carl Diem das Reichssportfeld, dessen geistiger Vater er gewesen war. Was er vorfand, war ein verödetes Schlachtfeld. Er stieg über Barrikaden und umging Bombentrichter. Überall stieß er auf ausgebranntes Gerät, zertrümmerte Wagen, zerrissene Fernsprechleitungen, umgestürzte Geschütze und leere Munitionskisten – dazwischen Leichen. Einigermaßen glimpflich war das Olympiastadion davongekommen, doch auch dieses war von einem Splittermeer umgeben, das von dem in den Umgängen untergestellten Hausrat der Ausgebombten stammte, in den Granaten eingeschlagen hatten.
Ähnlich war das Bild im Sportforum. Am »Haus des Deutschen Sports«, in das inzwischen ein Kommando der Roten Armee eingerückt war, sah man Einschläge. Der Kuppelsaal war beschädigt, der Ostflügel des Friesenhauses zerstört, die Große Turnhalle ohne Dach. Am Turn- und Schwimmhaus war die nördliche Wand eingestürzt; von den »Stadion-Terrassen« und vom Wirtschaftshof sah man nur noch Ruinen. Der Glasschaden belief sich auf 80 Prozent.[1]
Gelegentlich flammten neue Brände auf. Tagelang schwelte das Feuer in der Maifeldtribüne, wo sich im Juli 1945 das dort eingelagerte Reichsfilmarchiv entzündete. Die Flammen griffen auf den Glockenturm über, der völlig ausbrannte. Durch die nachträgliche Sprengung von Munition entstanden am Stadiontunnel, an der Freilichtbühne und im Nordhaus am Olympischen Platz neue Schäden.[2]
Nach und nach erschienen auch die Angestellten der verwaisten Reichssportfeldverwaltung: Gärtner, Handwerker, Kraftfahrer und Wachmänner – insgesamt 93 –, die neun Tage nach der Kapitulation aus eigenem Antrieb mit der Wiederinstandsetzung der Anlagen begannen, was ihnen die inzwischen ausgegebenen neuen Lebensmittelkarten sicherte. Bombentrichter wurden zugeschüttet, Türen vernagelt, Trümmer fortgeräumt und Zäune geflickt. An der Spitze Diem, der sich für politisch unbelastet hielt. Da er weder der NSDAP noch ihren Gliederungen angehört hatte, setzte er beim Bezirksamt Charlottenburg seine Ernennung zum kommissarischen Leiter durch. Sein Stundenlohn: 70 Pfennig. Eine seiner ersten Amtshandlungen

war es, mit einer Karre 4000 Bücher aus einem Keller im Olympiastadion zu holen, wo die Bibliothek der Reichsakademie lagerte, und in sein fünf Kilometer entferntes Haus im Falterweg zu schleppen.
Auf Befehl des sowjetischen Militärkommandanten, Generaloberst Nikolai Bersarin, hatte sich inzwischen ein neuer Berliner Magistrat konstituiert. Zuständig für die Abteilung Volksbildung war der kommunistische Redakteur Otto Winzer, den man am 30. April 1945 mit der »Gruppe Ulbricht« aus dem russischen Exil eingeflogen hatte. Winzer bestellte eines Tages Diem ins Stadthaus in der Parochialstraße, um ihn für das Sportamt zu gewinnen, was ihm schmeichelte. Zwar gab es Vorbehalte seitens der früheren Arbeitersportler, aber sie anerkannten Diems Fachkompetenz. Leiter des Sportamtes wurde der Kommunist Franz Müller, sein Stellvertreter der Sozialdemokrat Max Preuß, den man 1933 als Stadtoberturnrat gemaßregelt hatte. Als prominente Aushängeschilder dienten der ehemalige Hertha-Fußballer Hanne Sobek und der frühere Europameister im Schwergewichtsboxen Arno Kölblin.[3]
Diem, nun offiziell Reichssportfelddirektor, ließ am 20. Juni 1945 das fast unzerstörte Schwimmstadion für die Bevölkerung öffnen, die davon regen Gebrauch machte. Für einen Besuch nahmen viele einen langen Fußmarsch auf sich, so dass in anderthalb Wochen bereits 9375 Besucher gezählt werden konnten.[4] »Ich muss anerkennen, dass die Russen uns nach Kräften unterstützt haben«, schrieb Diem in seinen Erinnerungen. »Der zuständige Kommandant, dem ich einen Besuch gemacht hatte, fuhr mit mir hinaus und ermunterte mich, in dieser Arbeit fortzufahren. Er versprach mir den nötigen Schutz, wenn die Truppen den Betrieb stören sollten. Ich hatte aber keinen Anlass, den Schutz anzurufen.«[5]
Obwohl schon 63-jährig, glaubte Diem an die Fortsetzung einer akademischen Karriere. Hoffnungen setzte er dabei auf den mit der Wiedereröffnung der Berliner Universität beauftragten Ministerialdirektor Dr. Otto von Rottenburg, den er noch aus Weimarer Zeiten kannte. Einen alten Gönner besaß er zudem in dem Philosophen Eduard Spranger, der von der Kommandantura gerade zum Rektor ernannt worden war. Da Diem davon ausging, dass es zukünftig statt der Reichsakademie ein an die Universität angebundenes Institut für Leibesübungen geben würde, bewarb er sich schon jetzt vorsorglich um dessen Leitung und eine außerordentliche Professur, die ihm schon Tschammer versprochen hatte und letztlich an fehlenden Haushaltsmitteln gescheitert war. Außerdem war Diem zuversichtlich, das Internationale Olympische Institut retten zu können, wobei er sich auf einen Auftrag des IOC berief.[6] Zweieinhalb Wochen nach seiner Bewerbung traf sich Diem mit

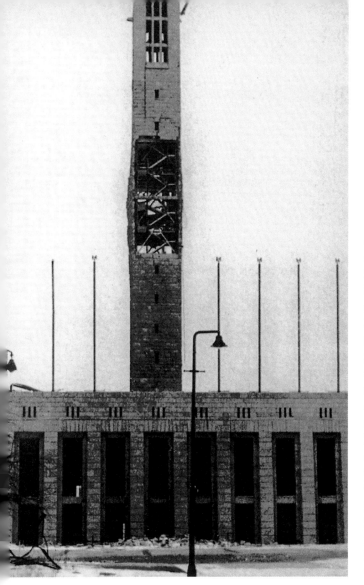

Ausgebrannt: Glockenturm im Winter 1946/47 vor der Sprengung. Andere Seite. Kriegsbeute: Thoraks Hitler-Büste in den Händen eines amerikanischen Soldaten.

Burnt out: Bell-tower in winter 1946/47 before being blown up. Overleaf: Spoils of war: Thorak's bust of Hitler in the hands of an American soldier.

Spranger zu einem Gespräch und versuchte, ihm die Verlegung der Universität, deren Gebäude in der Innenstadt fast vollständig zerstört waren, ins Reichssportfeld schmackhaft zu machen. Angesichts der bevorstehenden Viermächteverwaltung der Stadt war die Aussicht für Spranger verlockend, sah er doch eine Möglichkeit, die Universität dem sowjetischen Einfluss zu entziehen, da Charlottenburg im britischen Sektor liegen würde.

»Die schönste Kaserne von Berlin«

Ende Juni 1945 zog die Rote Armee ihre Wache am Olympiastadion überraschend ab, was von Diem genutzt wurde, die verbliebenen Reste der Bibliothek der Reichsakademie und der ausgelagerten Bestände des Reichsinnenministeriums – insgesamt 26 000 Bände – wegzukarren oder in den Katakomben sicherzustellen. Seine Aktivitäten wurden jäh gestoppt, als eine britische Einheit – ein Garde-Artillerie-Regiment und ein motorisiertes Garde-Husaren-Regiment – im Laufe des 1. Juli im Reichssportfeld einzog. Ihr Kommandeur befahl Diem, das Südhaus, wo die Verwaltung untergebracht war, sofort zu räumen. Zwar ließ er die Administration, der er Räume im Stadion zuwies, bestehen, doch jeder öffentliche Betrieb wurde untersagt, da die Briten das Gelände mit Ausnahme der zerstörten »Stadion-Terrassen« beanspruchten. Fürs Erste war nun Großreinemachen angesagt. Über die Arbeitsämter rückten Tausende Männer und Frauen an – zumeist ehemalige Mitglieder der NSDAP –, die mit den Hinterlassenschaften deutscher Sportbürokratie nicht viel Federlesen machten. Berge von Akten und ganze Bücherstapel flogen auf den Kehricht. Tagelang loderten die Scheiterhaufen, zwischen denen Diem herumkrauchte, um noch das eine oder andere aufhebenswerte Buch zu erhaschen. Diem, der sich bereits mit Etatplanungen des Universitätsbetriebs beschäftigte, glaubte damals an eine kurze Besetzung. Seine Verwunderung wuchs Ende Juli. »Die Engländer richten sich hier auf dem ganzen Gelände völlig ein, als ob sie den Winter über hier bleiben wollen«, schrieb er an Rottenburg. »Das hat den Vorteil, dass die Wiederherstellung der Beheizung schon in Angriff genommen worden ist und auch die Gebäudelücken geschlossen werden sollen. Die Reinigung aller Häuser und des Geländes ist erfolgt. Den Truppen, die hier sind, gefällt es naturgemäß recht gut. Das Reichssportfeld gilt als die schönste Kaserne Berlins.«[7]

Zum ersten Mal öffneten die Briten das Olympiastadion für die alliierten Truppen, die dort am 23. September 1945 Leichtathletik-Wettkämpfe austrugen. Der amerikanische Brigadegeneral Francis March hatte für diese »Little Olympics« ein Schild gestiftet, das von der US-Mannschaft überlegen vor den Briten und Franzosen gewonnen wurde. Die Russen hatten elf Stunden vorher abgesagt, was damit begründet wurde, dass keine anderen Sportarten und nur in Berlin stationierte Truppen zugelassen waren. Unter den Zuschauern – Deutsche hatten sonst keinen Zutritt – sah man auch die in Berlin gebürtige Schauspielerin Marlene Dietrich, die als Angehörige der US Army mit einer Sondererlaubnis von General Clay angereist war. Erstmals nach 13 Jahren sah sie ihre Mutter wieder, die keine sechs Wochen später verstarb.

Die Sowjets hatten mittlerweile Sprangers doppeltes Spiel durchschaut und ihn abgesetzt. Damit war der Plan, die Universität ins Reichssportfeld zu verlegen, endgültig gescheitert. Ohne jemand zu fragen, hatte Diem jedoch die Turnlehrerausbildung wiederaufgenommen, für die er 54 Anmeldungen vorweisen konnte – darunter lediglich von vier männlichen Bewerbern. Seine Vorlesungen hielt er entweder in seinem Haus in Eichkamp oder auf dem Oberring des Stadions, bis ihm die Briten bedeuteten, dass sie solche Versammlungen nicht länger dulden würden. In der Folgezeit mied Diem das Reichssportfeld, des-

---

1 Vgl. Diem, Leben, S. 224 f.
2 Barch ZB 1154 A 1, Diem, Denkschrift für die zukünftige Verwendung des Reichssportfeldes, 1.7.1945.
3 Berliner Zeitung, 21.6.1945.
4 CuLDA, Gereit an Diem, 11.6.1948.
5 Diem, Leben, S. 229.
6 Barch ZB 1154 A 1, Diem an Rottenburg, 26.6.1945.
7 Ebenda, 28.7.1945.

Alliierte Leichtathletikmeisterschaften im Olympiastadion: das Programmheft (rechts). Unten: Emil Zátopek – das Ein-Mann-Team der Tschechoslowakei.

Allied athletics championships in the Olympic Stadium: the programme (right). Below: Emil Zátopek – Czechoslovakia's one-man team.

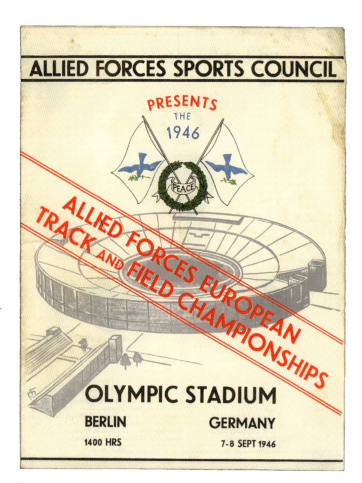

sen zugängliche Teile er zuletzt nur noch ehrenamtlich verwaltet hatte, und widmete sich ganz seinen Studien. Als ein Jahr später in Köln nach einem gescheiterten Versuch in Frankfurt auf Beschluss der amerikanischen und britischen Militärregierungen mit dem Sommersemester 1947 eine neue Sporthochschule gegründet werden sollte, gelang es ihm, sich als Direktor ins Gespräch zu bringen. Als er schließlich ein Angebot bekam, sagte er sofort zu. Auch March, der nach kurzer amerikanischer Kriegsgefangenschaft bei der Firma Leicht in einem Steinbruch in Brannenburg als Techniker untergekommen war, wollte sich verändern und als selbstständiger Architekt in Minden niederlassen. Da es dazu notwendig war, sich einem Entnazifizierungsverfahren zu unterwerfen, bat er Lewald und Diem um eidesstattliche Erklärungen, aus denen hervorgehen sollte, dass er kein Günstling des NS-Regimes gewesen war. »Bestätigt werden müsste ferner, dass ich Exz. Lewald und Ihnen gegenüber aus meiner politischen und weltanschaulichen Einstellung gegen die Irrtümer und zunehmenden Missgriffe der Partei niemals ein Hehl gemacht habe; dass Adolf Hitler entgegen seinen sonstigen Gepflogenheiten nach dem zweiten Besuch auf dem Reichssportfeld wegen unserer abweichenden architektonischen Auffassungen den Bau bis zur Eröffnung ignoriert hat; dass er ferner die ursprünglich dem Reichssportfeld von ihm zugesprochene Stiftung des gesamten plastischen Schmuckes wegen der von mir veranlassten Auswahl der Künstler ostentativ zurückgezogen hat; dass er kurz vor meiner Siegerehrung mit seiner gesamten Umgebung die Ehrenloge geräumt hat und dass ich auch später als die übrigen deutschen Olympia-Sieger nicht mehr zu persönlicher Beglückwünschung in die Loge gerufen worden bin.«[8]

Obwohl Diem seinerzeit großzügig »Persilscheine« auszustellen pflegte, war er nicht bereit, Marchs Logik bedenkenlos zu folgen. »Bei seinen (Lewalds) Unterredungen mit dem Führer ist eine Animosität gegen Sie und den Bau nicht zu Tage getreten und auch von Seiten Pfundtners, der seitens des Innenministeriums den Bau organisierte, hat er dergleichen nicht verspürt«, schrieb er und widersprach auch der Behauptung, dass sich Hitler vor Marchs Siegerehrung am 2. August 1936

demonstrativ entfernt hätte. »Daraus kann man jedenfalls keine Ablehnung gegen Sie herauslesen. Und ebenso wenig hat der Führer grundsätzlich nur die Deutschen und die deutschen Sieger empfangen, sondern eigentlich nur einige wenige beglückwünscht, die Tschammer zu ihm heraufführte. Auch die Einladungen zum Empfang beim Führer am 15. August sind über das Büro Tschammer gegangen (Jensch).«[9]

Dennoch schrieb Diem die gewünschte Erklärung, worauf March sein Entlastungszeugnis ausgestellt wurde.[10] Danach erhielt er beim Wiederaufbau von Minden eine Vielzahl von Bauaufträgen, darunter für das zerstörte Rathaus und den Dom.

Emils zweiter, Maxens letzter Versuch

Am 19. November 1945 hatte die Alliierte Kommandantur Berlin die Auflösung aller Sportvereine angeordnet. Wer sich weiterhin sportlich betätigen wollte, konnte das nur auf kommunaler Ebene und auf wenigen Gebieten: Neben einigen Ballspielarten waren Eislaufen, Angeln, Kegeln, Tennis und Gymnastik erlaubt.[11] Großereignisse blieben allein den alliierten Streitkräften vorbehalten, deren Sportkonzil sich geeinigt hatte, nach dem Beispiel der Pariser »Inter-Allied Games« von 1919 internationale Militärmeisterschaften auszutragen, von denen die in der Leichtathletik zum 7./8. September 1946 nach Berlin vergeben worden waren. 85 000 Berliner, denen man das Eintrittsgeld erlassen hatte und die von einer »Negro Jazz Band« in Schwung gebracht wurden, wollten diese Gelegenheit nicht verpassen. Sie kamen mit etwas Wehmut, so die »Berliner Zeitung«, aber nicht ohne Hoffnung.[12] Vieles erinnerte an die denkwürdigen Ereignisse vor zehn Jahren; selbst ein »olympi-

*Der Publikumsmagnet:
Boxen in der Waldbühne vor über
20 000 Zuschauern.*

*A magnet for the public:
Boxing at the Waldbühne before over
20,000 spectators.*

sches« Feuer wurde entzündet. Da die Russen aus unerfindlichen Gründen erneut fehlten, reduzierte sich das groß ankündigte Championat allerdings auf ein »8-Nationen-Sportfest«, das von der US Army gesponsert wurde. Lachsalven empfing die tschechoslowakische Mannschaft, denn hinter einem mürrischen GI, der das Schild »Czechoslovakia« in die Arena trug, tippelte nur ein einziger, etwas verlegen dreinblickender Teilnehmer. Doch drei Stunden später, bei der Abschlussferemonie, war die schlechte Laune des Amerikaners wie weggeblasen, denn »sein Tscheche«, Emil Zátopek mit Namen, hatte bei seinem zweiten Auslandsstart den 5000-Meter-Lauf in 14:31,0 Minuten gewonnen – der Beginn einer großen Karriere.

Auch im folgenden Jahr nutzten die West-Alliierten das Reichssportfeld für die »Army Olympics«. Anfang April 1947 fanden auf der Freilichtbühne, die nach einem Magistratsbeschluss nicht mehr nach Dietrich Eckart, sondern Waldbühne hieß, Boxmeisterschaften statt, die mit fünf tschechoslowakischen und drei amerikanischen Siegen endeten. Ende August richteten die Briten Schwimmwettkämpfe aus, und zwei Wochen später organisierten die Amerikaner ein weiteres Leichtathletik-Meeting.

Als Reichssportfelddirektor hatte Diem die Freilichtbühne im Juni 1945 für die Dauer von zehn Jahren an den Veranstalter und Theaterdirektor Gottfried Ritter verpachtet und dabei zur Bedingung gemacht, dass dieser aus eigener Kraft die Schäden beseitigen würde, die die Russen nach Kriegsende mit der Sprengung von Fundmunition angerichtet hatten. Kaum waren jedoch die Arbeiten beendet, rückten die Briten ein, so dass Ritter das Feld zu räumen hatte, obwohl er einen gültigen, mit dem Magistrat geschlossenen Vertrag besaß. Noch 1959, inzwischen nach Argentinien ausgewandert, versuchte er vergeblich, sein Recht einzuklagen.

Im Frühjahr 1947 öffneten die Briten das Reichssportfeld gelegentlich wieder für den zivilen Sportbetrieb, so dass am 4. Mai das »1. Interzonen-Fußball-Städtespiel« zwischen Berlin und Düsseldorf im Olympiastadion stattfinden konnte. Eine Woche später begann die Serie der Box-Großkampftage auf der Waldbühne, die abwechselnd von Joachim Göttert und Fritz Gretzschel veranstaltet wurden. Zum Auftakt gab es die Deutsche Meisterschaft im Mittelgewicht, die sich Dieter Hucks gegen Erich Campe sicherte. Regelmäßig pilgerten nun die Berliner sonntags in die Murellenschlucht. Mit 22 000 Zuschauern wurde am 22. Juni 1947 ein erster Besucherrekord aufgestellt, als der Hufschmied aus Rheinhausen, der seine ersten acht Profikämpfe sämtlich durch K.o. gewonnen hatte, den gerade errungenen Meistergürtel gegen einen Berliner namens Fritz Gahrmeister verteidigte und überraschend durch technischen K.o. verlor.

So schnell, wie Hucks aufgetaucht war, verschwand er in der Versenkung. Neuer Heros war der Berliner Halbschwergewichtler Conny Rux. Nachdem der 21-jährige Blondschopf dem Hamburger Richard »Riedel« Vogt am 25. Mai 1947 in einem Meister-

---

8 CuLDA, March an Diem, 13.7.1946.
9 Ebenda, Diem an March, 6.8.1946.
10 Landesarchiv NRW, SBE Hauptausschuss LK Minden NW 1068, Nr. 950, Entlastungs-Zeugnis, 18.9.1947.
11 Berliner Zeitung, 24.11.1945.
12 Ebenda, 10.9.1946.

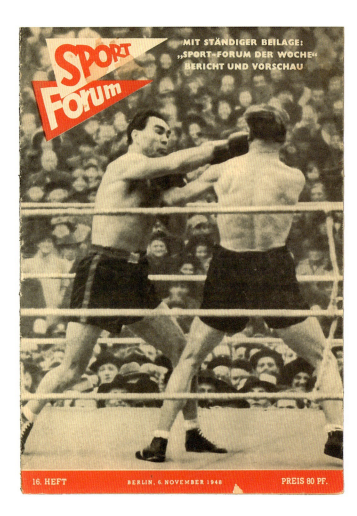

schaftskampf bereits ein Unentschieden abgetrotzt hatte, entthronte er den Titelverteidiger im darauffolgenden Jahr. Sechsstellige Börsen waren damals keine Ausnahme. Doch Geld spielte nur noch eine untergeordnete Rolle, da die Reichsmark seit Kriegsende erheblich an Wert verloren hatte. Noch lieber ließen sich die Zugpferde des Boxens in der Schwarzmarktzeit mit Brillanten bezahlen.
Nicht so am 31. Oktober 1948, der ein trüber Tag war. Die Wolken hingen niedrig, und selbst in der windgeschützten Waldbühne zeigte das Thermometer nicht mehr als drei oder vier Grad. Veranstalter Göttert bewies dennoch eine gute Nase, als er den früheren Schwergewichtsweltmeister Max Schmeling, der nach dem Zweiten Weltkrieg aus Existenzgründen nochmals mit dem Boxen begonnen hatte, zu einem letzten Kampf gegen Vogt verpflichtete, den der nun 43-Jährige nie und nimmer gewinnen konnte. 24 000 Zuschauer – 4000 mehr als offiziell erlaubt – drängten in die Schlucht, um den populären »Maxe« in seinem letzten, auf zehn Runden angesetzten Fight zu sehen. Schon der erste Schlagabtausch zeigte, dass es keinen Schaukampf geben würde, wie manche im Vorfeld befürchtet hatten. Der sieben Jahre jüngere Vogt boxte respektlos, und je länger das Faustduell dauerte, desto mehr machte sich Schmelings Alter bemerkbar. Seine berühmte Rechte gab es nur noch in der Erinnerung seiner Bewunderer. Sein Wunsch, im letzten Kampf nochmals glanzvoll zu bestehen, blieb unerfüllt, doch sein Abgang vollzog sich nicht ohne Würde. Ehe der Ringrichter das Urteil bekanntgeben konnte, ließ Schmeling seinen Rücktritt verkünden, worauf die Stimmung blitzartig umschlug. Hatte man ihn zuvor ausgepfiffen, begleitete nun donnernder Beifall seinen Abgang, der ihm wenige Monate nach der Währungsreform in den Westzonen mit 40 000 DM in harter Währung versüßt wurde.
Nun wollte niemand mehr »Vaterländische Festspiele«, wie das von Eberhard Wolfgang Möller für die Olympischen Spiele geschriebene und in der Murellenschlucht aufgeführte Drama »Frankenburger Würfelspiel«, sehen. Stattdessen erlebte man Auftritte von Jazzbands, des RBT-Orchesters oder des RIAS Tanzorchesters. Als am 27. Mai 1950 auch noch das größte Freilichtkino der Welt eröffnete, wozu sich der Veranstalter den Streifen »Robin Hood« mit Errol Flynn und Olivia de Havilland in den Hauptrollen ausgesucht hatte, wurden die 22 000 Besucher jedoch enttäuscht. Es herrschte Vollmond, so dass sich der rechte Filmgenuss einfach nicht einstellen wollte. Die Vorführung musste abgebrochen und zwei Wochen später nachgeholt werden.
Wer bis zum 15. September 1965 noch nichts von der Waldbühne gehört hatte, dem war sie spätestens nach diesem Datum ein Begriff. An jenem Tage zappelten die »Rolling Stones« über das Podium, die als »härteste Beatband« gerühmt wurden. Als einige der 22 000 Fans vor lauter Ekstase die Bühne stürmten, beendeten die fünf Briten nach nur 25 Minuten das Konzert. Der Sturm der Entrüstung, der daraufhin losbrach, wurde noch gesteigert, als der verängstigte Veranstalter das Licht ausschalten ließ. Die Folge waren ein Sachschaden von 300 000 DM und vier Stunden dauernde Schlägereien mit der Polizei, die Wasserwerfer einsetzte.
Die Auswirkungen des verunglückten Konzerts, bei dem 87 Personen verletzt wurden, verstand die DDR-Führung, die die »Frontstadt« 1961 hatte einmauern lassen, als Warnsignal. Da junge Leute mit langen Haaren, die abfällig als »Gammler« tituliert wurden, auch dort Beatbands gründeten, sollte nach dem Willen von SED-Chef Walter Ulbricht nun unwiderruflich Schluss sein mit dem verderblichen »Yeah, yeah, yeah«.[13] Aber auch dem West-Berliner

*Ein Abschied in Würde:
Max Schmelings letzter Boxkampf gegen »Riedel« Vogt. Links: Eintrittskarte vom 31. Oktober 1948.*

A dignified farewell: Max Schmeling's last match against ›Riedel‹ Vogt. Left: Entry ticket, 31 October 1948.

Ein Zentrum des Nachwuchssports: Plakette der ersten RIAS-Jugendspiele vom 17. September 1948. Unten: Das jährliche Sportfest der Berliner Schulen.

A centre for the next sporting generation: Badge of the first RIAS Youth Games of 17 September 1948. Below: The annual sports for Berlin schools.

Bürger saß der Schreck noch lange in den Gliedern, zumal es sieben Jahre dauerte, bis die Waldbühne wieder instand gesetzt war. Am 3. Juni 1973 startete Fritz Gretzschel, der seiner Frau zuliebe aus seinem »Exil« in Teneriffa nach West-Berlin zurückgekehrt war, einen ersten Wiederbelebungsversuch. Und mit Erfolg, denn der von ihm gemanagte junge Eckhard Dagge erkämpfte sich gegen Klaus-Peter Tombers seine erste Landesmeisterschaft im Mittelgewicht.

Das Reichssportfeld wird umbenannt

Der Ost-West-Konflikt begann offiziell mit der »Berlin-Krise«, die ausgelöst wurde, als der sowjetische Militärgouverneur Marschall Sokolowski am 20. März 1948 den Alliierten Kontrollrat verließ. Damit war der Versuch einer Viermächteverwaltung gescheitert. Die Entwicklung eskalierte am 20. Juni 1948 mit der Währungsreform in den Westzonen, die eine einschneidende wirtschaftliche Spaltung darstellte. Die Antwort Moskaus war die Einführung der »Kupon-Mark« – alte Scheine mit Aufklebern –, die verhindern sollte, dass die eigene Zone mit wertloser Reichsmark überschwemmt wurde.
Der Versuch, diese Regelung in ganz Berlin durchzusetzen, scheiterte jedoch am Widerstand der früheren Verbündeten, die am 23. Juni 1948 für die Westsektoren eine »B-Mark« – die neue Deutsche Mark mit einem aufgestempelten »B« – ausgaben. Die Lage spitzte sich zu, als die Sowjets die Zugangswege nach West-Berlin sperrten, das daraufhin 322 Tage über eine Luftbrücke mit 277 728 Flügen versorgt werden musste. Unter dem Einfluss der von den Alliierten vorgegebenen Gesellschaftsstrategie begann Berlin nun auseinanderzudriften.
Das zweite Halbjahr 1948 gilt auch als »Inkubationszeit« für die Spaltung des Sports, obwohl vorerst weiter gemeinsame Titelkämpfe ausgetragen wurden. So strömten am 18. Juli 1948 70 000 Menschen ins Olympiastadion, um den im Ostsektor angesiedelten Berliner Meister Union Oberschöneweide im Viertelfinalspiel um die Deutsche Meisterschaft gegen den Hamburger FC St. Pauli anzufeuern. Die Begegnung endete für sie jedoch frustrierend, weil Union mit 0:7 verlor. Für zusätzlichen Ärger sorgte der Umstand, dass die Briten lediglich vier Toiletten freigegeben hatten – die Trennung in deutsch und englisch war auf dem Reichssportfeld weiter unverkennbar. Die offizielle Übergabe des Olympiastadions an Oberbürgermeister Ernst Reuter erfolgte am 12. Juni 1949 durch den britischen Stadtkommandanten, Generalmajor Geoffrey K. Bourne, anlässlich eines Vorrundenspiels zur Deutschen Fußballmeisterschaft zwischen dem BSV 92 und BVB Borussia Dortmund. Danach wurde vor 60 000 Zuschauern demonstrativ die britische Fahne am Haupteingang eingeholt. Im nächsten Sommer stand auch wieder das Schwimmstadion zur Verfügung, was vom Juli bis September 1950 einen Ansturm von 83 000 Badegästen zur Folge hatte. Geöffnet hatte zudem das Reiterstadion, auf dem man erstmals im August 1948 erneut Turniere ausgetragen hatte. Und allmählich verschwanden auch die Kleingärten von den Parkplätzen, die sich die Berliner nach Kriegsende mit Genehmigung der Behörden angelegt hatten, um Kartoffeln, Rüben und Gemüse anzubauen.

---

13 Vgl. Michael Rauhut, DDR-Beatmusik zwischen Engagement und Repression, in: Kahlschlag. Das 11. Plenum des ZK der SED 1965. Studien und Dokumente, Aufbau-Verlag, Berlin 1991, S. 60.

1945–1976

Die »Helden von Bern«: Nach seiner Wiederwahl wurde ihnen von Bundespräsident Theodor Heuss vor 85 000 Berlinern das »Silberne Lorbeerblatt« verliehen. Links: Auch das gab's: Olympiasieger wie der Schwimmer Emil Rausch (1904 zweimal Gold) hatten lebenslang freien Eintritt.

The ›Heroes of Berne‹: After his re-election Federal President Theodor Heuss presented them with the ›Silver Laurel Leaf‹ in front of 85,000 Berliners. Left: And this too: Olympic champions like the swimmer Emil Rausch (two golds in 1904) had free entry for life.

Mitte Juni 1950 beschloss der West-Berliner Magistrat, der sich – um sich vom Osten abzugrenzen – ab 1. Februar 1951 als Senat bezeichnete, die Umbenennung des Reichssportfeldes in »Olympiastadion«. Damit verbunden war die »Entnazifizierung« der Bauten, von denen die nationalsozialistischen Hoheitszeichen zu beiden Seiten der Ehrentribüne und über dem Eingang des Marchtunnels verschwanden. Die Oberfläche der mittleren Ehrentafeln am Marathontor, wo sich neben Hitler, Frick, Pfundtner und Tschammer auch die Namen von Lewald, Diem und March befanden, wurde abgestemmt.

Argwöhnisch beobachtete Diem solche Vorgänge im »roten« Berlin, von dessen SPD-Senat er nichts Gutes erwartete. Auf dem Laufenden wurde er durch Max Gereit gehalten, der als Nachfolger Diems die Stelle eines Stadionverwalters erhalten und der – nach Freigabe durch die Briten – das Südhaus als Wohnung bezogen hatte.

Gereit, der bereits 1926 in den Dienst der Hochschule für Leibesübungen eingetreten war und den Diem 1932 zum Reichsausschuss geholt hatte, erwarb sich große Verdienste um den Erhalt des Areals. Bis 1972, als er in Rente ging, fanden dort unter seiner Regie 848 Veranstaltungen statt, die von 17,3 Millionen Menschen besucht wurden.

Unmittelbar nach der feierlichen Übergabe erhielt der Magistrat von der britischen Besatzungsmacht jedoch die schockierende Mitteilung, dass am 20. Juni 1949 der »Blaupunkt-Bunker« unter der Südwestkurve gesprengt werden sollte, da er nach den alliierten Vorschriften als militärische Anlage anzusehen war.[14] Mit seinem Protest erreichte Ernst Reuter zwar einen Aufschub, doch Ende 1949 fanden unter deutscher Regie eine Anzahl Sprengungen statt, durch die rund 2000 Zuschauerplätze verloren gingen. Im Februar 1950, als schon 30 Prozent der Bunkerdecke zerstört waren, mussten die Arbeiten aber plötzlich eingestellt werden, da die ernsthafte Gefahr bestand, dass die Tribünenseite einstürzen würde. Außerdem war das Geld ausgegangen. Mit dem Presslufthammer ging der Abriss dann bis 1957 weiter. Die Kosten für den Wiederaufbau des Olympiastadions und seine dringend notwendige Instandsetzung wurden auf drei bis 3,5 Millionen DM geschätzt. Als Hauptübel erwiesen sich die Dehnungsfugen und die Auflager, auf denen die Stufenreihen ruhten.[15] Jetzt rächte es sich, dass die Anlage einst unter großem Zeitdruck errichtet werden musste.

Polizeischauen, Shows und Kirchentage

Da die bedeutenden Arenen und Hallen im Westteil Berlins lagen, entschied sich die DDR-Regierung zur Errichtung eigener Großsportstätten – kurzfristig, um darin Jugendveranstaltungen abhalten zu können: Pfingsten 1950 das I. Deutschlandtreffen der Jugend, im August 1951 die III. Weltfestspiele der Jugend und Studenten, in deren Rahmen die Akademischen Sommerspiele ausgetragen wurden. In West-Berlin, dessen Verhältnis zum Osten zwischen anhaltender Kontroverse und dem Bemühen, den gemeinsamen Sportverkehr fortzusetzen, schwankte, verstand man das als Herausforderung. Die Anstrengungen, die durch die Teilung isolierte Stadthälfte wieder zu einem führenden internationalen Sportzentrum zu entwickeln, verstärkten sich. Allein in der zweiten Hälfte des Jahres 1950

Ein 24 Meter hohes Kreuz am Marathontor: Evangelischer Kirchentag mit 200 000 Teilnehmern. Unten: »Großer Zapfenstreich« zum Abschluss der Polizeischau.

A 24 metre high cross at the Marathon Gate: Evangelical Church Day with 200,000 participants. Below: ›Last Post‹ at the end of the police display.

fanden im Olympiastadion zehn Veranstaltungen statt, die von rund 200 000 Menschen besucht wurden. Voraussetzung dafür war die Instandsetzung der Aschenbahn, die in der Westkurve durch die Sprengung des darunterliegenden Tunnels in sich zusammengebrochen war, die Ausbesserung der Bestuhlung und die Generalüberholung des Be- und Entwässerungsnetzes.[16] Schon unmittelbar nach der Wiedereröffnung gelang es Gereit, das Finale um die Deutsche Fußballmeisterschaft am 25. Juni 1950 zwischen dem VfB Stuttgart und Kickers Offenbach an die Spree zu holen. 95 051 verkaufte Eintrittskarten und die Tatsache, dass es in Westdeutschland damals keine so große Sportstätte gab, überzeugten den DFB, auch die Endspiele der nächsten Jahre trotz der beschwerlichen Transitwege an die ehemalige Reichshauptstadt zu vergeben.

Allerdings war die Rivalität mit den anderen Fußballzentren groß. Als 1953 – vier Tage nach den Unruhen des 17. Juni – im Olympiastadion 15 000 Plätze leer blieben, war Berlin das spektakuläre Ereignis erst einmal los, zumal hier nicht so hohe Eintrittspreise wie in der Bundesrepublik verlangt werden konnten und die Bewohner des Ostsektors das Privileg besaßen, in ihrer Währung zu zahlen. Ein Appell an den DFB-Bundestag, der 1955 im Schöneberger Rathaus tagte, brachte das Endspiel im nächsten Jahr wieder zurück, ebenso 1959 und 1962, als nach dem »Chruschtschow-Ultimatum« bzw. den DDR-Abschnürmaßnahmen die Bedeutung von »Symbolpolitik« zunahm.

Dazu kann man auch die Ehrung der Herberger-Elf rechnen, die gerade in Bern Fußball-Weltmeister geworden war, erhielt diese doch die höchste Sportauszeichnung, das »Silberne Lorbeerblatt«, am 18. Juli 1954 im Olympiastadion vor 85 000 Zuschauern aus den Händen von Theodor Heuss, der drei Tage zuvor in der Ostpreußenhalle am Funkturm als Bundespräsident wiedergewählt worden war. In seiner Laudatio konnte sich Heuss, dem nationalistische Töne fremd waren, auch einen Seitenhieb in Richtung des DFB-Präsidenten Dr. Peco Bauwens nicht verkneifen, der zuvor beim Empfang der Mannschaft im Münchner Löwenbräukeller vom »Führerprinzip« und von der »Fahne im Herzen« gefaselt hatte, so dass der Rundfunk die Übertragung mittendrin abschaltete. Dagegen fand Heuss, dass Sport und Politik nicht dasselbe wären. Zum Schluss hatte er, jedes Wort betonend, die dritte Strophe des »Deutschlandliedes« gesprochen und danach die Berliner, von denen mancher wohl noch glaubte, dass der Refrain »Deutschland, Deutschland über alles« lautete, aufgefordert, diese mit ihm zu singen.

Es war ein bunter Wechsel von Sport, Unterhaltung, Politik und Religion, den die Veranstaltungsstatistik jener Jahre aufweist. Am 15. Juli 1951 versammelten sich bei der Abschlusskundgebung zum 3. Evangelischen Kirchentag 200 000 Menschen im Stadion, wo man am Marathontor ein 24 Meter hohes Kreuz errichtet hatte. Die machtvolle Demonstration für die deutsche Einheit, die zeitgleich in Ost- und West-Berlin stattfand, stand unter dem Leitmotiv »Wir sind doch alle Brüder«, was indes von den aus der DDR angereisten Frauen spöttisch kommentiert wurde. Ein Jahr später waren unter dem gleichen Kreuz 120 000 Katholiken vereint, die ihren Kirchentag erstmals in seiner 104-jährigen Geschichte in Berlin begingen.

Seit Anfang der 1950er Jahre war es sogar möglich, im Olympiastadion zu wohnen. Die Unterkünfte hatten zwar nur das

---

14 Der Tag, 9.7.1949.
15 CuLDA, Oberbaurat Heinrich Listmann an March (Abschrift), 17.11.1952.
16 Ebenda, Max Gereit, Bericht über das Olympia-Stadion vom 1.7.–31.12.50.

Niveau einer Jugendherberge, doch die jährlich etwa 50 000 Sportler, die bei ihren Berlin-Aufenthalten davon Gebrauch machten, weil sie sich kein Hotel leisten konnten, störte das wenig. Im Sommer waren die 380 Betten, die in ehemaligen Geräteräumen standen, fast immer ausgebucht, und selbst im Winter konnten täglich bis zu 120 Gäste aufgenommen werden, deren Verpflegung die provisorisch hergerichteten »Stadion-Terrassen« übernahmen.

Im »Dienst der Begegnung von Ost und West« sah man auch den »Tag der Sensationen«, eine Mixtur von Show und Revue, die – ebenso wie ab 1953 die Nachfolgeveranstaltung »Der große Tag« – ein volles Haus garantierte. 1951, auf dem Höhepunkt des Korea-Krieges, nutzten die West-Alliierten die Gelegenheit, dem neuen Verbündeten Signale zu geben, die auch verstanden wurden. Tausende sangen mit, als die »Kapellen von vier Nationen« – Militärkapellen der Amerikaner, Briten und Franzosen sowie das NWDR-Orchester – den »Alten Kameraden« intonierten, dessen Text vom »Kriegspfad« handelt und vom »Kampfe oder Pulverdampf«, in dem man felsenfest zusammenhalten muss. Die Begeisterung war so groß, dass der Marsch wiederholt werden musste.[17]

Veranstalter war Heinz Hentschke, der als letzter König der Operette und deren erster Manager galt. Das Unternehmen brach mit dem Mauerbau von 1961 zusammen, als anschließend die Ost-Berliner wegblieben. Deren Fehlen machte auch der »Großen Polizeischau« zu schaffen, die – damals noch als »Polizei-Sportschau« – erstmals am 30. September 1951 mit einem viereinhalbstündigen Programm im Olympiastadion über die Bühne ging. Sie sollte nicht nur als vertrauensbildende Maßnahme dienen, sondern auch den Boden für die künftige Bereitschaftspolizei vorbereiten, deren Aufstellung in West-Berlin letztlich am fehlenden Votum scheiterte, so dass die West-Alliierten sie ihren Sektoren im Alleingang anordneten.

Zwanzig Mal – und stets vor ausverkauftem Haus – hatte die immer aufwändiger und prächtiger organisierte Polizeischau stattgefunden, als sich Polizeipräsident Klaus Hübner am 6. September 1970 von den Hunderttausend mit dem Versprechen verabschiedete: »Die Polizeischau lebt!« Es dauerte 13 Jahre, ehe er sein Wort einlösen konnte – nun allerdings in der Deutschlandhalle. Mit der Wiederherstellung der Aschenbahn kehrte ins Olympiastadion auch die Leichtathletik zurück, und mit ihr das ISTAF, das man erstmals seit Kriegsende 1949 noch im Mommsenstadion ausgerichtet hatte. Einen ersten Höhepunkt stellten die 52. Deutschen Leichtathletikmeisterschaften Ende Juni 1952 dar, die – wie die anschließenden Schwimmmeisterschaften – während der »Vorolympischen Festtage« veranstaltet wurden.

Der Hintergrund: Nach der Gründung des NOK-Ost am 22. April 1951, das vom IOC vorerst nicht anerkannt wurde, und dem Scheitern der Verhandlungen mit dem NOK-West, das einen Alleinvertretungsanspruch geltend machte, hatte die IOC-Exekutive das Olympiastadion für die Ausscheidungswettkämpfe empfohlen, damit sich auch einige Ostdeutsche unkompliziert für die westdeutsche Olympiamannschaft qualifizieren konnten. Doch trotz offener Sektorengrenzen nutzte kein einziger DDR-Athlet die Gelegenheit, auf diesem Wege ein Ticket nach Helsinki zu lösen, und auch sonst blieb von Diems ursprünglicher Konzeption wenig übrig. Eine Reihe Sportverbände zeigte keine Lust, den beschwerlichen Weg über die »Interzonenwege« auf sich zu nehmen, so dass sie ihre Qualifikationen lieber auf Bundesgebiet austrugen. Beim Senat herrschte daraufhin helle Empörung, da man sich im Stich gelassen fühlte. Polizeipräsident Dr. Johannes Stumm, der demonstrative Gesten der Solidari-

128

Sonderbriefmarken der »Vorolympischen Festtage« 1952. Unten: Bei den Militär-Weltmeisterschaften 1956 erreichten die US-Amerikaner Willie Williams (rechts) und Ira Murchison mit 10,0 Sekunden Weltrekord im 100-Meter-Lauf.

Special issue stamps for the ›Pre-Olympic Festival‹ 1952. Below: At the World Military Championships in 1956 the Americans Willie Williams (right) and Ira Murchison both ran a world record 10.0 seconds in the 100 metre sprint.

Nach der Sprengung des Glockenturms 1947 verscharrt, 1956 nach langer Suche wiederentdeckt und gehoben: die Olympiaglocke.

Buried after the blowing-up of the bell-tower in 1947, re-discovered and re-installed in 1956 after a long search: the Olympic Bell.

tät erwartet hatte, redete gar von »Unaufrichtigkeit«. Für das große Interesse an der Leichtathletik sprachen die 75 000 Zuschauer, die die Deutschen Meisterschaften verfolgten. Sechs Wochen später – fünf Tage nach dem Ende der Olympischen Spiele in Helsinki – kamen erneut 40 000, um hier das erste ISTAF im Olympiastadion seit 1942 mitzuerleben. Angelockt wurden sie insbesondere von den US-Amerikanern, die erstmals im Juli 1951 in Berlin an den Start gegangen waren und von denen einige – so die Olympiasieger Andrew Stanfield (200 m), Melvin Whitfield (800 m), Bob Mathias (Zehnkampf), Walter Davis (Hochsprung) und Parry O'Brien (Kugelstoß) – mit frischem Ruhm zurückkehrten. Doch erst seit 1955 gehörten das Olympiastadion und das ISTAF, das 1953 nur ein »Nationales« war, wirklich zusammen. Es entwickelte sich zu einem Traditionsmeeting von Weltrang, auch wenn seine Attraktivität nach 1961 durch das Wegbleiben der DDR-Zuschauer erheblich litt. Es erlebte schwere Zeiten, wie 1968, als der ehemalige Mittelstreckenläufer Rudi Thiel die Organisationsleitung übernahm und das Sportfest wegen des späten Termins der Olympischen Spiele in Mexiko-Stadt erst im November in der Deutschlandhalle ausgetragen werden konnte, so dass nicht mehr als 5000 Besucher angelockt wurden. Es sollte noch schlimmer kommen: Mit dem olympischen Rückenwind von 1972 hatte Thiel Großes vor, und auch der Vorverkauf stimmte optimistisch. Doch mitten in die Vorbereitungen fiel in München der Terroranschlag auf die israelische Mannschaft, worauf – nach einer Unterbrechung von 24 Stunden – die Spiele um einen Tag bis zum Montag verlängert wurden. Da das ISTAF für den Dienstag anberaumt war, bekam nun der Vorstand kalte Füße. Er sagte die Veranstaltung ab, was zur Folge hatte, dass sie auch 1973 ausfiel, weil der Senat nicht bereit war, erneut eine Ausfallbürgschaft zu leisten.

Streit ums »Corbusier-Haus«

Am 15. Februar 1947 verlor das Olympiagelände sein Wahrzeichen. Auf Anordnung der britischen Militärregierung wurde der Glockenturm wegen Baufälligkeit gesprengt. Ein Teil der Stahlkonstruktion fiel in sich zusammen und stürzte auf die Mitteltribüne des Maifeldes. Die Turmspitze landete auf dem Vorhof, und mit ihm die Olympiaglocke, deren Mantel an einer Stelle vertikal einriss. Der Klöppel war schon vorher abhandengekommen. March empfand die Sprengung als Willkürakt. Er bezweifelte, dass der Turm baufällig gewesen war, und tatsächlich hatte die Stahlkonstruktion – obwohl ausgebrannt – bis dahin kerzengerade gestanden. Um die Glocke vor dem Zugriff der Metalldiebe zu schützen, wurde sie von britischen Pionieren im Mai 1947 in einem Bombentrichter versenkt, wo sie fast zehn Jahre schlummerte. 1956, vor den Olympischen Spielen von Melbourne, erinnerte man sich wieder an sie, nur hatte man längst vergessen, wo sich ihr »Grab« befand. Erst nach einer vierwöchigen »archäologischen« Suche, bei der britische Pioniere mit Eisenstangen im Boden herumstocherten, wurde man fündig. Der entscheidende Hinweis kam von einem alten Steinmetz, der 1947 zugegen gewesen war und sich an die richtige Stelle erinnern konnte. Der obere Rand der Glocke lag nur 50 Zentimeter unter der Erdoberfläche. Zwei Kräne waren notwendig, um sie zu heben. Anschließend wurde der Korpus aufgebockt und mit einem Sandstrahlgebläse gereinigt. Doch die Diagnose der aus Bochum herbeigeholten Spezialisten fiel vernichtend aus: Die Glocke, die neben zwei Rissen auch noch einen Durchschuss aufwies, war irreparabel und kam nur noch als Museumsstück infrage. Im Laufe der Jahre wanderte sie ums Gelände: Vom Nordtor kam sie an das Osttor – rechts neben die »Podbielski-Eiche«. Anschließend rückte man sie zum Südtor, wo sie am Volkstrauertag 1982 als Mahnmal für »die Olympiakämpfer der Welt, die durch Krieg und Gewaltherrschaft ihr Leben« verloren, eine neue Funktion erhielt.[18] Während des Umbaus des Stadions ab 2000 wurde die Glocke vorübergehend am »Haus des Deutschen Sports« abgestellt.

---
17 Die Welt, 10.9.1951.
18 Olympiakämpfer, Mitteilungsblatt der Gemeinschaft Deutscher Olympiakämpfer, Nov./Dez. 1982.

Die Hebung des Monstrums erfolgte auf Marchs Drängen, der 1953 dem Ruf als Ordinarius für Städtebau und Siedlungswesen der Technischen Universität in West-Berlin gefolgt war und in Dahlem ein von seinem Bruder entworfenes Haus bezogen hatte. Sein erster Auftrag war der Wiederaufbau der Kaiser-Wilhelm-Gedächtniskirche, deren Turmruine als Anti-Kriegs-Mahnmal bestehen bleiben sollte. Doch der von March angebotene Entwurf scheiterte an dem neuen Bausenator Rolf Schwedler, der nach der Ablehnung unter neun Architekten einen Wettbewerb ausschreiben ließ. Es gewann der Karlsruher Professor Egon Eiermann mit einer konsequent modernen Lösung.

Der Streit mit Schwedler, dem man nachsagte, er hätte in seiner 17-jährigen Amtszeit in Berlin mehr Gebäude abreißen lassen, als im Zweiten Weltkrieg zerstört wurden, kulminierte im Vorfeld der Interbau-Ausstellung von 1957, die eine Antwort auf den Stalinallee-Stil im Ostteil geben sollte. Zu den 63 Architekten, die als Vertreter der Nachkriegsmoderne eingeladen waren, das zerstörte Hansaviertel zu gestalten, gehörte auch der Schweizer Le Corbusier, für dessen »Cité radieuse« – die »Strahlende Stadt« – allerdings kein geeigneter Platz gefunden werden konnte. Daraufhin verfiel der Senator auf die Idee, das 65 Meter hohe und 135 Meter lange »Corbusier-Haus« am »Heilsberger Dreieck«, in unmittelbarer Nachbarschaft des Olympiastadions, errichten zu lassen. Dafür erhielt er von der Charlottenburger Bezirksverordnetenversammlung, die von einer Mehrheit von CDU und SPD dominiert wurde, am 9. Mai 1956 grünes Licht.

Kein Gegenargument zählte: Weder Marchs Hinweis, dass nach einer Festlegung in der Umgebung des Stadions, dessen Oberkante 16,5 Meter über dem Erdboden liegt, kein Gebäude mit mehr als zwei Geschossen errichtet werden sollte, noch die Proteste der Anwohner, die aus den Fenstern ihrer Villen und Zweifamilienhäuser schwarze Fahnen hängten. Ein von Diem lancierter und an den Regierenden Bürgermeister gerichteter Beschwerdebrief von Ritter von Halt, der 1951 nach jahrelanger sowjetischer Internierung ohne Widerspruch NOK-Präsident geworden war, änderte ebenso wenig wie dessen eigene pathetische Drohung, dass es die Sportwelt nicht versäumen würde, »den dafür Verantwortlichen in den noch ungeschriebenen Gedenktafeln des Reichssportfeldes nach antikem Gebrauch ein gleiches Mal zu setzen wie dies Erinnerungssäulen an die Vergehen gegen den olympischen Geist, die ›Zanes‹, gewesen sind.«[19]

Immerhin erreichte March, der Corbusier im nördlichen Grunewald keinesfalls das höchste Gebäude überlassen wollte, dass die Wiedererrichtung des Glockenturmes in Betracht gezogen wurde. Beschleunigt wurde der Beschluss durch die britische Militärregierung, die das Maifeld erstmals 1947 für den »Großen Zapfenstreich«, das »military tattoo«, genutzt hatte und die sich im Olympiagelände einzurichten begann. Regelmäßig fanden im Reiterstadion Turniere statt; auf dem Maifeld, wo die britische Garnison am 2. Juni 1953 anlässlich der Inthronisierung von Elisabeth II. eine Krönungsparade abhielt, spielte man Polo und Rugby. Letzteres diente von da an als Schauplatz der königlichen Geburtstagsparaden, die traditionell nicht am 21. April, dem Geburtstag der Queen, sondern erst im Juni gefeiert wurden. Bei einer dieser Gelegenheiten – angeblich 1959 – soll der britische Stadtkommandant den Wunsch geäußert haben, die nächste Parade vor der vollständigen Silhouette der Maifeldtribüne abzuhalten. Daraufhin bewilligte die Bundesregierung, die das Olympiagelände am 1. April 1957 in ihr Eigentum übernommen hatte, zuerst 1,16 und später 1,3 Millionen DM für einen neuen Glockenturm. Selbstredend wurde March dafür als Architekt gewonnen.

Nach der Enttrümmerung durch das zuständige Bauamt Nord der Sondervermögens- und Bauverwaltung wurde der Wiederaufbau am 8. September 1960 vom Senator für Bau- und Wohnungswesen genehmigt, der als Bauzeit neun Monate vorsah. Darin einbezogen war die Instandsetzung der Maifeldtribüne, bei der »lediglich die dort ehemals vorhandene Führerkanzel ... in Wegfall« kommen sollte.[20] Keinerlei Bedenken gab es hingegen, die zerstörte Langemarckhalle zu rekonstruieren, auch wenn March argwöhnte, dass man die Gedenkstätte nicht mehr »allein auf Langemarck und die gefallene Jugend beschränken will«.[21] Diem schlug ihm vor, dafür einen »allgemeineren Namen« zu wählen – »›Halle der Treue‹ oder ähnlich.«[22]

Vier Jahre später hielten beide die Zeit für gekommen, solche Rücksichtnahmen fallenzulassen, so dass March Diem vertraulich mitteilen konnte, dass die Langemarckhalle in ihrer alten Form wieder entstehen würde.[23] Und das mit tatkräftiger Hilfe der Briten, die die Befindlichkeiten vieler Deutschen, die

Geburtstagsparade für die britische Königin auf dem Maifeld: Elisabeth II. und der Herzog von Edinburgh 1965 beim Staatsbesuch in West-Berlin.

Birthday parade for the British queen on the Maifeld: Elizabeth II and the Duke of Edinburgh in 1965 on their state visit to West Berlin.

Ein Streitobjekt: das 135 Meter lange und 65 Meter hohe »Corbusier-Haus« am S-Bahnhof »Olympiastadion«.

Controversial: the 135 metre long and 65 metre high ›Corbusier House‹ at the S-Bahn station ›Olympiastadion‹.

nach der Erfahrung zweier Kriege von allem Militärischen die Nase voll hatten, nicht teilen konnten. Auf Anordnung des Kommandierenden Generals bargen britische Soldaten am 10. Oktober 1958 aus der Hallenruine die metallenen Gedenktafeln, um sie »zwecks Restaurierung gegebenenfalls an die deutschen Dienststellen zurückzugeben«.[24]

Bei aller Genugtuung des »alten Kameraden und Bundesgenossen«, wie March von Diem genannt wurde, waren sich beide auch einig, dass man diese Nachricht vorerst für sich behalten sollte. »Meiner Ansicht nach erreicht man das Ziel am besten, wenn man jetzt nicht davon spricht und die Bauverwaltung ganz still und leise dies als eine Wiederherstellung des vorhandenen Baues ausführt«, antwortete Diem. »Ist das geschehen, dann kann man nach ihren Vorschlägen die Glocke läuten lassen und vielleicht auch ein Ritual entwerfen, dass innegehalten wird. Ich glaube, wir lassen noch etwas Zeit über diesen Plan verstreichen. Nur möchte ich Sie bitten, auch in diesem Sinne mit der Bauverwaltung zu sprechen. Es wäre doch idiotisch, wenn man den Raum als solchen schüfe und ihm nicht den alten Sinn gäbe.«[25]

Obwohl im Widerstand gegen Hitler, hatte offenbar auch Willy Brandt damit kein Problem. Als nach zweijähriger Bauzeit der Turm und die darunterliegende Langemarckhalle wiedererstanden waren, weihte der Regierende Bürgermeister anlässlich des 8. Stadionsportfestes der Berliner Schulen am 15. September 1962 eine neue Olympiaglocke ein. March hatte sich weitgehend an das Original gehalten, aber den Reichsadler durch den des Bundes ersetzt. Wie die alte war auch die neue Glocke in Stahlguss ausgeführt; mit 4,75 Tonnen wog sie jedoch nicht einmal die Hälfte. Um den Klang zu verbessern, öffnete March die Glockenstube allein in Richtung Stadion; die Rückseite versah er noch zusätzlich mit einer Holzverschalung. Dass aus Kostengründen auf eine Klangverstärkung per Lautsprecher verzichtet werden musste, lastete Diem, der seit 1946 der CDU angehörte, dem sozialdemokratisch geführten Senat an. An March, der ihn zum Richtfest einladen wollte, schrieb er: »Ich habe daraus für mich die Lehre gezogen, dass man als Ehemaliger nicht gerne gesehen wird und ich habe mich daher auch zurückgezogen.«[26]

Der Glockenturm, der mit drei Millionen DM letztlich das Dreifache des Etats gekostet hatte, wurde mit 77,17 Metern rund einen Meter höher als der Vorgängerbau. Der Turmschaft, der auf

---

19 CuLDA, Diem an das Bundesinnenministerium, 30.5.1956.
20 Bauaufsichtsamt Berlin-Charlottenburg, Baubeschreibung über den Wiederaufbau und die Instandsetzung des ehem. Reichssportfeldes, Langemarckhalle, 11.9.1961.
21 CuLDA, March an Diem, 21.2.1957.
22 Ebenda, Diem an March, 25.2.1957.
23 Ebenda, March an Diem, 4.8.1961.
24 Bauaufsichtsamt Berlin-Charlottenburg, Vermerk Bauamt Nord, Bauaktenkammer, 15.10.1958.
25 Ebenda, Diem an March, 7.8.1961.
26 Ebenda.

Auch die britische Schutzmacht fand Gefallen an Kolbes »Zehnkampfmann«, der 1975 in die Eingangshalle des nunmehrigen Headquarters zurückkehren konnte.

The British occupying power also took a fancy to Kolbe's ›Decathlete‹, which was brought back to the entrance hall of what was now the British headquarters.

sechs Stahlbetonstützen von je einem Quadratmeter Grundfläche ruht, besteht aus einer Stahlbetonkonstruktion mit einer 20 Zentimeter dicken Schale, auf die man sechs Zentimeter dicke Muschelkalkplatten setzte. Die Glocke war jedoch nur noch im Ausnahmefall zu hören, zumeist am Volkstrauertag. Rund ein halbes Jahrhundert nach der Wiedererrichtung des Turms wurde das Läuten gänzlich eingestellt, da die davon ausgelösten starken Schwingungen den neu eingebauten gläsernen Aufzug zur Aussichtsplattform gefährden könnten.

Bei der Rekonstruktion der Halle ließ March die Schilde gemäß seiner alten Zeichnung anbringen, nun allerdings nicht mehr am Turm, sondern an der Ostwand. Die drei fehlenden Schilde wurden ergänzt. Wo die 76 Regimentsfahnen und der Schrein blieben, konnte nicht geklärt werden. Für die Denkweise der damals Verantwortlichen steht auch das Ergebnis einer Besprechung zwischen Architekt und Bauamt: »Eine Gedenktafel über Sinn und Inhalt der Langemarckhalle ist nicht vorgesehen.«[27] Es mussten über 40 Jahre vergehen – und eine zweite Fußball-Weltmeisterschaft im Olympiastadion stattfinden –, ehe ein Umdenken einsetzte.

»Es muss eine neue Sintflut kommen!«

March, der gern den »gegenwärtigen vaterländischen Notstand« beklagte, befand sich in einem ständigen Abwehrkampf. Bei jeder Baumaßnahme fühlte er sich übergangen, und gemeinsam mit Diem bemühte er sich, jede Veränderung abzuwenden. So versuchte der Berliner Rennverein mehrere Jahre lang gemeinsam mit dem Union-Klub, wenigstens einen Teil seines ehemaligen Besitzes zurückzuerhalten. Da durch die Bodenreform in der Sowjetischen Besatzungszone auch noch die Anlage in Hoppegarten verloren gegangen war, verfiel man auf die Idee, eine neue Galopprennbahn auf dem Maifeld und den nördlich gelegenen Spielplätzen des Sportforums anzulegen. Das Projekt des Architekten Johannes Krüger, der von 1925 bis 1927 mit seinem Bruder Walter das »Tannenberg-Denkmal« in Ostpreußen entworfen hatte, scheiterte jedoch an den Briten, die das Maifeld für ihre sportlichen und repräsentativen Zwecke benötigten und die zudem in der Maifeldtribüne Munition lagerten.[28]

Was das von ihnen requirierte Gelände betraf, das vom Olympiastadion durch einen hohen Metallzaun abgetrennt war, so ließen sich die Briten ohnehin keine Vorschriften machen. Das »Haus des Deutschen Sports« hieß jetzt »London Block« und war seit 1953 Sitz des Stadtkommandanten, der – wie einst der Reichssportführer – im ersten Stockwerk residierte und eine Wohnung in der Tschammer-Villa bezogen hatte. 1965 wurde das »Berlin HQ« mit einer 20 Meter hohen Antenne bekrönt. Im rekonstruierten Kuppelsaal, den man zum Entsetzen Marchs rosarot gestrichen hatte, fanden Boxturniere sowie Theater- und Kinovorstellungen für die Soldatenfamilien statt, für die man östlich des Schenckendorffplatzes eine Wohnsiedlung errichtet hatte. Das benachbarte Tennisstadion wurde zu einem Kinderspielplatz umgestaltet. Es war also wenig Erfreuliches, was March aus dem ihm nicht zugänglichen Sportforum hörte. Zwar hatten die Briten das im Krieg teilweise zerstörte Friesenhaus, das jetzt als »Oxfordshire« bzw. »Yorkshire Block« bezeichnet wurde, wiederaufgebaut, doch der davor liegende Friesenhof war durch Garagen verunziert und zudem vom übrigen Gelände durch eine Mauer abgetrennt. »Die schöne, holzgetäfelte Turnhalle haben sie grün gestrichen, damit man die Ping-Pong-Bälle besser sieht«, berichtete er Diem voller Empörung, dem 1951 eine Besichtigung gestattet worden war. »In der Weichbodenturnhalle der Turnschule war ein Karussell aufgebaut. Die Bauschäden im Turn- und Schwimmhaus haben sie nicht ausgeflickt, die ausgebrannte Turnhalle haben sie ohne Dach gelassen und jetzt einen Feuerwehrschuppen hineingebaut mit Ausfahrt nach der Straße. Auf dem Anger ist eine Fernsprechstation mit eigener asphaltierter Zufahrt. Der besetzte Teil ist gegen den nichtbesetzten mit einem Riesenstacheldrahtzaun abgetrennt – überall stehen steinerne Schuppen.« Aber auch die eigenen Landsleute kamen nicht gut weg, da sie rings um das Stadion Büffets, teilweise als Bierfässer mit Reklameschildern, aufgebaut hatten. »Kurz: Es muss eine neue Sintflut kom-

Dreimal 100-Meter-Sieger beim ISTAF und Doppel-Olympiasieger von Rom: Armin Hary (Mitte). Links Heinz Fütterer, rechts Manfred Germar.

Three time 100 metre ISTAF winner and double Olympic champion in Rome: Armin Hary. Centre: Left Heinz Fütterer, right Manfred Germar.

men!«²⁹ Weit rücksichtsvoller als mit den Gebäuden gingen die Briten, die fortan in West-Berlin nicht mehr als Besatzungs-, sondern als Schutzmacht bezeichnet wurden, mit dem künstlerischen Schmuck des ehemaligen Reichssportfeldes um. Die noch vorhandenen Plastiken beließ man auf ihren Sockeln. Die beiden antiken Kopien »Ephesischer Schaber« und »Römischer Faustkämpfer«, die man für die Ausstellung »Sport der Hellenen« während der Olympischen Spiele gegossen hatte und die bisher im Tunnelgeschoss lagerten, wurden vorübergehend in der Langemarckhalle aufgestellt, bis sie in den 1980er Jahren zusammen mit Wolfgang Schapers Diskuswerfer auf die wiederhergestellten »Stadion-Terrassen« wanderten. Der während des Krieges vergrabene »Zehnkampfmann« Kolbes stand ab 1962 auf der Maifeldtribüne, bis er 1975 auf seinen ursprünglichen Platz in die Eingangshalle des »London Blocks« geholt wurde. Dagegen geriet Thoraks Schmeling-Figur durch den Bau eines Geräteschuppens zwischen dem Hanns-Braun-Platz und dem Anger in eine Art Hinterhof, aus dem sie bis heute nicht mehr herauskam.

Unter dem neuen kunstinteressierten Stadtkommandanten Generalmajor Sir Roy Redgrave, der im November 1975 sein Amt antrat und dessen schauspielende Kusine die berühmte Vanessa ist, wurde das Sportforum auch ansonsten auf Vordermann gebracht. Raemischs Bronzeadler erhielten einen neuen Goldüberzug. Die Rasenflächen wurden vorzüglich gepflegt, und an den Spiel- und Sportplätzen brachte man die Originalnamen wieder an, so dass das Refugium ein einziger Museumspark war, zu dem allerdings die deutsche Zivilbevölkerung nur ausnahmsweise Zugang bekam – meist für die Schwimmhalle.

Für den Erhalt des Areals als Geschichtsdokument war es im Nachhinein zudem ein Glücksfall, dass March das Olympiastadion allein mit Steinfiguren bestückt hatte, die für die Metalldiebe der Nachkriegszeit ohne Belang waren. Dagegen stand die Mehrzahl der Bronzedenkmäler unter britischem Schutz, so dass ihnen das Schicksal der Reliefs erspart blieb, die 1951 aus der Ehrenhalle gestohlen wurden. Zwar konnten die Diebe dingfest gemacht werden, doch die Porträts von Pierre de Coubertin, Ernst Curtius und Theodor Lewald blieben verschwunden, so dass sie erneut gegossen und in zwei Fällen – Curtius und Lewald – neu modelliert werden mussten, da keine Vorlagen mehr vorhanden waren.

Alte Kameraden, neue Säulen

Schon Anfang der 1950er Jahre hatte Diem angeregt, an die im Olympiastadion vorhandenen Traditionen anzuknüpfen und die Ausschmückung der Anlage fortzusetzen. Einen Ansprechpartner fand er in Tschammers ehemaligem Stabsleiter Guido von Mengden, dem Diem 1948 wunschgemäß bescheinigt hatte, dass er »ein vom Nationalsozialismus zuerst ehrlich überzeugter Patriot« gewesen sei, der »erst im Laufe der Zeit die Hohlheit und Lüge durchschaut« habe.³⁰ Von seinem Vorsatz, »ganz still und bescheiden«³¹ in seine rheinischen Heimat zurückzukehren, um dort als Landvermesser zu arbeiten, rückte Mengden jedoch bald ab. Noch im selben Jahr schrieb er – anfangs unter dem Pseudonym »Till van Ryn« – wieder für den in Essen erscheinenden »Sport-Beobachter«.

Seine zweite Karriere begann er als Geschäftsführer der Deutschen Olympischen Gesellschaft (DOG), die man 1951 gegründet hatte, um von der Wirtschaft die notwendigen Gelder zu besorgen, die im nächsten Jahr für die Entsendung der Olympiamannschaften nach Oslo und Helsinki nötig waren. Bald darauf wechselte Mengden zum Deutschen Sportbund (DSB), wo er bis zu seiner Pensionierung im Jahre 1963 als Hauptgeschäftsführer – ab 1961 gleichzeitig als NOK-Generalsekretär – der höchste hauptamtliche Funktionär war. »Das ging so weit, dass der einstige Verfasser

---

27 Archiv der Stadionverwaltung, Protokoll, 2.2.1962.
28 CuLDA, March an Diem, 7.6.1958.
29 Ebenda, Diem an March, 22.11.1951.
30 Ebenda, Bescheinigung für Guido von Mengden, 17.7.1948.
31 Ebenda, Mengden an Diem, 3.7.1948.

133

1945–1976

Der Macher und sein Architekt: Carl Diem und Werner March (ganz rechts) – Porträtreliefs am Marathontor. Unten: die von March entworfene neue Olympiaglocke.

The ›doer‹ and his architect: Carl Diem and Werner March (extreme right) – Portrait reliefs at the Marathon Gate. Below: The new Olympic Bell, designed by March.

der programmatischen Reden des Reichssportführers nunmehr die Reden des DSB-Präsidenten Daume konzipierte«, klagte der Bonner Sporthistoriker Hajo Bernett, der Mengden mit dem Kommentator der Nürnberger Rassegesetze und späteren Staatssekretär Adenauers, Hans Globke, verglich.[32]

Mengden, zu dem sich Diem seit den Apriltagen von 1945 hingezogen fühlte und den er als »lieben Freund« bezeichnete, war damit wieder ein wichtiger Ansprechpartner geworden. Als im Sommer 1955 – seit Jahresbeginn war die SPD-Politikerin Ella Kay Sportsenatorin – die Idee aufkam, die »Erinnerungssäulen« an der Nordostecke des Stadions fortzusetzen und bei den vorhandenen die Kriegsschäden ausbessern zu lassen, griffen Diem und March die Anregung freudig auf.[33] Sie vereinbarten mit Mengden, dass die DOG 50 Prozent der Kosten tragen sollte, die sich pro Stele auf 2053,50 DM beliefen. Die andere Hälfte deklarierte man als »Wiederaufbaumaßnahme«, und man schob sie dem Haushalt des Bundesinnenministers und des Bundesministers für wirtschaftlichen Besitz des Bundes zu, bis der Trick 1961 auffiel. Notgedrungen musste nun die Berliner Senatsverwaltung einspringen. Da die beiden ersten Stelen des Nordrings nicht so recht gelungen waren – vor allem die 1956er weist schwere Mängel auf –, sah sich March in der Verantwortung. Um die Beschriftung der Säule für 1960 kümmerte er sich persönlich, wobei er aus der Ferne von Diem dirigiert wurde, der ihn bat, »von einer Verherrlichung Hary's abzusehen«, da sich der 100-Meter-Olympiasieger von Rom »als nicht ganz sauberer Amateur bloßgestellt hat«.[34]

Als Diem das schrieb, hatte Armin Hary, der von 1958 bis 1960 auch beim ISTAF gewann, gerade seinen Rücktritt erklärt. Er fiel mit dem Tag zusammen, als seine Wettkampfsperre ablief, die man gegen ihn wegen eines Zeitschriftenartikels, in dem er sich abfällig über die DLV-Führung äußerte, verhängt hatte. Außerdem war er im Frühjahr bei einem Autounfall auf dem Kurfürstendamm mit dem Knie gegen das Armaturenbrett gestoßen, so dass sein Hausarzt eine »Erwerbsunfähigkeit« des »Amateurs« feststellte, was diesem von seiner Versicherung mit 200 000 DM vergolten wurde. Auch sonst war damals die Arbeitswelt noch ganz in Ordnung. Die Arbeitslosigkeit lag konstant unter einem Prozent, und nach dem Mauerbau herrschte in West-Berlin sogar Arbeitskräftemangel, der mit »Gastarbeitern« aus der Türkei, Italien oder Griechenland kompensiert wurde. Was das Olympiagelände betraf, so hatte sich der Bund inzwischen zu seinem »Sondervermögen« bekannt, so dass es auch dort nicht an Geld fehlte. Nach der Einweihung des neuen Glockenturms wurde es vorrangig auf die Wiederherstellung des künstlerischen Schmucks konzentriert, wozu die Olympischen Ringe über dem Hauptportal zählten, die bei Kriegsende verloren gegangen waren und die March eigens rekonstruierte. Auch für die beiden mittleren Ehrentafeln lieferte er in Abstimmung mit dem Gebrauchsgrafiker Ernst Böhm, der 1936 das Olympische Diplom gestaltet hatte, einen neuen Entwurf, der sich wesentlich vom Original unterschied und die Kriegsschäden sowie den Wiederaufbau erwähnte. Von den ursprünglichen Namen, die man 1936 in Bleibuchstaben verewigt hatte, wollte man den Besuchern allerdings nur noch jene von Lewald, Diem, March und Bauleiter Sponholz zumuten. Die entstandene Leere versuchte March vergeblich durch die Neuaufnahme des unbekannten Ministerialrats Karl Reichle auszugleichen, der das Reichsfinanzministerium im Bauausschuss vertreten hatte. Auch an das eigene Denkmal war gedacht, das auf leisen Sohlen kam. Diem schwebte anfangs eine »Doppelplakette« gemeinsam mit March vor, der sich diese in dem nach seinem Vater benannten Hof vorstellen konnte, wo einst die inzwischen eingelagerten Tafeln für Asseburg und Gebhardt gehangen hatten. Eine Lösung ergab sich jedoch erst durch Zufall 1963 nach Diems Tod, als das argentinische NOK sich bei ihm posthum für die Unterstützung bei der 1968er Olympiabewerbung von Buenos Aires mit einer Gedenkplatte an einem Gymnasium bedankte, woraufhin sich die DOG veranlasst sah, auch über eine nationale Ehrung des Verstorbenen nachzudenken.

Es war am 2. Juli 1965, als die Besucher des Olympiastadions an der Hauptpforte wieder von den Olympischen Ringen begrüßt wurden. An jenem Tage wurde – begleitet vom Klang der Olympiaglocke – die Stele für die Olympioniken von 1964

eingeweiht. Anschließend wanderte die Versammlung zum Marathontor, auf dessen Südseite March die Reliefs von Podbielski, Asseburg und Gebhardt platziert hatte. Am Nordturm war die Tafel seines Vaters befestigt, daneben Diems Bronzeplatte, die Hans Karl Burgeff, ein ehemaliger Meisterschüler von Ludwig Gies, geschaffen hatte.
Kaum war der Schleier der Geschichte weggezogen, gab es keine Zurückhaltung mehr. Im nächsten Jahr folgte ein Relief für Lewald, mit dessen Gestaltung man den Richard-Scheibe-Eleven Harald Haacke betraute. Schlussendlich erfolgte 1969 die Komplettierung der Galerie, die von March selbst bezahlt wurde, diente die spendable Geste doch seiner eigenen Verewigung, die er in die Hände des jungen Bildhauers Heinz Spilker gelegt hatte. Marchs 75. Geburtstag musste als Begründung herhalten, seine Tafel noch zu Lebzeiten am Nordturm anzubringen.

Marchs Lebenswerk wird »entwertet«

Für die Abendveranstaltungen der 1936er Spiele hatte die Siemens-Schuckert AG auf der Stadionkrone fünf versenkbare Scheinwerferbrücken installiert, die zusammen mit den drei fest montierten Scheinwerfergruppen auf dem Dach der Presselogen ein mattes Licht spendeten. Die 136 Lampen – 120 à 1500 Watt, 16 à 1000 Watt – erzeugten gerade mal 85 Lux, mit denen man das Spielfeld nur leidlich ausleuchten konnte. Für die Leichtathletik erwiesen sie sich mit 50 Lux aber als viel zu schwach, so dass die über fünf Stunden gehende Stabhochsprungkonkurrenz um 21 Uhr nur mit Mühe über die Runden gebracht werden konnte. In den Kurven wurden sogar nur 30 Lux gemessen – nötig wären 250 gewesen. Der Siegeszug des Fernsehens in der zweiten Hälfte der »Fünfziger« machte große Ereignisse einem Millionenpublikum zugänglich. Die Folge waren erst einmal sinkende Einnahmen, da viele Sportanhänger, die bisher regelmäßig in die Stadien gepilgert waren, nun die bequemere und billigere Variante dem indirekten Miterleben vorzogen und zu Hause blieben.
Der Ruf, dieser Entwicklung mit Abendveranstaltungen zu begegnen, wurde umso lauter, als die deutsche Flutlichtpremiere eines Fußballspiels ausgerechnet in der DDR stattfand. Dort hatte man anlässlich des II. Deutschen Turn- und Sportfestes in Leipzig am 4. August 1956 das ursprünglich von March konzipierte »Stadion der Hunderttausend« eröffnet, das somit die größte deutsche Arena war und über eine Flutlichtanlage mit 75 Lux verfügte. Nur auf Platz zwei: Berlins Olympiastadion, das seit seinem Umbau bloß noch über 78 800 Sitz- und 7000 Stehplätze verfügte.[35]
Bald wurde auch in der Bundesrepublik unter Flutlicht gespielt, so dass die Debatte um das Olympiastadion keinen Bogen machte. Man begann, vier 55 Meter hohe Türme zu planen, die 100 000 Mark kosten sollten, aber von March vehement abgelehnt wurden. Lediglich wenn man sie teleskopartig hätte versenken können, wäre er einverstanden gewesen.[36] Daraufhin beließ man es bei der Verstärkung der vorhandenen Beleuchtung, die der Leichtathletik wenig brachte, wie den 40 000 ISTAF-Besuchern bei einer Probeschaltung am 24. September 1960 anschaulich vor Augen geführt wurde.
Als nach dem Mauerbau die Gefahr bestand, dass West-Berlin durch die »Drei-Staaten-Theorie« Moskaus vom internationalen Sportverkehr abgekoppelt werden könnte, lebte das Projekt neu auf. Endgültig in Bedrängnis kam March, als der DFB 1966 die Berliner Bewerbung für das Finale des europäischen Pokalwettbewerbes ablehnte, weil ein Abendspiel im Olympiastadion nicht möglich war.[37] Jetzt willigte der Architekt zähneknirschend ein, so dass im November mit der Errichtung von vier nunmehr 97,5 Meter hohen Masten mit einem Durchmesser von 1,6 Metern begonnen werden konnte. Obwohl die Anlage 1,992 Millionen Mark kostete, brachte sie aber bei Fußballspielen lediglich eine Helligkeit von 400 und Leichtathletikveranstaltungen von 300 Lux, womit sie vom internationalen Standard, der seit fünf Jahren bei 1500 Lux lag, weit entfernt war. Und die Ansprüche stiegen noch, als Willy Brandt, neuerdings Vizekanzler, am 25. August 1967 auf der Berliner Funkausstellung das Startsignal für das deutsche Farbfernsehen gab.
Seit der Übergabe der Olympiaanlagen besaß der Senat einen mit der britischen Militärverwaltung abgeschlossenen Nutzungsvertrag, der zur Zahlung von drei Prozent der Bruttoeinnahmen verpflichtete. Er wurde am 4. September 1954 durch die Bundesregierung gekündigt, da nach Artikel 134 des Grundgesetzes das ehemalige Reichsvermögen in den Besitz des Bundes übergegangen war, mit dem Bonn in der Folgezeit sehr nachlässig umging. Jahrelang zankte man sich um die Zuständigkeit, bis der Rechtsstreit 1963 zugunsten West-Berlins ausging. Der neue Nutzungsvertrag sicherte dem Senat ein Mitspracherecht bei der Wahl der Veranstalter, bei Bauarbeiten und ein Weisungsrecht für das Personal zu. Für die bauliche Unterhaltung des Ensembles, das 1966 unter Denkmalsschutz gestellt wurde, war hingegen die Bundesregierung zuständig, die in dem Grundstück »14055 Berlin, ehemaliges Reichssportfeld« weiterhin nur ein »Millionengrab« sah. Nach der Beseitigung der ärgsten Kriegsschäden, die

---

32 Stuttgarter Zeitung, 26.1.1989.
33 CuLDA, Diem an Gereit, 23.7.1955.
34 Ebenda, Diem an March, 16.5.1961.
35 Der Abend, 14.11.1969.
36 Archiv Stadionverwaltung, Flutlichtanlage.
37 Spandauer Volksblatt, 12.2.1966.

sich bis 1963 – bis zum Wiederaufbau des Wirtschaftshofes – hinzog, flossen die Mittel fortan nur noch spärlich.
Es erforderte die Fußball-Weltmeisterschaft von 1974, um den Bund zu einer wirklich großen Investition zu veranlassen. Nach der WM-Vergabe vom 8. Juli 1966 begann die Sanierung des Unterrings, die – bei laufendem Sportbetrieb – bis 1969 dauerte. Im selben Jahr erhielt das Stadion eine Leichtathletikanlage aus Rekortan, so dass beim ISTAF erstmals auf einer Kunststoffbahn gelaufen werden konnte. Da man zur gleichen Zeit den Grundstein für das Münchner Olympiastadion legte, das nach einem Entwurf des Stuttgarter Architekturbüros Behnisch & Partner von einer von Stahlseilen gehaltenen Zeltkonstruktion überspannt wurde, konnte eine Diskussion nicht ausbleiben, ob nicht auch die Berliner Arena überdacht werden sollte. Ein Vorschlag stammte von den Offenbacher Architekten Fritz Novotny und Arthur Mähner, die über das gesamte Bauwerk eine transparente Kuppel aus Plexiglas legen wollten, obwohl die Wettbewerbsausschreibung nur 25 000 überdachte Plätze an den Längsseiten vorsah.
Es waren schließlich drei Projekte, die in die engere Auswahl kamen. Allen voran der mit viel Vorschusslorbeeren bedachte Frei Otto, der den deutschen Pavillon der Weltausstellung von 1967 in Montréal mit einem Zeltdach konstruiert hatte und

der für das Olympiastadion eine ähnliche Lösung favorisierte, die aber an den Kosten von 47 Millionen Mark scheiterte. Auch der aussichtsreiche Entwurf des Wiesbadener Architekturbüros Klaus und Wolf Gehrmann/Irmfried Brendel, der an beiden Längsseiten Kragdächer zeigte, wurde verworfen. Stattdessen erhielten zwei Berliner Architekten, Friedrich-Wilhelm Krahe und Kurt Dübbers, den Zuschlag. Mit einem neuartigen System der Firma Mero konnten sie die Juroren, zu denen auch March gehörte, überzeugen.[38]
Aus Achtung vor dem Bauwerk entschlossen sie sich, die Abdeckung deutlich als »Zutat« abzuheben, um die Gesamtwirkung des Stadions so wenig wie möglich zu beeinträchtigen. Beides zu einer Einheit verschmelzen zu lassen, hielten sie für undurchführbar.[39] Vor allem Krahe hatte große Bedenken gegen eine vollständige Überdachung von Unter- und Oberring, weil das den schönen Innenraum des Stadions zerstören würde, das seiner Meinung nach nicht grundlos in die Liste der geschützten Baudenkmäler auf-

genommen worden war. Deshalb plädierte er nur für einen »Wetterschutz«, in dessen Genuss nicht mehr als 26 000 Zuschauer kommen sollten.[40]
Während das Publikum die Aussicht auf einen trockenen Sitzplatz einhellig begrüßte, haderte March mit der Entscheidung, in der er eine Entwertung seines Lebenswerkes sah: »Diese durchsichtige Haut verschandelt das Stadion. Darüber hinaus ist sie eine glatte Fehlkonstruktion. Ihr Anblick schmerzt mich.«[41] Erschrocken zeigte er sich vor allem, dass man das Dach horizontal montiert hatte, was er für unlogisch hielt. »Wind und Wetter können ungehindert hineinpusten«, prophezeite er.[42] Um ihn zu versöhnen, wurde er Krahe und Dübbers von den Behörden auch noch als Gutachter aufgezwungen, worüber diese alles andere als begeistert waren, zumal sie sich anschließend noch von seinem Groll in den Medien verfolgt sahen.
Der Umbau verschlang schließlich 27 Millionen Mark – 15 Millionen waren veranschlagt. Allein die Überdachung kostete zwölf Millionen, was laut March

in keinem rechten Verhältnis zum Nutzen stand, eine Ansicht, mit der er im Übrigen nicht allein war. Allerdings war eine Generalüberholung, die für lange Zeit die letzte blieb, dringend erforderlich. Das Stadion hatte eine längst überfällige elektronische Anzeigetafel erhalten, und die Flutlichtanlage wurde mit 1850 Lux farbfernsehtauglich gemacht. Außerdem sanierte man die Sportlerumkleideräume, richtete einen Massageraum und ein Entspannungsbecken ein, und auch die sanitären Anlagen für das Publikum wurden modernisiert. Die Pressetribüne wurde großzügiger. Es entstanden neue Kabinen für die Rundfunk- und Fernsehkommentatoren, Kameraplattformen, Fotolabors, Interviewräume, Studios, eine Telefonzentrale und Bildfunkeinrichtung. Auch auf den Zuschauerblöcken, wo es immer noch wie 1936 aussah, tat sich einiges: Man trennte sie durch Plexiglasscheiben; zum Spielfeld hin verschwanden die unschönen weißroten »Hamburger Gitter« der Schutzpolizei zugunsten durchsichtiger Konstruktionen.

Fußball-WM 1974: Chilenische Emigranten nutzten die Spiele ihrer Mannschaft zu Protesten gegen das Pinochet-Regime. Unten: Kinnhaken für den deutschen Torjäger Gerd Müller. Rechts: Torhüter Jürgen Croy hält – am Ende spielte die DDR 1:1 gegen Chile.

World Cup 1974: Chilean emigrants used the matches of their team to protest against the Pinochet regime. Below: A hook to the chin for the German goal-chaser Gerd Müller. Right: Goalkeeper Jürgen Croy saves – in the end the GDR drew 1:1 with Chile.

Internationale Sportereignisse wie die Fußball-WM spielten im Ost-West-Poker eine wichtige Rolle, weshalb sie vom Bundesministerium für innerdeutsche Beziehungen jährlich mit einer Million DM gefördert wurden. Während der Kreml, der zunehmend Statusprobleme geltend machte, generell kein Interesse daran hatte, die Attraktivität West-Berlins als Austragungsort zu erhöhen, ließ sich die DDR-Führung mehr von der Zweckmäßigkeit einer Entscheidung leiten. Als das Los die DDR-Fußballer in einer Vorrundengruppe mit der Bundesrepublik zusammenführte, wurde das ebenso klaglos hingenommen wie die Tatsache, dass die Mannschaft ihr zweites Spiel im Olympiastadion gegen die Chilenen zu bestreiten hatte, die sich kampflos gegen die UdSSR qualifizierten, nachdem diese sich geweigert hatte, in dem von der Militärjunta als Konzentrationslager missbrauchten Nationalstadion von Santiago anzutreten. Zu lange hatte man in der DDR auf diesen ersten WM-Auftritt warten müssen.

Zu einer sportpolitischen Entkrampfung trug im folgenden Jahr eine Idee bei, die als »Stadtväter-Einladung« bekannt wurde, obwohl sie nichts anderes war als ein Brief, mit dem sich der Regierende Bürgermeister Dietrich Stobbe beim Präsidenten des Internationalen Schwimmverbandes (FINA), Javier Ostos, dafür bedankte, dass dieser dem Deutschen Schwimm-Verband (DSV) – und der wiederum West-Berlin – die Austragung der III. Weltmeisterschaften von 1978 übereignet hatte. Die »Stadtväter-Einladung« war zwar nicht die von der Sowjetunion verlangte offizielle Einladung, mit der die Eigenständigkeit West-Berlins dokumentiert werden sollte, doch sie erwies sich als tragfähiger Kompromiss, der einen reibungslosen Ablauf der Titelkämpfe ermöglichte, für die man das Schwimmstadion modernisiert und wie 1936 um eine temporäre Holztribüne erweitert hatte. March erlebte diese Weltmeisterschaften nicht mehr, denn er war am 11. Januar 1976 – wenige Tage vor seinem 82. Geburtstag – friedlich eingeschlafen. Den Ablauf des Trauergottesdienstes, der in der von ihm entworfenen Vaterunser-Kirche in Berlin-Wilmersdorf stattfand, wurde von ihm selbst festgelegt. Und zwar nach jenem 10. September 1971, als er im Schwimmstadion, in dem er morgens ab sieben Uhr seine Bahnen zog, einen Schwächeanfall erlitten hatte, so dass er von dem Sportfotografen Heinrich von der Becke, der ebenfalls ein begeisterter Schwimmer war, gerettet werden musste.[43]

Von da an vergrub sich der ewige Junggeselle, der bis zuletzt von einer Haushälterin betreut wurde, in seinen Büchern. Den größten Teil seiner Bibliothek, die während des Krieges im Olympiastadion deponiert war, hatte er 1945 durch Brand oder Diebstahl eingebüßt. Weit mehr noch als dieser Verlust schmerzte ihn, dass er keine Kinder hatte. Vor lauter Arbeit, so erklärte er, hätte er keine Zeit zum Heiraten gefunden. Ob es überhaupt eine Frau in seinem Leben gab, an die er sein Herz verlor? Offenbar nicht, denn dieser Platz schien von seiner Mutter besetzt, zu der er ein besonders inniges Verhältnis pflegte. Zu ihrem Erbe gehörte eine Sammlung von Aussprüchen, die Maria March erstmals 1911 herausgegeben hatte und die von ihrem Sohn bis in die 1970er Jahre hinein überarbeitet wurde. Einen Band mit Reden und Aufsätzen seines Vaters veröffentlichte er erst 1972.[44] Seine eigenen Memoiren wurden für 1975 angekündigt, sie erschienen jedoch nicht, weil sie nie geschrieben wurden. Seine spärlichen dokumentarischen Hinterlassenschaften kamen ins Architekturmuseum der Technischen Universität.

---

38 Vgl. Bauwelt 46/1970.
39 Tagesspiegel, 24.4.1971.
40 Archiv der Stadionverwaltung, Krahe an Bauamt Nord, 19.2.1970.
41 Welt am Sonntag, 23.3.1975.
42 Die Welt, 17.10.1972.
43 Welt am Sonntag, 23.3.1975.
44 Vgl. Otto March 1845-1912. Reden und Aufsätze, herausgegeben von Werner March, Ernst Wasmuth, Tübingen, 1972.

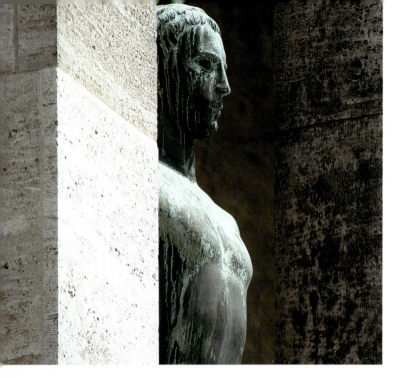

Pfeilerhalle am »Haus des Deutschen Sports«. Links: die »Siegerin« von Arno Breker; darüber »Zehnkämpfer«. Rechts: Gedenktafel für die Grundsteinlegung des Sportforums.

Hall of Pillars in the ›Haus des Deutschen Sports‹. Left: ›Victorious Woman‹ by Arno Breker, and top ›Decathlete‹. Right: commemorative plaque for the laying of the Stadium foundation stone.

Schwimmhaus mit Terrakotta-Fries von Arno Lehmann. Daneben: »Stier« von Adolf Strübe am Jahnplatz. Links: Kinderschwimmen im Hirtsieferbecken. Mitte: Großer Hörsaal in der ehemaligen Reichsakademie.

The ›Schwimmhaus‹ with terracotta frieze by Arno Lehmann. Adjacent: ›Bull‹ by Adolf Strübe on the Jahnplatz. Left: children's swimming in the Hirtsiefer pool. Centre: Large Lecture Theatre in the former Reichsakademie.

Uhrenturm zwischen Turnschule und Kursistenflügel, dessen Glockenspiel im Zweiten Weltkrieg zerstört wurde. Unten: Sgraffito im Treppenhaus des Turnflügels von Lois Gruber.

*Clock tower between the gymnastics college and the cadets' wing – its carillon was destroyed in the Second World War.
Below: sgraffito by Lois Gruber in the stairwell of the Gymnastic Wing.*

Bitte nicht stören! Das seit 1946 ohne Unterbrechung laufende Uhrwerk im Uhrenturm am Friesenplatz.

Please do not disturb! Going without interruption since 1946 – clockwork in the clock tower on Friesian Square.

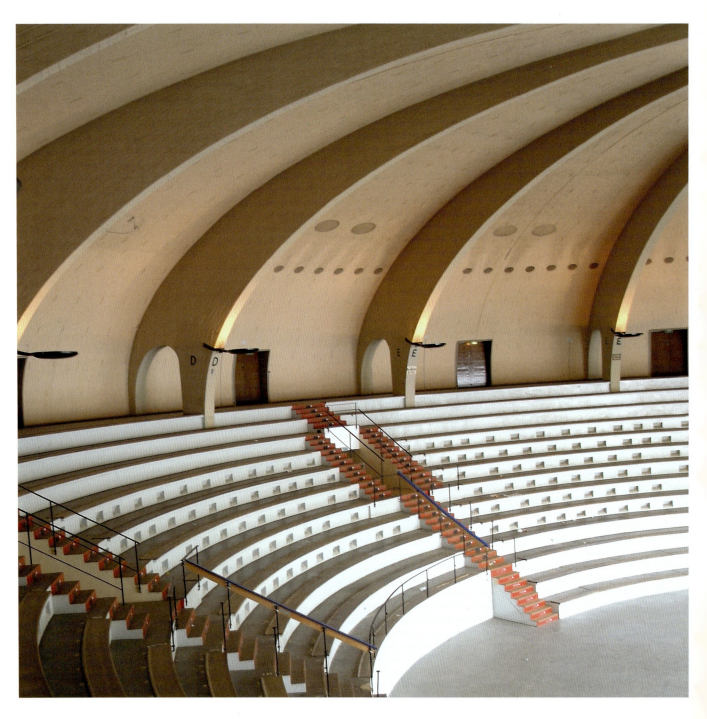

Architektur vom Feinsten: der Kuppelsaal. Links: Wendeltreppe im »Haus des Deutschen Sports«.

Architecture of the highest standard: the Domed Hall. Left: spiral staircase in the ›Haus des Deutschen Sports‹.

»Große Bauwerke bedürfen großer Maßstäbe«

Dem »Deutschen Herbst«, in dem so viel Blut geflossen war, schickte Klaus Michael Grüber am 1. Dezember 1977 seine »Winterreise« hinterher – es war auch der Name jener bundesweiten Polizeioperation, mit der man gegen ein vermutetes terroristisches Umfeld vorgehen wollte. Wo sonst ins weite Rund bis zu 83 000 Menschen hinpassten, waren diesmal in schlotternder Kälte nur 800 einsame Zuschauer auf der Haupttribüne des Olympiastadions versammelt, um sich – in billige graue Wolldecken gehüllt – die Dramatisierung von Hölderlins lyrischen Briefroman »Hyperion« anzutun. Ein bitterer Abgesang auf vergangene deutsche Größe. Zur Aufmunterung flimmerten zu Beginn an der Anzeigetafel die Worte auf: »Aber das Irrsal hilft, wie Schlummer, und stark machet die Noth und die Nacht ...«[1] Es war ein ungewöhnlicher Schauplatz, den sich die »Schaubühne« erwählt hatte, um Hölderlins Griechenland-Bilder an jenen der Olympischen Spiele von 1936 reiben zu lassen. Am Marathontor häuften sich über- und durcheinandergewirbelte Kartons, aus denen eine überlebensgroße Skulpturengruppe ragte – ein Mann mit einem Pferd am Halfter, einem Werk von Arno Breker nachgebildet. Gegenüber, unterhalb der Anzeigetafel, die ruinöse Kulisse des Anhalter Bahnhofs, in der sich die Clochards drängten. Auf der Gegentribüne ein Hang von weißen Grabkreuzen, flankiert von Attrappen dunkler Zypressen. Schließlich ein junger Mann – der Schauspieler Willem Menne –, der sich am Rande der Laufbahn aufbaute, um – tapfer gegen Großstadtlärm und Wind ankämpfend – zu den Zuschauern zu sprechen, die jedoch nur Wortfetzen verstanden. Dann streifte er sich ein Stirnband über, lief davon, um im Dunkel des Spielfelds Bälle ins Tor zu treten, während sich ein Trupp Läufer in Bewegung setzte, eine Rakete gen Himmel schoss, ein Stabhochspringer unter Johlen anlief und zwei Jeeps mit Suchscheinwerfern über die Piste jagten. Der Regisseur hatte sich des Stadions bemächtigt, wofür es zum Schluss, als Pferd und Führer in Flammen aufgegangen waren, Beifall sowie einige Buh- und Schmährufe gab.

Szenenwechsel: Es war die Leere und Strenge des Riesenbaus, die István Szabó wenig später davon überzeugten, nirgendwo anders als hier die Schlussszenen des »Mephisto« zu drehen, die einen ziellos über den weiten Rasen taumelnden Klaus Maria Brandauer alias Hendrik Höfgen zeigen, der gnadenlos vom »Ministerpräsidenten« Rolf Hoppe mit Scheinwerfern geblendet wird. Nachdem Höfgen genug gehetzt und gejagt worden war, folgt das bedeutungsschwere Finale mit dem Fazit: »Ich bin doch nur ein ganz gewöhnlicher Schauspieler.«

Zu Beginn der 1980er Jahre wurde das Olympiastadion mit seinen Anlagen ein beliebter Drehort, von dem sich auch Wim Wenders für seinen poesievollen Film »Der Himmel über Berlin« inspirieren ließ, der zu einem wichtigen Zeitdokument für das damalige West-Berlin wurde. Dabei hatte es lange so ausgesehen, als wären die großen Tage der Anlage vorüber, zumal die Kritik an ihr zunahm. Die einen stießen sich am Verfall, der auch von den 35 Millionen Mark, die bis 1981 aus dem Bundeshaushalt kamen, nicht aufzuhalten war. Die anderen störten sich an der »Nazi-Architektur« und wie man mit ihr umging, worüber die Meinungen freilich erheblich auseinandergingen.

Die Waldbühne bekommt Kultstatus

Hinzu kam, dass die Attraktivität der Waldbühne zu schwinden begann, seit die Box- und Konzertveranstalter das Risiko einer Freiluftarena scheuten. Stattdessen wurde die Murellen-

Das deutsche »Wembley«: Seit 1985 werden die Endspiele um den DFB-Pokal im Olympiastadion ausgetragen. Bei der Premiere: Bayer 05 Uerdingen als Überraschungssieger und Friedhelm Funkel mit dem Cup. Links: Herbert Grönemeyer vor 21 000 Fans in der Waldbühne.

The German ›Wembley‹: Since 1985 the DFB Cup Final has been played in the Olympic Stadium. At the first Final: Bayer 05 Uerdingen as surprise winners and Friedhelm Funkel with the cup. Left: Herbert Grönemeyer in front of 21,000 fans at the Waldbühne.

schlucht zum Wallfahrtsort des Bundes der Vertriebenen (BdV), der seit Ende der 1950er Jahre dort den »Tag der Heimat« feierte. Anfangs hatte man noch Politiker wie Willy Brandt und Ernst Lemmer für deren Ablehnung der Oder-Neiße-Grenze bejubelt. Doch es deutete sich ein Riss an, als die Bundesregierung auf Verlangen des Auswärtigen Amtes einen Zuschuss für eine Veranstaltung am 8. Mai 1965 im Olympiastadion verweigerte, das der BdV mit 100 000 Jugendlichen füllen wollte, um auf seine Weise dem 20. Jahrestag der deutschen Kapitulation zu gedenken.[2]

Mit Beginn der an Aussöhnung und Annäherung orientierten »Ostpolitik« verschärfte sich der Ton. 1969 wurde Klaus Schütz, nach einem kurzen Intermezzo von Heinrich Albertz Regierender Bürgermeister, gnadenlos ausgepfiffen und als »Verräter« tituliert, worauf er dem BdV im nächsten Jahr den bisher üblichen Senatszuschuss verwehrte. Die mittlerweile nur noch 6000 Kundgebungsteilnehmer wurden zudem von der NPD umworben, die 1966 ihren Berliner Landesverband in den »Stadion-Terrassen« gegründet hatte und die in der Waldbühne nun auf Spruchbändern Brandt als »Verzichtskanzler« schmähte. Es war Rasta-Musik, die die Waldbühne am 20. Juni 1980 aus ihrem Dornröschenschlaf riss und zum Klingen brachte. Der Auftritt des jamaikanischen Reggae-Stars Bob Marley, der 15 000 Fans anlockte, blieb vorerst der einzige Höhepunkt. Erst im nächsten Jahr fand sich mit der Veranstaltungsagentur »concert concept« ein Betreiber, der mit Jazz, Swing und lediglich 3250 Besuchern begann. Eine Dekade später hatten diese Konzerte bei den Berlinern Kultstatus erreicht.

Auch der Glockenturm, dessen Fahrstuhl zwei Jahre lang still stand, war seit dem 9. Juni 1979 wieder zugänglich. Ein 23-jähriger Kunststudent, Manfred Uhlitz, der sein Studium als Stadtführer finanzierte, hatte ihn gepachtet, nachdem er auf die Idee gekommen war, die von ihm geleiteten Rundfahrten auf der Aussichtsplattform enden zu lassen, um den Touristen von dort das grüne Berliner Umfeld zu zeigen.

88 075 – ein Rekord für die Ewigkeit

Zum vorübergehenden Niedergang des Olympiastadions trug auch Hertha BSC bei. Mit der Einführung der Fußball-Bundesliga 1963 spielte der Klub zwar in der obersten Klasse, aber schon zwei Jahre danach musste er absteigen. Nachdem sich die Mannschaft 1968 erholt hatte, schloss sie zwei Saisons nacheinander mit einem dritten Rang ab. Dabei wurde am 26. September 1969 beim 1:0-Erfolg über den 1. FC Köln mit 88 075 Zuschauern ein für die Ewigkeit gültiger Bundesliga-Rekord aufgestellt, weil man anschließend das Olympiastadion auf 76 243 Plätze reduzierte und seit dem Abriss des Leipziger Zentralstadions deutschlandweit keine andere Arena mit einer größeren Kapazität existierte.

In diese Hochstimmung schlugen am 6. Juni 1971 die Enthüllungen von Horst Gregorio Canellas wie ein Blitz aus heiterem Himmel ein. Der 1. Vorsitzende der vom Abstieg betroffenen Offenbacher Kickers konnte mit einem Tonbandmitschnitt eindeutige Bestechungsversuche eines Bielefelder Unterhändlers belegen, aus denen hervorging, dass am Vortag der in jener Saison in Heimspielen ungeschlagene Hertha BSC für ein Handgeld von 230 000 Mark die letzte Begegnung gegen Arminia Bielefeld mit 0:1 verschoben hatte. Diese Tatsache löste den zweiten Bundesliga-Skandal aus, der den Verein, der mit 15 Spielern davon am meisten betroffen war, in seinen Grundfesten erschütterte.

Die Zuschauerzahlen – bis dahin im Durchschnitt bei 43 833 – gingen rapide in den Keller. Anfangs halbierten sie sich nahezu, bis sie in der Saison 1978/79 mit 16 468 Besuchern pro Spiel einen vorläufigen Tiefpunkt erreicht hatten, dem nach der nächsten Saison der Abstieg in die 2. Liga und – nach kurzzeitiger Erholung 1982/83 – das erneute Abrutschen in die Zweitklassigkeit und sogar in die Amateurklasse folgten. Dem Verein ging eine ganze Generation junger Leute verloren, die niemals in Hertha-Bettwäsche geschlafen hatte. Und auch sonst zog eine gewisse Fußballmüdigkeit ein, die selbst das Interesse an der Nationalmannschaft minderte. Frankreich als Länderspielpartner lockte 1987 gerade noch 31 000 Zuschauer ins Olympiastadion; die Auftritte gegen Schweden bzw. Weltmeister Argentinien beim österlichen Vier-Nationen-Turnier von 1988 wollten gar nur 25 000 sehen.

Zwar gelang der Hertha 1990 der Wiederaufstieg in die oberste Klasse, doch nach einer Saison war der Zauber erneut vorüber. Was der ersten Mannschaft misslang, schafften dagegen die »Hertha-Bubis«, die sich als Amateurtruppe bis ins deutsche »Wembley« vorkämpften, wo sie 1993 Leverkusen 0:1 unterlagen. Es erforderte erst einen Medienriesen wie die Hamburger Film- und Fernseh GmbH Ufa, um der alten Dame danach wieder Beine zu machen. Nach monitären Wiederbelebungsversuchen Mitte der 1990er Jahre kehrte der Verein in die 1. Bundesliga zurück, was die

---

1 Brod und Wein, 7. Strophe, in: Friedrich Hölderlin. Sämtliche Werke, Bd. 2, Cottasche Buchhandlung Nachf., Stuttgart 1953, S. 93 ff.
2 Barch B 106/27310, Besprechung Bundeskabinett, 25.1.1965.

»Jugend trainiert für Olympia«: Seit 1969 erleben Tausende Nachwuchssportler jährlich im September das Bundesfinale im Olympiastadiongelände.

›Young People train for Olympia‹: From 1969 thousands of young sportsmen take part every year in the German finals in the Olympic Stadium complex.

Anhänger honorierten: In der Spielzeit 1997/98 wurden durchschnittlich 53 069 Eintrittskarten verkauft, was einer Stadionauslastung von mehr als zwei Dritteln entsprach.

Pokalfinale als Wiedergutmachung

Mit dem Ende der östlichen Blockade-Politik wurden sportliche Großveranstaltungen ein wichtiges Aushängeschild West-Berlins, das für viele Sport-Fachverbände jedoch weiter die hoch subventionierte »Frontstadt« blieb und von manchen als Störfaktor angesehen wurde, der die eigenen Chancen bei der Vergabe internationaler Titelkämpfe verringerte. Als das schon zugesagte Auftaktspiel der Handball-Weltmeisterschaft von 1982 nach Essen vergeben und Berlin auch für die Eishockey-WM von 1983 geschnitten wurde, verstand man das als bewusste Brüskierung.

Noch härter traf der Schlag, als der DFB für die Fußball-Europameisterschaft 1988 ausschließlich Spielorte im Bundesgebiet auswählte. Vergeblich hatten Hanna-Renate Laurien – seit 1981 Senatorin für Schulwesen, Jugend und Sport – und Innensenator Heinrich Lummer »sportpolitische Solidarität und ein eindeutiges Bekenntnis zu Berlin« gefordert.[3] Zwecks Wiedergutmachung fasste das Präsidium des Deutschen Fußball-Bundes anschließend jedoch den Beschluss, die Endspiele um den DFB-Pokal ab 1985 im Olympiastadion auszutragen – vorerst für die nächsten fünf Jahre. Der Beschluss des Senats, eine Ausfallbürgschaft für 60 000 Zuschauer zu übernehmen, was einem Geldwert von über einer Million Mark entsprach, dürfte die Urteilsfindung wesentlich beeinflusst haben.

Höchstens ein Zehntel davon wollte der Senat allerdings für die Leichtathletik riskieren, deren internationaler Verband noch immer das Wort »Amateur« im Namen führte, obwohl die Zahlung von Start- und Preisgeldern unterm Tisch seit längerem üblich war. Wer aber wie der US-amerikanische 400-Meter-Olympiasieger Lee Evans gegen das Schweigegelübde verstieß, der durfte nicht nach Berlin, sondern musste nach Hause fahren, und zwar weil er verraten hatte, dass er 1970 in Zürich 2000 Dollar erhalten hatte. Elf Jahre später, als auf dem ISTAF-Programm die »Golden Sprints« standen, stieß sich daran niemand mehr. Mit der Einführung des sogenannten Athletenfonds, den der IAAF-Kongress 1982 in Athen beschlossen hatte, begann das Zeitalter einer zügellosen Kommerzialisierung, von der vorerst allein die Sonnenseiten wahrgenommen wurden. Cheforganisator Rudi Thiel setzte im nächsten Jahr auf das richtige Pferd, als er das 42. Stadionfest, das den Status eines IAAF-Permit-Meetings erhalten hatte, nur drei Tage nach dem Ende der ersten Weltmeisterschaften in Helsinki ansetzte, was ihm zwölf frischgebackene Titelträger mit dem dreifachen Champion Carl Lewis an der Spitze und 56 000 Zuschauer bescherte.

Als 1985 die Mobil Oil Corporation einstieg, hatte Thiel dem Hauptsponsor frühzeitig sein Interesse am neuen Grand Prix signalisiert, sich nicht nur daran zu beteiligen, sondern auch das Finale von 1988 zu übernehmen. Während in der Folgezeit anderen Veranstaltern das Publikum weglief und traditionsreiche Meetings eingingen, konnte sich das ISTAF behaupten. Es stieg 1993 mit Oslo, Zürich und Brüssel sogar in die Premiumklasse namens »Golden Four« auf, deren Marketing ebenfalls die Ufa übernommen hatte.

Auch als IAAF-Präsident Primo Nebiolo Ende 1997 im Alleingang mit der Einführung der »Golden League« eine weitere Runde eröffnete, um noch mehr Geld aus einer ansonsten vom Niedergang bedrohten Sportart herauszupressen, konnte sich Berlin behaupten. Das ISTAF bildete am 2. September 1998 den Abschluss und Höhepunkt der nunmehr von der Schweizer Agentur ISL vermarkteten Serie, an der vorerst sieben europäische Städte beteiligt waren.

Fußballspielen zum »Einheitspreis«

Im Frühjahr 1963 verbreitete die französische Sportzeitung »L'Equipe« das Gerücht, dass die Olympischen Spiele von 1968 in ganz Berlin durchgeführt werden sollten, wobei man einschränkte:

2007 feierten über 70 000 Zuschauer »70 Jahre ISTAF« und als Ehrengast die Hochsprung-Siegerin von 1937 und olympische Bronzemedaillengewinnerin von 1936, Elfriede Kaun.

In 2007 more than 70,000 spectators celebrated ›70 Years of ISTAF‹ and welcomed the guest of honour, 1937 high jump winner and 1936 Olympic bronze medallist Elfriede Kaun.

Auch ein Ort der inneren Einkehr: 1996 sprach Papst Johannes Paul II. die vom NS-Regime umgebrachten Pfarrer Bernhard Lichtenberg und Karl Leisner vor 90 000 Gläubigen selig.

Also a place of inner contemplation: in 1996, in front of 90,000 believers, Pope John Paul II beatified the priests Bernhard Lichtenberg and Karl Leisner, who had been killed by the NS regime.

»Dazu ist es allerdings notwendig, dass der Oberbürgermeister von Ost-Berlin zustimmt; ob das geschieht, ist ungewiss, wie auch die ganze Angelegenheit zur Zeit nur auf Gerüchten beruht ...«[4] Die Annahme, dass es auch Feuer geben müsste, wo Rauch wäre, bestätigte sich, als Willi Daume, der 1962 Nachfolger von NOK-Präsident Ritter von Halt geworden war, seinen DDR-Kollegen Dr. Heinz Schöbel am 9. April 1963 telefonisch kurzfristig um ein Treffen bat. Als dieser ablehnte, erklärte ihm Daume, dass ihn auf seiner kürzlichen USA-Reise IOC-Präsident Avery Brundage damit beauftragt hätte, mit dem ostdeutschen Komitee über eine gemeinsame Olympiabewerbung für 1968 zu sprechen. Im Verein mit dem gerade wiedergewählten Regierenden Bürgermeister Willy Brandt hatte Daume jedoch bereits am 27. März 1963 eine (West-)Berliner Kandidatur auf den Weg gebracht, die jenseits der Mauer als Provokation empfunden wurde und der von vornherein kein Erfolg beschieden sein konnte. Die »vorsorgliche Meldung«[5] wurde von der IOC-Exekutive am 5. Juni 1963 als unkorrekt zurückgewiesen, so dass es Schöbel anschließend leicht fiel, die »guten Voraussetzungen« von Berlin zu preisen und Krokodilstränen über die verpasste Chance zu vergießen.[6]
Daume blieb daraufhin nichts anderes übrig, als sich mit einer Kandidatur Münchens anzufreunden, zu der er sich endgültig am 8. Oktober 1965 entschloss, als das IOC das bis dahin als »provisorisch« angesehene DDR-NOK bei nur fünf Gegenstimmen anerkannte, womit sich das Kapitel der gesamtdeutschen Olympiamannschaften erledigt hatte. Bevor Daume jedoch die Zustimmung des Münchner Oberbürgermeisters Hans-Jochen Vogel einholte, besprach er sich mit Brandt am Telefon, um dem Verdacht vorzubeugen, dass auch er nun Berlin »verraten« hätte. Nur sieben Monate später vergab das IOC die Olympischen Spiele von 1972 an München, und Daume wurde Präsident des Organisationskomitees. Um jeden Ärger zu vermeiden, verzichtete er darauf, West-Berlin – wie ursprünglich vorgesehen – in die Route des Fackellaufs einzubeziehen.

Auch in den nächsten zwei Jahrzehnten schlummerte bei Daume weiter die Idee einer gemeinsamen Ost-West-Bewerbung. Umso befremdlicher fand er es, als sich im August 1983 ein Verein namens »Berlin – Olympiastadt 1992« vordrängte, hinter dem Geschäftsleute und Geschäftsführer von Werbeagenturen standen und dessen Schirmherr der Präsident des Abgeordnetenhauses, Peter Rebsch, war. Daume dagegen hielt die Zeit noch nicht für gekommen, und auch IOC-Präsident Juan Antonio Samaranch, der am 10. März 1984 an der Umbenennung der »Stadion-Allee« teilnahm, die den Namen von Jesse Owens erhielt, hatte angesichts eines drohenden sowjetischen Olympiaboykotts keine Lust, sich ein weiteres Problem aufzuladen. In Kreisen der regierenden CDU sah man das freilich anders. Und so war es kein Zufall, dass US-Präsident Ronald Reagan, der die Stadt im Rahmen der 750-Jahr-Feier besuchte, bei seiner Ansprache am 12. Juni 1987 vor

---

3 Landessportbund Berlin, Lummer an DFB-Präsident Hermann Neuberger, 21.6.1984.
4 L'Equipe, 6.4.1963.
5 Karlheinz Gieseler, Ferdinand Mans, Sport als Mittel der Politik, Institut für staatsbürgerliche Bildung in Rheinland-Pfalz, o. J. (1966), S. 74.
6 Deutsches Sportecho, 10.6.1963.

Das Olympiastadion auf Briefmarken: 1953 in der Serie »Berliner Bauten« (rechts), 40 Jahre später in der Edition »Für den Sport« aus Anlass der Olympiabewerbung von 2000. Unten: FDC mit den Unterschriften des Postministers und Olympiamanagers. Ganz rechts: Das Weidleplan-Projekt sah für 2000 eine wagenradähnliche Überdachung der Tribünen vor.

The Olympic Stadium on stamps: 1953 in the series ›Buildings of Berlin‹ (right), 40 years later in the edition ›For Sport‹ in connection with the Olympic candidature of 2000. Below: FDC with the signatures of the Minister for the Postal Service and the Olympia manager. Far right: The Weidleplan project for 2000 proposed to have the stands roofed over in a cartwheel-like formation.

dem Brandenburger Tor dem neuen Kreml-Chef, KPdSU-Generalsekretär Michail Gorbatschow, neben anderen Avancen auch das Angebot unterbreitete, »in naher Zukunft die Olympischen Spiele hier in Berlin, im Osten wie im Westen, abzuhalten«.[7] Während Daume, der längst bei Samaranch die Praktizierbarkeit einer gemeinsamen Berlin-Bewerbung ausgelotet hatte, als Reaktion auf die Rede riet, den Plan reifen zu lassen, platzte der Olympiastadt-Verein wenig später mit der von wenig Sachkenntnis zeugenden Ankündigung heraus, dass Berlin anstelle von Seoul bereits für 1988 als Austragungsort infrage kommen könnte, falls die südkoreanische Hauptstadt aus politischen Gründen nicht in der Lage wäre, die Spiele auszurichten. Die Folge waren scharfe Attacken aus Moskau und Ost-Berlin.
Nachdem der Regierende Bürgermeister Eberhard Diepgen am 18. Januar 1989 ein »Beratungs-Gremium für Olympia 2004« ins Leben gerufen hatte, brach die CDU elf Tage später bei den Wahlen zum Abgeordnetenhaus überraschend ein. Sie landete mit 37,7 Prozent der Stimmen nur knapp vor der SPD (37,3 Prozent), deren Spitzenkandidat Walter Momper nach längeren Verhandlungen mit der Alternativen Liste (AL), die 11,8 Prozent erreicht hatte, ein rot-grünes Bündnis unter seiner Führung schmiedete. Bildungssenatorin wurde die parteilose Lehrerin Sybille Volkholz, die das Sportressort dem »grünen«

Staatssekretär Hans-Jürgen Kuhn übereignete, der sogleich drastische Veränderungen im 60-Millionen-Sporthaushalt zugunsten des Breitensports ankündigte. »Fragwürdige Großspektakel« sollten fortan ebenso wenig gefördert werden wie der »Kommerzsport«. Auch an das dem DFB in letzter Minute von der scheidenden Sportsenatorin gegebene Versprechen, für die Modernisierung des Olympiastadions acht Millionen Mark bereitzustellen, fühlte er sich nicht gebunden.[8]
Andererseits war die AL realistisch genug einzusehen, dass viele Vorstellungen nicht mehrheitsfähig waren. Zu den »Kröten«, die sie schluckte, gehörte das Olympiaprojekt, das vorerst nur diesseits der Mauer als »Kooperationsmodell für beide Teile Berlins« begriffen wurde, wie Momper am 19. Juni 1989 in Schloss Niederschönhausen bei seinem Treffen mit Erich Honecker erfuhr. Als er den DDR-Staats- und Parteichef für eine gemeinsame Bewerbung für 2004 gewinnen wollte, brachte dieser zur allgemeinen Überraschung Leipzig ins Spiel.[9] Ein Ablenkungsmanöver, wie sich herausstellte. Daume, der solche Alleingänge ablehnte, war die Schadenfreude anzumerken. Ungeachtet Mompers Nasenstüber beschloss der Senat am 29. August 1989 die Einsetzung einer Projektgruppe »Olympische Sommerspiele im Jahre 2004 in Berlin«, gleichzeitig stellte er aber klar, »dass sich Berlin (West) allein nicht bewirbt«.[10]

Zu jener Zeit hatte sich in Bonn gerade die Einsicht durchgesetzt, dass man das Olympiastadion nicht länger verfallen lassen konnte, zumal auch die britische Schutzmacht, der für ihre Aufmärsche an einer eindrucksvollen Kulisse gelegen war, Ansprüche angemeldet hatte. Daraufhin wurden 1988/89 die vier Türme am Rande des Maifelds mit einem Kostenaufwand von einer Million Mark instand gesetzt und teilweise mit neuen Muschelkalkplatten versehen. Mehr als ein Make-up kam aber nicht heraus.
Erst der stürmische Herbst 1989, der nicht nur die in einer wirtschaftlichen und moralischen Misere steckende DDR, sondern nach und nach den gesamten Ostblock erfasste, warf alle Strategien, Vereinbarungen und Bedenken über den Haufen. Der Fall der Mauer am 9. November 1989 leitete das Zusammenwachsen beider deutscher Staaten ein, dessen Tempo allerdings nicht am Verhandlungstisch,

sondern auf der Straße ausgegeben wurde. Was fast 30 Jahre lang nicht vorstellbar schien, passierte nun in acht Wochen. Vereine und Gemeinschaften in beiden Teilen Berlins vereinbarten eigenständig über 200 sportliche Begegnungen. Eine davon fand am 27. Januar 1990 im Olympiastadion statt, wo sich die Traditionsvereine Hertha BSC (West) und 1. FC Union (Ost) in einem von der Bundespost gesponserten Fußball-Freundschaftsspiel gegenüberstanden. 51 270 Zuschauer zahlten den »Einheitspreis« von fünf Mark – die einen in DDR-Währung, die anderen in D-Mark. Hertha gewann mit 2:1, da aber die Spieleinnahmen an medizinische Einrichtungen in Ost-Berlin gingen, gab es auch noch weitere Sieger.
Vor dem Hintergrund verblassender Feindbilder freundete sich nun auch die in Bedrängnis geratene DDR-Führung, die nach der Absetzung Honeckers verjüngt, aber nur unwesentlich

verändert worden war, mit dem Olympiaprojekt an, das auf Drängen Daumes um vier Jahre vorgezogen wurde, um den von der Maueröffnung ausgelösten »Emotionsschub« zu nutzen. Nach einem Gespräch am 19. Dezember 1989 einigten sich Momper und der neue DDR-Ministerpräsident Hans Modrow auf die Einsetzung eines Olympia-Büros. Dessen Leiter wurde Hans-Jürgen Kuhn, der sich allerdings bald als Kuckucksei erwies, als er in seiner Klientel Stimmung gegen die gleiche Bewerbung machte, die er zu vertreten hatte. Im Sommer 1990 führte das zu seiner Ablösung. Widerstand gab es nicht nur in den Reihen der Berliner AL, die am 14. November 1990 nach quälenden Auseinandersetzungen, die von Bus-Spuren bis Hausbesetzungen handelten, die Koalition mit der SPD kündigte, was zu Neuwahlen führte, die Mompers Amtsvorgänger Diepgen zurück an die Macht brachte. Auch in den alten Bundesländern, wo man sich inzwischen der Lasten der bevorstehenden staatlichen Vereinigung bewusst geworden war, wuchs der Argwohn gegen die Metropole an der Spree, die als Bundeshauptstadt auch noch Regierungssitz und zum zweiten Mal Olympiastadt sein wollte. Zwar erklärten sich die Oberbürgermeister von Frankfurt am Main, Hamburg, Stuttgart und Dortmund, das für das Ruhrgebiet stand, ihre Bereitschaft, eigene olympische Ambitionen zugunsten Berlins zurückstellen, doch mehr als ein symbolischer Akt war nicht zu erwarten. Merkwürdig indifferent verhielt sich auch die Bundesregierung unter Helmut Kohl, die die Kandidatur zwar formell absegnete, aber – so Finanzminister Theo Waigel – den »zielgerichteten Ausbau Berlins« als »vordringlicher« ansah.[11]

Olympia 2000 – eine verpasste Chance

Mit dem »2+4-Vertrag« vom 12. September 1990 erhielt das vereinigte Deutschland seine volle Souveränität zurück, womit die Verantwortlichkeit der Siegermächte des Zweiten Weltkriegs für Berlin endete. Da sich der Abzug der sowjetischen Streitkräfte bis Ende 1994 hinzog, verblieben die westlichen Schutzmächte weiter an ihren Standorten. Sie verabschiedeten sich am 12. Mai 1994 mit einem großen Volksfest auf dem Maifeld; zwei Wochen später gab es auch die letzte Berliner Geburtstagsparade für die britische Königin. Die endgültige Freigabe des Sportforums wurde von den Briten am 8. September 1994 mit der Einweihung einer Gedenktafel auf dem Adlerplatz besiegelt.
Frühzeitig hatte Berlin sein Interesse an der Übernahme der restlichen Teile des ehemaligen Reichssportfeldes bekundet. Die Oberfinanzdirektion ermittelte daraufhin für die Anlage einen Grundwert von 200 Millionen Mark sowie einen Investitionsbedarf von 280 Millionen zuzüglich der Sanierung des Stadiondaches für 20 Millionen Mark, was sich als grobe Schätzung erwies. Auch Bonn wollte die Last nun loswerden, gleichzeitig aber die Staatskasse aufbessern. Zwar hatte das Reich einst nur eine Million Mark für Rennbahn und Stadion gezahlt, 1991 jedoch veranschlagte das Bundesvermögensamt einen Wert von 442 Millionen DM, von denen man 276 Millionen wegen unterlassener Renovierungsleistungen abzuziehen bereit war, was einen Kaufpreis von 166 Millionen ergab.
Dagegen konnte der Senat, der die Planungsfirma Deyle-Bung mit einer Tiefenprüfung beauftragt hatte, eine ganz andere Rechnung aufmachen. Er bezifferte allein die Sanierung des Stadions auf 415 Millionen, zu denen noch weitere 245 Millionen kamen, die nötig waren, um die Arena dem Standard internationaler Großsportstätten anzupassen. Angesichts der umfangreichen Versäumnisse von mehr als fünf Jahrzehnten war der Senat lediglich bereit, die »Ruine« für eine symbolische Mark zu erwerben.
Zum Streit ums Materielle kam der um die Deutungshoheit, bei der sich die Fronten verwischten. Zu den Grünen, die von der Befürwortung des Olympiaprojekts mittlerweile auf Fundamentalopposition umgeschaltet hatten, gesellten sich intellektuelle Bedenkenträger wie der

---

7 Tear Down This Wall, Remarks at Brandenburg Gate, West Berlin, June 12, 1987, The Ronald Reagan Presidential Library and Museum, Simi Valley, Cal.
8 Stuttgarter Zeitung, 15.3.1989.
9 SAPMO, DY 30 J IV/1961, Büro Honecker.
10 Landespressedienst, Nr. 167, 29.8.1989.
11 Zitiert nach NOK-Report, 5/1992.

151

1977–2009

Schriftsteller Günter Kunert, der sich ein »minimales Interesse an Sport jeglicher Disziplin« attestierte, was ihn nicht hinderte, das Olympiastadion »jenseits aller Funktionalität von Architektur« als ein Symbol des Bösen darzustellen. In einem dazu passenden Editorial hieß es: »Nichts gegen Olympia, schon gar nichts gegen Berlin – aber sollten die Spiele wirklich wieder dort sein, wo ›Deutschland über alles‹ sich hinwegsetzte?«[12] Der Streit entzündete sich insbesondere an den Skulpturen, und dort wiederum an den Namen Breker und Thorak, obwohl sich doch deren Werke bis dahin noch immer im hermetisch abgesperrten Gelände des British Headquarters befanden, womit sie über vier Jahrzehnte aus dem öffentlichen Bewusstsein gelöscht waren. An der Diskussion beteiligte sich auch der Kulturbeauftragte der Olympia GmbH, Hilmar Hoffmann, der eine Reihe Persönlichkeiten befragte, wie man mit der »Nazi-Kunst« umgehen sollte, worauf er eine Palette unterschiedlichster Antworten präsentierte, die von »Erhalten« über »Zerstören« bis »Verfremden« reichte.[13] Hoffmann selbst plädierte für eine kritische Aneignung, indem er vorschlug, die Statuen der Größe nach auf dem Maifeld antreten zu lassen, um sie dort mit einer »Gegenästhetik« – beispielsweise durch Repliken sogenannter »entarteter Kunst« – zu konterkarieren.[14]

Über seinen Tod hinaus blieb vor allem Carl Diem das »Feindbild Nr. 1«. Am 5. Januar 1992 stahlen Unbekannte, die sich nach dem kurzzeitigen Geschäftsführer der Bewerbungsgesellschaft als »Kommando Lutz Grüttke« bezeichneten, das Porträtrelief vom Marathontor. In ihrem Selbstbezichtigungsschreiben verlangten sie anschließend die Absage des Olympiaprojekts und eine Ergänzung der Berliner Ortsschilder an den Zufahrtsstraßen durch den Hinweis »NOlympic City«. Andernfalls drohten sie, die Tafel einzuschmelzen und daraus Hakenkrallen zu machen – zur Untermauerung der Botschaft legte man ein Bruchstück bei. Allerdings rechneten die Diebe, deren Wunsch unerfüllt blieb, nicht mit der deutschen Gründlichkeit, denn neben allen anderen Gussformen lagerte vorsorglich auch diese in einem Stadionkeller, so dass es unkompliziert war, eine Diem-Replik herzustellen.

Die Aktionen der gewaltbereiten Autonomen, die anschwellende Regierungssitz-Diskussion, die am 20. Juni 1991 in einen Beschluss des Bundestages mündete, sowie Querelen innerhalb der Olympia GmbH ergaben ein insgesamt negatives Stimmungsbild, das sich auf dem umkämpften hauptstädtischen Zeitungsmarkt noch potenzierte. Damit war Berlin schon lange vor der entscheidenden 101. IOC-Session am 23. September 1993 in Monte Carlo aus dem Rennen, woran auch ein durchaus überzeugendes Konzept nichts mehr ändern konnte.

Eine gute Chance war vertan. Der Umbau des Olympiastadions, das nach einem Entwurf des Stuttgarter Ingenieur- und Architekturbüros Weidleplan ein wagenradähnliches Dach erhalten sollte, das den Innenraum freiließ, wurde auf den Sankt-Nimmerleins-Tag verschoben. Die neun Stimmen, die Berlin bei der IOC-Wahl erhielt, waren kläglich, dennoch lohnte sich die Bewerbung: In den nächsten Jahren bekam die bis dahin nicht gerade mit modernen Sportstätten gesegnete Stadt eine Schwimmhalle, ein Velodrom und eine Großsporthalle. Allein am Olympiastadion nagte weiter der Zahn der Zeit. Für dieses sprang einzig ein Überlassungs- und Nutzungsvertrag heraus, mit dem Berlin wie ein Eigentümer behandelt wurde. Bis zu seinem Auslaufen am 31. Mai 1997 musste sich der Senat entscheiden, ob er das Gelände kaufen wollte.

Marg vs. March – ein Generationenkonflikt

Mit dem Abschied der Alliierten hatte Berlin eine Vielzahl attraktiver Sportanlagen zurückerhalten, was die Fantasie der Entscheidungsträger beflügelte. Für das ehemalige, 65 Hektar große Militärgelände im Nord-

Die Sanierung des Olympiastadions begann im Sommer 2000 am Marathontor.
Unten: Neubau des Unterrings.

The reconstruction of the Olympic Stadium began in the summer of 2000 at the Marathon Gate.
Below: New build of the lower ring.

westen des Olympiastadions stellten sie sich einen »Neuen Olympia Park Berlin« vor, auf dem eine Großsporthalle mit bis zu 20 000 Plätzen ebenso Platz haben sollte wie Einkaufszentren, ein Abenteuerpark, ein Hotel, Freizeitsport- und gastronomische Einrichtungen sowie das Sportinstitut der Freien Universität. Der private Investor, den es noch zu finden galt, sollte im Gegenzug das Stadion sanieren, das man als einziges Bauwerk des historischen Ensembles zusammen mit dem Maifeld und der Waldbühne erhalten wollte. Die eine »Vision« wurde schon bald von der nächsten abgelöst.

Dass die jahrelange »Hängepartie« zwischen Bund und Land ein erstes Zwischenergebnis brachte, war der Bewerbung um die Fußball-Weltmeisterschaft von 2006 geschuldet, die der DFB im Mai 1997 einreichte. 16 Monate später erklärte sich Bundeskanzler Kohl bereit, die Rekonstruktion der Stadien in Berlin und Leipzig, die als einzige Spielorte in Ostdeutschland vorgesehen waren, aus Bundesmitteln jeweils mit 100 Millionen Mark unter der Voraussetzung zu unterstützen, dass beide Bundesländer die gleiche Summe aufbringen würden. Auch das Gerangel um den Kaufpreis fand sein Ende, als der Bund Ende Juli 1999 einwilligte, Berlin das Olympiagelände unentgeltlich zu überlassen.[15]

Wie sollte die »Arena 2000« aussehen? Die Diskussion rief die Fußball-Lobby auf den Plan, deren Motto unisono »Heraus aus der Betonschüssel, hinein in den Erlebnispark!« lautete. Beinahe in jeder Stadt mit einem Bundesligateam beschäftigte man sich mit dem Bau eines profitorientierten Superstadions, in der die Zuschauer nach Einkommen geordnet sind und deren Vorbilder sich im Ausland – insbesondere in den USA, aber auch in Amsterdam oder London – finden ließen. Mit der neuen Richtung blieben andere, als defizitär angesehene Sportarten auf der Strecke, zu denen inzwischen auch die Leichtathletik gezählt wurde, die traditionsreiche Wettkampfstätten wie das Stuttgarter Gottlieb-Daimler-Stadion, in dem noch 1993 stimmungsvolle Weltmeisterschaften stattgefunden hatten, einbüßte.

Besonders extrem prallten die Meinungen in Berlin aufeinander, wo die eine Fraktion den privat finanzierten Neubau eines reinen Fußballtempels auf dem Maifeld oder dem Hockeyplatz verlangte, wobei man suggerierte, dass dieser wesentlich billiger kommen würde als ein Umbau des Olympiastadions, das entweder abzureißen oder als »Sportdenkmal« – quasi als modernes Colosseum – zu erhalten war. Die Gegenseite plädierte für eine behutsame Sanierung unter Einhaltung der Vorgaben des Denkmalschutzes und eine auch in Zukunft multifunktionale Nutzung. Das gesamte Areal sollte mit einem tragfähigen Kompromiss von Leistungs- und Breitensport sowie kulturellen Angeboten der Öffentlichkeit zugänglich gemacht werden. Es war ein Streit, bei dem auf den ersten Blick weder Fronten noch Motive erkennbar waren. Bedenkt man aber, dass sich bis dahin auf dem Gelände nicht eine einzige Hinweistafel befand, die über den historischen Hintergrund informierte, so lag auch der Verdacht nahe, dass manchem Abrissbefürworter daran gelegen war, die Diskussionen über »Hitlers Stadion« verstummen und das Kapitel durch die Abrissbirne lösen zu lassen. Am 26. Mai 1998 beschloss der Senat die denkmalgerechte Sanierung der steinernen Hinterlassenschaft, was für die Öffentlichkeit überraschend kommen musste, weil diese Lösung von ihr weit weniger wahrgenommen werden konnte als die von den Medien transportierten wortreichen Erklärungen und Erwartungen des bezahlten Fußballs. An dem europaweit ausgeschriebe-

---

12 Frankfurter Allgemeine Zeitung, 12.4.1990.
13 Mythos Olympia, S. 188 ff.
14 Tagesspiegel, 23.10.1992.
15 Mitteilung Senatsverwaltung Schule, Jugend und Sport, Einigung zwischen Bund und Berlin zur Überlassung des Olympiastadions sowie zur Aufteilung der Kosten für die Sanierung und Modernisierung, 19.10.1999.

Das Olympiastadion – Heimstadion von Hertha BSC. Auf dem Foto: Leverkusens Nationalkeeper René Adler konnte den Schuss von Andrej Woronin reaktionsschnell mit dem Bein abwehren. Doch der Ball prallte auf Woronins Brust und von dort ins Tor. Hertha gewann 1:0 und ließ Berlin wieder vom 2009er Meistertitel träumen.

The Olympic Stadium – Hertha BSC's home ground. In the photo: Leverkusen's national keeper René Adler reacted very fast and was able to parry Andrei Voronin's shot with his leg. But the ball rebounded off Voronin's chest and into the goal. Hertha won 1:0 and allowed Berlin to dream once more of the 2009 title.

nem Wettbewerb zeigten 57 Firmen Interesse, von denen zehn zur Teilnahme ausgewählt wurden. Nicht weniger überraschend als die von Vernunft getragene Entscheidung des Senats, dessen Stadtentwicklungssenator ungeachtet dessen weiter einer reinen Fußballarena das Wort redete, kam die Vergabe des 1. Preises. Er wurde am 1. Dezember 1998 dem Architektenbüro Gerkan, Marg und Partner (gmp) zuerkannt.

Es war der Erfolg eines Außenseiters, der als einziger Bewerber der Verführung einer hypermodernen Konstruktion widerstanden und sich der Geschichte gestellt hatte. Das Konzept, das unter Federführung von Volkwin Marg und Hubert Nienhoff entstanden war, betrachtete das Stadion nicht für sich, sondern ordnete es in den räumlichen Kontext einer offenen olympischen Stadtlandschaft ein, wie das auch Behnisch & Partner mit der Münchner Anlage gelungen war, ein Wettbewerb im Übrigen, bei dem gmp seinerzeit den 2. Preis gewonnen hatte.

Es war ein Projekt mit Augenmaß, zu dem die Baumeister angetreten waren, deren schonendes Vorgehen nicht nur die Denkmalschützer erfreute, sondern auch die Mehrheit im Berliner Senat überzeugte. Sie verzichteten von vornherein darauf, dem Bauwerk eine futuristische Hülle überzustülpen. Sie wählten vielmehr eine feingliedrige von einer transluzenten Haut überzogene Stahlkonstruktion, die nicht nur als Wetterschutz, sondern – wie beim neuen Reichstag – bei Abendveranstaltungen auch selbst als Lichtobjekt wirken konnte.

Wäre es nach Marg gegangen, hätte er eine solche »Riesenschüssel«, die seit dem Münchner Entwurf für ihn immer eine Herausforderung geblieben war, sogar ohne jede Überdachung gelassen. »Denn March hat recht«, fand er. »Das Stadion ist eine Hohlform, die nach oben offen bleiben muss.« Allerdings wäre damit heute keine Ausschreibung mehr zu gewinnen. Aber auch so dürfte das »neue« Olympiastadion seinem Erbauer gerecht geworden sein, denn das markante Merkmal – die prägnante Sichtachse zum Glockenturm – ist geblieben. Während der junge Marg darin noch Zeichen eines totalitären Bauens und eine monumentale Inszenierung sah, plädierte er als erfahrener älterer Architekt nun für diese Symmetrie und Axialität. Für den gebürtigen Ostpreußen, der in Prenzlauer Berg wohnte und von dort täglich mit dem Fahrrad in den Westteil der Stadt zum Studium fuhr, verkörperten Hans Scharoun, Corbusier oder Mies van der Rohe das moderne, das intellektuelle Bauen, das ganz nach seinem Geschmack war. Dagegen sah er in March, der ihm in den Fluren der Technischen Universität begegnete, den Mann von gestern. Später empfand er über sein Urteil Bedauern, auch dass er damals versäumt hatte, den alten Herrn anzusprechen und ihn zur Entstehung des Reichssportfeldes und nach seiner Formensprache zu befragen. Und nicht nur das: Mit der Zeit verlor Marg seine Scheu vor der Monumentalität, gegenüber der viele Deutsche geschichtsbe-

3. Juli 2000: Mit dem symbolischen Spatenstich begann die Sanierung: v.r.n.l.: Bundeskanzler Gerhard Schröder, Berlins Bausenator Peter Strieder, Ignaz Walter und der Regierende Bürgermeister Eberhard Diepgen.

3 July 2000: The reconstruction began with the symbolic cutting of the first sod: from l. to r. Federal Chancellor Gerhard Schröder, Berlin's Building Senator Peter Strieder, Ignaz Walter and the Mayor of Berlin Eberhard Diepgen.

dingt empfindlich reagieren – im Gegensatz zu anderen Nationen, deren Standpunkt sich Marg zu eigen machte, bis er sich zu der Erkenntnis durchrang: »Große Bauwerke bedürfen zu ihrer angemessenen Gliederung großer Maßstäbe, um übersichtlich und kleiner zu wirken.«[16]

Der Auftrag der Architekten war es, ein Baudenkmal instand zu setzen und weiterhin die vielseitige Nutzung der Anlage zu ermöglichen. Ein Hauptkonflikt, der sich aus den verschiedensten Auflagen ergab: hier die Erfordernisse des Denkmalschutzes, dort die Wünsche des Profifußballs. Einerseits die Weite eines multifunktionalen Leichtathletikstadions, andererseits die Dichte einer monofunktionalen Fußballarena, ein Problem, dass die Architekten mit einer Absenkung der Spielfläche um 2,65 Meter und der Errichtung zweier zusätzlicher Zuschauerreihen am Unterring lösten, so dass die verlangte Platzkapazität erreicht und die Distanz zum Rasen verringert wurde.

Es waren vor allem zwei Problemfelder, auf denen die Architekten und Hertha BSC aneinander gerieten. Der zukünftige Hauptnutzer, dem an einer größtmöglichen Vermarktung gelegen war, stieß sich vor allem an den Stützen auf dem Oberring, die das Dach tragen und die nötig wurden, um den Ring am Marathontor offen zu halten. Die Folge waren 1800 Plätze mit eingeschränkter Sicht. Das Architektenbüro reagierte auf die Kritik, indem es die Zahl der Stiele reduzierte und deren Durchmesser vom Gabelungsknoten bis zum Stützenfuß von 35 auf 25 Zentimeter verjüngte.

Entgegen dem allgemeinen Trend verfolgten Marg und Nienhoff das Ziel, den Charakter eines gemeinnützigen Volksstadions zu erhalten und die Konsumtion optisch in den Hintergrund zu drängen. Sie verlegten deshalb den VIP-Bereich, der sich in die kaskadenförmig angelegte Ehrentribüne, in die normalen Logen und in einen Businessbereich gliedert, in die unterirdischen Ergänzungsbauten, wo auch 630 Stellplätze für die Fahrzeuge angelegt wurden. Die exklusiven Logen, die Firmen oftmals über mehrere Jahre mieten und in die sie ihre Geschäftspartner einladen, brachten sie im Tribünenumgang des Unterrings unter.

Neben den Stützen wurde vor allem auch um die Zahl der VIP-Loungen gepokert, von denen das architektonische Konzept anfangs nur 23 vorsah, während Hertha BSC 200 verlangte. Man einigte sich schließlich auf 98, zu denen noch weitere 15 Sky-Boxen kamen, die in den ehemaligen Reporterkabinen oberhalb der Ehrentribüne errichtet wurden. Trotz aller Kompromisse glückte die Synthese, Profitstreben und Gemeinnützigkeit im wahrsten Sinne des Wortes unter einem Dach zu vereinen.

»König« Fußball macht's möglich

Am 6. Juli 2000 vergab der Internationale Fußballverband (FIFA) auf der Messe Zürich seine Weltmeisterschaft für das Jahr 2006, um die sich neben Deutschland auch England, Marokko und Südafrika bewarben. Drei Tage vorher fuhr am Marathontor ein Bagger auf, während im Innenraum Bundeskanzler Gerhard Schröder, der seinem Vorgänger Kohl in dessen Fußball-Enthusiasmus nicht nachstand, gemeinsam mit drei weiteren Nadelstreifenträgern den symbolischen Spatenstich ausführte. Das Signal in Richtung FIFA war deutlich: Dem Umbau des Olympiastadions, ohne den sich die deutschen WM-Chancen verringert hätten, sollte nichts mehr im Wege stehen. Und der propagandistische Aufwand lohnte sich: Deutschland gewann die Abstimmung mit 12:11 gegen Südafrika, das auf 2010 vertröstet wurde.

Zurück lagen turbulente Wochen, seit der Berliner Bausenator das Investorenverfahren im Juni 1999 aufgehoben hatte, weil sich kein Angebot als »zuschlagsreif« erwies. Eine neue Runde musste angesetzt werden, in der sich unter drei Bietern mit der Walter Bau-AG einer der größten Baukonzerne mit dem Angebot durchsetzte, das Stadion für 517 Millionen Mark zu sanieren und dazu selbst 95 Millionen beizusteuern. Kaum hatte der Senat am 9. Mai 2000 der Auftragsvergabe zugestimmt, verlangte sechs Tage später eine der Unterlegenen, die Firma Hochtief, die Annullierung des Bieterverfahrens, worauf ihr ein Drei-Millionen-Geschenk gemacht wurde, für das sie im

---

16 Interview Volkwin Marg, 6.6.1999.

Eine neue Arena mit einer atemberaubenden Kulisse: der »Ring of Fire«.

A new arena with a breathtaking background: the ›Ring of Fire‹.

Gegenzug die Klage zurückzog. Zu jenem Zeitpunkt war von einem privaten Investor schon keine Rede mehr. Stattdessen war der Steuerzahler gefragt, der 195,8 Millionen Euro aufzubringen hatte, die allein der Bund zur Verfügung stellte; sozusagen als Gegenleistung, weil Berlin im Bundesrat den rotgrünen Steuergesetzen zugestimmt hatte. Dazu kamen weitere 42 Millionen, die Walter Bau dem hoch verschuldeten Land als Darlehen gewährte, wofür dem Augsburger Unternehmen in Aussicht gestellt wurde, das sanierte Stadion gemeinsam mit Hertha BSC für mindestens 13 Jahre zu betreiben.[17]

Wer Hausrechte besitzt, darf auch Ansprüche stellen. Obwohl der Streit ums Dach entschieden schien, verlangten Fußballverein und Baufirma eine andere, freischwebende Konstruktion ohne alle Stützen, die aber nur zu erreichen gewesen wäre, wenn man den Ring am Marathontor mit einem 60 Zentimeter starken Drahtseil geschlossen hätte. Der Nachteil: Die historische Sichtachse wäre unterbrochen, der Blick zum Glockenturm zerschnitten worden. Wenn das eine nicht klappt, dann vielleicht das andere. Hertha BSC, dessen Klubfarben Blauweiß sind, beharrte auf einer dunkelblauen Kunststoffbahn, wobei man die Legende verbreitete, dass die ursprüngliche Aschenbahn einmal so ausgesehen hätte. Auch wenn das nicht der Wahrheit entspricht, setzte sich der Verein damit durch. Auf diese Weise erhielt das Olympiastadion ein Alleinstellungsmerkmal, das gewöhnungsbedürftig ist, da seit Urzeiten Leichtathletikanlangen ziegelrot sind.

Es war ein Montag, an dem der Umbau bei laufendem Spielbetrieb begann. In den nächsten 48 Monaten wurde die Arena abschnittsweise saniert, so dass stets 55 000 bis 70 000 Zuschauerplätze zur Verfügung standen und weder die DFB-Pokalfinals noch die Hertha-Heimspiele oder das Rolling-Stones-Konzert auszufallen brauchten. Der Auftakt erfolgte am Marathontor, dessen tonnenschwere Steine ebenso wie die Granitplatten abgebrochen und katalogisiert wurden, so dass sie später – nach fachmännischer Renovierung – an ihre früheren Stellen zurückkehren konnten. Vom Marathontor aus tasteten sich die Baumaschinen im Uhrzeigersinn vorwärts. Zuerst wurde der Unterring abgerissen, der sich in einem schlechten Zustand befand. Damals – vor 70 Jahren – hatte alles ganz schnell gehen müssen, so dass auch viel Beton von schlechter Qualität geschüttet wurde. Der Verfall war aber auch am Oberring vorangeschritten, wo an manchen Stellen schon die verrosteten Armierungen heraustraten. Die von den Bombenangriffen ausgelösten Druckwellen hatten viele Muschelkalkplatten aus ihren Halterungen gerissen, so dass im Laufe der Jahrzehnte Regenwasser und Frost hinter ihnen eindringen konnte. Trotz erheblicher Schäden war der Zustand des Stadions jedoch niemals so schlimm, wie er in den Medien dargestellt wurde. Da die Grundsubstanz des Bauwerkes stimmte, war die Sicherheit der Besucher zu keiner Zeit gefährdet.

»Ring of Fire« – das neue Markenzeichen

Während im Innenraum Fußball gespielt wurde, schritten ringsherum die Bauarbeiten Segment für Segment voran, und mit ihnen wanderte das Publikum einmal um die große Runde. Im Januar 2001 – bei Temperaturen von minus zehn Grad – wurde das alte Dach abgeschweißt, was 220 Tonnen Schrott ergab, die von Sattelschleppern abtransportiert wurden. Einige

Hand in Hand: Die Enkelinnen von Jesse Owens und Luz Long brachten die Flamme zurück ins Olympia-stadion, wo sich ihre Großväter 1936 ein legendäres Weitsprungduell geliefert hatten (unten).
Links: Ticket von der Wiedereröffnung am 31. Juli 2004.

Hand in hand: the granddaughters of Jesse Owens and Luz Long carried the flame back into the Olympic Stadium, where their grandfathers had engaged in a legendary long jump duel in 1936 (below).
Left: Ticket for the Re-opening Ceremony on 31 July 2004.

Wochen später, nach der Winterpause, begann die Montage der ersten 5000 Schalensitze, die jäh gestoppt wurde, als im Juni im Bauschutt der Unterrangtribünen das in den 1970er Jahren als Weichmacher im Fugenmaterial eingesetzte gesundheitsschädigende PCB entdeckt wurde. Für dessen über drei Millionen Euro teure Entsorgung musste nach einem Gerichtsentscheid die Walter Bau-AG aufkommen. Bis zur Auswertung der Messergebnisse ruhten erst einmal die Arbeiten.

Mit umso größerem Tempo ging es anschließend weiter. Kaum hatten die Fußballer von Schalke und Leverkusen am 11. Mai 2002 das DFB-Pokalfinale bestritten, wurde ihnen der Rasen regelrecht unter den Füßen weggezogen. Die Sommerpause, in der sich die Fußballfans von der WM-Endrunde in Japan und Südkorea fesseln ließen, wurde dazu genutzt, um das Spielfeld abzusenken, wofür 55 000 Kubikmeter Sand ausgehoben werden mussten. Der in 10 mal 15 Zentimeter große Stücke geteilte Rasen wurde an interessierte Fans für fünf Euro verkauft; die Elfmeterpunkte, die man im Internet versteigert hatte, erbrachten 152 bzw. 134 Euro. Der Vorstoß in die Tiefe stellte sich als Abenteuer heraus, denn die Bagger förderten auch manche rostige Hinterlassenschaft des Zweiten Weltkriegs zutage. Unterm Rasen fanden sich Dutzende alte Stahlhelme, leere Gaskartuschen und sogar ein Maschinengewehr. Auf einem der Zuschauerränge entdeckte man eine britische Fünf-Zentner-Bombe mit verbogenem Zünder, die in die Sitzreihen eingeschlagen und die man 1945 einfach zugeschüttet hatte.

Auf ungefährliche, dafür umso interessantere Funde war man hingegen im November 2001 bei den Ausschachtungsarbeiten zur Ausfahrt der nördlichen Tiefgarage gestoßen. Es handelte sich um einige wenige Reste des Deutschen Stadions, von dem die westlichen Kolonnaden der Schwimmbahntribüne erhalten geblieben waren. Gebälk und die Säulenreihe wurden freigelegt und auf dem Anger auf unbestimmte Zeit zwischengelagert. Zeitgleich mit dem Aushub des Innenraumes begannen die Rohbauarbeiten für die neue Ehrentribüne sowie die Montage des Stadiondaches, das eine Spannweite von 68 Metern besitzt – eine imponierende Stahlrohrfachwerkkonstruktion, die von oben und unten mit teflonbeschichteten Membranen bespannt ist, so dass darin auch die künstliche Beleuchtung und die Beschallung der Zuschauertribünen und des Spielfeldes Aufnahme finden konnten. Es war an einem Mittwochabend im Sommer 2004, als man Punkt 21 Uhr erstmals all die raffinierte Technik einschaltete. Der »Ring of Fire«, ein am Dachrand montiertes an- und abschwellendes Lichtband, das theatralische Effekte ermöglicht, wurde von da an zum neuen Markenzeichen der Arena.

Es war das größte Puzzle der Berliner Baugeschichte und eine logistische Meisterleistung, die vielfältigen Ideen der Architekten umzusetzen und das Stadion nach erfolgter Sanierung termingerecht zu übergeben. Zeitweise waren am Tag bis zu 1000 Arbeiter und Handwerker im Drei-Schicht-System auf der Baustelle tätig, für deren Koordinierung und Kontrolle Hans-Wolf Zopfy als technischer Leiter und Sylvan Bandke als Oberbauleiter zuständig waren.

Das neue Olympiastadion wurde am 31. Juli 2004 mit einer Show eröffnet. Nena ließ »99 Luftballons« steigen, Daniel Barenboim dirigierte das »West-Eastern Divan Orchestra« mit jungen jüdischen und arabischen Musikern. Hertha-Manager Dieter Hoeneß erinnerte an die große Geschichte des Klubs und versprach, dass die nächste Saison besser werden sollte als die vergangene. Auch an bewegenden Momenten fehlte es nicht. Das »Berliner Lauffeuer« trugen Sportlegenden wie Elfriede Kaun, die 1936 in diesem Stadion eine olympische Bronzemedaille im Hochsprung gewonnen hatte, Sprinter Armin Hary und Paul Breitner, dem ersten WM-Torschützen von 1974. Die Flammenschale am Marathontor wurde von zwei junge Damen entzündet, deren Großväter sich vor 68 Jahren an diesem Ort ein dramatisches Weitsprungduell geliefert hatten: Gina Hemphill Owens und Julia Vanessa Long.

Fünf Sterne für das Olympiastadion

Das Werk war gelungen. Zu diesem Ergebnis kam auch die Stadionkommission der Europäischen Fußball-Union (UEFA), die es als »Fünf-Sterne-Arena«

---

17 So die Angaben im Vorwort von Bundesinnenminister Otto Schily, in: Volkwin Marg (Hg.), Olympiastadion Berlin. Sanierung und Modernisierung 2000–2004, gmp, 2004, S. 6.

Fußball-WM-Finale 2006: Mit einem Fouelfmeter brachte Zidane Frankreich in Führung (rechts). Dann verlor er die Nerven und musste nach einem Kopfstoß vom Feld (unten).

World Cup Final 2006: With a converted penalty Zidane put France into the lead (right). But then he lost his temper and was sent off after a head butt (below).

klassifizierte. Von deren Qualität konnte sich 2006 auch die weltweite Fußballgemeinde überzeugen, als dort sechs Spiele des FIFA-Championats stattfanden, darunter am 9. Juli das WM-Finale, das von Italien erst im Elfmeterschießen gegen Frankreich entschieden werden konnte. 2007 wurden die Baumeister des Olympiastadions mit dem IOC/IAKS Award ausgezeichnet, dem einzigen internationalen Architekturpreis für bestehende Sport- und Freizeitbauten, der alle zwei Jahre vergeben wird. Das Stadion war noch nicht eröffnet, als sich schon Katzenjammer einstellte. Ausgangspunkt war die Tatsache, dass sich die zukünftigen Betreiber, die Walter Bau-AG und Hertha BSC, die jeweils 37,5 Prozent der Anteile hielten, sowie das Land Berlin, das sich seinen Einfluss mit 25 Prozent gesichert hatte, nicht auf einen gemeinsamen Geschäftsführer einigen konnten. Endlich, im Januar 2004, wurde mit dem Sportwissenschaftler Winfried Schwank eine Notlösung gefunden, die sich aber rächen sollte. Sah man einmal vom ISTAF, das nach einem dreijährigen Intermezzo im Jahnsportpark zurückkehrte, den Hertha-Heimspielen und einigen NFL-Auftritten von Berlin Thunder ab, so kümmerte sich bis dahin kaum jemand um das Marketing der auf zwei Tage angesetzten Eröffnungsfestlichkeiten und den zukünftigen Veranstaltungskalender.

Durch die ausgebliebenen Zuschauer erlitt das Land Berlin einen Verlust von zwei Millionen Euro, der außer Schwank auch den Geschäftsführern der anderen Teilhaber sowie dem Leitenden Senatsrat Jürgen Kießling angelastet wurde, was ein mehrjähriges gerichtliches Nachspiel zur Folge hatte. Aus dem Drama wurde eine Tragödie, als Kießling, der sich als Leiter des Olympia-Büros und dann als Berliner Koordinator der Fußball-Weltmeisterschaft sehr verdient gemacht hatte, in der Nacht nach dem WM-Finale mit einer Pistole in den Kopf schoss und vier Tage später seinen Verletzungen erlag.

Damit nicht genug: Anfang Februar 2005 stellte die Walter Bau-AG, die fünf Jahre vorher in der Fachpresse noch als »kerngesund« bezeichnet worden war, den Antrag auf Eröffnung eines Insolvenzverfahrens.[18] Das Unternehmen, das eine Finanzierungslücke von 200 Millionen Euro geltend machte, erwies sich als das Opfer einer verfehlten Geschäftspolitik seines Namensgebers, der sich schließlich dem Druck der Gläubigerbanken beugen musste. Im November 2008 wurde Ignaz Walter vom Amtsgericht Augsburg wegen Untreue zu einer Bewährungsstrafe verurteilt, das Verfahren gegen ihn stellte man aber ein, als er einen Strafbefehl akzeptierte.

Dazu passten die nicht enden wollenden Rufe der Fußball-Lobby nach einer eigenen Arena, während man das »Fünf-Sterne-Stadion« als zu groß und zu wenig stimmungsvoll für mangelnde Spielerfolge und Zuschauerresonanz verantwortlich machte. Stimmten allerdings die Resultate, wie im Frühjahr 2009, als Hertha BSC über mehrere Wochen zum Liga-Spitzenreiter avancierte, verstummte auch diese Debatte – bis zur nächsten Flaute sicherlich.

Die Pleite von Walter Bau führte auch zur Auflösung der Besitzgesellschaft, so dass die Nutzungsrechte an das Land zurückfielen. Mit dem neuen Geschäftsführer Peter von Löbbecke, der jahrelang als Manager der Dortmunder Westfalenhalle und als Marketingchef der Frankfurter Messe gearbeitet hatte, kam jedoch viel Erfahrung und eine ruhige Hand ins Spiel, die sich auch im vollen Veranstaltungskalender widerspiegelten. Hochkarätige Sportveranstaltungen wechselten sich ab mit Konzerten charismatischer Stars wie Madonna und der Comedy-Show von Mario Barth, dem mit 70 000 Fans sogar der Sprung ins »Guinness-Buch der Rekorde« glückte. Und seit 2006

100 Jahre nach der Eröffnung der Grunewald-Rennbahn: Das neue Olympiastadion – Schauplatz der Leichtathletik-Weltmeisterschaften 2009.

100 years after the opening of the Grunewald racecourse: The new Olympic Stadium – scene of the 2009 World Athletics Championships.

strömt das Volk auch wieder auf das Maifeld, wo jährlich die Weltmeisterschaft der Feuerwerker, die Pyronale, ausgetragen wird.

Das neue Stadion ist aus dem alten entstanden. Es bedurfte sensibler Architekten wie Marg und Nienhoff, nicht nur einen Auftrag zu erfüllen und ein altes Bauwerk denkmalgerecht zu sanieren und zu modernisieren, sondern auch dem Genius Loci, dem Geist des Ortes, gerecht zu werden und dafür Forderungen zu stellen.

Fünf Wochen vor der Fußball-Weltmeisterschaft öffnete im Tribünengebäude unter dem Glockenturm die mit 6,5 Millionen Euro vom Bund, vom Land Berlin und von der Stiftung Denkmalschutz finanzierte und vom Deutschen Historischen Museum konzipierte Ausstellung »Geschichtsort Olympiagelände 1909 – 1936 – 2006«, deren Inhalte sich im Wesentlichen auf die Dokumentation »1936. Die Olympischen Spiele und der Nationalsozialismus« stützte, die im Vorfeld der Berliner Olympiabewerbung unter der Trägerschaft der Stiftung Topographie des Terrors veranstaltet wurde. Auch diesmal brauchte es eine anlassbedingte Kampagne, um Geschichte »aufzuarbeiten«. Damit war es nicht getan. Zum ersten Mal entstand ein Geschichtspfad, der die Besucher – manchmal sind es bis zu 3000 am Tag – nicht nur durch »Hitlers Stadion« führt, sondern der auch die anderen »archäologischen« Schichten und historischen Perioden erklärt. Diese dauerten im Übrigen viel länger als die Zeit zwischen 1933 und 1945, die kein deutscher »Betriebsunfall« war, sondern ein extremer Ausdruck, der auf Kontinuität beruhte.

Sich das einzugestehen erfordert Mut, aber gleichzeitig viel Gelassenheit, um das Bauwerk, das auch jenes von Jesse Owens war, nicht für die Ideen seiner Urheber büßen zu lassen.

18 manager magazin, 30.1.2005.

Rundgang

❶ Reichsstraße

Wer das Olympiastadion von der Stadtmitte aus besucht, sollte am besten die Strecke wählen, die 1936 das Olympische Feuer nahm: Schlossbrücke, Unter den Linden, Brandenburger Tor, Straße des 17. Juni (Charlottenburger Chaussee), Ernst-Reuter-Platz (Knie), Bismarckstraße, Kaiserdamm, Theodor-Heuss-Platz, Reichsstraße. In der Mitte der Reichsstraße befindet sich der Steubenplatz, auf dessen Grünstreifen das 4,35 Meter hohe Reiterdenkmal »Der Sieger« als Wegweiser zum Olympiastadion dient. Einen direkten Zusammenhang zur Statue, die von Louis Tuaillon stammt, gibt es nicht. Sie entstand 1902 und befand sich ehemals im Garten der Villa Arnhold. 1961 wurde das Denkmal umgesetzt.

❷ Olympische Brücke

Vom Steubenplatz führt die Olympische Straße (1909 bis 23.4.1936 Schwarzburgallee) über die Olympische Brücke, die die Kreuzung für drei Verkehrswege darstellt: Die 1934/35 gebaute Brücke, die bis auf eine schmale Aufschrift keinerlei Schmuck besaß, war 50 Meter lang, der Damm 18 Meter breit. Der Höhenunterschied von der tiefsten Gründungssohle bis zur Fahrbahn betrug 15,2 Meter. Die Mauerpostamente waren aus Muschelkalk. Beim zwei Jahre dauernden Neubau 1979/80 gestaltete Bildhauer Helmut Wolff die Brücke bewusst als Eingang zum Olympiastadion. In dem aus Blechen und Vierkantmaterial gefertigten Geländer steht die Olympische Fahne mit der Aufschrift »Olympische Brücke 1935–1980« im Mittelpunkt. Außerdem verewigte Wolff in den 91 Geländerfeldern die symbolischen Konturen von Nationalflaggen, wobei er nicht nur auf die Teilnehmerländer von 1936 zurückgriff, sondern – um den völkerverbindenden Charakter hervorzuheben – auch die Sowjetunion berücksichtigte. Die stelenartigen Pfeiler steigen in Richtung Stadion an, um die Besucher auf das Ziel hinzulenken.

❸ Olympisches Tor

Das Olympische Tor ist der Haupteingang des Stadions und der Zugang, um es zu besichtigen. Bei der städtebaulichen Erschließung des Reichssportfeldes behielten die Architekten die Ost-West-Orientierung bei. Der im Osten zur Verfügung stehende weite Raum zwischen U- und S-Bahn ermöglichte den Bau eines monumentalen Portals mit einer 500 Meter langen Vorfahrt, die sich an ihrem Ende verjüngt – der Olympische Platz. Der Eingang, der über 52 Durchgangskassen mit elektronischer Zugangskontrolle verfügt, wird von zwei zweigeschossigen Verwaltungsgebäuden flankiert: im Norden das während des Zweiten Weltkriegs teilweise zerstörte Ingenieurhaus (ehemals Auskunftsstelle und Sanitätsstation), auf der anderen Seite das Südhaus, in dem sich ein Polizeirevier, die Umtausch- und Abrechnungskassen sowie Umkleideräume für das Personal befanden.

Das Südhaus ist heute der Sitz der Olympiastadion GmbH. Von 1949 bis 1972 wurde das Gebäude von Stadionverwalter Max Gereit bewohnt. Im dahinter befindlichen Garten steht eine der olympischen Eichen von 1936, die zum Reservebestand gehörte und die Gereit ein Jahr nach den Spielen pflanzte, als ihm ein Sohn geboren wurde.

Das 15 Meter breite Olympische Tor wird von zwei pylonenartigen, 35 Meter hohen Uhrentürmen gebildet: nördlich der Preußen-, südlich der Bayernturm, die zusammen mit dem Friesen-, Sachsen-, Franken- und Schwabenturm am Rande des Maifelds die »Stammesgeschlechter« der Deutschen symbolisieren sollen (siehe 15).

Zwischen den beiden Türmen hängen die fünf olympischen Ringe. Sie wurden 1943 entfernt, um den alliierten Bombern kein zusätzliches Ziel zu bieten. Die stilisierten Hakenkreuze an der Vorder- bzw. Rückseite der Türme wurden nach 1945 entfernt.

❹ »Podbielski-Eiche«

Unmittelbar am Olympischen Turm – hinter dem Preußenturm – steht die etwa 200 Jahre alte »Podbielski-Eiche«, die möglicherweise nicht identisch ist mit jenem Baum, der sich einst am Ostrand des Deutschen Stadions befand und am 22. Februar 1914 den Namen von DRAfOS-Präsident Victor von Podbielski aus Anlass seines 70. Geburtstages erhielt. Die damalige Eiche war zum Stadion hin mit einem Steinsockel ummauert, an dem sich die von Walter Schmarje geschaffene Bronzetafel mit dem Porträt Podbielskis befand (heute am Marathontor).

❺ Olympiastadion

Ein 70 Meter langer und 100 Meter breiter Streifen aus Granitplatten führt an das Olympiastadion heran, das man von Osten durch die drei Pfeileröffnungen betritt. Von hier aus hat man den besten Blick auf das zu Füßen liegende Stadionoval und den Glockenturm, der in der Achse des Marathontores sichtbar wird. Bei seiner Eröffnung verfügte das Stadion über 96 200 Plätze, davon 33 000 Stehplätze. Durch den Einbau von Schalensitzen verringerte sich die Kapazität im Laufe der Jahrzehnte auf 76 005 (2000) bzw. nach der Sanierung auf 74 244 Plätze, die aus Gründen des Denkmalschutzes in Grau gehalten sind. Damit verfügt das Olympiastadion über das größte Fassungsvermögen aller deutscher Arenen.

Das Stadion besteht aus zwei unabhängig voneinander existierenden Rängen. Der bei der Sanierung vollständig neu errichtete Unterring, der ebenerdig zugänglich ist, war ursprünglich 12 Meter ins Erdreich abgesenkt und verfügte über

40 Reihen. Beim Umbau erfolgte eine weitere Absenkung von 2,65 Metern, womit zwei Zuschauerreihen mit rund 1600 Sitzen gewonnen wurden und der Abstand zum Spielfeld verringert werden konnte. Die Plätze sind über 16 strahlenförmig angelegte Zubringertreppen zu erreichen.

Die 16 Meter hohe Oberringtribüne mit ihren 40 Reihen (ursprünglich 31 Sitz- bzw. 62 Stehplatzreihen) konnte bei der Sanierung erhalten werden. Erreichbar ist sie über 20 Treppenhäuser, die zunächst in den äußeren Pfeilergang, der ringsum balkonartig um das Stadion führt, münden. Die Pfeiler sind 13,60 Meter hoch, mit Muschelkalk verkleidet und mit dem Steinbeil aufgeschlagen. Die kräftigen Konsolen und das Hauptgesims bestehen aus Gauinger Travertin. Die Fußböden sind mit Granit oder Muschelkalk belegt. Die ebenerdige Umfahrt ist acht Meter breit und ebenfalls mit Granit gepflastert.

Das innere Maß des Ovals ergibt sich aus dem 105 mal 68 Meter großen Fußballfeld, das über eine Rasenheizung verfügt. Das Spielfeld ist von einer 400-Meter-Rundbahn umgeben, die aus acht (früher sieben) 1,25 Meter breiten Laufbahnen besteht. Die ehemalige Aschenbahn wurde 1969 durch eine Kunststoffanlage ersetzt, die seit 2004 in einer blauen Farbe gehalten ist. Die Abgrenzung des Unterrings zum Innenraum erfolgt über den zwei Meter breiten und 85 Zentimeter tiefen Sicherheitsgraben (ehemals Reportergraben). 2006 wurden zusätzlich automatisch ausfahrbare Brücken eingebaut, die den Zuschauern im Falle einer Katastrophe die Flucht auf das Spielfeld ermöglichen. Die Bedienung der Brücken erfolgt über den in einer Skybox befindlichen Befehlsstellenverbund. Nachdem die ehemals offene Arena 1972/73 an den Tribünen der Geraden eine Teilüberdachung aus Acrylglas für 26 000 Sitze erhalten hatte, wurden die Plätze beim Umbau zwischen 2000 und 2004 vollständig überdacht. Das neue Dach besteht aus einer Kragarmkonstruktion in Stahlbauweise mit einem Gewicht von rund 3500 Tonnen, die von 20 Innen- und 132 Außenstützen getragen wird. Die Stahlrohrkonstruktion, deren Spannweite rund 68 Meter beträgt, ist mit einer beschichteten Glasfasermembran überzogen, deren Gesamtfläche 27 000 Quadratmeter beträgt. Die untere Seite des Tragwerks, das aus gestalterischen Gründen ebenfalls mit Membranen verkleidet wurde, ist als Wartungsebene begehbar. Innerhalb des Dachkörpers befinden sich die

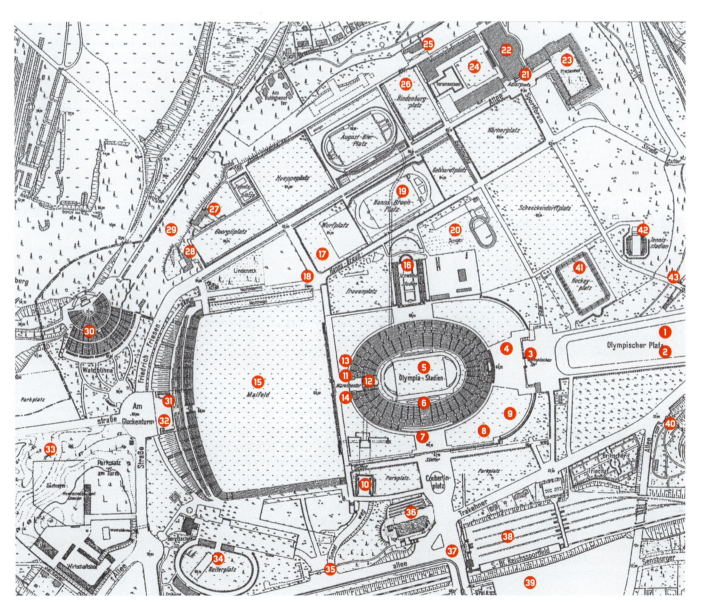

Beschallungsanlage mit 19 Lautsprechereinheiten und einer Gesamtleistung von über 150 000 Watt sowie die digital steuerbare Rundumbeleuchtung, mit der sich das Stadion bei einbrechender Dunkelheit in Szene setzen lässt. 4200 Leuchtstoffröhren erhellen das Dach gleichmäßig von innen, so dass es wie ein über den Tribünen schwebender Lampion wirkt. Um besondere Effekte zu erzielen, lassen sich die Leuchten einzeln steuern, so dass der Lichtfokus während einer Veranstaltung jederzeit verlagert werden kann. Die Spielfeldbeleuchtung wurde umlaufend im inneren Dachrand untergebracht. Dadurch konnte auf die früheren Einzelanlagen und die vier zwischen 1965 und 1967 errichteten Flutlichtmasten verzichtet werden. Ober- und unterhalb der Flutlichtscheinwerfer sind verglaste Metallgehäuse mit Leuchtstoffröhren angeordnet, deren Licht das Oval betonen. Dieser sogenannte »Ring of Fire«, der sich durch einen eigenen Schaltkreis individuell steuern lässt, dient mit seinem an- und abschwellenden Vor- und Rücklauf den Lichtinszenierungen.

Die Zuschauer können sich auf den beiden Videowänden informieren, von denen sich die größere oberhalb der Ostkurve und die kleinere (10 x 6 Meter groß) auf der Gegentribüne befindet. Die Erstere ist mit 140 Quadratmetern Fläche und einem Auflösungsgrad von 688 x 384 Pixel die größte Anzeigetafel in einem europäischen Fußballstadion. Dagegen besaß die Originaleinrichtung von 1936 nur neun Zeilen mit 252 Zifferfeldern, deren jeweils 60 Zentimeter hoher Buchstaben manuell mit Drehflügeln gehandhabt wurden. Sie wurde 1967 von einer elektronischen Anzeigetafel abgelöst. Auf dem Anzeigeblock stehen die drei Fahnenmasten für die Siegerehrungen. Unmittelbar hinter der Videowand liegt das Fahnenarchiv, in dem alle anerkannten Staatsflaggen der Welt lagern.

❻ Ehrentribüne, VIP-Bereich und Kapelle

An der südlichen Mittelachse des Stadions befindet sich die stufenförmige, 120 Meter lange Ehrentribüne, an die sich seit 2004 ein ausgedehnter unterirdischer VIP-Bereich anschließt. Ebenerdig liegt die Ehrenloge, die während des Umbaus ebenso denkmalsgerecht saniert wurde wie die dahinter befindliche Ehrenhalle und der ein Stockwerk tiefer liegende Coubertinsaal (IOC-Ehrenhalle).

Daran grenzt das Atrium an, das mit den vorgelagerten Logen kombiniert werden kann und sich in vier Ebenen gliedert: ganz oben die Coubertin-Lounge, darunter die Olympia- bzw. Jesse-Owens-Lounge und – ganz unten – die Players Lounge. Einschließlich der Terrassen finden hier bis zu 1700 Personen Platz.

Auf der Ebene der Ehrenloge schließen sich rechts und links VIP-Logen an, die sich auf der Gegentribüne fortsetzen. Panoramafenster ermöglichen den Blick auf das Geschehen im Stadion, während die gastronomische Versorgung – von vorn nicht einsehbar – in den dahinterliegenden Lounges stattfindet. Sowohl die Süd- als auch die Nordtribüne verfügt über Großküchen, deren Anlieferung über die Tunnel im Untergeschoss erfolgt.

Seit seinem Umbau besitzt das Olympiastadion 50 VIP-Logen für zehn Personen bzw. acht Logen für 20 Personen. Dazu kommen weitere Skyboxen, die in den ehemaligen Reporterkabinen gebaut wurden. Den VIP-Bereichen sind zusätzlich 4000 Business Seats vorgelagert. Die ehemalige »Führerloge«, aus der Hitler am 1. August 1936 die Olympischen Spiele eröffnete, wurde Anfang der 1950er Jahre beseitigt, als man die Ehrentribüne um rund einen Meter zurückbaute. Auch die Hoheitszeichen, die Bildhauer Kurt Schmid-Ehmen modellierte und die sich rechts und links der Tribüne befanden, entfernte man bei dieser Gelegenheit. Es blieben nur die Steinblöcke. Die bunten Fenster der Ehrenloge, die Fritz Erler geschaffen hatte, gingen im Zweiten Weltkrieg zu Bruch.

In der weitgehend im Original erhaltenen Ehrenhalle des IOC, die auch »Coubertinsaal« genannt wird, befinden sich ein Porträtrelief des Namensgebers sowie Medaillons für Ernst Curtius und Theodor Lewald. Sie wurden 1951 gestohlen und durch Kopien ersetzt, die man am 20. Juni 1952 während der »Vorolympischen Festtage« einweihte.

Die unterste Loge, die über den Ehrenhof zu erreichen ist, war für die Kampf- und Schiedsrichter reserviert. Oberhalb der Ehrentribüne befinden sich die Presseplätze und Reporterkabinen (1936 waren es nur 20 Sprecherkabinen für den Rundfunk). Die Zufahrt erfolgt über den alten March- und den westlichen Haupttunnel. Hinter dem VIP-Bereich liegt ein unterirdischer Parkplatz für 475 Fahrzeuge. Eine weitere Zufahrt wurde beim Umbau auf der Nordseite des Stadions angelegt, wo sich 157 Pkw-Stellplätze befinden. In der Ebene »–2« der Südwestseite gibt es sechs Umkleidekabinen einschließlich Duschen, Entspannungsbecken und Massageräumen. Der Zugang zum Spielfeld erfolgt entweder über Aufzüge oder über die Treppe, die auf der Ebene »–4« und damit im sogenannten Ehrenhof endet.

Auf der gleichen Ebene wurde am 20. Mai 2006 eine Kapelle eröffnet, die von den Architekten Volkwin Marg und Uta Graff als atmosphärischer und ökumenischer Andachtsraum gestaltet wurde und die einen Kontrapunkt zur Monumentalität des Ensembles setzen soll. Die Kapelle, deren elliptische Wand mit Blattgold von 23 ¾ Karat belegt ist, befindet sich innerhalb eines rechteckigen Baukörpers, der in einem kräftigen Rubinrot leuchtet. In den Goldgrund ist ein 1,25 Meter hoher Textfries eingelassen, auf dem Zitate aus dem Alten und Neuen Testament zu lesen sind. Im Mittelpunkt der Textsammlung stehen Themen wie »Leistung«, »Hinterfragung von Schwäche« und »Gebet«. Die dem Altar gegenüberliegende Wand zeigt das Vaterunser in 15 Sprachen. Die Kapelle, in der am 4. Juli 2006 die erste Taufe stattfand, wurde aus Spenden finanziert, insbesondere durch den Deutschen Stahlbaupreis, den man 2005 Gerkan, Marg und Partner zugesprochen hatte.

❼ Alte Olympiaglocke

Zwischen dem Südtor und dem Eingang zum VIP-Bereich ist die alte Olympiaglocke zu besichtigen, die der Grafiker Johannes Boehland gestaltete und der Bildhauer Walter E. Lemcke modellierte. Als Vorbild diente eine Glocke des Vereins, die 1897 für die Berliner Georgenkirche gegossen wurde.

Das Läutwerk, das aus kohlensaurem Gussstahl besteht, war eine Stiftung des Bochumer Vereins für Gussstahlfabrikation AG. Seine Maße lauten: Durchmesser 2,80 Meter, Höhe mit Krone 2,70 Meter, Gewicht 9635 Kilo. Einschließlich des nicht mehr vorhandenen Jochs war die Glocke 4,21 Meter hoch und wog 13 841 Kilo. Der ebenfalls ver-

schwundene Klöppel mit Gegengewicht wog 791 Kilo, das Joch (Länge 4,60 Meter) mit Beschlägen 3415 Kilo. Ebenfalls Vergangenheit: die Tonart e-Moll.
Der Korpus zeigt auf der Vorderseite das Brandenburger Tor, auf der Rückseite den Reichsadler mit Olympischen Ringen. Für den Schlagring wurden neben der Inschrift »11. OLYMPISCHE SPIELE BERLIN« die Worte »ICH RUFE DIE JUGEND DER WELT« in Anlehnung an die Schaffhauser »Schillerglocke« gewählt, die Schiller angeblich zu seinem 1797–99 geschaffenen »Lied von der Glocke« inspiriert haben soll.
Bei der Sprengung des Olympiaturms am 15. Februar 1947 stürzte die Glocke auf den Vorhof und erhielt dabei einen vertikalen Riss. Britische Soldaten vergruben sie im Mai 1947 in einem Bombentrichter, aus dem sie am 18. Dezember 1956 gehoben wurde. Da wegen der Kriegsschäden eine Reparatur nicht möglich war, ließ Architekt Werner March 1961 nach einem eigenen Entwurf eine neue Glocke für den wiedererrichteten Turm gießen (siehe 31).
Die alte Glocke stand ab 1981 auf einem Podest, das eine Bronzetafel mit der Aufschrift »ZUM GEDENKEN AN DIE IM KRIEGE GEFALLENEN UND DURCH GEWALTHERRSCHAFT UMGEKOMMENEN OLYMPIAKÄMPFER DER WELT« trug. 1982 wurde der Ort vom damaligen NOK-Präsidenten Willi Daume als Mahnmal eingeweiht. Jährlich fand hier zum Volkstrauertag die zentrale Gedenkfeier des deutschen Sports statt.
Unter der Jahreszahl 1936 befindet sich ein Durchschuss, der von einer panzerbrechenden Waffe stammt, wobei sich die Experten uneinig sind, ob der Schusskanal von innen nach außen oder umgekehrt verläuft. Nach eigenen Angaben wurde der Fehlschuss von dem ehemaligen Flakhelfer Günther Lincke abgegeben, der bei Kriegsende auf dem Reichssportfeld diente und bei der Abwehr eines Fliegerangriffs das Geschützrohr zu niedrig hielt. Dabei traf er versehentlich die Glocke.[1]

❽ Großplastiken

Als Gegengewicht zum Olympiastadion platzierte Werner March auf dem umliegenden Gelände sechs Großplastiken. An der Südost- bzw. Nordostecke befinden sich die sieben Meter hohen Skulpturen »Diskuswerfer« und »Stafettenläufer« von Karl Albiker. An der Trennlinie zwischen Stadion und Maifeld stehen südlich die »Sportkameraden« von Sepp Mages (am Eingang des Marchtunnels), nördlich – hinter dem Frauentor – Willy Mellers »Siegesgöttin« (auch »Deutsche Nike«). Die optische Verlängerung des Marathontores schuf March durch Josef Wackerles »Rosseführer«, die er symmetrisch als Westabschluss des Stadions anordnete. Das Material der Großplastiken ist hellschimmernder Gauinger Travertin.

❾ Siegerstelen

Auf Verlangen Hitlers erhielten die deutschen Olympiasieger eine besondere Ehrung durch einen Stelenring an der Südosthecke, wo nach dem Ende der 1936er Spiele im Abstand von zehn Metern Säulen für jene Olympischen Spiele aufgestellt wurden, an denen die Deutschen teilgenommen hatten. Die Namen der Olympioniken befinden sich bis 1932 auf der Vorderseite, während die Seiten plastischem Schmuck vorbehalten waren. Bei der Stele von 1936 wurden erstmals auch die übrigen Seiten einbezogen.
Ab Mitte der 1950er Jahre wurde die Tradition am nordöstlichen Ringweg fortgesetzt. Die Säule von 1980 entfiel jedoch, weil die Bundesrepublik die Moskauer Sommerspiele boykottiert hatte und bei den Winterspielen keine Goldmedaille gewinnen konnte. Da die DDR-Athleten, die ab 1968 in eigenen Mannschaften antraten, nach 1964 nicht mehr berücksichtigt worden waren, entschloss sich das NOK nach der Wiedervereinigung, sie nachträglich zu ehren. Auf den vier Stelen, die derzeit links vom Olympischen Tor auf einer Wiese platziert sind, mussten nicht weniger als 348 Namen untergebracht werden, weshalb auf plastischen Schmuck verzichtet wurde.
Die Aufschriften einiger Säulen sind allerdings fehlerhaft. So heißt der erste deutsche Olympiasieger auf der Stele von 1896 Schuhmann und nicht »Schumann«. 1908 fehlen die Namen der Olympiasieger im Paarlauf Horn/Hübler. Dafür tauchen 1906 und 1936 Namen von Athleten auf, die niemals Goldmedaillen gewannen.
Geschaffen wurden die Säulen von folgenden Bildhauerinnen und Bildhauern: 1896, 1900 und 1936 Herbert Garbe, 1904, 1906 und 1932 Karl Baur, 1908, 1912 und 1928 Willy Ernst Schade, 1952 und 1956 Magdalena Müller-Martin, 1960, 1964 und 1968 Erika Schewski-Rühling, ab 1972 Paul Brandenburg.
Die Säulen von 1896 bis 1936 sind jeweils drei Meter hoch; die Höhe aller folgenden beträgt 2,41 Meter. Die Stelen sind 0,77 Zentimeter tief und 61 Zentimeter breit. Das Material ist Kirchheimer Muschelkalk. Die Stelen der jüngeren Zeit sind nicht mehr gestückelt, sondern monolithisch. Ihre Oberfläche wurde zudem poliert, um Verwitterungen zu minimieren.

❿ Marchhof und -tunnel

Der Zugang zum Deutschen Stadion erfolgte durch einen breiten Doppeltunnel, der die Rennbahn unterquerte und unter der Kaiserloge endete. Der Tunnelweg beginnt am Tunneltor, dem alten Eingang zur Grunewald-Rennbahn und mündet in einem Hof, der nach dem Tod von Architekt Otto March nach ihm benannt wurde. Rechts und links – zwischen den beiden Brücken, über die das Geläuf der Rennbahn ging – befinden sich die rekonstruierten »Marchhäuser«. Rechts war die kleine Turnhalle, auf deren Dach Paul Peterichs »Jüngling mit Siegerbinde« stand. Darunter befand sich Ernst Gorsemanns Plastik »Sportjunge«, gegenüber Hugo Lederers »Gewichtheber«. Im linken Gebäude war die Stadionverwaltung untergebracht. Über dem ersten Tunneltor las man einst die Inschrift »Erbaut unter der Regierung Wilhelm II.«.
Aus dem folgenden Kleinen Marchhof führten die Treppen auf die Südtribüne des Deutschen Stadions. An dem Steinblock direkt über dem Tunneltor befand sich 1936 das von Richard Klein geschaffene NS-Hoheitszeichen, das nach Kriegsende entfernt wurde.
Im östlichen Teil liegt die Polizeiwache, die über eine Anzahl Verwahrzellen größerer und kleiner Art verfügt. Randalierende Fußballfans werden vorsorglich in Sammelzellen nach Heim- und Gastmannschaft getrennt.
Der alte Stadiontunnel führt in das Kellergeschoss des Stadions und schließlich in den Marathontunnel. Der westliche Haupttunnel ist im Norden mit

---

[1] Tony Le Tissier, Berlin damals und heute, Battle of Britain Prints, London 1994, S. 146.

dem ab 1928 gebauten Forumtunnel verbunden, der links am Schwimmstadion vorbeiführt und am August-Bier-Platz endet. Der Tunnel, der ursprünglich 390 Meter lang und vier Meter breit war, wurde von March um 90 Meter verlängert. Während und nach dem Zweiten Weltkrieg diente er als Verwahr. In der Zeit der Berlin-Blockade (1948/49) wurden hier riesige Mengen von Straßenbaumaterial gelagert. Der Forumtunnel, der 2007/08 umfassend saniert wurde, dient als Verbindungsweg zwischen dem Stadion und dem Aufwärmgelände im Sportforum.

11 Marathontor

Mit dem 25 Meter breiten Einschnitt im Westen, dem Marathontor, verband March auf Verlangen Hitlers das Stadion mit dem Maifeld. Die beiden blockartigen, symmetrisch angeordneten Treppentürme (Marathontürme) werden in diese Richtung durch die »Rosseführer« von Josef Wackerle fortgesetzt. Sinn der Verbindung war es, die braunen Kolonnen über die Marathontreppe und durch den zehn Meter breiten Haupttunnel (Marathontunnel) einmarschieren zu lassen. Bei der Eröffnung der Olympischen Spiele von 1936 betrat Hitler mit seinem Gefolge über diese Treppe das Stadion.

12 Olympischer Dreifuß

In der Mitte des Marathontores steht der 2,20 Meter hohe Olympische Dreifuß, der die runde Feuerschale trägt, die aus vier Millimeter starkem Eisenblech besteht und mit Schamottschotter ausgelegt ist. Die rund drei Meter hohe Flamme, die nur zu besonderen Anlässen entzündet wird, speist man durch Propangas, das in Stahlflaschen geliefert wird.

1936 waren täglich 22 Kilo erforderlich. Der Entwurf stammt von Werner March, der sich an einem antiken Vorbild orientierte: Im Tempel des Apollon in Delphi diente der Dreifuß der weissagenden Priesterin Pythia als Sitzgelegenheit.

Das Olympische Feuer wurde erstmals am 1. August 1936 von Fritz Schilgen entzündet. Fast 90-jährig, entflammte Schilgen das Feuer hier auch am 15. April 1996 bei der von den Griechen veranstalteten »International Torch Relay«. 2004 legte der internationale Olympische Fackellauf ebenfalls einen Zwischenstopp ein.

13 Ehrentafeln

An den Innenseiten der Marathontürme befinden sich jeweils drei von Josef Wackerle entworfene Siegertafeln, auf denen unmittelbar nach den Spielen von 1936 die Namen der Olympiasieger verewigt wurden. Die mittleren Tafeln blieben den Veranstaltern, Organisatoren und Baumeistern vorbehalten. Sie wurden bei der Rekonstruktion der Anlage in den 1950er Jahren »entnazifiziert« und 1964/65 durch March neu gestaltet.

Die Reihe der Goldmedaillengewinner, von denen nur jene der Einzeldisziplinen genannt werden, beginnt am Nordturm mit Jesse Owens. Sie endet rechts am Südtor mit den Preisträgern im Alpinismus und in der Aeronautik, die damals zum Olympischen Programm gehörten. Bei den Kunstwettbewerben findet man auch die Namen von Werner und Walter March. Anfang 1970 nahm der südkoreanische Parlamentsabgeordneten Park Young Rok, der sich im Olympiastadion hatte einschließen lassen, eine eigenmächtige Korrektur vor. In einer nächtlichen, fünfstündigen Steinmetz-

arbeit stemmte er die Landesbezeichnung »Japan« hinter dem Namen des Marathonsiegers Kitei Son heraus und ersetzte sie durch »Korea«, weil dieser ein gebürtiger Koreaner namens Sohn Kee Chung war, der jedoch für Japan unter fremdem Namen an den Start gehen musste (Korea war eine japanische Kolonie). Die Anfrage von Sportsenator Horst Korber beim IOC ergab, dass die olympische Geschichte nicht umgeschrieben werden soll, worauf die alte Inschrift wiederhergestellt wurde.

14 Porträtreliefs

Bei der Sanierung des Stadions wurden 1964 die bronzenen Porträts am Marathontor konzentriert, wo sie sich heute an den Innenseiten der Marathontürme in unmittelbarer Nachbarschaft der Ehrentafeln befinden. Am Südturm wurden die Reliefs befestigt, die zwischen 1913 und 1926 entstanden (v.l.n.r.): Otto March (Bildhauer Walter Schmarje/1913), Dr. Willibald Gebhardt (Ernst Gorsemann/1926), Victor von Podbielski (Schmarje/1914) und Egbert von der Asseburg (Gorsemann/1926).
Am Nordturm hängen (v.l.n.r.): Theodor Lewald (Harald Haacke/1966), Carl Diem (Hans Karl Burgeff/1965) und Werner March (Heinz Spilker/1969).
Die früheren Standorte waren: Otto March: Hauptloge der Schwimmbahntribüne; Podbielski: Sockel der »Podbielski-Eiche«; Gebhardt und Asseburg: Seitenpfeiler der Hauptloge des Deutschen Stadions. Ab 1936 waren die Tafeln in den Putzfeldern und Fenstergalerien des Stadions untergebracht.

15 Maifeld

Hitler verlangte ein Aufmarschgelände, um dort die Großkundgebungen zum »Tag der Arbeit«

abhalten zu können. Dafür musste March das Stadion um 150 Meter nach Osten verschieben. Trotzdem gelang es ihm nicht, die verlangte Kapazität von einer Million Menschen auch nur annähernd zu erreichen. Einschließlich der anliegenden Straßen und Wege beschränkte sich das Fassungsvermögen auf maximal 250 000 Menschen, weshalb in dem Areal wohl auch niemals Maifeiern stattfanden. Während der Olympischen Spiele diente das Maifeld für Massenvorführungen und zur Austragung des Polo-Turniers. Ab 1937 war es Schauplatz großer Feiern und NS-Propagandaveranstaltungen, wie beim Staatsempfang von Mussolini. Von 1945 bis 1994 hielten die britischen Truppen das Gelände besetzt. Jährlich veranstalteten sie die Geburtstagsparaden der britischen Königin und nutzten das Feld für eigene sportliche Zwecke. Das mit Rasen bewachsene Gelände, das mit seiner Grundfläche von 290 x 375 Metern von stufenförmigen Tribünenwällen mit jeweils 14 000 Stehplätzen umgeben ist, findet im Westen seinen wuchtigen Abschluss mit einer 44-stufigen Tribüne. Hier befand sich Hitlers »Führerkanzel«, die bei der Rekonstruktion 1961/62 beseitigt wurde.
Der Tribünenwall verfügt über 44 000 Steh- und 4500 Sitzplätze. Insgesamt beläuft sich die Kapazität auf 75 000 Plätze. Bestandteil des Westwalls ist die Langemarckhalle, aus der der Glockenturm (siehe 31) erwächst. Als Abschluss des Oberrings dienten zehn 18 Meter hohe adlergeschmückte Flaggenmasten, die nach Kriegsende abgebaut wurden. Unter dem Wall legte man einen acht Meter breiten Tunnel an, damit die Kolonnen das Maifeld von Ost nach West durchqueren konnten. Die Anlage ist rhythmisch gegliedert. Der Einzug der Fahnen-

träger sollte vom Osten her über das Marathontor erfolgen. Für den Einmarsch der verschiedenen Formationen wurden Gassen am Nord- und Südwall angelegt. Um das Panorama eindrucksvoller zu gestalten, schuf March an der Trennlinie von Stadion und Maifeld vier mit Muschelkalkplatten belegte Uhrentürme als Stahlskelettkonstruktionen, die paarweise stehen: im Norden Friesen- und Sachsenturm, im Süden Schwaben- und Frankenturm (siehe auch 3). Ihre Höhe beträgt jeweils 35 Meter, die Grundfläche beläuft sich auf 2,60 x 5,30 Meter.

Die Türme, die von Beobachtungsposten und für Beleuchtungszwecke benutzt wurden und die über sieben Stockwerke und eine Plattform verfügen, wurden 1989 auf Anregung der britischen Streitkräfte saniert. Als Material wurden verschiedene Werksteine verwendet: Westwall und Glockenturm sind mit Schwäbischem Muschelkalk verkleidet; außerdem fand Süßwasserkalktuff aus der Schwäbischen Alb Verwendung. Die Brüstungen des Oberrandes bestehen aus Thüringer Travertin, die Treppenanlagen aus bayrischem und schlesischem Granit.

16 Schwimmstadion

March legte auch das Schwimmstadion, das dem von Los Angeles 1932 ähnelt, axial an und platzierte es im rechten Winkel zum Olympiastadion an dessen Nordseite.

Die Anlage, deren Charakteristikum das Bossenmauerwerk aus Rüdersdorfer Kalkstein ist, lehnt sich an die 3,50 Meter hohe und 325 Meter lange Winkelstützmauer an (siehe auch 17) und ist um diese Höhe gegenüber dem Stadion abgesenkt, was eine Trennung der Wettkämpfer von den Zuschauern zur Folge hat. Letztere gelangen ebenerdig durch zwei zweigeschossige Pfeilerhallen auf ihre Sitzplätze bzw. erreichen die oberen Reihen über zwei Treppentürme, die laubenartige Bekrönungen tragen.

Die beiden steinernen Tribünen bieten 7500 Sitze. Die Platzkapazität für die Olympischen Spiele 1936 wurde zudem durch den Einbau einer provisorischen Holztribüne an der nördlichen Stirnseite auf 18 500 Plätze erhöht.

Den Sprungturm errichtete March an der Südwand des 20 x 20 Meter großen Sprungbeckens, damit die Athleten die Sonne im Rücken haben. Wie der Turm wurde auch das 50 x 20 Meter große Schwimmbecken, das über acht Bahnen verfügt, für die Schwimm-WM 1978 neu gebaut. Hinter dem Sprungturm befindet sich eine laubenartige Pfeilerhalle, in der eine Gaststätte eingerichtet wurde. Die Wände tragen einen keramischen Schmuck von Max Laeuger, der sich auch an den Mauern befindet, die auf der gegenüberliegenden Seite des Schwimmbeckens die Startbrücke begrenzen (zwei der sechs Reliefs sind verschollen). Nach Norden öffnen sich die Tribünen mit einem Ausblick auf die Landschaft. Hier befindet sich ein Nichtschwimmerbassin. Die Wiese hinter der Westtribüne war ursprünglich der abgeschlossene Frauenplatz, zu dem die Männer keinen Zugang hatten. Der Platz für das männliche Geschlecht lag östlich am Anger, wo sich auch das Familienbad befindet, das seit dem Abzug der Briten geschlossen ist.

Das Beckenwasser wird durch Ferndampfheizung ständig auf einer Temperatur von 20 Grad gehalten. Für den öffentlichen Badebetrieb ist das Schwimmstadion, das für den Leistungssport keine Verwendung mehr findet, jeweils vom 1. Mai bis 31. September geöffnet.

17 Deutsches Sportforum

Der Grunewald auf der Nordseite der Rennbahn senkt sich um mehr als vier Meter und bildet die Grenze zum historischen Teltow mit einem steilen Abfall zum alten Spreetal. Dieser Teil des Olympiastadions ist das Deutsche Sportforum, dessen Grundstein am 18. Oktober 1925 von Reichspräsident Hindenburg gelegt wurde. Der Zugang erfolgt entweder über das Sachsentor in der Höhe des Friesenturmes bzw. über das Osttor an der Hanns-Braun-Straße.

Der symbolische Eingangspfeiler des Sportforums befindet sich südwestlich des Jahnplatzes am Eingang der Großen Turnhalle. Der hohe kubische Steinblock von Willy Meller trägt an der Stirnwand das NS-Hoheitszeichen, von dem die Briten nach 1945 lediglich das Hakenkreuz entfernten. An der östlichen Breitseite sind zwei überlebensgroße Athleten dargestellt.

Da es nicht möglich war, das Olympiastadion auf die Schräge zu stellen, errichtete March eine 3,50 Meter hohe Stützmauer, wobei er zur Aufschüttung den Aushub des inneren Ringes verwendete. Diese Höhendifferenz hatte zur Folge, dass in Richtung Norden auf hohe und die Aussicht störende Zäune verzichtet werden konnte. Die Abgrenzung konnte auf eine niedrige Balustrade beschränkt bleiben, die den Blick auf die Landschaft offen lässt.

Nach 1945 wurde das Sportforum zum militärischen Gebiet erklärt und vom Stadion durch Stacheldraht bewehrte Zäune abgegrenzt. Aus dieser Zeit stammen auch eine Anzahl Gebäude wie die »Sergeant's Mess«, die Garagen auf dem Friesenplatz oder der Geräteschuppen hinter dem Anger.

18 Frauentor

An das Sachsentor schließt sich das Frauentor an, dessen Name vom Frauenplatz westlich des Schwimmstadions kommt. Dabei handelte es sich um die 1926 angelegte Spielwiese der DHfL, damit die Studentinnen die Rhythmische Gymnastik ohne männlichen Einblick entwickeln konnten. Dem sollten auch die zwei Tanzringe dienen, die sich im Sportforum befanden.

Das Frauentor war 1936 der Zugang zum Stadion für die Olympiateilnehmerinnen, da sich ihre Unterkünfte nicht im Olympischen Dorf von Döberitz, sondern im Friesenhaus befanden. In unmittelbarer Nähe, nördlich des Georgiiplatzes, steht auch das Frauenheim (»Annaheim«), in dem die Sportstudentinnen der DHfL bzw. Reichsakademie untergebracht wurden. Charakteristisch für das Frauentor ist die Monumentalplastik »Siegesgöttin« von Willy Meller, auch »Deutsche Nike« genannt, weil die Frauenfigur in der rechten Hand einen Eichenzweig hält – das Siegessymbol der Spiele von 1936.

19 Hanns-Braun-Platz

Der Sportplatz, den man 1936 nach dem im Ersten Weltkrieg umgekommenen Münchner Läufer Hanns Braun nannte, wurde als erster im Reichssportfeld gebaut, da er als Modell für das Olympiastadion diente. Das Fußballfeld wurde mit den Rasenplatten des 1934 beseitigten Deutschen Stadions belegt. Die Leichtathletikanlage, die seit den 1970er Jahren über eine Kunststoffbahn verfügt, löste den August-Bier-Platz ab (siehe 26). Abweichend von Carl Diems »Normalplatz« wurde die Stabhochsprunganlage aus dem Korbbogen herausgenommen und entlang der Zielgerade plat-

165

ziert. Auch die Wurf- und Stoßringe, die damals noch nicht betoniert waren, sondern einen Aschebelag besaßen, befanden sich 1936 nicht im Korbbogen, sondern auf dem Rasenplatz.

20 Anger

Der mit Bäumen umpflanzte (und heute eingezäunte) Platz diente als Spiel- und Liegewiese, an die sich das inzwischen brachliegende Familienbad anschließt. An der Nordseite steht die 3,75 Meter hohe Plastik »Faustkämpfer«, die 1932 von Josef Thorak geschaffen und für 1936 stark vergrößert in Bronze gegossen wurde. An der Rückseite der Figur, für die der ehemalige Boxweltmeister Max Schmeling Modell stand, errichtete die britische Schutzmacht nach dem Zweiten Weltkrieg einen Geräteschuppen, der den Anger zum Hanns-Braun-Platz hin abgrenzt.

21 Adlerplatz

Die Anfahrt zum »Haus des Deutschen Sports«, in dem sich von 1936 bis 1945 der Sitz der Reichssportführung befand, erfolgte ursprünglich auf geradem Wege durch das Forumtor und über die Sportforumstraße. Diese Zufahrt existiert nicht mehr, da die Briten das hügelige Gelände zum Bau eines Wohnviertels verwendeten. Seitdem fungiert das Osttor an der Hanns-Braun-Straße als Haupteingang. Am Adlerplatz befindet sich das Portal, das von zwei Säulen mit den vergoldeten Bronzeadlern von Waldemar Raemisch flankiert wird.

22 »Haus des Deutschen Sports«

An die beiden Arme des Turn- und Schwimmhauses (siehe 24) schließt sich hufeisenförmig nach Osten das »Haus des Deutschen Sports« an, das von 1936 bis 1945 der Sitz der Reichssportführung war und von 1953 bis 1991 der britischen Militärregierung als Headquarters (»London Block«) diente. Die Räume gruppieren sich dreigeschossig um einen Lichthof. Im Eingangsfoyer steht Georg Kolbes Plastik »Der Zehnkampfmann«.
Im ersten Stock der monumentalen Südfront befanden sich die Repräsentations- und Amtsräume des Reichssportführers. Davor stand Thoraks Hitler-Büste. Auf dem Wandelgang befanden sich – auf schwarzen Steinsockeln – von Karl Albiker geschaffene Porträtbüsten von Friedrich Ludwig Jahn und Johann Christoph GutsMuths. Der Rundgang zum Kuppelsaal war Standort der antiken Bronzekopien »Faustkämpfer« (von Apollonius) und »Junger Athlet« (Ephesischer Schaber), die für die Ausstellung »Sport der Hellenen« während der Olympischen Spiele von 1936 angefertigt wurden.
In der Nordhälfte liegen zwei Hörsäle und in der Mitte das oberbelichtete Auditorium Maximum der 1936 gegründeten und 1945 aufgelösten Reichsakademie für Leibesübungen. Im Ostteil befindet sich die ovale Kuppelhalle. Es handelt sich um eine unverkleidete Stahlbetonkonstruktion, die sich als Gewölbe über den Raum spannt. Der elliptische Grundriss beläuft sich auf 37 bis 43 Meter, die lichte Höhe beträgt 17 Meter. Als Lichtquelle dient ein aus 3400 Prismengläsern gebauter Tambour von 14 Metern Durchmesser und einer Höhe von 5,50 Metern.
Die amphitheatralisch angeordneten Sitzstufen bieten 1100 Zuschauern Platz (Unterring 564, Oberring 536). Sie umgeben einen Bühnenraum, der nach dem Vorbild der antiken Orchestra angelegt ist. Die Rückfront besteht aus großen Glasfenstern mit Stahlrahmen, die in die freie Landschaft geöffnet werden können. Über der Bühne befand sich ein Adler aus Aluminium von Ludwig Gies, der nach dem Zweiten Weltkrieg beseitigt wurde.
Der Saal wurde während der Olympischen Spiele für die Fechtwettbewerbe (Florett und Säbel) genutzt. Später fanden hier sportliche, kulturelle und propagandistische Veranstaltungen statt. Das Bauwerk wurde während des Krieges schwer beschädigt und – nach der Restaurierung – 1956 wiedereröffnet. Der obere Umgang, der als »Ehrenhalle des Deutschen Sports« bezeichnet wurde, stellt die Verbindung mit dem Jahnplatz dar.

23 Friedrich-Friesen-Platz

Der Abschluss des Sportforums wird im Osten durch den Friedrich-Friesen-Platz (oder auch Friesenhof) gebildet. March integrierte darin die von Ernst Heinrich Schütte entworfene und 1928 eingeweihte Deutsche Turnschule, wobei er die Fassade der übrigen Klinkerbauweise anpasste.
Das Gebäude verfügte über eine Turnhalle, die nach 1945 von den britischen Streitkräften zum Speiseraum umgebaut wurde, weitere Übungshallen sowie Ärzte-, Verwaltungs-, Wirtschafts- und Unterkunftsräume. Außerdem gab es eine Bücherei, einen Hörsaal und ein Lesezimmer.
Zwischen den anschließenden Kursistenflügel und die Turnschule legte March einen Uhrenturm, den er mit einem Glockenspiel bekrönte, das zu jeder vollen Stunde das Einleitungsmotiv der »Eroika« von Beethoven spielte.
Neben dem Kursistenflügel dienten zwei hufeisenförmig angeordnete Gebäude, die den Friesenhof bilden, als Internate. Das östliche Gebäude ist das Friesenhaus; im Süden befindet sich der Studentenflügel.
Die Unterbringung der Studenten und Kursisten folgte streng nach militärischen Prinzipien auf einem langen Gang, der die Schlafräume trennte. Jeweils vier Studenten bildeten eine Gemeinschaft, der je zwei Räume von 18 bis 20 Quadratmetern sowie ein Wasch- und Duschraum zur Verfügung stand.
50 Personen ergaben einen Zug. Auf jedem Stockwerk waren vier Züge untergebracht.
Das bei Kriegsende stark zerstörte Friesenhaus (1936 Unterkunft der Olympiateilnehmerinnen) wurde Anfang der 1950er Jahre von der Besatzungsmacht wiederaufgebaut und in »Oxfordshire Block« umbenannt. Im Hof errichtete man einen Garagenblock (»Cambridge House«) und zwei Garagenbauten (»Antrim Block« und »Brixnois Garage«). Im Kursistenflügel existiert noch eines der beiden Terrakottareliefs von Gustav Seitz, das zwei nackte Jünglinge zeigt. Dagegen ist das Relief am Friesenhaus ebenso verschwunden wie das Fresko von Adolf Strübe, das dieser 1940 für die Eingangshalle schuf. Der Studentenflügel, in dem ehemals auch ein Kasino war, beherbergt seit 1998 die Geschäftsstelle von Hertha BSC.

24 Jahnplatz

Der hufeisenförmig angelegte Jahnplatz wird von der strengen Symmetrie des im Norden gelegenen Schwimmhaus- und des im Süden befindlichen Turnhausflügels charakterisiert. An der Großen Turnhalle, die 1928 fertiggestellt wurde, befindet sich eine Gedenktafel für die Grundsteinlegung. Sein endgültiges Aussehen erhielt der Platz zwischen 1933 und 1936.
Als Abschluss des Schwimmhausflügels baute March eine im

Inneren mit schlesischem Marmor verkleidete Schwimmhalle, die vom Charakter her eine Lehrstätte war. Das Schwimmbecken ist 25 x 15 Meter groß. Es gibt ein Flachbecken von 25 x 7 Metern sowie einen dreistufigen Sprungturm. Das Oberlicht und die hohen Seitenfenster im Westen und Süden, die ursprünglich matte Bleiverglasungen besaßen, erhöhen die Raumwirkung der Halle, die über 1000 Zuschauerplätze verfügt. Im anschließenden Schwimmhaus befanden sich im Erdgeschoss Garderoben und Badeanlagen sowie – im Ostflügel – eine Gaststätte. Im Obergeschoss verfügten die Reichsakademie und das Reichssportamt über Verwaltungs- und Leseräume. Im Kellergeschoss war die gemeinsame Bibliothek mit 16 000 Bänden untergebracht. Das Gebäude ist heute der Sitz des Berliner Sportmuseums und der Reinigungsfirma Gegenbauer. Das ebenfalls dreigeschossige Turnhaus verfügte über vier Turnhallen und sieben Gymnastiksäle, deren Wände mit Kiefernholz verkleidet waren, sowie über sanitäre Einrichtungen. Der Mittelflur mündet westlich in einen Kopfbau, die Große Turnhalle mit einer Fläche von 41 x 26 Metern. An der eisernen Dachkonstruktion befand sich eine Felderdecke aus Holz, die den Lärm schlucken sollte.
Im ersten Stock des Turnhauses befand sich von 1938 bis 1945 das von Carl Diem geleitete Internationale Olympische Institut. Seit 2005 betreibt der Sauerland-Boxstall dort das »Max-Schmeling-Gym« als Trainingsstätte.
Der östliche Abschluss des Platzes wird vom »Haus des Deutschen Sports« (siehe 22) mit seiner monumentalen Pfeilerhalle gebildet. Der Fries zeigt ein Zitat frei nach Friedrich Ludwig Jahn: »Ewig mahnt von Anbeginn des Werden / Das heil'ge Wort / Vollkommenheit!«.[2]
Zwischen Schwimm- und Turnhaus liegt das ursprünglich T-förmige 50-m-Sommerschwimmbecken. Es wurde am 12. Oktober 1928 vom Preußischen Minister für Volkswohlfahrt, Dr. Heinrich Hirtsiefer, eröffnet und trug bis 1933 dessen Namen. Später bezeichnete man die Anlage als Forumbecken. Das Nichtschwimmerbecken wurde nach dem Zweiten Weltkrieg beseitigt.
Besonders reichhaltig ist der bildnerische Schmuck des Platzes. An der Pfeilerhalle stehen die 2,50 Meter hohen Bronzestatuen »Zehnkämpfer« und »Siegerin« von Arno Breker. Als Pendant wurden an der Westseite zwei »Wassertiere« (Stier und Kuh) von Adolf Strübe platziert. Vor der Schwimmhalle befindet sich der »Ruhende Athlet« von Georg Kolbe.
Die Pfeilerhallen zum Schwimm- und Turnhaus zieren Terrakottareliefs von Arno Lehmann. In den Treppenhäusern finden sich Sgraffitos von Lois Gruber. Die Putzkeramik von August Babberger im Schwimmflügel zeigt antike Athleten und das schöne Zifferblatt einer Uhr.

25 Arzthaus

Das Arzthaus am Prinz-Friedrich-Karl-Weg diente der sportärztlichen Betreuung und als medizinisches Institut zu Forschungszwecken. Es besaß einen Operationsraum, Laboratorien, Untersuchungszimmer, einen Diathermieraum mit verschiedenen Höhensonnen und eine Anlage für Unterwassermassagen. Die Idee eines »Sportsanatoriums« hatte der Rektor der DHfL, August Bier, der gute Erfahrungen bei der Behandlung von Tuberkulose durch »Freiluftleibesübungen« gemacht hatte. Der Vorschlag wurde jedoch nicht realisiert, stattdessen richtete man 1933 ein Sanatorium unter dem Namen »Stiftung Deutsche Sporthilfe« in Hohenlychen ein, das von dem SS- und später als KZ-Arzt hingerichteten Prof. Karl Gebhardt geleitet wurde.
Das Arzthaus, in dessen Nähe die Statue des Hohenzollernprinzen von Ernst Gorsemann stand, diente den britischen Streitkräften als Kasino. 1996 wurde es unter dem Namen »Alfred's« als Vereinsheim der Wasserfreunde Spandau 04 eröffnet, deren Wasserballspieler in der Schwimmhalle trainieren. Der Name soll an den Erfolgstrainer Alfred Balen erinnern.

26 Sport- und Spielplätze

Die Anlage geht auf die Konzeption von Architekt Johannes Seiffert zurück, der ab 1924 entlang der Straße 9a (später Graditzer und mit der Rominterallee zur Friedrich-Friesen-Allee vereinigt) von Ost nach West drei Gruppen von Sport- und Spielplätzen anlegte: 1. Leichtathletikplatz, 2. Spielfelder (einschließlich Tennisplätze), 3. Übungsplätze für Frauen (einschließlich Tanzring). Die March-Brüder übernahmen mit ihrem Projekt weitgehend diese Reihung.
Im Herbst 1928 wurde das Gelände mit dem Deutschen Stadion durch einen damals 390 Meter langen und vier Meter breiten Tunnel verbunden, der unmittelbar am August-Bier-Platz in der sogenannten Ostlaube endet.
Der 1926 angelegte August-Bier-Platz war der Trainingsplatz der DHfL. In ihn gingen die Leitsätze von Diems »Normalplatz« ein, der die Form eines Rechtecks von 98,58 Meter Länge und 72 Meter Breite haben sollte. Der Radius der Korbbogen betrug 24 Meter für das Innen- und 48 Meter für das Außendrittel. Die Breite der 400-Meter-Rundbahn war sechs Meter. Nach dem Abriss der Rennbahn konnten ab 1934 auch südlich der Graditzer Allee Plätze angelegt werden. Durch den Bau des Hanns-Braun-Platzes (siehe 19) verlor der August-Bier-Platz seine Bedeutung. In der Zeit der britischen Besetzung diente er als Hubschrauberlandeplatz (u.a. für die britische Königin). Auf seinem nördlichen Teil befand sich eine Bodensatellitenstation, auf dem Schenckendorffplatz (heute Trainingsplatz von Hertha BSC) stand ein Sendemast.
Der Anger der DHfL war seit 1927 der Standort von Wolfgang Schapers »Diskuswerfer«, der sich seit 1988 auf den »Stadion-Terrassen« befindet (siehe 36).

27 Frauenheim (»Annaheim«)

Da die Ausbildung der Sportstudenten getrennt nach Geschlechtern erfolgte, erhielten die Frauen im Sportforum einen eigenen Bezirk. Im Mai 1927 stiftete Berlins Oberbürgermeister Gustav Böß aus den Mitteln der 5. Groß-Berliner Turn- und Sportwoche ein Frauenheim, gedacht als Unterkunft für 50 Sportstudentinnen. March errichtete ein dreigeschossiges Gebäude im Stil der Moderne, das er mit holländischen Ziegeln verblendete. Unter- und Erdgeschoss verkleidete er mit Muschelkalk. Das Haus besaß 25 Wohn- und Schlafzimmer für jeweils zwei

---

[2] Friedrich Ludwig Jahn, Deutsches Volkstum, C. Naumanns Druckerei, Frankfurt a. M. o.J. (1810), S. 143. Das vollständige Zitat lautet: »Es ist geschaffen nur zu einem Schöpfer, nicht zum Knechte der Welt; und ewig mahnt vom ersten Augenblick des großen Werdens das heilige Wort – Vollkommenheit.«

Studentinnen sowie zwei Zimmer für Lehrerinnen. Der Wohnteil konnte vom Schlafbereich durch einen Vorhang getrennt werden. Die Schränke und Betten wurden fest eingebaut.

Vom Altan im nördlichen Untergeschoss hatte man einen schönen Blick auf das Spreetal bis nach Spandau. Im Erdgeschoss befand sich der Tagesraum mit Kaffeeküche und Gartenterrasse, im Obergeschoss Musik- und Leseraum. Auf dem Vorplatz stand ein Brunnen von Hugo Lederer, der von einer Amorfigur gekrönt war (wahrscheinlich 1943 eingeschmolzen).

Auf Bitten von Theodor Lewald erklärte sich die Gattin des Oberbürgermeisters, Anna Böß, bereit, dem Haus ihren Namen zu geben. Analog dazu wurde ein Standbild der Heiligen Anna aufgestellt, die in der christlichen Religion das mütterliche Prinzip verkörpert.

Nach Kriegsende bis 1991 wurde hier das weibliche Personal der britischen Streitkräfte in Berlin beherbergt. Seit 1998 ist das Gebäude der Sitz der Senatsverwaltung für den Olympiapark.

28 Dienstvilla

Den westlichen Abschluss des Sportforums bildet die Dienstvilla des Reichssportführers Hans von Tschammer und Osten, die von March 1937/38 gebaut wurde. Das zweistöckige Gebäude ist mit holländischen Ziegeln und die repräsentative Eingangshalle mit Werkstein verkleidet. Für die Auffahrt wurde der Tanzring geopfert. Hinter dem Haus befindet sich eine Terrasse; im daran anschließenden Garten steht die 1938 von Paul Wynand geschaffene Bronzestatue »Falkner«.

Ritter von Halt als letzter Reichssportführer ließ kurz vor Kriegsende die bis dahin in der Langemarckhalle beigesetzte Urne seines Amtsvorgängers im Garten vergraben. Sie kam 1947 auf den Friedhof an der Heerstraße und 1973 in das Familiengrab der Tschammers in Bielefeld-Quelle.

29 Bunker

Am abfallenden nördlichen Gelände zwischen dem Frauenheim und der Dienstvilla des Reichssportführers wurde 1940 ein sechsstöckiger Hochbunker errichtet, der dem Kommando »Luftflotte Mitte« bis 1941 als Befehlsstand und danach bis 1945 als Außenstelle diente. Nach dem Zweiten Weltkrieg wurde der Bunker wie alle anderen militärischen Einrichtungen des Reichssportfeldes von den britischen Truppen gesprengt.

30 Waldbühne

Die Freilichtbühne, die 1936 nach dem als »Dichter der Bewegung« apostrophierten Dietrich Eckart benannt wurde (1945 in »Waldbühne« umgenannt), entstand auf Wunsch von Reichspropagandaminister Joseph Goebbels, um »vaterländische« und ausschließlich »volkstümliche Werke« deutscher Klassiker aufzuführen. Als Vorbilder dienten das antike Amphitheater von Epidaurus (3. J. v. Chr.) sowie die Hollywood Bowl, in der bei den Olympischen Spielen von 1932 Konzerte stattfanden.

March errichtete die Anlage am Nordwesthang des Reichssportfeldes in einem halbrunden, 30 Meter tiefen Talkessel, der Murellenschlucht, wobei er die natürlichen Bedingungen einer Endmoräne nutzte. Die Tribüne verfügt über 88 Sitzstufen und ist durch zwei breite waagerechte Umgänge in drei Ränge mit insgesamt 20 000 Plätzen gegliedert. In der Mitte des mittleren Ranges war Hitlers Ehrenloge; verdeckt darunter befanden sich der Regiestand, der Tonregler und die Beleuchter. Vier breite Treppenanlagen und zwei Talgassen, die dem Einzug der Akteure dienten, führen zur Orchestra, hinter der sich die staffelförmig konstruierte Bühne befindet, die aus Vorder-, Mittel- und Hinterbühne besteht. Den Abschluss nach Nordwesten bildet das klotzige Bühnenhaus. Kulissen waren nicht vorgesehen.

Die Bühnenwände wurden mit gelblichem Tengener Tuff aus Württemberg verkleidet. Für die Bühnenpodeste, die Stützmauern und die Treppen verwendete man Osnabrücker Kalkstein. Als Eingangspfeiler dienen zwei rechteckig gelagerte Steinblöcke, die Hochreliefs von Adolf Wamper zeigen. Links sind zwei nackte Jünglinge (»Heldenehrung«) zu sehen. Sie tragen ein Schwert bzw. eine Fackel und sollen die »nationalen Festspiele« symbolisieren. Die gegenüber stehenden jungen Frauen (»Poesie«) verkörpern mit einem Eichenzweig bzw. der Leier die »musischen Feiern«. Hinter der Waldbühne, am Hang des Murellenberges, befand sich von 1944 bis 1945 die »Wehrmachts-Erschießungsstätte Ruhleben«. Nach Kriegsende wurden die Schießstände von der britischen Besatzungsmacht bzw. der Polizei übernommen.

Seit dem 8. Mai 2002 erinnert ein von der argentinischen Künstlerin Patricia Pisani entworfenes »Denkzeichen« an die Ermordeten der NS-Militärjustiz. Es besteht aus 104 lasergravierten Verkehrsspiegeln, die entlang eines Wanderweges installiert wurden.

31 Glockenturm

Von dem 75 Meter langen Mittelstück des Westwalls und der Langemarckhalle wächst der Glockenturm aus der Mitte des Raumes hervor. Er war ursprünglich 76 Meter hoch und wurde beim Wiederaufbau von 1961/62 auf 77,17 Meter erhöht. Der Querschnitt beläuft sich auf 6 x 10 Meter. Die einzelnen Geschosse dienten als Beobachtungsstände der Polizei, des Sanitätsdienstes, der Organisation sowie für Rundfunk- und Filmaufnahmen. 1937 wurde die Aussichtsplattform eröffnet. Die Stahlkonstruktion, für die 1100 Tonnen Stahl benötigt wurden, erhielt eine Verkleidung aus Rüdersdorfer Kalkstein. Spezielle Eckstiele sollten die Schwingungen, die beim Läuten der Olympiaglocke entstanden, so gering wie möglich halten. Um die Schwankungen zu mindern, wurde das Mauerwerk alle acht Meter auf Konsolträgern abgefangen und mit einer elastischen Fuge unterbrochen. Zur Verkleidung verwendete man Gönninger Kalkstein, Travertin, Nagelfluh und Granit.

Da nach Untersuchungen der Deutschen Forschungsgesellschaft für Bodenmechanik der Boden maximal mit 1,5 bis zwei Kilogramm pro Quadratzentimeter belastet werden konnte, wurde die Tragfähigkeit des Untergrunds durch 56 Betonpfähle erhöht, die man nach dem System Wolfsholz in das Erdreich presste.

Der Turm wurde am 15. Februar 1947 wegen Baufälligkeit gesprengt, nachdem er nach Kriegsende beim Brand des Reichsfilmarchivs, das in der Maifeldtribüne eingelagert war, in Mitleidenschaft gezogen wurde. Angeblich hatten zwei sowjetische Soldaten die Lagerhalle mit Fackeln in der Hand betreten, worauf sich das Filmmaterial schlagartig entzündete. Bei der von March geleiteten Rekonstruktion wurde als Turmschaft eine Stahlbetonkonstruktion verwendet, die er – um die Akustik zu verbessern – mit nur

sechs Zentimeter starken Natursteinplatten aus Muschelkalk verkleidete. Dem diente auch der westliche Abschluss der Glockenstube mit einer Holzwand.
Da die Olympiaglocke von 1936 (siehe 7) nicht mehr zu verwenden war, schuf er einen neuen, ebenfalls vom Bochumer Verein für Gussstahlfabrikation AG hergestellten Klangkörper, der mit 6,4 Tonnen (ohne Joch 4,75) weniger als die Hälfte des Originals wiegt und die statt des Reichsadlers den Bundesadler zeigt. Der Durchmesser beläuft sich auf 2,80 Meter, die Höhe mit Krone beträgt 2,36 Meter, die Höhe mit Joch 2,80 Meter. Tonart ist Oktav fis-Moll.
Die neue Glocke wurde am 15. September 1962 durch den Regierenden Bürgermeister Willy Brandt eingeweiht. Nach der Rekonstruktion des Turmes wird seit 2006 auf ein Läuten verzichtet, um die Stabilität des gläsernen Fahrstuhls, der die Besucher in die Glockenstube befördert, nicht zu gefährden.

32 Langemarckhalle

Im Mittelgeschoss des Westwalls erhebt sich die Langemarckhalle als nationale Gedenkstätte für die gefallenen deutschen Soldaten des Ersten Weltkriegs. Seinen Namen erhielt das Gewölbe von dem belgischen Ort Langemarck, wo am 11. November 1914 etwa 80 000 junge Soldaten den Tod fanden.
In der Mitte des Raums befindet sich der Schaft des Glockenturms, an dessen westlicher Seite unter einer Stahlplatte mit dem Langemarck-Kreuz ein Schrein mit Erde vom Friedhof in Langemarck lag. Er wurde bei der Rekonstruktion der Halle (1960–62) beseitigt; ebenso der Sockel, in dem sich die Urne von Hans von Tschammer und Osten befand (siehe 28).

Die Gedenkstätte ist durch zwölf Pfeiler gegliedert, die früher die 76 Fahnen der an der Schlacht beteiligten Truppen trugen. Die ehemals am Turm befestigten zwölf Stahlschilde mit den Namen der Einheiten hängen heute an der Ostwand. An den Giebelmauern sind Sprüche von Walter Flex (Nordwand) bzw. Friedrich Hölderlin (Südwand) zu lesen, die 1961/62 um die Lebensdaten der Dichter ergänzt wurden. Nach einer Idee von Architekt Volkwin Marg wurde am 4. Mai 2006 im Untergeschoss die vom Deutschen Historischen Museum konzipierte Dokumentationsausstellung »Geschichtsort Olympiagelände 1909 – 1936 – 2006« eröffnet. Die Finanzierung in Höhe von 6,5 Millionen Euro erfolgte durch das Bundesinnenministerium, das Land Berlin und die Deutsche Stiftung Denkmalschutz.

33 Horst-Korber-Zentrum

15 Jahre lagen zwischen Idee und Realisierung eines Sportzentrums in der Glockenturmstraße, das den drei Sportarten Handball, Hockey und Volleyball als Landesleistungszentrum dient und am 30. November 1990 eröffnet wurde. Bereits 1979 führte der damalige LSB-Präsident Horst Korber eine Grundsatzentscheidung herbei, doch die Standortsuche erwies sich als kompliziert, so dass erst im Mai 1987 mit dem Bau begonnen werden konnte.
Das Sportzentrum, das von den Architekten Christoph Langhof, Thomas M. Hänni und Herbert Meerstein entworfen wurde, besteht aus zwei Teilen: 1. aus der Rudolf-Harbig-Halle, deren Wahrzeichen acht 30 Meter hohe stählerne Pylonen sind, die über die umstehenden Bäume hinausragen und an denen das Glasdach befestigt ist; 2. dem zur Straße hin gelegenen Verwaltungsgebäude, in dem sich Schulungsräume, ein Sporthotel, medizinische Einrichtungen und eine Cafeteria befinden.
Die Mehrzweckhalle, die man in drei Teile trennen kann, ist 88,5 Meter lang, 45 Meter breit und 14 Meter hoch. Die beweglichen Tribünen fassen bis zu 3450 Zuschauer.

34 Reiterplatz

Der im Südwesten gelegene Reiterplatz ist eines der wenigen Überbleibsel der Grunewald-Rennbahn. Obwohl er für die olympischen Wettbewerbe im Dressur- und Springreiten von 1936 gebaut wurde, blieb er wegen seiner geringen Platzkapazität ungenutzt. Er wurde erst nach den Olympischen Spielen – am 8. Oktober 1936 – eröffnet.
Entlang der Stadion- und Rominterallee (heute Jesse-Owens- bzw. Friedrich-Friesen-Allee) lagen der Sattelplatz, die Paddocks, die Vorführringe, der Reserve-Waagehalteplatz und die Wirtschaftsgebäude.
Beim Umbau legte March das Turniergelände, das bis zu fünf Meter abfällt, auf den Platz der Vorführringe. In der südwestlichen Ecke baute er eine der alten Rennbahntribünen, den einst neben dem Marchtunnel gelegenen »II. Platz«, wieder auf. Das Waagegebäude, in dem sich die Garderoben der Jockeys, eine Halle für die Reiter, ein Presseraum und die Post befanden, wurde zum Reiterhaus. Nach dem Zweiten Weltkrieg war darin eine Berufsschule. Heute ist hier der Sitz der Geschäftsstelle des Landesverbandes Pferdesport Berlin-Brandenburg sowie der Landesreitschule. Östlich vom Reiterhaus – zwischen einer Pappelgruppe – platzierte March die Paddockanlage für 58 Pferde. Zwischen ihr und dem Reiterhaus befand sich der Standort von Richard Scheibes »Reiterehrung«. Das Denkmal wurde jedoch ebenso wie Reinhold Kuebarts »Turnierpferd«, das östlich des Reiterplatzes stand, vermutlich 1943 eingeschmolzen. Der inzwischen mit einer anderen steinernen Tierfigur belegte Sockel ist noch vorhanden.
An den Dressur-Olympiasieger von 1928 erinnert das »Freiherr von Langen-Tor« im Südwesten. Als Wirtschaftseingang dient das Reitertor an der Friedrich-Friesen-Allee. Im links am Wege befindlichen Gartenhaus wohnte der Verwalter der Rennbahn. Zwischen Reiterplatz und Tunneltor befinden sich Stallanlagen und Reithallen, die nach dem Zweiten Weltkrieg von der berittenen Polizei und heute vom Reitverein Berlin Pichelsberg und vom Reiterclub Olympia-Stadion Berlin genutzt werden.
Der Wirtschaftshof westlich der Schirwindter Allee, der zwischen 1934 und 1936 das »Reichsneubauamt Stadion« beherbergte, wurde im Zweiten Weltkrieg beinahe vollständig zerstört und 1963 rekonstruiert.

35 Tunneltor

Der Haupteingang der Rennbahn war das Tunneltor in der Jesse-Owens-Allee (vormals Stadionallee). Die bei Kriegsende teilweise beschädigten Gebäude mit ihren rotgrauen Holländerziegeln wurden weitgehend im Originalzustand wiederaufgebaut. Die weißen Holztore wurden allerdings durch massive Metallgitter ersetzt.
Links von den Kassen befand sich ein Polizeirevier, geradeaus führte der Weg – vorbei am Rechengebäude (im Krieg zerstört) und den Toto-Pavillons – zur Tribüne »II. Platz«, die heute auf dem Reitplatz steht. Der halbrechts abwärts verlaufende

Tunnelweg ist der ehemalige Zugang zum Deutschen Stadion und führt direkt über die Marchhöfe in den Marchtunnel und damit in die Katakomben des heutigen Olympiastadions.
Am Abhang zwischen »Stadion-Terrassen« und Tunneltor wurden im Mai 1945 nach Angaben des ehemaligen Stadionverwalters Max Gereit 26 Angehörige des Volkssturms und der Hitler-Jugend begraben, die bei den Kämpfen auf dem Reichssportfeld gefallen waren. Später erfolgte ihre Umbettung auf Friedhöfe.

36 »Stadion-Terrassen«

Nach den Plänen von Otto March wurde 1908/09 gegenüber dem Bahnhof »Rennbahn« an dem dortigen Hügel das »Restaurant Waldhaus« errichtet. Das dreigeschossige Gebäude mit dem charakteristischen Walmdach besaß einen schönen Festsaal und vornehme Salons, die mit Wand- und Deckenmalereien des Charlottenburger Künstlers A. P. Schmidt und Wandgemälden von Karl Lange, Birkle und Thomer verziert waren. Der bildhauerische Schmuck stammte von Walter Schmarje und Lehmann-Borges.
Im Süden stand das »Waldhaus« auf einer hohen Stützmauer aus Werkstein, die das Untergeschoss aufnahm, in dem sich eine »Kutscher-Kneipe« befand. Im Norden schloss sich eine mehrfach abgestufte Terrasse an, die einen idealen Ausblick auf die Rennbahn bot. Im Osten standen ein Pavillon und eine langgestreckte Gartenhalle mit einer Kegelbahn.
Nach dem Abriss der Rennbahn konnte sich Werner March mit der ihm zu hohen und fremden Architektur nicht anfreunden, weshalb er das Restaurant bis auf das Untergeschoss und die Treppenanlagen abreißen ließ. Auf das Fundament setzte er eine zweigeschossige Gaststätte, deren Hauptrestaurant 5000 Plätze besaß. Die Anhöhe zum Stadion wurde in sieben Terrassen abgestuft.
Die »Stadion-Terrassen« wurden bei Kriegsende erheblich beschädigt, so dass man sie nur noch eingeschränkt für die Stadionverwaltung nutzen konnte. Der Wiederaufbau erfolgte 1956 nach einem Entwurf von Carl Mertz (später Direktor der Olympia-Baugesellschaft München). Die Ausführung übernahm der Bund. Der Innenraum hatte 1000, die Terrassen 2000 Plätze. Als Folge des S-Bahn-Boykotts der West-Berliner wurde die Gaststätte 1975 durch die Schultheiss-Brauerei als Pächterin und von den Kuhnert-Betrieben als Unterpächter aufgegeben. Es verblieb lediglich das Atelier von Bildhauer Helmut Wolff, der damals die Reichssportfeld- und die Olympische Brücke neu gestaltete.
Nach einer Odyssee von zehn Jahren wurden die »Stadion-Terrassen« schließlich am 1. Oktober 1985 wiedereröffnet. In das Obergeschoss zog die Berliner Sportjugend ein. Gegenüber baute sich der Berliner Landessportbund ein neues »Haus des Sports«. Auch die ehemalige »Kutscher-Kneipe« nahm 1986 wieder den Betrieb auf.
Auf den verwaisten Terrassen stehen Schapers »Diskuswerfer« sowie die Kopien der antiken Statuen »Faustkämpfer« (Apollonius) und »Junger Athlet«. Im Besitz der Sportjugend ist die Porträtplastik von August Bier (Bildhauer Walter Schott/bis 1945 im »Haus des Deutschen Sports«). Im Atrium steht seit 1986 die Brunnengruppe »Eine Frage« von Reinhold Boeltzig (1863–1939).

37 Flatowallee/Jesse-Owens-Allee

Die Verbindung zwischen der Heerstraße und dem vor dem Südtor liegenden Coubertinplatz ist die Flatowallee (ehemals Reichssportfeldstraße). Ihr Name erinnert an die von den Nationalsozialisten im KZ Theresienstadt umgebrachten jüdischen Turn-Olympiasieger von 1896, Alfred und Felix Flatow. Die Umbenennung, an der der Sohn von Felix Flatow teilnahm, fand am 21. Februar 1997 statt.
Die Namensgebung der Jesse-Owens-Allee (ehemals Stadionallee) erfolgte am 10. März 1984 in Anwesenheit der Witwe des vierfachen Olympiasiegers und des IOC-Präsidenten Juan Antonio Samaranch.
Die Trakehner Allee, die unterhalb des Coubertinplatzes mit der Flatow- und Jesse-Owens-Allee zusammentrifft, ist ein Hinweis auf die ehemalige Rennbahn und das früher bekannte ostpreußische Gestüt Trakehnen.

38 S-Bahnhof »Olympia-Stadion«

Der 1908/09 von Reichsbahnrat Ernst Schwartz errichtete Vorortbahnhof hieß bis 1935 »Rennbahn Grunewald«. Nach dem Umbau von Fritz Hane trug er bis 1960 den Namen »Reichssportfeld«. 1960 wurde der Bahnhof in »Olympia-Stadion« umbenannt. Nachdem die Reichsbahn 1980 die Strecke, die als unrentabel galt, geschlossen hatte, verfiel die Station. Lediglich für Großereignisse wurden noch Sonderzüge eingesetzt. Nach der Wiedervereinigung wurde der regelmäßige Betrieb am 16. Januar 1998 wiederaufgenommen.
Das rekonstruierte Bahnhofsgebäude, das im Stil der Neuen Sachlichkeit errichtet wurde, verfügt über eine pergolaähnliche offene Pfeilerhalle, die mit Muschelkalk aus Kleinrinderfeld verblendet ist. Die Attika trägt den Stationsnamen.
Die Reichssportfeldbrücke, über die die Flatowallee verläuft, wurde 1909 errichtet, 1936 umgestaltet und 1978 mit einem Kostenaufwand von vier Millionen Mark rekonstruiert. Die drei jeweils knapp vier Tonnen schweren Granitblöcke, die das Brückengeländer begrenzen, wurden durch neue Postamente von Bildhauer Helmut Wolff ersetzt.

39 Corbusierhaus

Der Bau des 65 Meter hohen und 135 Meter langen Corbusierhauses auf dem Reserveparkplatz am S-Bahnhof »Olympia-Stadion«, dem sogenannten »Heilsberger Dreieck«, war 1956–58 von Bürgerprotesten begleitet. Ungeachtet des Widerstands baute Le Corbusier das auf sieben Meter hohen Stelzen stehende Hochhaus in der Flatowallee 16 (ehemals Reichssportfeldstraße) aus Anlass der INTERBAU-Ausstellung. Da das Haus im sozialen Wohnungsbau errichtet wurde, musste der Architekt von seiner bisher üblichen »Modul«-Höhe von 2,26 Meter abgehen und die Räume um 24 Zentimeter höher bauen.
Der Stahlbetonskelettbau besitzt 17 Etagen und 557 Wohnungen und ist mit etwa 1400 Bewohnern Berlins größtes Wohnhaus. Die Zwei- und Dreiraumwohnungen wurden als Maisonette errichtet. Ebenerdig gibt es eine Anzahl kleiner Geschäfte.

40 Friedhof Heerstraße

Unmittelbar hinter dem S-Bahnhof – an der Trakehner Allee – liegt der 1921 eröffnete inter-

konfessionelle Friedhof Heerstraße. Weil dort eine Reihe prominenter Berliner Juden beigesetzt wurde, beabsichtigten die Nationalsozialisten anfangs, den Friedhof zu beseitigen. Sie begnügten sich schließlich damit, dass March auf Anweisung Hitlers das Dach der Kapelle, die auf einer kleinen Anhöhe im Landhausstil errichtet war, niedriger baute. Außerdem musste er eine Pappelreihe anlegen, um das Gebäude zu verdecken.
In enger Beziehung zu den Olympischen Spielen steht das Ehrengrab von Carl Schuhmann, der 1896 in Athen als vierfacher Sieger im Turnen und Ringen Deutschlands erster Olympionike wurde (Abtlg. II – W – 7 – 48). Mit Georg Zacharias (Schwimmen 1904) und dem Komponisten Paul Höffer (Kunstwettbewerbe 1936) sind hier weitere Olympiasieger begraben. Auch der Bildhauer Georg Kolbe und Theodor Lewald fanden auf dem Friedhof ihre letzte Ruhe.

41 Hockeystadion

Das Rechteck des Hockeystadions wurde von Werner March nördlich des Olympischen Platzes und in die Hauptachse des Sportforums gelegt, dessen Haupteingang die Sportforumstraße mit dem Forumtor darstellte. Die Zufahrt wurde durch den Bau der Wohnhäuser für die britischen Truppen zwischen 1965 und 1968 unterbrochen. Für die jeweils 55 Zentimeter hohen umlaufenden Steinborde und die Stufen verwendete man blaugrünen Dolomit. Die Auftrittsflächen wurden mit Rasen bedeckt. Die Platzkapazität betrug 11 000, wovon 9000 Stehplätze waren. Für die Olympischen Spiele wurden Behelfstribünen errichtet, so dass das Fassungsvermögen auf 18 000 (davon 11 500 Stehplätze) erhöht werden konnte.

Die Maße des Spielfelds betrugen 55 x 91 Meter. Als Umkleide diente ein Holzblockhaus mit Strohdächern; zusätzliche Räume befanden sich 1936 unter der Behelfstribüne. Auf dem nördlich gelegenen Schenckendorffplatz wurde für die Olympischen Spiele ein zweiter Hockeyplatz mit jeweils zwei Stehplatztribünen für 1600 Zuschauer errichtet.

42 Tennis-Stadion

Obwohl Tennis seit 1924 keine olympische Sportart mehr war, wurde östlich der Sportforumstraße ein Turniergelände geplant. Das Tennisstadion baute March an einem abfallenden Hang, der auch als Standort des Radstadions vorgesehen war (später provisorisch unter dem Funkturm).
Die Stufenanlage bestand aus blaugrünem Dolomit. Ein Holzblockhaus mit steilem Rohrdach war die Garderobe. Der Blick nach Süden blieb offen. Das Stadion besaß 954 Sitz- und 2370 Stehplätze. Nördlich davon gab es zwölf Spielplätze und eine Anspielwand.
Die Anlage, auf der man Behelfstribünen errichtete, wurde während der Olympischen Spiele von 1936 für das Basketballturnier sowie Degenfechten verwendet. Das Basketball-Finale fand im Tennisstadion statt.
Die Tennisplätze opferte man zwischen 1965 und 1968 dem Bau von Wohnhäusern für die britischen Truppen. Das Stadion wurde Anfang der 1950er Jahre freigegeben, innerhalb des »Notstandsprogramms« der Bundesregierung instandgesetzt und dann zu einem Kinderspielplatz umgewandelt.

43 U-Bahnhof »Olympia-Stadion«

Die U-Bahnstrecke verdankt ihre Entstehung der Erweiterung der Stammbahn in Charlottenburg. Der erste Teil war der Abschnitt Knie – Wilhelmplatz, der zweite verlief von der Bismarckstraße zum »Stadion«. Von 1935 bis 1950 hieß die Station »Reichssportfeld«, bis sie 1950 erneut umbenannt wurde.
Der Betrieb der Kleinprofilbahn bis zum Reichskanzlerplatz (heute Theodor-Heuss-Platz) wurde am 29. März 1908 aufgenommen; das restliche Stück eröffnete man am 8. Juni 1913, dem Tag der »Stadion-Weihe«. 1928/29 wurde die Strecke bis Ruhleben verlängert. Architekt war Dr.-Ing. Johannes Bousset (Eröffnung 22. Dezember 1929). Die Baukosten beliefen sich auf 2,45 Millionen Mark.
Der Umbau des Bahnhofs 1929/30 erfolgte dreigleisig durch Alfred Grenander. Das dreigeschossige Eingangsgebäude im Stil der neuen Sachlichkeit wurde mit Klinkern verblendet. Der Baukörper ist T-förmig. Auf dem davorliegenden Rositerplatz stehen zwei Kassenhäuschen. Eine ehemals dort platzierte Plastik ist seit Kriegsende verschollen.

Abkürzungen

AdbK	Akademie der bildenden Künste	DM	Deutscher Meister	HdK	Hochschule der Künste
AdK	Akademie der Künste	DNB	Deutsches Nachrichten-Büro	HfbK	Hochschule für Bildende Künste
Barch	Bundesarchiv	DOA	Deutscher Olympischer Ausschuss	HJ	Hitler-Jugend
BDA	Bund Deutscher Architekten	DOG	Deutsche Olympische Gesellschaft	IAAF	Internationaler Leichtathletikverband
BDM	Bund Deutscher Mädel	DR	Deutscher Rekord	i.E.	im Elfmeterschießen
BMI	Bundesministerium des Innern	DRA	Deutscher Reichsausschuss für Leibesübungen	IOC	Internationales Olympisches Komitee
BSC	Berliner Sport-Club	DRAfOS	Deutscher Reichsausschuss für Olympische Spiele	IOI	Internationales Olympisches Institut
BVK	Bundesverdienstkreuz	DRL	Deutscher Reichsbund für Leibesübungen	ISTAF	Internationales Stadion-Fest
BVV	Bezirksverordnetenversammlung	DSB	Deutscher Sportbund	KdF	»Kraft durch Freude«
CIO	Comité Olympique International	DSBfA	Deutsche Sportbehörde für Athletik	KHS	Kunsthochschule
CuLDA	Carl und Liselott Diem-Archiv	DSHS	Deutsche Sporthochschule	MdL	Mitglied des Landtages
DAF	Deutsche Arbeits-Front	DSV	Deutscher Schwimm-Verband	MdR	Mitglied des Reichstages
DFB	Deutscher Fußball-Bund	DT	Deutsche Turnerschaft	NOK	Nationales Olympisches Komitee
DHfL	Deutsche Hochschule für Leibesübungen	EM	Europameister	NSDAP	Nationalsozialistische Deutsche Arbeiterpartei
DLV	Deutscher Leichtathletik-Verband	FIFA	Internationaler Fussballverband	NSRL	Nationalsozialistischer Reichsbund für Leibesübungen
				OBM	Oberbürgermeister
				o.D.	ohne Datum
				OK	Organisationskomitee
				OKH	Oberkommando des Heeres
				OS	Olympische Spiele
				OSAF	Oberster SA-Führer
				PAdAA	Politisches Archiv des Auswärtigen Amtes
				RdP	Reichsverband der Deutschen Presse
				RKK	Reichskunstkammer
				RMdI	Reichsministerium des Innern
				RMVP	Reichsministerium für Volksaufklärung und Propaganda
				SAPMO	Stiftung Archiv der Parteien und Massenorganisationen der DDR
				SMAD	Sowjetische Militäradministration
				USOC	United States Olympic Committee
				WK	Weltkrieg
				WR	Weltrekord

Zeittafel

(ausgewählte Veranstaltungen sowie historische Ereignisse)

1894
- 16.–23.6. Kongress zur Wiederaufnahme der Olympischen Spiele in Paris und Gründung des IOC

1895
- Sommer Gründung Unterausschuss für deutsche Volksfeste; erste Pläne für ein »national-deutsches Olympia« im Juli 1900
- 13.12. Gründung »Comité zur Beteiligung Deutschlands an den olympischen Spielen zu Athen 1896«

1896
- 6.–15.4. Spiele der I. Olympiade in Athen
- Sept. Pläne für ein »deutsches Olympia« in Buckow/Märkische Schweiz

1897
- 31.1. Gründung Ausschuss für Deutsche Nationalfeste in Berlin

1901
- 21.–23.5. 4. IOC-Session in Paris: Antrag der deutschen IOC-Mitglieder, die Olympischen Spiele von 1908 in Berlin durchzuführen

1902
- 30.12. Immediateingabe Dr. Willibald Gebhardts an das preußische Unterrichtsministerium zur Errichtung einer »Palästra« im künftigen Volkspark im Grunewald, um Olympische Spiele zu veranstalten

1904
- 25.3. Umwandlung des Deutschen Reichsausschusses für die Olympische Spiele 1904 in den ständigen Deutschen Reichsausschuss für Olympische Spiele (DRAfOS); Pläne Gebhardts für ein Stadion im Tiergarten

1906
- 22.4.–2.5. II. Internationale Olympische Spiele in Athen

1907
- Februar Union-Club pachtet das Gelände nördlich der Döberitzer Landstraße für 30 Jahre; Baubeginn der Grunewald-Rennbahn
- Juni Gebhardts Denkschrift »Das Stadion im Grunewald eine Zentralstelle für körperliche Kraft und Gewandheit«
- 4.7. Beschluss des DRAfOS, »nationale olympische Spiele« im Deutschen Reich zu veranstalten

1908
- 30.12. »Aufruf zur Beteiligung am Bau eines deutschen Stadions« durch den DRAfOS

1909
- 31.3. DRAfOS-Präsident Egbert von Asseburg stirbt in Berlin
- 17.5. DRAfOS-Hauptversammlung wählt Victor von Podbielski zum Präsidenten und Ulrich von Oertzen zum Vizepräsidenten
- 23.5. Eröffnung der Grunewald-Rennbahn
- 27.5.–2.6. 11. IOC-Session in Berlin, Besichtigung der Grunewald-Rennbahn und Empfang in den »Stadion-Terrassen«
- 1.11. Einweihung Stadtbahnlinie und Bahnhof »Rennbahn«

1912
- 4.7. 14. IOC-Session in Stockholm: Vergabe der Spiele der VI. Olympiade an Berlin
- 13.9. Offizieller Baubeginn Deutsches Stadion

1913
- 23.2. Gründung Deutscher Kampfspielbund in Leipzig
- 1.4. Architekt Otto March stirbt im Alter von 67 Jahren
- 8.6. Eröffnung des Deutschen Stadions durch Kaiser Wilhelm II., Fußball-Finale Kronprinzenpokal Westdeutschland–Verband Brandenburgischer Ballspielvereine (VBB) 5:3
- 8.6. Eröffnung U-Bahnlinie Reichskanzlerplatz–Stadion
- 22.6. Fußballfinale Gardekorps Elisabether–»Maikäfer« 5:0, 6000 Zuschauer
- 29.6. Internationales Leichtathletikfest
- 26.7. Sommersportfest Schwimmen und Radsport
- 3.8. Asseburg-Memorial
- 23./24.8. Weltmeisterschaften Bahnradsport
- 7.9. Erstes Berliner Jugendsportfest, 3762 Teilnehmer

1914
- 22.2. Fußballendspiel Kronprinzenpokal Norddeutschland–Mitteldeutschland 2:1, Podbielski-Ehrung, 15 000 Zuschauer
- 10.5. Fußballstädtespiel Berlin–Paris 2:0
- 6./8.6. Armee-Wettkämpfe
- 20./21.6. Deutsche Meisterschaften Bahnradsport, Kaiserpreisfahren
- 27./28.6. Olympia-Vorspiele
- 18.7. US-Baseballspiel Giants–Athletics
- 26.7. Sommersportfest Berliner Athletik-Vereine

1915
- 8.8. Kriegswettbewerbe Radsport und Schwimmen

1916
- 21.1. Victor von Podbielski stirbt im Alter von 71 Jahren
- 10.2. DRAfOS-Beschluss, erstmals zwei Jahre nach Kriegsende Deutsche Kampfspiele auszutragen
- 18.6. Vaterländische Festspiele zugunsten der Kriegshilfe
- 25.6. Podbielski-Erinnerungsspiele
- 1.7. Geplanter Eröffnungstermin Spiele der VI. Olympiade in Berlin
- 3.9. Vaterländische Kampfspiele

1917
- 25.1. Namensänderung des DRAfOS in Deutscher Reichsausschuss für Leibesübungen (DRA)
- 3.6. Podbielski-Erinnerungsspiele
- 5.8. Deutsche Kriegsmeisterschaften Leichtathletik und Schwimmen
- 12.8. Vorführung von Meldehunden der Kriegshundeschule
- 19.8. Kriegsmeisterschaften des DRA
- 2.9. Vaterländische Kampfspiele des Hauptausschusses für Leibesübung und Jugendpflege

1918
- 6.5. Antrag zur »Eindeutschung« des Namens »Stadion« vom DRA-Wettkampf-Ausschuss abgelehnt
- 16.6. Podbielski-Erinnerungsspiele
- 30.6. Volkstümliches Schwimmfest und Radsportwettkämpfe
- 4.8. Hindenburg-Wettkämpfe des DRA
- 25.8. Deutsche Kriegsmeisterschaften Leichtathletik und Schwimmen
- 1.9. Vaterländische Kampfspiele des Hauptausschusses für Leibesübung und Jugendpflege

1919
- 19.5. »Großer Preis der Freiheit« im Radsport
- Juni Fußballendspiel Bundespokal Norddeutschland–Süddeutschland 5:4
- 15.6. Podbielski-Erinnerungsspiele
- 22.6. »Großer Preis von Berlin« im Radsport
- 29.6. Sommersportfest des DRA
- 16.7. 1. Damenturn- und Sportfest des DRA

Start zur Amateur-Weltmeisterschaft im Deutschen Stadion in Berlin
Teichert, Berlin (1), Beyer, Dresden (2), Bloke, Amsterdam (3), Bartlett, London (4), Meredith, Sieger (5), Fossier, Paris (6).

20.7.	Hindenburg-Wettkämpfe
6.8.	Sportfest »Alte Herren« (erstmals Senioren-Wettkämpfe)
10.8.	Berliner Leichtathletik-meisterschaften
14.–16.8.	Deutsche Armee-Wettkämpfe
31.8.	Vaterländische Kampfspiele des Hauptausschusses für Leibesübung und Jugendpflege

1920
15.5.	Gründung Deutsche Hochschule für Leibesübungen (DHfL)
Juni	Podbielski-Erinnerungsspiele
4.7.	2. Gefallenen-Gedenk-Sportfest Leichtathletik, Schwimmen und Radsport
24.10.	Fußball-Länderspiel Deutschland–Ungarn 1:0, 35 000 Zuschauer

1921
19./20.6.	Brandenburgisches Turnsportfest
26.6.	Podbielski-Erinnerungsspiele
3.7.	Internationales Stadion-Sportfest (Istaf) Leichtathletik und Schwimmen, 20 000 Zuschauer
17.7.	3. Gefallenen-Gedenk-Sportfest Leichtathletik, Schwimmen und Radsport
24.–28.8.	Heer- und Marinemeisterschaften
18.9.	Dreharbeiten »Des Lebens und der Liebe Wellen« der Fern-Andra-Filmgesellschaft

1922
18.6.	Beginn der 1. Deutschen Kampfspiele, Finale Deutsche Fußballmeisterschaft Hamburg–1. FC Nürnberg (beim Stand von 2:2 nach 185 min abgebrochen), 30 000 Zuschauer
2.7.	Abschluss Deutsche Kampfspiele mit Preisverleihung

1923
25.3.	Fußballstädtespiel Berlin–München 1:0
30.3.	Propagandalaufen deutscher Athletikvereine, 4000 Teilnehmer
22.4.	Fußballstädtespiel Berlin–Hamburg 3:3
29.4.	Automobilrennen des ADAC
6.5.	Rad- und Motorradrennen
10.6.	Finale Deutsche Fußballmeisterschaft Hamburg–Union Oberschöneweide Berlin 3:0, 64 000 Zuschauer

Die ersten internationalen Titelkämpfe: Weltmeisterschaft der Radsportamateure 1913.

The first international contests: amateur cycling world championships in 1913.

8.7.	Auto- und Motorradrennen
14./15.7.	Internationale Wettkämpfe des BSC Schwimmen und Leichtathletik
22.7.	»Großer Preis von Berlin« im Radsport, Wettfliegen zweimal Staaken–Stadion
7.8.	Radsport- und Kleinautorennen
23.9.	Fußballstädtespiel Berlin–Wien 1:3

1924
11.5.	Vorrundenspiel Deutsche Fußballmeisterschaft Alemannia Berlin–1. FC Nürnberg 1:6
18.5.	»Großer Preis von Berlin« im Radsport
24./25.5.	Brandenburgisches Turn- und Sportfest
8.6.	Finale Deutsche Fußball-meisterschaft 1. FC Nürnberg–Hamburger SV 2:0, 35 000 Zuschauer
29.6.	Jubiläumssportfest Verband Brandenburgischer Athletik-Vereine (VBAV) und Flugschau, 50 000 Zuschauer
5./6.7.	Kleinautorennen des ADAC
20.7.	Preußenmeisterschaft im Radsport
9./10.8.	Deutsche Schwimmmeisterschaften
31.8.	Fußball-Länderspiel Deutschland–Schweden 1:4, 25 000 Zuschauer
6./7.9.	Asseburg-Memorial

1925
19.4.	Fußballstädtespiel Berlin–München 1:1, 15 000 Zuschauer
24.5.	Fünf-Städte-Kampf Leichtathletik
21.6.	»Europa-Wettkämpfe« der »Berliner Morgenpost« in der Leichtathletik
19.7.	Internationales Stadion-Sportfest anlässlich des Reichsmechaniker-Tages im Radsport, Rugby, Schwimmen und Motorradrennen
8./9.8.	Deutsche Leichtathletikmeisterschaften
16.8.	Fußballstädtespiel Berlin–Hamburg 1:7
12.9.	Schüler-Sportfest in der Leichtathletik, 4300 Teilnehmer
13.9.	III. Internationales Leichtathletik-Sportfest des DSC
18.10.	Sportforum: Grundsteinlegung durch Reichspräsident Hindenburg

1926
5.2.	Sieger des Wettbewerbs für das Sportforum: Werner und Walter March
24.5.	Internationale Leichtathletik-Wettkämpfe des SC Charlottenburg (»Nurmi-Sportfest«), 40 000 Zuschauer
31.5.	Halbfinalspiel Deutsche Fußballmeisterschaft Hertha BSC–Hamburger SV 4:2, 80 000 Zuschauer
8.6.	Musikfest der Reichswehr
13.6.	Reichs-Arbeiter-Sport-Tag
19./20.6.	Internationales Schwimmfest des BSC Poseidon
27.6.	Jung-Siegfried-Spiele
Juli	Sportforum: Beginn der Bauarbeiten für das Turnhallengebäude
1.8.	Preußen-Meisterschaft im Radsport
16.8.	Fußballstädtespiel Berlin–Budapest 4:2, 15 000 Zuschauer

»Kriegsmeisterschaften« 1917 im Deutschen Stadion.

›Wartime Championships‹ in the German Stadium, 1917.

22.8.	Internationales Arbeiter-Sportfest, 10 000 Zuschauer
28.8.	Sportfest der höheren Schulen von Berlin, 12 000 Teilnehmer
29.8.	Vaterländische Kampfspiele und Reichsjugendwettkämpfe
3.9.	Musikfest der Reichswehr
26.10.	Beginn des Tunnelbaus Stadion–Sportforum

1927
20.2.	Fußballstädtespiel Berlin–Paris 5:1
Mai	Einweihung des ersten Teilstücks des Turnhallengebäudes
7.6.	Finale Deutsche Fußballmeisterschaft 1. FC Nürnberg–Hertha BSC 2:0, 50 000 Zuschauer
25.6.	Sportforum: Grundsteinlegung Frauenheim (»Annaheim«)
18.7.	Brandenburgische Meisterschaften der Deutschen Turnerschaft Leichtathletik und Schwimmen
Aug.	Sportforum: Einweihung der Großen Turnhalle
Aug.	Reichsjugendwettkämpfe
4.9.	Fußballstädtespiel Berlin–Hamburg 1:1
2.10.	Feier zum 80. Geburtstag von Reichspräsident Hindenburg, 50 000 Teilnehmer
6.11.	Fußballstädtespiel Berlin–Stockholm 2:2

1928
18.3.	2. Entscheidungsspiel Berliner Fußballmeisterschaft Hertha BSC–Tennis Borussia 1900 1:2, 35 000 Zuschauer
15.4.	3. Entscheidungsspiel Berliner Fußballmeisterschaft
22.4.	Fußballstädtespiel Berlin–München 5:1
6.5.	Endspiel um die ATSB-Fußballmeisterschaft Pankower SC Adler 08–ASV Frankfurt Westend 5:4, 12 000 Zuschauer
13.5.	Fußballstädtespiel Berlin–London 2:1
4.6.	Sportforum: Einweihung des »Annaheim«
13.–15.7.	Deutsche Schwimm-meisterschaften
13.7.	Sportforum: Grundsteinlegung Schwimmerheim
18./19.8.	Internationales Leichtathletikmeeting des DSC und SCC
1.9.	Herbstsportfest des höheren Schulen Berlins

2.9.	Leichtathletik-Länderkampf Deutschland–Frankreich
2.9.	Zapfenstreich und Feuerwerk der Berliner Reichswehr
2.9.	Fußballstädtespiel Berlin–Hamburg 6:3
8.9.	Asseburg-Memorial
23.9.	Automobil-Corso des ACvD
12.10.	Sportforum: Einweihung Hirtsiefer-Schwimmbecken
6.10.	Sportforum: Einweihung Deutsche Turnschule
4.11.	Fußballstädtespiel Berlin–Oslo 2:0
21.11.	Fußballstädtespiel Berlin–Wien 1:4

1929
10.3.	Fußballstädtespiel Berlin–Mailand 2:4
28.4.	Finale Fußball-Bundespokal VBB–Norddeutschland 2:1
12.5.	Fußballstädtespiel Berlin–Paris 5:0
26.5.	3. Entscheidungsspiel Berliner Fußballmeisterschaft Hertha BSC–Tennis Borussia 5:2
1.6.	Massenkundgebung »10 Jahre Versailler Vertrag«
1.6.	Fußball-Länderspiel Deutschland–Schottland 1:1, 30 000 Zuschauer
9.6.	Jubiläums-Sportfest anlässlich des 25-jährigen Bestehens des VBAV, 7000 Zuschauer
16.6.	Automobil- und Motorradsportfest
12./13.7.	Deutsche Meisterschaften der Berufsfahrer (Radsport)
11.8.	Feier zum zehnjährigen Verfassungstag
7.9.	Asseburg-Memorial
8.9.	Fußballstädtespiel Berlin–Hamburg 4:1
5.10.	Sportforum: Deutsche Meisterschaften im Degenfechten
1.12.	Fußballstädtespiel Berlin–Göteborg 3:2

1930
6.4.	Fußballstädtespiel Berlin–Prag 1:1
27.4.	1. Entscheidungsspiel Berliner Fußballmeisterschaft Hertha BSC–Tennis Borussia 1900 3:1, 30 000 Zuschauer
10.5.	Fußball-Länderspiel Deutschland–England 3:3, 50 000 Zuschauer
25.5.	Deutsche Meisterschaften im Radsport und Ankunft der Deutschland-Rundfahrt
25.–30.5.	IX. Olympischer Kongress; offizielle Bewerbung Berlins für die Olympischen Spiele von 1936
29.6.	Märkischer Katholikentag

| 3.9. | Fußballspiel Berlin–DFB-Auswahl 2:5 |
| 28.9. | Fußballstädtespiel Berlin–München 4:5 |

1931
22.2.	Fußballstädtespiel Berlin–Dresden 2:5
19.4.	Fußballstädtespiel Berlin–Paris 2:4
24.5.	Fußball-Länderspiel Deutschland–Österreich 0:6, 40 000 Zuschauer
28.6.	Reichs-Arbeiter-Sport-Tag
11.7.	Modell des vorläufigen Olympiastadions für 1936 auf der Deutschen Bauausstellung
1./2.8.	36. Deutsche Leichtathletikmeisterschaften
6.9.	Fußballspiel Berlin–Hamburg 2:3
11.10.	Fußballspiel Berlin–Mitteldeutschland 4:3

1932
4.5.	Fußballstädtespiel Berlin–Basel 2:4
31.5.	Fußballstädtespiel Berlin–Prag 5:3
4.6.	Kunstflugveranstaltung: Pilot Hans Werner Krause verunglückt tödlich beim Looping
27.7.	Großkundgebung der NSDAP zum Abschluss von Hitlers »Deutschlandflug«, 120 000 Teilnehmer
4.9.	Fußballstädtespiel Berlin–Hamburg 5:3
27.11.	Fußballspiel Berlin–Westdeutschland 2:4

1933
8.1.	Fußballspiel Berlin–Süddeutschland 1:3
24.1.	Gründungsversammlung des Organisationskomitees für die Spiele der XI. Olympiade 1936
19.3.	Fußball-Länderspiel Deutschland–Frankreich 3:3, 50 000 Zuschauer
28.4.	Berufung von Hans von Tschammer und Osten zum Reichssportkommissar (ab 19.7.1933 Reichssportführer)
14.5.	Motorradrennen des Motor-Sportclubs Berlin und Schwimmfest
21.5.	Generalappell der NS-Betriebszellenorganisation
11.6.	»Tag der Hitler-Jugend«
29.6.	Fußballstädtespiel Berlin–Budapest 0:0
30.6.	Sonnenwendfeier der HJ
9.7.	Fußballspiel Berlin–Pommern 9:2
23.7.	Fußballspiel Berlin–Bayern 2:2
30.7.	Motorradrennen und Schwimmfest
5.8.	SA-Sportfest
13.8.	SS-Aufmarsch
3.9.	Fußballstädtespiel Berlin–Hamburg 3:3
10.9.	NS-Propagandaveranstaltung »Fest der deutschen Schule«
5.10.	Hitler besichtigt das Deutsche Stadion und ordnet den Neubau an
18.11.	Grunewald-Rennbahn: letztes Rennen vor dem Abriss

1934
| 22.3. | Offizieller Beginn der Bauarbeiten |
| 31.10. | Besichtigung der Olympiabauten durch Hitler |

1935
| 22.8. | Richtfest der Olympiabauten vor dem Sportforum |

1936
1.5.	Eröffnung des »Hauses des Deutschen Sports«
1.- 19.7.	Offizielle Führungen durch das Reichssportfeld
16.7.	Deportation der Sinti und Roma aus Groß-Berlin in das »Zigeunerlager« in Marzahn
20.7.	Beginn des Olympischen Fackellaufes in Olympia
1.- 16.8.	Spiele der XI. Olympiade
26.8.	Hockeystadion: Länderspiel Deutschland–Indien
11.10.	Reiterplatz: Berliner Reitturnier
15.11.	Fußball-Länderspiel Deutschland–Italien 2:2, 100 000 Zuschauer

1937
3.1.	Fußball-Endspiel Tschammer-Pokal VfB Leipzig–FC Schalke 04 2:1, 70 000 Zuschauer
11.4.	Gruppenspiel Deutsche Fußballmeisterschaft Hertha BSC–FC Schalke 04 1:2, 90 000 Zuschauer
1.5.	HJ-Kundgebung
6.6.	Vorschlussrunde Deutsche Fußballmeisterschaft 1. FC Nürnberg–Hamburger SV 3:2, 60 000 Zuschauer
20.6.	Finale Deutsche Fußballmeisterschaft FC Schalke 04–1. FC Nürnberg 2:0, 101 000 Zuschauer
22.6.	Sonnenwendfeier der HJ
23.– 26.6.	Brandenburgisches Turn- und Sportfest
24.– 27.7.	Deutsche Leichtathletikmeisterschaften
31.7./ 1.8.	Schwimmstadion: Länderkampf Deutschland–Österreich
1.8.	I. Internationales Stadion-Fest (ISTAF), 85 000 Zuschauer
13.– 15.8.	SA-Reichswettkämpfe
15./ 19.8.	Freilichtbühne: Händel-Oratorium »Herakles«
18./ 21.– 22.8.	Berliner 700-Jahr-Feier: Festspiel »Berlin in 7 Jahrhunderten deutscher Geschichte«
18./ 19.9.	Leichtathletik-Länderkampf Deutschland–Schweden (Männer) 101:107
28.9.	Maifeld: Großkundgebung Staatsbesuch Mussolini, Großer Zapfenstreich der Wehrmacht
24.10.	Fußball-Länderspiel Deutschland–Norwegen 3:0, 100 000 Zuschauer

1938
1.5.	HJ-Kundgebung, 150 000 Teilnehmer
14.5.	Fußball-Länderspiel Deutschland–England 3:6, 105 000 Zuschauer
15.5.	Fußballspiel Aston Villa–Ostmark 3:2, 100 000 Zuschauer
22.6.	Sonnenwendfeier der HJ
26.6.	Finale Deutsche Fußballmeisterschaft FC Schalke 04–Hannover 96 3:3 n.V., 100 000 Zuschauer
2.7.	Freilichtbühne: Box-Länderkampf Deutschland–England 10:6
3.7.	Wiederholungsspiele Deutsche Fußballmeisterschaft, Finale Hannover 96–FC Schalke 04 4:3 n.V., um Platz 3 Fortuna Düsseldorf–Hamburger SV 4:2, 100 000 Zuschauer
10.7.	Endspiel Handball-WM: Deutschland–Schweiz 23:0
15.– 17.7.	SA-Reichswettkämpfe
13./ 14.8.	Leichtathletik-Länderkampf Deutschland–USA (Männer) 92:122
18.-	Festspiel der Berliner Sommerfestspiele
21.8.	Internationales Schwimmfest
4.9.	»Opfertag des deutschen Sports«: Fußballspiel Nationalmannschaften A–B 1:1
21.12.	Hitler-Erlass zum Nationalsozialistischen Reichsbund für Leibesübungen (NSRL)

1939
8.1.	Endspiel Tschammer-Pokal Rapid Wien–FSV Frankfurt 3:1, 40 000 Zuschauer
26.2.	Fußball-Länderspiel Deutschland–Jugoslawien 3:2, 65 000 Zuschauer
1.5.	HJ-Kundgebung, 132 000 Teilnehmer
4.6.	Vorschlussrunde Deutsche Fußballmeisterschaft FC Schalke 04–Dresdner SC 3:3, 100 000 Zuschauer
18.6.	Finale Deutsche Fußballmeisterschaft FC Schalke 04–Admira Wien 9:0, 100 000 Zuschauer
22.6.	Sonnenwendfeier der HJ, 120 000 Teilnehmer
8./9.7.	Deutsche Leichtathletikmeisterschaften
18.- 23.7.	SA-Reichswettkämpfe
29.7.	V. ISTAF, 40 000 Zuschauer
26.11.	Fußball-Länderspiel Deutschland–Italien 5:2, 70 000 Zuschauer

1940
7.4.	Fußball-Länderspiel Deutschland–Ungarn 2:2, 88 000 Zuschauer
28.4.	Finale Tschammer-Pokal 1. FC Nürnberg–SV Waldhof 2:0, 60 000 Zuschauer
12./ 13.5.	Pfingsttage des deutschen Leibesübungen: Fußballstädtespiel Berlin–Wien 3:4 (13.5.), 30 000 Zuschauer
1.7.	Vorschlussrunde 1. Deutsche Kriegsmeisterschaft (Fußball) Rapid Wien–Union Oberschöneweide 3:1, FC Schalke 04–Fortuna Düsseldorf 1:1 n.V., 70 000 Zuschauer
13./ 14.7.	Schwimmstadion: 1. Deutsche Kriegsmeisterschaften (Schwimmen, Wasserball)
21.7.	Finale 1. Deutsche Kriegsmeisterschaft (Fußball) FC Schalke 04–Dresdner SC 1:0, 90 000 Zuschauer
10./ 11.8.	1. Deutsche Kriegsmeisterschaften in der Leichtathletik
Nov.	Sportforum: Befehlsstand Luftverteidigung Großraum Berlin
1.12.	Finale Tschammer-Pokal Dresdner SC–1. FC Nürnberg 2:1 n.V., 60 000 Zuschauer

101 000 Zuschauer sahen 1937 das Endspiel um die Deutsche Fußballmeisterschaft, das Schalke 04 gegen Nürnberg mit 2:0 gewann.

101,000 spectators watched the 1937 final of the German football championship, in which Schalke 04 beat Nuremberg 2:0.

1941

- **März** — Sportforum: Fecht-Länderkampf Deutschland–Italien
- **30.5.-2.6.** — Pfingsttage der deutschen Leibesübungen; Fußballspiel Rhein–Spree/Havel 3:1
- **22.6.** — Finale 2. Deutsche Kriegsmeisterschaft (Fußball) Rapid Wien–FC Schalke 04 4:3, 95 000 Zuschauer
- **19./20.7.** — 2. Deutsche Kriegsmeisterschaften in der Leichtathletik
- **Aug.** — Dreharbeiten Bavaria-Film »Das große Spiel«
- **9./10.8.** — Brandenburgisches Turn- und Sportfest
- **2.11.** — Finale Tschammer-Pokal Dresdner SC–FC Schalke 04 2:1, 65 000 Zuschauer

1942

- **12.4.** — Fußball-Länderspiel Deutschland–Spanien 1:1, 90 000 Zuschauer
- **21.6.** — Vorschlussrunde 3. Deutsche Kriegsmeisterschaft (Fußball) Blau-Weiß Berlin–Vienna Wien 2:3, 80 000 Zuschauer
- **4.7.** — Finale 3. Deutsche Kriegsmeisterschaft (Fußball) FC Schalke 04 Vienna Wien 2:0, 90 000 Zuschauer
- **25./26.7.** — 3. Deutsche Kriegsmeisterschaften in der Leichtathletik, 30 000 Zuschauer
- **2.8.** — IX. ISTAF, 30 000 Zuschauer
- **20.9.** — Fußball-Länderspiel Deutschland–Schweden 2:3, 90 000 Zuschauer
- **4.10.?** — Leichtathletik-Abendsportfest mit schwedischer Beteiligung
- **15.11.** — Finale Tschammer-Pokal TSV 1860 München–FC Schalke 04 2:0 n.V., 75 000 Zuschauer
- **29.11.** — Fußballstädtespiel Berlin–Wien 1:1

1943

- **7.2.** — Sportforum, Große Turnhalle: Hallenleichtathletiksportfest
- **10.2.** — Kuppelsaal: Hallenradsport für Verwundete (Truppenbetreuung)
- **19.2.** — Anordnung des Reichssportführers »Zur Einordnung des Sports in die Aufgaben der totalen Kriegsführung«
- **25.3.** — Reichssportführer Tschammer und Osten stirbt in Berlin
- **26.3.** — Kuppelsaal: Boxveranstaltung, Fernsehübertragung für Verwundete
- **2.5.** — Glockenturm, Langemarckhalle: Beisetzung der Tschammer-Urne
- **27.6.** — Finale 4. Deutsche Kriegsmeisterschaft (Fußball) Dresdner SC–FV Saarbrücken 3:0, 90 000 Zuschauer
- **24./25.7.** — 4. Deutsche Kriegsmeisterschaften in der Leichtathletik
- **2.8.** — Reichssportfeld: Turn- und Spielfest, 2000 Teilnehmer
- **21.8.** — Fußballspiel Hertha BSC–FC Schalke 04 1:3, 70 000 Zuschauer
- **3./4.9.** — Sportforum: Bombenschäden, Turnhallengebäude teilweise zerstört
- **15./18.9.** — Freilichtbühne: Boxveranstaltung (Truppenbetreuung)
- **26.9.** — Kuppelsaal: Hallenradsport

1944

- **18.6.** — Finale 5. Deutsche Kriegsmeisterschaft (Fußball) Dresdner SC–LSV Hamburg 4:0, 60 000 Zuschauer
- **19.9.** — Anordnung Reichssportführer: Sportveranstaltungen nur noch »mit örtlicher und nachbarlicher Beteiligung«
- **12.11.** — Olympischer Platz: Vereidigung Volkssturm
- **10.12.** — Kuppelsaal: Frauenturnen vor Verwundeten (Truppenbetreuung)

1945

- **14./16.1.** — Sportforum: Basketballturniere
- **21.1.** — Kuppelsaal: Boxveranstaltung für Verwundete (Truppenbetreuung)
- **28.1.** — Forumbad: HJ-Schwimmwettkämpfe, Kuppelsaal: Judoveranstaltung für Verwundete (Truppenbetreuung)
- **18.3.** — Kuppelsaal: HJ- und Volkssturmlehrgang: Vortrag von Carl Diem
- **19.4.** — Kuppelsaal: letzte HJ-Reichsveranstaltung
- **26./27.4.** — Panzerspitzen der Roten Armee erreichen das Reichssportfeld
- **2.5.** — Ende der Kampfhandlungen in Berlin
- **20.6.** — Schwimmstadion: Wiedereröffnung für die Öffentlichkeit (bis 1.7.)
- **Juli** — Brand der Maifeldtribüne und des Glockenturms
- **2.7.** — Besetzung des Reichssportfeldes durch britische Truppen
- **23.9.** — Interalliierte Leichtathletikwettkämpfe »Little Olympics«

1946

- **7./8.9.** — Interalliierte Leichtathletikmeisterschaften (8-Nationen-Sportfest)

1947

- **15.2.** — Sprengung Glockenturm
- **1.-5.4.** — Waldbühne: Interalliierte Box-Amateurmeisterschaften
- **4.5.** — 1. Interzonen-Fußballspiel Düsseldorf–Berlin 2:2
- **11.5.** — Waldbühne: Erster Kampftag im Profiboxen
- **25.5.** — Waldbühne: Deutsche Box-Meisterschaften: Federgewicht Grötsch–Langer, Halbschwergewicht Vogt–Rux
- **22.6.** — Waldbühne: Deutsche Box-Meisterschaften: Mittelgewicht Gahrmeister–Hucks
- **11.8.** — Maifeld: British military tattoo zugunsten bedürftiger Berliner Kinder
- **24.8.** — Reiterplatz: Alliiertes Reiterturnier
- **13.9.** — Waldbühne: Deutsche Meisterschaften: Mittelgewicht Gahrmeister–Hucks
- **13./14.9.** — Alliierte Leichtathletikmeisterschaften (Allied Olympics)

1948

- **16./17.5.** — Fußball-Pfingstturnier der SG Tempelhof
- **20.6.** — Waldbühne: Deutsche Box-Meisterschaften: Mittelgewicht Gahrmeister–Schmidt n.P.
- **23.6.** — Beginn der »Luftbrücke« (bis 12.5.1949)
- **26./27.6.** — Berliner Leichtathletikmeisterschaften
- **18.7.** — Viertelfinale Deutsche Fußballmeisterschaft Union Oberschöneweide–FC St. Pauli 0:7, 70 000 Zuschauer
- **17.9.** — RIAS-Jugendspiele
- **24.10.** — Reiterplatz: britisches Reitturnier erstmals mit deutscher Beteiligung
- **31.10.** — Waldbühne: Box-Kampftag: Vogt–Schmeling (Schmelings letzter Kampf), 24 000 Zuschauer

1949

- **12.6.** — Rückgabe des Olympiastadions an Berliner Magistrat durch Generalmajor Geoffrey Bourne; Viertelfinale Deutsche Fußballmeisterschaft BSV 92–BVB Dortmund 0:5, 60 000 Zuschauer
- **14.8.** — Waldbühne: Deutsche Box-Meisterschaft: Halbschwergewicht Vogt–Hucks unentschieden
- **4.9.** — Waldbühne: Deutsche Box-Meisterschaft: Mittelgewicht Stretz–Pepper 12 Rd. n.P.
- **17.9.** — Waldbühne: Deutsche Box-Meisterschaft: Halbschwergewicht Vogt–Rux dq. 3. Rd.
- **Dez.** — Sprengung des Blaupunktbunkers

1950

- **18.5.** — Fußballspiel Tennis Borussia–Tottenham Hotspurs 0:2
- **28./29.5.** — Fußball-Pfingstturnier Tasmania 1900, Girondins Bordeaux, Admira Wien und Tennis Borussia
- **10.6.** — Waldbühne: Eröffnung des größten Freilichtkinos der Welt mit deutscher Erstaufführung »Robin Hood, König der Vagabunden«
- **12.6.** — Magistratsbeschluss Umbenennung des Reichssportfeldes in Olympiastadion
- **25.6.** — Finale 39. Deutsche Fußballmeisterschaft VfB Stuttgart–Kickers Offenbach 2:1, 96000 Zuschauer
- **20.8.** — Waldbühne: Box-Kampftag Halbschwergewicht Jones–Rux KO 5. Rd., 20 000 Zuschauer
- **24.9.** — Schwimmstadion: Internationales Sportfest mit schwedischer Beteiligung

1951

- **11.2.** — Erstes internationales Fußball-Städtespiel nach dem Zweiten Weltkrieg: Berlin–Zürich 2:2
- **29.4.** — Waldbühne: Box-Kampftag Schwergewicht ten Hoff–Jones n.P.
- **19.5.** — Waldbühne: Deutsche Box-Meisterschaften Weltergewicht Scholz–Schneider PTS 12. Rd.
- **17.6.** — Fußball-Länderspiel BR Deutschland–Türkei 1:2, 90 000 Zuschauer
- **30.6.** — Finale Deutsche Fußballmeisterschaft 1. FC Kaiserslautern–Preußen Münster 2:1, 85 000 Zuschauer
- **11./12.7.** — 3. Stadionfest der Berliner Schulen
- **15.7.** — Hauptveranstaltung Evangelischer Kirchentag, 200 000 Teilnehmer
- **24.7.** — Internationales Leichtathletiksportfest mit US-Beteiligung
- **18.8.** — Waldbühne: Turn-Länderkampf BR Deutschland–Schweiz
- **22.8.** — Show Harlem Globetrotters, Wiedersehen mit Jesse Owens, 60 000 Zuschauer
- **8.9.** — »Tag der Sensationen«, 100 000 Zuschauer
- **30.9.** — 4. Große Polizei-Sportschau (Polizei-Sportfest)
- **21.11.** — Fußballstädtespiel Berlin–London 1:1, 80 000 Zuschauer

Deutsche Meisterschaft im Schwergewichtsboxen im Olympiastadion: Programmheft von 1948.

German Heavyweight Boxing Championship in the Olympic Stadium: 1948 programme.

1952

- **17.2.** Fußballstädtespiel Berlin–Wien 4:5, 80 000 Zuschauer
- **12.–14.4.** Oster-Fußballturnier 100. Jubiläum Tennis Borussia 1900
- **20.5.** Fußballspiel Berlin–Süddeutschland 1:2 (erstmals Sport-TV-Übertragung nach dem Zweiten Weltkrieg)
- **25.5.** Gruppenspiel Deutsche Fußballmeisterschaft Tennis Borussia–VfB Stuttgart 1:1, 90 000 Zuschauer
- **20.6.– 6.7.** Vorolympische Festtage: 52. Deutsche Meisterschaften Leichtathletik (28./29.6.) und Schwimmen (4.–6.7.); Einweihung Reliefporträts in der restaurierten IOC-Ehrenhalle (20.6.)
- **10.8.** XI. ISTAF (nacholympische Wettkämpfe), 40 000 Zuschauer
- **10.8.** Europäische Musikparade mit Auftritt des Roboters »Suber«
- **24.8.** Abschlussveranstaltung 75. Katholikentag, 120 000 Teilnehmer
- **24.8.** Waldbühne: Trauerfeier für den verstorbenen SPD-Vorsitzenden Kurt Schumacher
- **31.8.** Schwimmstadion: Internationales Schwimmfest mit US-Beteiligung
- **7.9.** Waldbühne: Boxkampftag Schwergewicht Sys (Belgien)–Rux TKO 3. Rd., 20 000 Zuschauer
- **21.9.** XII. ISTAF, 15 000 Zuschauer
- **21.9.** 5. Große Polizeisportschau

1953

- **26.4.** Fußballstädtespiel Berlin–Paris 2:1, 60 000 Zuschauer
- **3.5.** Gruppenspiel Deutsche Fußballmeisterschaft Union 06–Hamburger SV 2:2, 85 000 Zuschauer
- **14.5.** Fußballspiel DFB-Auswahl (B)–Bolton Wanderers
- **Juni** Waldbühne: Berlinale: Gary Cooper erhält »Silbernen Bären«
- **2.6.** Maifeld: Krönungsparade der britischen Garnison
- **6.6.** Fußballspiel Stadtauswahl Berlin–DFB-Auswahl (B) 2:4
- **8.6.** Eröffnung British Headquarters im »Haus des Deutschen Sports« durch den Hohen Kommissar Sir Ivone Kirkpatrick
- **21.6.** Finale Deutsche Fußballmeisterschaft 1. FC Kaiserslautern–VfB Stuttgart 4:1, 80 000 Zuschauer
- **5.7.** Waldbühne: letzter Boxkampftag bis 1973
- **2.8.** XIV. ISTAF, 25 000 Zuschauer
- **13./14.8.** Waldbühne: Auftritt der Harlem Globetrotters
- **27.8.** 4. Stadionfest der Berliner Schulen
- **29./30.8.** Leichtathletik-Länderkampf BR Deutschland–Großbritannien
- **20.9.** 6. Große Polizeisportschau

1954

- **7.1.** British Headquarters: Vorbesprechung der alliierten Stadtkommandanten zur Viermächte-Außenministerkonferenz (25.1.1954)
- **5.–7.6.** Pfingstsportfest: Fußballspiel Viktoria 89–Club Olympique Roubaix-Tourcoing (Gegenveranstaltung zum II. Deutschlandtreffen in Ost-Berlin)
- **26.6.** »Großer Tag« von Heinz Hentschke
- **17./18.7.** Norddeutsche Leichtathletikmeisterschaften, Ehrung Fußball-Weltmeister durch Bundespräsident Theodor Heuss (18.7.), 85 000 Zuschauer
- **24./25.7.** Schwimmstadion: Deutsche Schwimmmeisterschaften
- **5.9.** 7. Große Polizeischau, 100 000 Zuschauer
- **4.9.** Kündigung des zwischen Magistrat und britischer Militärregierung geschlossenen Nutzungsvertrages durch die Bundesregierung
- **11./12.9.** Reiterplatz: Pferdeleistungsschau des Zentralverbandes für Zuchtprüfung deutschen Warmblutes

1955

- **5.5.** Gruppenspiel Deutsche Fußballmeisterschaft Viktoria 92–1. FC Kaiserslautern 1:2, 85 000 Zuschauer
- **30.5.** Gruppenspiel Deutsche Fußballmeisterschaft Viktoria 92–Hamburger SV 0:2, 90 000 Zuschauer
- **30.6.** Auftaktspiel Handball-WM (Großfeld) BR Deutschland–Portugal 9:4, 20 000 Zuschauer
- **3.7.** XVI. ISTAF erstmals mit DDR-Beteiligung, 20 000 Zuschauer
- **26./27.8.** 5. Stadionfest der Berliner Jugend
- **18.9.** 8. Große Polizeischau

1956

- **9.5.** Beschluss BVV Charlottenburg zur Errichtung des Corbusier-Hauses
- **26.5.** Fußball-Länderspiel BR Deutschland–England 1:3, 95 000 Zuschauer
- **31.5.** Maifeld: Geburtstagsparade für die britische Königin
- **22.6.** Schwimmstadion: erstes deutsches Versehrtenschwimmfest
- **24.6.** Finale Deutsche Fußballmeisterschaft Borussia Dortmund–Karlsruher SC 4:2, 75 000 Zuschauer
- **30.6.** XVII. ISTAF, 20 000 Zuschauer
- **Aug.** Wiedereröffnung der »Stadion-Terrassen«
- **3.–5.8.** Internationale Leichtathletik-Militärmeisterschaften; 100-m-WR durch Ira Murchison und Willie Williams (USA)
- **17./18.8.** 56. Deutsche Leichtathletikmeisterschaften
- **26.8.** 9. Große Polizeischau, 100 000 Zuschauer
- **18.12.** Hebung der Olympiaglocke

1957

- **1.4.** Übernahme des Olympiastadions durch den Bund
- **o.D.** Gruppenspiel Deutsche Fußballmeisterschaft Hertha BSC–Tasmania 1900 2:0, 80 000 Zuschauer
- **2.6.** Gruppenspiel Deutsche Fußballmeisterschaft Hamburger SV–Duisburger SV 1:1, 40 000 Zuschauer
- **30.6.** XVIII. ISTAF, 9000 Zuschauer
- **Aug.** Länderkampf Moderner Fünfkampf BR Deutschland–Österreich
- **14.8.** Inbetriebnahme der Flutlichtanlage anlässlich des 60. Jahrestages der Gründung des VBB
- **8.9.** 10. Große Polizeischau, 100 000 Zuschauer
- **o.D.** Einweihung der Olympiasiegerstelen für 1952 und 1956

1958

- **4.–7.4.** Oster-Fußballturnier Hertha BSC, Vienna Wien, Tennis Borussia und Chaux-de-Fonds
- **22.6.** XIX. ISTAF, 15 000 Zuschauer
- **26./27.7.** Schwimmstadion: Norddeutsche Schwimmmeisterschaften
- **17.8.** Abschluss 78. Deutscher Katholikentag, 150 000 Teilnehmer
- **24.8.** Waldbühne: »Tag des Kindes«, veranstaltet vom »Telegraf«, 25 000 Besucher
- **31.8.** 11. Große Polizeischau, 100 000 Besucher
- **14.9.** Waldbühne: »Tag der Heimat« des Bundes der Vertriebenen (BdV), 30 000 Teilnehmer
- **4.10.** Box-EM Mittelgewicht Scholz–Humez (Frankreich) TKO 12 Rd., 30 000 Zuschauer
- **19.11.** Fußball-Länderspiel BR Deutschland–Österreich 2:2, 85 000 Zuschauer

1959

- **18.4.** Maifeld: Geburtstagsparade für die britische Königin
- **30.5.** Gruppenspiel Deutsche Fußballmeisterschaft Tasmania 1900–Hamburger SV 0:2, 90 000 Zuschauer
- **20.6.** XX. ISTAF, 20 000 Zuschauer
- **28.6.** Finale Deutsche Fußballmeisterschaft Eintracht Frankfurt–Kickers Offenbach 5:3 n.V., 75 000 Zuschauer
- **4./5.7.** Schwimmstadion: Berliner Schwimmmeisterschaften
- **11./12.7.** Norddeutsche Leichtathletikmeisterschaften
- **29.8.** 12. Große Polizeischau, 110 000 Besucher
- **23.8.** Waldbühne: »Tag des Kindes«
- **6.9.** Waldbühne: »Tag der Heimat«, 25 000 Teilnehmer
- **25.–27.9.** Reiterstadion: Deutsche Meisterschaften im Dressur- und Springreiten

1960

- **29.5.** Gruppenspiel Deutsche Fußballmeisterschaft Tasmania 1900–1. FC Köln 1:2, 88 000 Zuschauer
- **2./3.7.** Berliner Leichtathletikmeisterschaften
- **22.–24.7.** Deutsche Leichtathletikmeisterschaften
- **29.–31.7.** Schwimmstadion: 71. Deutsche Schwimmmeisterschaften
- **16.8.** Fußball-Freundschaftsspiel Viktoria 89/Hertha BSC–Real Madrid 0:1, 65 000 Zuschauer
- **28.8.** Waldbühne: »Tag des Kindes«
- **4.9.** Waldbühne: »Tag der Heimat«, DDR-Behörden erlassen Einreisebeschränkungen für Bundesbürger nach Ost-Berlin
- **Sept.** 13. Große Polizeischau
- **24.9.** XXI. ISTAF, 40 000 Zuschauer

1961

- **10.5.** Fußball-WM-Qualifikationsspiel BR Deutschland–Nordirland 2:1, 95 000 Zuschauer
- **23.7.** Abschlussveranstaltung 10. Evangelischer Kirchentag mit 82 000 Teilnehmern
- **5.8.** XXII. ISTAF, 10 000 Zuschauer
- **7.–10.9.** Reiterstadion: Deutsche Meisterschaften im Dressur- und Springreiten
- **10.9.** 14. Große Polizeischau
- **20.9.** Fußball-Messepokal Berlin (West)–Barcelona 1:0
- **4.11.** Richtfest des wiederaufgebauten Glockenturms
- **12.11.** Entscheidungsspiel Fußball-WM-Qualifikation, Gruppe 1 Schweiz–Schweden 2:1
- **o.D.** Einweihung der Olympiasiegerstele von Squaw Valley/Rom 1960

1962

- **12.5.** Letztes Finale um die Deutsche Fußballmeisterschaft vor Einführung der Bundesliga 1. FC Köln–1. FC Nürnberg 4:0, 90 000 Zuschauer
- **9.6.** 23. ISTAF, 12 000 Zuschauer
- **23.6.** Box-Weltmeisterschaft Halbschwergewicht Johnson (USA)–Scholz n. P. 15 Rd., 40 000 Zuschauer
- **2.9.** 15. Polizeisportfest, 100 000 Zuschauer
- **15.9.** 8. Stadionsportfest der Berliner Schulen; Einweihung der neuen Olympiaglocke

1963

- **o.D.** Senat von Berlin wird Pächter des Stadions
- **24.3.** Fußball-Städtespiel Berlin–Zürich 2:1
- **22.5.** Fußballspiel Berlin–Brasilien 3:0
- **30.6.** 24. ISTAF, 15 000 Zuschauer
- **24.8.** Erstes Spiel Fußball-Bundesliga im Olympiastadion Hertha BSC–1. FC Nürnberg 1:1, 60 000 Zuschauer
- **Sept.** 16. Polizeisportfest
- **21.9.** Fußball-Bundesliga Hertha BSC–1. FC Köln 0:3, 85 411 Zuschauer

16.10. Fußball-Messepokal Hertha BSC–AS Rom 1:3, 7300 Zuschauer
20.11. Erstmals Totengedenken zum Volkstrauertag vor der alten Olympiaglocke

1964
31.5. Hockeystadion: Ausscheidungsspiel für gesamtdeutsche Olympiamannschaft BR Deutschland–DDR 4:2
2./3.6. Reiterstadion: Ost-West-Olympiaqualifikation Springreiten
8.- Dreharbeiten Dokumentarfilm
10.6. »Jesse Owens Returns to Berlin« mit Jesse Owens, Cappy Production
29.6. Senatsbeschluss: Ausschank von Bier mit Beginn der neuen Fußball-Bundesligasaison nur noch in Pappbechern
Juli Marathontor: Relieftafeln für Gebhardt, von der Asseburg, von Podbielski und Otto March
4.7. 25. ISTAF, 10 000 Zuschauer
5.7. Hockeystadion: Entscheidungsspiel für gesamtdeutsche Olympiamannschaft BR Deutschland–DDR 2:2, 8000 Zuschauer (DDR für Tokio qualifiziert)
7.-9.8. 64. Deutsche Leichtathletikmeisterschaften
13.- Schwimmstadion: 75. Deutsche
16.8. Meisterschaften im Schwimmen und Wasserspringen
22./ Leichtathletik-Ausscheidungs-
23.8. wettkämpfe für gesamtdeutsche Olympiamannschaft
29.8. Fußball-Bundesliga Hertha BSC–Hamburger SV 0:0, 85 000 Zuschauer
30.8. Waldbühne: »Tag der Heimat«
Sept. 17. Polizeisportfest
16.9. Maifeld: British military tattoo
3.10. Fußball-Messepokal Hertha BSC–FAC Antwerpen 2:1, 6000 Zuschauer
4.11. Fußball-WM-Qualifikationsspiel BR Deutschland–Schweden 1:1, 74 000 Zuschauer
o.D. Wiederherstellung und Neuformulierung der mittleren Gedenktafeln am Marathontor

1965
15.5. Fußball-Bundesligaskandal I: Zwangsabstieg aus der Fußball-Bundesliga für Hertha BSC und Versetzung in die Regionalliga (Tasmania 1900 ohne sportliche Qualifikation in die Bundesliga aufgenommen)
27.5. Maifeld: Geburtstagsparade anlässlich des Staatsbesuchs von Königin Elisabeth II., 30 000 Zuschauer
29.5. 1. Fußball-Schülerländerspiel in Berlin BR Deutschland–England 0:3, 75 000 Zuschauer
2.7. Einweihung Olympiasiegerstele von 1964 und Diem-Relief, Wiederanbringung der Olympischen Ringe am Olympischen Tor
11.7. 26. ISTAF, 9000 Zuschauer

14.8. Auftaktspiel der Fußball-Bundesliga Tasmania 1900–Karlsruher SC 2:0, 81 524 Zuschauer
15.9. Waldbühne: Konzert Rolling Stones, das mit schweren Krawallen vorzeitig endet

1966
15.1. Fußball-Bundesliga Tasmania 1900–Borussia Mönchengladbach 0:0, 827 Zuschauer
21.5. Fußball-Bundesliga 33. und vorletzter Spieltag: Tasmania 1900–Borussia Neunkirchen 2:1, 2000 Zuschauer
26.6. 27. ISTAF, 20 000 Zuschauer
4.9. 18. Große Polizeischau, 100 000 Zuschauer
Nov. Errichtung einer neuen Flutlichtanlage
o.D. Einweihung Theodor-Lewald-Relief
o.D. Aufnahme des Olympiastadions in die Denkmalsliste

1967
24.5. Fußball-Bundesliga, Aufstiegsrunde Hertha BSC–Bayern Hof 2:0, 85 000 Zuschauer
27.5. Hockeystadion: BR Deutschland–Indien 3:1, 3500 Zuschauer
27.5. 28. ISTAF, 8000 Zuschauer
30.6.- Berliner Leichtathletik-
2.7. meisterschaften
27.9. Fußball-Länderspiel BR Deutschland–Frankreich 5:1, 80 000 Zuschauer

1968
25.5. Sportfest der Berliner Schulen: abgesagt wegen der Drohung eines »Aktionskomitees der Schüler«, die Veranstaltung zu stören
28.5.- 27. Deutsches Turnfest,
2.6. 70 000 Teilnehmer (u.a. 29.5. »Tag der Leichtathleten«, 2.6. Festnachmittag mit Massenvorführungen)
23.6. 2. Bundesliga Hertha BSC–SV Alsenborn 1:1, 80 000 Zuschauer (Wiederaufstieg in die 1. Bundesliga)
16.- 68. Deutsche Leichtathletik-
18.8. meisterschaften
28.8.- Schwimmstadion: Internationales
1.9. Wasserballturnier
8.9. 19. Große Polizeischau, 100 000 Zuschauer

1969
17.1. 75. Geburtstag Werner Marchs, Einweihung des March-Reliefs
12.9. Waldbühne: »Tag der Heimat«, 8000 Teilnehmer
16.9. British military tattoo
24.9. 30. ISTAF, 16 000 Zuschauer, erstmals auf Kunststoffbahn
26.9. Fußball-Bundesliga Hertha BSC–1. FC Köln 1:0, 88 075 Zuschauer (Bundesligarekord)
26.- 1. Bundesfinale »Jugend trainiert
29.9. für Olympia«, 1600 Teilnehmer
1.10. UEFA-Pokal, 1. Runde Hertha BSC–Union Las Palmas 1:0

Bundesliga 1975: Hertha BSC schlägt Bayern München auf Eis und Schnee mit 2:1: Erich Beer (Mitte) gegen Franz Beckenbauer (rechts).

Bundesliga 1975: Hertha BSC beat Bayern München 2:1 on ice and snow: Erich Beer (centre) versus Franz Beckenbauer (right).

8.11. Fußball-Bundesliga Hertha BSC–Borussia Mönchengladbach 1:1, 80 000 Zuschauer
12.11. UEFA-Pokal, 2. Runde Hertha BSC–Juventus Turin 3:1, 40 000 Zuschauer

1970
7.1. UEFA-Pokal, Achtelfinale Hertha BSC–Vitoria Setubal 1:0, 15 000 Zuschauer
Febr. Erste Entwürfe für die teilweise Überdachung des Stadions
4.3. UEFA-Pokal, Viertelfinale Hertha BSC–Inter Mailand 1:0, 40 000 Zuschauer
18.4. Fußball-Bundesliga Hertha BSC–Borussia Dortmund 9:1
9.5. Fußball-Länderspiel BR Deutschland–Irland 2:1, 60 000 Zuschauer
14./ Reiterstadion: Internationales
15.6. Junioren-Turnier
4.7. 31. ISTAF, 7000 Zuschauer
6.9. 20. Große Polizeisportschau, 100 000 Zuschauer
6.9. Waldbühne: »Tag der Heimat«, 6000 Teilnehmer
25.- 2. Bundesfinale »Jugend
27.9. trainiert für Olympia«
7.11. Fußball-Bundesliga Hertha BSC–Borussia Mönchengladbach 4:2, 80 000 Zuschauer
o.D. Erstmals Fußball-Schülerländerspiel BR Deutschland–Frankreich

1971
5.6. Fußball-Bundesliga Hertha BSC–Arminia Bielefeld 0:1 (manipuliertes Ergebnis)
6.6. Aufstiegsrunde in die Fußball-Bundesliga Tasmania 1900–FK Pirmasens 3:0, 15 000 Zuschauer
6.6. Enthüllungen des 1. Vorsitzenden der Offenbacher Kickers, Horst Gregorio Canellas lösen zweiten Bundesligaskandal aus. 15 Hertha-Spieler und Präsident Wolfgang Holst erhalten teilweise langjährige Sperren.

29.8. 21. Polizeischau (letztmals im Olympiastadion), Start der 18. Fernsehlotterie
7.9. 32. ISTAF, 18 000 Zuschauer (erstmals ISTAF-Meile)
10.- Reiterplatz/Olympiastadion:
12.9. Deutsche Meisterschaften Dressur- und Springreiten
24.- 3. Bundesfinale »Jugend
26.9. trainiert für Olympia«
1.12. Fußball-Europapokal, Landesmeister, Achtelfinale Borussia Mönchengladbach–Inter Mailand 4:2, 80 000 Zuschauer

1972
13.5. Rückspiel im Fußball-EM-Viertelfinale BR Deutschland–England 0:0, 84 000 Zuschauer
8.8. Montage der Dachkonstruktion
12.9. ISTAF: kurzfristige Absage der Veranstalter
30.9.- 4. Bundesfinale »Jugend trainiert
1.10. für Olympia«, 4300 Teilnehmer

1973
3.6. Waldbühne: Deutsche Boxmeisterschaft Mittelgewicht Eckhard Dagge–Peter Tombers TKO
16.6. Fußball-Länderspiel BR Deutschland–Brasilien 0:1, 75 000 Zuschauer
21.- 14. Deutsche Polizeimeister-
24.6. schaften Leichtathletik und Polizei-Fünfkampf
14.8. Fußballfreundschaftsspiel Hertha BSC–FC Liverpool 1:1, 20 000 Zuschauer
25.8. Fußball-Bundesliga Hertha BSC–FC Bayern München 2:2, 70 000 Zuschauer
1.-4.9. 8. Junioren-WM Moderner Fünfkampf
14.- Reiterstadion: Deutsche
16.9. Meisterschaften Dressur- und Springreiten
21.- 5. Bundesfinale »Jugend
23.9. trainiert für Olympia«

1974

- 14.6. Fußball-WM-Vorrundenspiel BR Deutschland–Chile 1:0, 83 168 Zuschauer
- 15.6. Maifeld: Geburtstagsparade für die britische Königin
- 18.6. Fußball-WM-Vorrundenspiel DDR–Chile 1:1, 29 696 Zuschauer
- 10.8. Freundschaftsspiel Hertha BSC–Ajax Amsterdam 1:0, 11 500 Zuschauer
- 21.8. 33. ISTAF, 20 000 Zuschauer
- 13.–15.9. 6. Europäische Polizeimeisterschaften Leichtathletik und Polizei-Fünfkampf
- 19.–22.9. 6. Bundesfinale »Jugend trainiert für Olympia«

1975

- 1.2. Fußball-Bundesliga Hertha BSC–Bayern München 4:1, 80 000 Zuschauer
- 19.4. Fußball-Bundesliga Hertha BSC–Borussia Mönchengladbach 2:1, angeblich 90 000 Zuschauer
- 12.–15.6. Reiterstadion: Deutsche Meisterschaften Dressur- und Springreiten
- 1.–5.7. 6. Gymnaestrada, 13 500 Teilnehmer aus 36 Ländern
- 22.8. 34. ISTAF, 20 000 Zuschauer
- 17.9. UEFA-Pokal, 1. Rd. Hertha BSC–HJK Helsinki 4:1, 8000 Zuschauer
- 25.–28.9. 7. Bundesfinale »Jugend trainiert für Olympia«
- 22.10. UEFA-Pokal, 2. Rd. Hertha BSC–Ajax Amsterdam 1:0, 60 000 Zuschauer
- o.D. Schließung der »Stadion-Terrassen«

1976

- 18.5. Fußball-Schülerländerspiel BR Deutschland–England 3:1, 70 000 Zuschauer
- 3.6. Abgeordnetenhaus: Antrag der CDU-Fraktion, die Waldbühne zum Eishockey-Leistungszentrum und Heimstadion des Berliner Schlittschuh-Clubs umzubauen, mit den Stimmen der SPD/FDP-Koalition abgelehnt
- 20.8. 35. ISTAF, 25 000 Zuschauer
- 21.8. Fußball-Bundesliga Hertha BSC–Borussia Mönchengladbach 0:1, 78 000 Zuschauer
- 23.–26.9. 8. Bundesfinale »Jugend trainiert für Olympia«

1977

- 7.–13.6. 17. Evangelischer Kirchentag: Motto »Einer trage des anderen Last«, 58 945 Teilnehmer
- 26.8. 36. ISTAF, 30 000 Zuschauer
- 22.–25.9. Bundesfinale »Jugend trainiert für Olympia«
- 8.10. Fußball-Länderspiel BR Deutschland–Italien 2:1, 74 000 Zuschauer
- 1.12. »Winterreise«, Aufführung der Schaubühne, Regie: Klaus Michael Grüber

1978

- 4.3. Fußball-Bundesliga Hertha BSC–1. FC Köln 1:1, 80 000 Zuschauer
- 7.5. Eröffnung Trimmspiele in Anwesenheit von Jesse Owens
- 24.5. Maifeld: Geburtstagsparade für die britischen Königin anlässlich des Staatsbesuches von Elisabeth II., 30 000 Zuschauer
- 1.–4.7. 89. Deutsche Schwimmmeisterschaften
- 18.8. 37. ISTAF, 30 000 Zuschauer (gemeinsam mit der Eröffnung der Schwimm-WM)
- 18.–28.8. Schwimmstadion: WM im Schwimmen, Wasserspringen und Wasserball
- 9./10.9. Maifeld: Deutsche Meisterschaften Bogenschießen
- 13.9. UEFA-Pokal, 1. Rd. Hertha BSC–Trakia Plowdiw 0:0, 4000 Zuschauer
- 21.–24.9. Bundesfinale »Jugend trainiert für Olympia«
- 18.10. UEFA-Pokal 2. Rd. Hertha BSC–Dynamo Tbilissi 2:0, 15 000 Zuschauer
- 6.12. UEFA-Pokal, Achtelfinale Hertha BSC–Esbjerg FB 4:0, 3300 Zuschauer

1979

- 7.3. UEFA-Pokal Viertelfinale Hertha BSC–Dukla Prag 1:1, 23 300 Zuschauer
- 24.4. UEFA-Pokal Halbfinale Hertha BSC–Roter Stern Belgrad 2:1, 75 000 Zuschauer
- Mai Maifeld: Geburtstagsparade für die britische Königin
- 9.6. Wiedereröffnung der Aussichtsplattform auf dem Glockenturm
- 29.6.–1.7. Reiterstadion: Deutsche Meisterschaften im Dressur- und Springreiten
- Sommer Instandsetzung Marchhof; Einrichtung des Landesleistungszentrums Moderner Fünfkampf und Fechten
- 14.–22.7. Maifeld: 30. Weltmeisterschaften Bogenschießen
- 17.8. 38. ISTAF, 38 000 Zuschauer
- 12.9. Fußball-Länderspiel BR Deutschland–Argentinien 2:1, 45 000 Zuschauer
- 20.–23.9. Bundesfinale »Jugend trainiert für Olympia«
- 5.–10.10. Europapokal Moderner Fünfkampf

1980

- o.D. Dreharbeiten für »Mephisto«, Regie: István Szabó
- April Baubeginn für Umgestaltung Olympischer Platz und Olympische Brücke
- 30.4. Fußball-Schülerländerspiel BR Deutschland–England 0:3, 50 000 Zuschauer
- 31.5. Fußball-Bundesliga Hertha BSC–VFB Stuttgart 4:2, 51 000 Zuschauer (Abstieg 2. Bundesliga)
- 5.6. Fronleichnamsfeier 86. Deutscher Katholikentag, 70 000 Gläubige
- 20.6. Waldbühne: Konzert Bob Marley & The Wailers, 15 000 Besucher
- 8.8. 39. ISTAF, 32 000 Zuschauer
- 17.9. Einstellung des S-Bahnverkehrs, Schließung Bahnhof »Olympia-Stadion« infolge des S-Bahn-Streiks
- 24.–26.9. Bundesfinale »Jugend trainiert für Olympia«

1981

- 3.5. Erstmals »25 km de Berlin«: Start Olympischer Platz, Ziel Olympiastadion
- 3.5. Waldbühne: Erstes Jazz- und Swing-Konzert nach der Übernahme durch »concert concept«, 3250 Besucher
- 21.8. 40. ISTAF mit »Golden Sprints«, 26 000 Zuschauer
- 23.–26.9. Bundesfinale »Jugend trainiert für Olympia«

1982

- 11.5. Fußball-Schülerländerspiel BR Deutschland–England 2:1, 50 000 Zuschauer
- 22.5. 2. Fußball-Bundesliga Hertha BSC–Hannover 96 2:0 (Aufstieg 1. Bundesliga)
- 5.6. Maifeld: Geburtstagsparade für die britische Königin (Proteste gegen den Falkland-Krieg)
- 8.6. Waldbühne: Konzert Rolling Stones (erstmals Trapezdach)
- 20.8. 41. ISTAF, 40 000 Zuschauer
- 22.–25.9. Bundesfinale »Jugend trainiert für Olympia«

1983

- 8.8. Gründung des Vereins »Berlin – Olympiastadt 1992«
- 17.8. 42. ISTAF, IAAF Permit-Meeting, 56 000 Zuschauer
- 22.–25.9. Bundesfinale »Jugend trainiert für Olympia«
- 26.10. Fußball-EM-Qualifikationsspiel BR Deutschland–Türkei 5:1, 40 000 Zuschauer

1984

- 10.3. Umbenennung Stadion-Allee in Jesse-Owens-Allee
- 4.4. Fußball-Schülerländerspiel BR Deutschland–England 4:1, 50 000 Zuschauer
- 14.5. Einweihung Olympiasiegerstelen von 1968 bis 1976
- 18.5. Waldbühne: Konzert Elton John
- 19.5. »Concert for Europe«, 60 000 Besucher
- 25.5. »S-Bahn-Tag«: kurzzeitige Wiederbelebung des Bahnhofs »Olympia-Stadion«
- 30.6. Waldbühne: »Berliner Sommernachtstraum«, Berliner Philharmoniker, Dirigent: Reinhard Peters
- 12.7. Waldbühne: Konzert Neil Diamond
- 17.8. 43. ISTAF, 40 000 Zuschauer
- 8.9. Waldbühne: 1. »Taschenlampenkonzert«, Rumpelstil
- 16.9. Beschluss des DFB-Präsidiums: ab 1985 für fünf Jahre DFB-Pokalendspiele im Olympiastadion
- 27.–29.9. Bundesfinale »Jugend trainiert für Olympia«

1985

- 26.5. Erstmals DFB-Pokalendspiele Männer: Bayer 05 Uerdingen–FC Bayern München 2:1, 70 398 Zuschauer; Frauen: FSV Frankfurt–KBC Duisburg 4:3 i.E.; 25 000 Zuschauer
- 7.6. Geburtstagsparade für die britische Königin in Anwesenheit von Prinz Charles, 35 000 Zuschauer
- 2.7. Waldbühne: »Berliner Sommernachtstraum«, Berliner Philharmoniker, Dirigent: Daniel Barenboim
- 14.7. Blau-Weiß 90 erhält Lizenz für Fußball-Bundesliga
- 23.8. 44. ISTAF, I. IAAF Mobil Grand Prix, 45 000 Zuschauer
- 25.–27.9. Bundesfinale »Jugend trainiert für Olympia«
- 1.10. »Stadion-Terrassen«: Einzug der Verwaltung des Landessportbundes

1986

- 1.1. »Stadion-Terrassen«: Eröffnung Jugendbildungsstätte
- 3.5. DFB-Pokalendspiele Männer: FC Bayern München–VfB Stuttgart 5:2, 76 000 Zuschauer; Frauen: TSV Siegen–SSG 09 Bergisch Gladbach 2:0, 10 000 Zuschauer
- 8.5. 2. Fußball-Bundesliga Alemannia Aachen–Hertha BSC 2:0 (Abstieg in die Amateurliga)
- 18.5. Waldbühne: Konzert Depeche Mode
- 20.6. »Stadion-Terrassen«: Offizielle Einweihung als LSB-Sitz
- 27.6. Waldbühne: »Berliner Sommernachtstraum«, Berliner Philharmoniker, Dirigent: Erich Leinsdorf
- 15.8. 45. ISTAF, II. IAAF Mobil Grand Prix (Jesse-Owens-Jubiläumswettbewerb über 100 m), 41 000 Zuschauer; NOK-Wiedersehensfeier für 1936er Olympiamedaillengewinner
- 21.–27.7. Schwimmstadion: Junioren-Europameisterschaften im Schwimmen und Wasserspringen
- 24.–27.9. Bundesfinale »Jugend trainiert für Olympia«

1987

- 27.5. Geburtstagsparade für die britische Königin, 30 000 Zuschauer
- 31.5.–7.6. Deutsches Turnfest, 120 000 Teilnehmer
- 6.6. Waldbühne: Wiederbeginn des Open-Air-Kinos mit Dokumentarfilm »Berlin, wie es war« von Leo de Laforgue, 2106 Besucher
- 12.6. Ansprache US-Präsident Ronald Reagan vor dem Brandenburger Tor
- 13.6. Hockeystadion: Länderspiel BR Deutschland–Australien 4:2
- 20.6. DFB-Pokalendspiele Männer: Hamburger SV–Stuttgarter Kickers 3:1, 76 000 Zuschauer; Frauen: TSV Siegen–STV Lövenich 5:2, 30 000 Zuschauer
- 1.7. Waldbühne: Konzert, Berliner Philharmoniker, Dirigent: Rafael Frühbeck de Burgos

12.8.	Fußball-Länderspiel BR Deutschland–Frankreich 2:1, 31 000 Zuschauer
21.8.	46. ISTAF, 40 000 Zuschauer
12.9.	Polizeischau, 55 000 Zuschauer
23.- 26.9.	Bundesfinale »Jugend trainiert für Olympia«

1988

31.3.- 2.4.	Fußball-Vier-Nationen-Turnier BR Deutschland–Schweden 1:1, 2:3 i.E., 28 000 Zuschauer (31.3.), BR Deutschland–Argentinien 1:0, 25 000 Zuschauer (2.4.)
10.5.	Fußball-Schülerländerspiel BR Deutschland–England 5:1, 40 000 Zuschauer
25.5.	Maifeld: Geburtstagsparade für die britische Königin in Anwesenheit von Prinzessin Anne, 12 000 Zuschauer
28.5.	DFB-Pokalendspiele Männer: Eintracht Frankfurt–VfL Bochum 1:0, 76 000 Zuschauer; Frauen: TSV Siegen–FC Bayern München 4:0, 10 000 Zuschauer
1.7.	Waldbühne: Open Air Classics, Berliner Philharmoniker, Dirigent: Lorin Maazel
2./3.7.	HQ Berlin Infantry Brigade: Festival of Sport
15.- 18.7.	Deutsche Meisterschaften der Behindertensportler
26.8.	47. ISTAF mit Mobil-Grand-Prix-Finale, 42 000 Zuschauer
14.- 17.9.	Bundesfinale »Jugend trainiert für Olympia«

1989

18.1.	Berlins Regierender Bürgermeister Eberhard Diepgen beruft Beratungsgremium »Olympische Spiele 2004«
26.5.	Maifeld: Geburtstagsparade für die britische Königin in Anwesenheit der Herzogin von York
Juni	Hockeystadion: Champions Trophy Männer
11.6.	23. Deutscher Evangelischer Kirchentag, Motto »Unsere Zeit in Gottes Händen«, Schlussgottesdienst, 95 000 Teilnehmer
24.6.	DFB-Pokalendspiele Männer Borussia Dortmund–Werder Bremen 4:1, 76 500 Zuschauer; Frauen: TSV Siegen–FSV Frankfurt 5:1, 10 000 Zuschauer
1.7.	Konzert, Berliner Philharmoniker, Dirigent: Colin Davis
29.7.	Waldbühne: Konzert Luciano Pavarotti
18.8.	48. ISTAF, 33 000 Zuschauer
18.- 20.8.	Maifeld: Polo-Weltmeisterschaft, 50 000 Zuschauer
29.8.	Berufung Projektgruppe »Olympische Sommerspiele im Jahre 2004 in Berlin«
19.- 23.9.	Bundesfinale »Jugend trainiert für Olympia«
17.11.	Einweihung der Stele Seoul/Calgary 1988
9.11.	Fall der Mauer
19.11.	Senat richtet Olympiabüro für West-Berlin ein
19.12.	Olympia-Bewerbung um vier Jahre vorgezogen

1990

27.1.	Fußball-Freundschaftsspiel Hertha BSC–1. FC Union Berlin 2:1, 51 270 Zuschauer
28.1.	Übereinkunft der Stadtoberhäupter von Frankfurt/Main, Hamburg, Stuttgart und Dortmund (Ruhrgebiet), eigene Olympia-Aktivitäten zugunsten Berlins zurückzustellen
24.4.	Ost-Berliner Magistrat gründet einen Beirat »Olympische Spiele 2004«
1.5.	2. Fußball-Bundesliga Aachen–Hertha BSC 1:1, (Wiederaufstieg nach sieben Jahren in die 1. Bundesliga)
10.5.	Fußball-Schüler-Länderspiel BR Deutschland–England 0:4
19.5.	DFB-Pokalendspiele Männer: 1. FC Kaiserslautern–Werder Bremen 3:2, 76 391 Zuschauer; Frauen: FSV Frankfurt–FC Bayern München 1:0, 15 000 Zuschauer
19.5.	Maifeld: Geburtstagsparade für die britische Königin
24./ 27.5.	Eröffnungs- bzw. Abschlussgottesdienst 90. Deutscher Katholikentag, 150 000 Gläubige
6.6.	Konzert der Rolling Stones, 77 000 Besucher
30.6.	Konzert, Berliner Philharmoniker, Dirigent: Daniel Barenboim
15.7.	Waldbühne: Konzert Phil Collins
24.- 27.7.	Internationaler Kongress der Zeugen Jehovas, 44 532 Gläubige
11.8.	American Bowl '90: Los Angeles Rams–Kansas City Chiefs 19:3, 50 000 Zuschauer
17.8.	49. ISTAF, 32 000 Zuschauer
24.- 29.9.	Bundesfinale »Jugend trainiert für Olympia«
24.10.	Abgeordnetenhaus und Stadtverordnetenversammlung stimmen Olympia-Bewerbung für 2000 zu
30.11.	Eröffnung Horst-Korber-Zentrum, Glockenturmstraße

1991

15.6.	Abstieg aus der Fußball-Bundesliga Hertha BSC–Bayer Leverkusen 1:2, 6712 Zuschauer
22.6.	DFB-Pokalendspiele Männer: Werder Bremen–1. FC Köln 5:4 i.E., 73 000 Zuschauer; Frauen: SV Grün-Weiß Brauweiler–TSV Siegen 1:0, 5000 Zuschauer
23.6.	Konzert, Berliner Philharmoniker, Dirigent: Claudio Abbado
3.8.	American Bowl '91: San Francisco 49ers–Chicago Bears 21:7, 66 876 Zuschauer
10.9.	50. ISTAF, 40 000 Zuschauer
13.- 22.9.	Hockeystadion: Champions-Trophy Männer und Frauen
25.- 27.9.	Bundesfinale »Jugend trainiert für Olympia«

1992

23.5.	DFB-Pokalendspiele Männer: Hannover 96–Borussia Mönchengladbach 4:3 i.E., 76 200 Zuschauer; Frauen: FSV Frankfurt–TSV Siegen 1:0, 30 000 Zuschauer
26.5.	Konzert Guns N' Roses
27.6.	Waldbühne: »Französische Nacht«, Berliner Philharmoniker, Dirigent: Georges Prêtre
21.8.	51. ISTAF, 45 000 Zuschauer
23.- 25.9.	Bundesfinale »Jugend trainiert für Olympia«

1993

3.3.	Champions League, Finalrunde ZSKA Moskau–Olympique Marseille 1:1, 15 000 Zuschauer
7.4.	Champions League, Finalrunde ZSKA Moskau–FC Brügge 1:2, 3000 Zuschauer
14.5.	Waldbühne: Konzert Bruce Springsteen
22.5.	Einweihung der Olympiasiegerstele Albertville/Barcelona 1992
12.6.	DFB-Pokalendspiel Männer: Bayer 04 Leverkusen–Hertha BSC Amateure 1:0, 76 391 Zuschauer; Frauen: TSV Siegen–SV Grün-Weiß Brauweiler 1:1 n.V., 6:5 i.E., 10 000 Zuschauer
15.6.	Konzert U2, 50 000 Besucher
21.6.	Waldbühne: »Russische Nacht«, Berliner Philharmoniker, Dirigent: Sergej Ozawa
7.8.	American Bowl
12.8.	Waldbühne: Konzert Elton John
27.8.	52. ISTAF, 62 000 Zuschauer
3.9.	Waldbühne: Konzert Paul McCartney
21.- 24.9.	Bundesfinale »Jugend trainiert für Olympia«
23.9.	Wahl der Olympiastadt von 2000 auf der IOC-Session in Monte Carlo, Berlin neun Stimmen

1994

20.4.	Fußball-Länderspiel Deutschland–England (abgesagt)
12.5.	Maifeld: Abschiedsfest der West-Alliierten
14.5.	DFB-Pokalendspiele Männer: Werder Bremen–Rot-Weiß Essen 3:1, 76 391 Zuschauer; Frauen: SV Grün-Weiß Brauweiler–TSV Siegen 2:1, 30 000 Zuschauer
17.5.	Fußball-Schülerländerspiel Deutschland–England 2:3, 65 000 Zuschauer
27.5.	Maifeld: letztmals Geburtstagsparade für die britische Königin in Anwesenheit von Prinz Charles
25.6.	»Marsch für Jesus« der Jesus-Marsch-Bewegung
19.6.	Waldbühne: »Musik aus der Donaumonarchie«, Berliner Philharmoniker, Dirigent: Mariss Jansons
22.- 31.7.	1. Leichtathletik-WM der Behindertensportler
13.8.	American Bowl

Champions Trophy 1995 im Hockeystadion: Deutschland besiegt die Niederlande mit 3:0.

1995 Champions Trophy in the Hockey Stadium: Germany defeats the Netherlands 3:0.

21.8.	Maifeld: Konzert Pink Floyd, 75 000 Besucher
30.8.	53. ISTAF, 35 000 Zuschauer
8.9.	Abzug der britischen Streitkräfte, Einweihung Gedenktafel auf dem Adlerplatz
14.- 18.9.	Maifeld: Adidas Streetball Challenge '94
20.- 25.9.	Bundesfinale »Jugend trainiert für Olympia«

1995
20.6.	Waldbühne: Konzert R.E.M.
24.6.	DFB-Pokalendspiele Männer: Borussia Mönchengladbach–VfL Wolfsburg 3:0, 75 717 Zuschauer; Frauen: FSV Frankfurt–TSV Siegen 3:1, 25 000 Zuschauer
25.6.	Waldbühne: »Amerikanische Nacht«, Berliner Philharmoniker, Dirigent: Simon Rattle
9.- 15.7.	10. Welt-Gymnaestrada, 34 Länder, 19 300 Teilnehmer
17.8.	Konzert Rolling Stones
1.9.	54. ISTAF, 32 000 Zuschauer
19.- 24.9.	Bundesfinale »Jugend trainiert für Olympia«
23.9.- 1.10.	Hockeystadion: Champions Trophy Männer

1996
3.3.	Fußball-Bundesliga FC Hansa Rostock–Fortuna Düsseldorf 0:0, 50 183 Zuschauer
15.4.	Entzündung des Olympischen Feuers anlässlich der 100. Jubiläums der Olympischen Spiele durch Fritz Schilgen
7.5.	Fußball-Schülerländerspiel Deutschland–England 3:0, 70 000 Zuschauer
25.5.	DFB-Pokalendspiele Männer: 1. FC Kaiserslautern–Karlsruher SC 1:0, 75 800 Zuschauer; Frauen: FSV Frankfurt–SC Klinge Seckach 2:1, 40 000 Zuschauer
23.6.	Messe von Papst Johannes Paul II. vor 90 000 Gläubigen, Seligsprechung der NS-Opfer Bernhard Lichtenberg und Karl Leisner
30.6.	Waldbühne: »Italienische Nacht«, Berliner Philharmoniker, Dirigent: Claudio Abbado, 21 000 Besucher
26.- 28.7.	Kongress Wachturm-Gesellschaft
30.8.	55. ISTAF, 53 000 Zuschauer
24.- 28.9.	Bundesfinale »Jugend trainiert für Olympia«

1997
21.2.	Umbenennung der Reichssportfeldstraße in Flatowallee
7.4.	2. Fußball-Bundesliga Hertha BSC–1. FC Kaiserslautern 2:0, 75 000 Zuschauer
14.6.	DFB-Pokalendspiele Männer: VfB Stuttgart–Energie Cottbus 2:0, 76 400 Zuschauer, Frauen: SV Grün-Weiß Braunweiler–FC Eintracht Rheine 3:1, 30 000 Zuschauer
24.6.	Waldbühne: Konzert Joe Cocker
29.6.	Waldbühne: »St. Petersburger Nacht«, Berliner Philharmoniker, Dirigent: Zubin Mehta
20.7.	»Größtes Frühstück der Welt« mit 4548 Teilnehmern (Eintrag »Guinness-Buch der Rekorde«)
1.8.	Konzert Michael Jackson, 77 000 Besucher
3.8.	Hertha BSC–Borussia Dortmund 1:3, 74 000 Zuschauer (erstes Spiel in der 1. Fußball-Bundesliga nach Wiederaufstieg)
26.8.	56. ISTAF, 53 000 Zuschauer
6.9.	Fußball-WM-Qualifikationsspiel Deutschland–Portugal 1:1, 75 841 Zuschauer
23.- 27.9.	29. Bundesfinale »Jugend trainiert für Olympia«

1998
16.1.	Wiedereröffnung S-Bahnhof »Olympia-Stadion«
16.5.	DFB-Pokalendspiele Männer: FC Bayern München–MSV Duisburg 2:1, 75 800 Zuschauer; Frauen: FCR Duisburg–FSV Frankfurt 6:2, 35 000 Zuschauer
26.5.	Senat beschließt die Sanierung bei laufendem Spielbetrieb
26.5.	Fußball-Schülerländerspiel Deutschland– England 0:1, 67 237 Zuschauer
3.6.	Waldbühne: Konzert Bob Dylan
21.6.	Waldbühne: »Lateinamerikanische Nacht«, Berliner Philharmoniker, Dirigent: Daniel Barenboim
31.7.- 2.8.	Kongress der Zeugen Jehovas mit Massentaufe, 50 000 Teilnehmer
26.8.	Konzert Rolling Stones
1.9.	57. ISTAF, 43 000 Zuschauer
10.9.	Waldbühne: Konzert Rolling Stones
22.- 26.9.	Bundesfinale »Jugend trainiert für Olympia«
2.10.	Einweihung Stelen für DDR-Olympiasieger 1968–1988
17.11.	Stadionumbau: nach der Jury-Entscheidung kommen zwei von zehn Entwürfen in die engere Wahl
1.12.	Senatsentscheidung für den Entwurf von Gerkan, Marg und Partner

1999
12.5.	50-jähriges Luftbrücken-Jubiläum
29.5.	Fußball-Bundesliga Hertha BSC–Hamburger SV 6:1, 76 000 Zuschauer
12.6.	DFB-Pokalendspiele Männer: SV Werder Bremen–FC Bayern München 1:1 n.V., 5:4 n.E., 75 841 Zuschauer; Frauen: 1. FFC Frankfurt–FCR Duisburg 1:0, 20 000 Zuschauer
17.6.	Konzert Mario Müller-Westernhagen, 70 000 Besucher
19.6.	Waldbühne: Konzert Puhdys, 22 000 Besucher
25.6.	UNICEF-Kinder-Olympiade
28.6.	Maifeld: Medium-Goal-Meisterschaft im Polo
29.6.	Waldbühne: »Romantische Opernnacht«, Berliner Philharmoniker, Dirigent: James Livine
5.7.	Waldbühne: Konzert Herbert Grönemeyer
6.7.	Waldbühne: Konzert Aerosmith
10.7.	Konzert Wolfgang Petry, 70 000 Besucher
11.8.	Champions League Hertha BSC–Famagusta Anorthosis 2:0, 42 500 Zuschauer
7.9.	58. ISTAF, 46 000 Zuschauer
21.9.	Champions League Hertha BSC–FC Chelsea 2:1, 50 000 Zuschauer
21.- 25.9.	Bundesfinale »Jugend trainiert für Olympia«
24.9.	Einweihung Olympiasiegerstelen Lillehammer 1994/Atlanta 1996
7.9.	58. ISTAF, 46 000 Zuschauer
20.10.	Champions League Hertha BSC–AC Mailand 1:0, 75 000 Zuschauer
26.10.	Champions League Hertha BSC–Galatasaray Istanbul 1:4, 71 500 Zuschauer
23.11.	Champions League Hertha BSC–FC Barcelona 1:1, 60 530 Zuschauer

2000
1.3.	Champions League Hertha BSC–AC Sparta Prag 1:1, 30 337 Zuschauer
18.3.	Fußball-Bundesliga Hertha BSC–FC Bayern München 1:1, 74 600 Zuschauer
21.3.	Champions League Hertha BSC–FC Porto 0:1, 30 506 Zuschauer
6.5.	DFB-Pokalendspiele Männer: FC Bayern München–SV Werder Bremen 3:0, 75 841 Zuschauer; Frauen: 1. FFC Frankfurt–Sportfreunde Siegen 2:1, 20 000 Zuschauer
2.6.	Waldbühne: Konzert Böhse Onkelz, 22 000 Besucher
25.6.	Waldbühne: »A Night of Rhythm And Dance«, Berliner Philharmoniker, Dirigent: Kent Nagano
3.7.	Beginn der Sanierung: 1. Spatenstich Bundeskanzler Gerhard Schröder
21.7.	Waldbühne: Konzert Tina Turner
6.8.	Fußball-Freundschaftsspiel Hertha BSC–AS Rom 0:0, 15 000 Zuschauer
1.9.	59. ISTAF, 41 300 Zuschauer
19.- 22.9.	Bundesfinale »Jugend trainiert für Olympia«
21.9.	UEFA-Cup Hertha BSC–FC Zimbru Chisinau 2:0, 23 618 Zuschauer
26.10.	UEFA-Cup Hertha BSC–Amica Wronki 3:1, 13 157 Zuschauer
21.11.	UEFA-Cup Hertha BSC–Inter Mailand 0:0, 39 100 Zuschauer

2001
26.5.	Eröffnung »Olympiastadion. Die Ausstellung« im »Haus des Deutschen Sports«
26.5.	DFB-Pokalendspiele Männer: 1. FC Schalke 04–1. FC Union Berlin 2:0, 73 011 Zuschauer; Frauen: 1. FFC Frankfurt–FFC Flaesheim-Hillen 2:1, 30 000 Zuschauer
1.7.	Waldbühne: »A Spanish Night«, Berliner Philharmoniker, Dirigent: Plácido Domingo
29.7.	Waldbühne: Konzert U2, 18 000 Besucher
31.8.	60. ISTAF, 31 000 Zuschauer
Nov.	Westliche Säulenhalle der Schwimmbahntribüne des Deutschen Stadions bei Bauarbeiten freigelegt

2002
11.5.	DFB-Pokalendspiele Männer: 1. FC Schalke 04–Bayer Leverkusen 4:2, 70 000 Zuschauer; Frauen: 1. FFC Frankfurt–Hamburger SV 5:0, 20 000 Zuschauer
23.6.	Waldbühne: »A Night of Encores«, Berliner Philharmoniker, Dirigent: Mariss Jansons

2003
20.2.	UEFA-Pokal Hertha BSC–Boavista 3:2, 15 559 Zuschauer
30.5.	Waldbühne: Ökumenischer Kirchentag mit dem Dalai Lama, 18 000 Besucher
31.5.	DFB-Pokalendspiele Männer: FC Bayern München–1. FC Kaiserslautern 3:1, 70 490 Zuschauer; Frauen: 1. FFC Frankfurt–FCR 2001 Duisburg 1:0, 30 000 Zuschauer
3.-5.6.	Waldbühne: Konzert Herbert Grönemeyer
15.6.	Konzert Rolling Stones, 60 000 Besucher
29.6.	Waldbühne: »A Gershwin Night«, Berliner Philharmoniker, Dirigent: Seiji Ozawa
9.7.	Waldbühne: Konzert Robbie Williams
24.9.	UEFA-Pokal Hertha BSC–Groclin Dyskobolia 0:0, 23 142 Zuschauer

Zwischenstopp: Ruder-Olympiasiegerin Kathrin Boron entzündete das Olympische Feuer 2004.

Taking a break: in 2004 Olympic rowing champion Kathrin Boron lit the Olympic Flame.

2004

31.3.	Fußball-Freundschaftsspiel: Serbien–Norwegen 0:1, 10 000 Zuschauer
29.5.	DFB-Pokalendspiele: Männer: SV Werder Bremen–Alemannia Aachen 3:2, 71 682 Zuschauer; Frauen: 1. FFC Turbine Potsdam–1. FFC Frankfurt 3:0, 30 000 Zuschauer
15.6.	Waldbühne: Konzert Sting
27.6.	Waldbühne: »Tschaikowsky-Nacht«, Berliner Philharmoniker, Dirigent: Simon Rattle
30.6.	Zwischenstopp des Internationalen Olympischen Fackellaufes
3.7.	Waldbühne: ZDF-Show »Wetten dass …«
31.7.	»Die Show«: Wiedereröffnung des Olympiastadions, 53 212 Zuschauer
1.8.	Eröffnungsfußballspiel Hertha BSC–Besiktas Istanbul 3:1, 36 822 Zuschauer
8.8.	Waldbühne: Konzert Die Ärzte
8.9.	Fußball-Länderspiel Deutschland–Brasilien 1:1, 74 315 Zuschauer
12.9.	63. ISTAF, 62 000 Zuschauer

2005

9.3.	Fußball-Länderspiel U 16 Deutschland–Schweiz 0:0, 24 150 Zuschauer
20.5.	Abschlussgala Internationales Deutsches Turnfest
28.5.	DFB-Pokalendspiele Männer: FC Bayern München–1. FC Schalke 04 2:1, 74 349 Zuschauer; Frauen: 1. FFC Turbine Potsdam–1. FFC Frankfurt 3:0, 30 000 Zuschauer
5.6.	NFL: Berlin Thunder–Cologne Centurions 13:17, 20 927 Zuschauer
26.6.	Waldbühne: »Nuit française«, Berliner Philharmoniker, Dirigent: Simon Rattle
7.7.	Konzert U2, 70 000 Besucher
9.7.	»Lange Nacht des Fußballs«
4.9.	64. ISTAF, 60 000 Zuschauer
29.9.	UEFA-Cup 1. Rd. Hertha BSC–Apoel Nikosia 3:1, 22 612 Zuschauer
24.11.	UEFA-Cup, 1. Rd. Hertha BSC–RC Lens 0:0, 18 514 Zuschauer
15.12.	UEFA-Cup, 1. Rd. Hertha BSC–Steaua Bukarest 0:0, 15 603 Zuschauer

2006

15.2.	UEFA-Cup, 3. Rd. Hertha BSC–Rapid Bukarest 0:1, 0:0, 13 430 Zuschauer
29.4.	DFB-Pokalendspiele Männer: FC Bayern München–Eintracht Frankfurt 1:0, 74 349 Zuschauer; Frauen: 1. FFC Turbine Potsdam–1. FFC Frankfurt 2:0, 20 000 Zuschauer
4.5.	Glockenturm: Eröffnung der Dokumentationsausstellung »Geschichtsort Olympiagelände 1909 – 1936 – 2006«
10./11.5.	Talente 2006 Festival, Internationales Schul-Kultur-Festival der FIFA WM 2006
6.6.	Waldbühne: Konzert Metallica
13.6.	Fußball-WM, Vorrunde Brasilien–Kroatien 1:0, 72 000 Zuschauer
15.6.	Fußball-WM, Vorrunde Schweden–Paraguay 1:0, 72 000 Zuschauer
18.6.	Waldbühne: »Tausendundeine-Nacht«, Berliner Philharmoniker, Dirigent: Neeme Järvi
20.6.	Fußball-WM, Vorrunde Ekuador–Deutschland 0:3, 72 000 Zuschauer
23.6.	Fußball-WM, Vorrunde Ukraine–Tunesien 1:0, 72 000 Zuschauer
30.6.	Fußball-WM, Viertelfinale Deutschland–Argentinien 1:1, 4:2 i.E., 72 000 Zuschauer
7.7.	Waldbühne: Konzert Anna Netrebko, Plácido Domingo und Rolando Villazon
9.7.	Fußball-WM, Finale Italien–Frankreich 1:1, 5:3 i.E., 69 000 Zuschauer
12./13.7.	Waldbühne: Konzert Depeche Mode, 20 000 Besucher
15.7.	»Calling All Nations«, Noel Richards & Christoph Bonnen, 25 000 Besucher
21.7.	Konzert Rolling Stones, ca. 50 000 Besucher
27./28.7.	Konzert Robbie Williams, je 60 000 Besucher
1.9.	Maifeld: 1. Pyronale, Feuerwerk World Championships, 54 000 Zuschauer
3.9.	65. ISTAF, Golden League, 48 112 Zuschauer
5.9.	Waldbühne: Konzert Depeche Mode, 20 000 Besucher
8.9.	Waldbühne: »Taschenlampenkonzert«, Rumpelstil
14.9.	UEFA-Cup, 1. Rd. Hertha BSC–Odense BK 2.2, 12 814 Zuschauer
17.-	Sportforum: Bundesfinale
21.9.	»Jugend trainiert für Olympia«

2007

26.5.	DFB-Pokalendspiele Männer: 1. FC Nürnberg–VfB Stuttgart 3:2 n.V., 74 220 Zuschauer; Frauen: 1. FFC Frankfurt–FCR Duisburg 4:1 i.E., 20 000 Zuschauer
30.5.	Fußball-Länderspiel U 16 Deutschland–Frankreich 1:0, 31 500 Zuschauer
13.6.	Konzert Herbert Grönemeyer, 67 000 Besucher
17.6.	Waldbühne: »Rhapsodien«, Berliner Philharmoniker, Dirigent: Simon Rattle
30.6.	Waldbühne: Konzert Barbra Streisand
3.7.	Konzert Genesis ca. 50 000 Besucher
14.-	Olympiapark: WM im
22.8.	Modernen Fünfkampf
7./8.9.	2. Pyronale, 50 000 Zuschauer
16.9.	66. ISTAF, Golden League, 70 253 Zuschauer
17.10.	Fußball-Freundschaftsspiel Finnland–Spanien 0:0, 11 600 Zuschauer

2008

19.4.	DFB-Pokalendspiele Männer: FC Bayern München–Borussia Dortmund 2:1 n.V., 74 244 Zuschauer; Frauen: 1. FFC Frankfurt–1. FC Saarbrücken 5:1, 20 000 Zuschauer
1.6.	67. ISTAF, Golden League, 67 164 Zuschauer
15.6.	Waldbühne: »Los ritmos de la noche«, Berliner Philharmoniker, Dirigent: Gustavo Dudamel
27.6.	Waldbühne: Konzert Linkin Park
12.7.	Tourneeabschluss Mario Barth, 70 000 Besucher, weltweit größte »Live-Comedian«-Show (Eintrag in das »Guinness-Buch der Rekorde«)
16.7.	Waldbühne: Konzert R.E.M.
22.7.	Waldbühne: Konzert Herbert Grönemeyer, 21 000 Besucher
15.8.	Waldbühne: Konzert Eric Clapton
28.8.	Konzert Madonna, 50 000 Besucher
5./6.9.	3. Pyronale, 60 000 Zuschauer
16.9.	UEFA-Pokal Hertha BSC–St. Patrick's Athletic 2:0, 13 045 Zuschauer
22.-	Sportforum: Bundesfinale
23.9.	»Jugend trainiert für Olympia«
23.10.	UEFA-Pokal Hertha BSC–SL Benfica 1:1, 26 144 Zuschauer
19.11.	Fußball-Länderspiel Deutschland–England 1:2, 74 244 Zuschauer
3.12.	UEFA-Pokal Hertha BSC–Galatasaray Istanbul 0:1, 62 612 Zuschauer

2009

10.5.	BIG 25 Berlin (25-km-Lauf)
20.5.	Fußball-Schülerländerspiel Deutschland–Frankreich 2:1
30.5.	DFB-Pokalendspiele Männer: Bayer 04 Leverkusen–SV Werder Bremen/ Frauen: FCR Duisburg–Turbine Potsdam
10.6.	Konzert Depeche Mode
14.6.	68. ISTAF, Golden League
21.6.	Waldbühne: »Russische Rhythmen«, Berliner Philharmoniker, Dirigent: Simon Rattle
9.-	Internationaler Kongress der Zeugen Jehovas
12.7.	
18.7.	Konzert U2
15.-	12. IAAF Leichtathletik-Weltmeisterschaften
23.8.	
28.8.	Waldbühne: Konzert Die Toten Hosen
4./5.9.	4. Pyronale
12.9.	Waldbühne: 11. »Taschenlampenkonzert«, Rumpelstil

Internationales Deutsches Turnfest 2005: Abschlussgala im Olympiastadion.

International German Gymnastic Festival 2005: Closing gala in the Olympic Stadium.

Biografien

Albiker, Karl, Bildhauer; Prof., Dr. h.c.; * 16.9.1878 Ühlingen/Schwarzw., † 26.2.1961 Ettlingen; *Akademie Karlsruhe; Studien Paris, München, Rom u. Florenz; 1919 Prof., Dresden Staatl. AdbK; 1925 Dr. h.c. f. Athene-Denkmal 100 J. TH Karlsruhe; 1933 NSDAP; 1936 Griechenland; 1937 Korresp. Mitgl. Wiener Sezession; Febr. 1945 Zerstörung Wohnung u. Atelier in Dresden; 1948 Rückkehr Ettlingen; Werke: 1919 Zeppelin-Denkmal Konstanz, Gefallenendenkmäler TH Karlsruhe (1925), Greiz (1926) u. Freiburg i. B. (1929), 1929 Portalfigur Heilandskirche Dresden-Cotta, 1930 »Hygieia« Hygiene-Museum Dresden; Preise: 1943 Goethemedaille, 1953 Hans-Thoma-Preis, 1957 Gr. BVK; im Olympiastadion: Statuen »Diskuswerfer« u. »Staffelläufer« (1936); im »Haus d. Dt. Sports« Porträts von Jahn (verschollen) u. GutsMuths (1937–39/Ankauf Spvg. GuthsMuths).*

Altner, Helmut, Buchautor, Journalist; * 1928, † 2006; *Veröffentl.: »Totentanz Berlin« (1948/Schilderung seiner Erlebnisse als 17-j. Soldat seit dem 29.3.1945 auf d. Reichssportfeld); später 10 J. Korr. versch. dt. Zeitungen Paris.*

Asseburg, Egbert Hoyer von der, Graf, kgl.-preuß. Generalleutnant z. D., Rechtsritter d. Johanniterordens, Sportführer; * 1.1.1847 Meisdorf/Kreis Mansfeld, † 31.3.1909 Berlin; *Vater Oberjägermeister; 10.1.1881 Grafenstand (ad personam) f. Rittmeister; 1879 Heirat Gräfin zu Solms-Baruth; Gen. d. Kav. à la suite; bis 1902 Komm. 1. Kav.-Brigade; Vorstandsmitgl. Union-Klub (Repräsentanten- und Finanzausschuss); 1905–09 DRAfOS-Präs., IOC-Mitglied; Initiator d. Dt. Stadions; nach seinem Tod Asseburg-Memorial (Pokal Mannschafts-Neun-, später Zehnkampf); im Olympiastadion Porträtrelief von Ernst Gorsemann (Marathontor).*

Babberger, August, Maler, Prof.; * 8.12.1885 Hansen im Wiesenthal, † 3.9.1936 Altdorf/Schweiz; *Kunstgewerbeschule Basel u. Karlsruhe; 1908–10 Akademie Karlsruhe bei Walter Conz; danach 2 J. Schweizer Akademie in Florenz; 1912–20 Frankfurt/M.; bis 1933 Prof. f. Wandmalerei Karlsruher Akademie (1923–30 Direktor); 1933 nach Entlassung Rückkehr Schweiz; 1937 Ausstellung Staatl. Kunsthalle Karlsruhe (3 Bilder als »entartet« beschlagnahmt); Dt. Sportforum: Putzmosaik und Zifferblatt einer Uhr im Treppenhaus d. Schwimmhauses.*

Baillet-Latour, Henri de, Graf, IOC-Präsident; * 1.3.1876 Brüssel, † 6.1.1942 Brüssel; *Vater Gouverneur Provinz Antwerpen; Reiter; Präs. Belg. Jockey-Club; 1903–42 IOC.-Mitgl. (seit 1921 Exekutive, 1925–42 Präs.); 1905 Organisator Olymp. Kongress; 1920 Präs. OK Olymp. Spiele Antwerpen; 1923–42 Präs. Belg. NOK; Mitgl. d. Belg. Obersten Rates f. Körpererziehung.*

Barid, Johann, Bildhauer; *Curtius-Plakette f. IOC-Ehrenhalle im Olympiastadion (1951 gestohlen und durch neue Plakette von Richard Scheibe ersetzt).*

Baur, Karl, Bildhauer, Prof.; * 21.12.1881 München, † 15.8.1968 München; *AdK München bei Wilhelm von Rümann, Adolf von Hildebrand u. Erwin Kurz; Teilnahme Rekonstruktion d. Ägineten unter Ltg. d. Archäologen Adolf Furtwängler (nach Originalen antiker Giebelskulpturen in der Münchner Glyptothek); christl. Kunst; Orientierung an Rundskulpturen d. Antike u. Renaissance; Werke: Kriegerdenkmäler Immelstätten u. Gundremmingen, Holzskulpturen, Schnitzaltäre u. Skulpturengruppen; im Olympiastadion Siegerstelen für 1904, 1906 und 1932.*

Berndt, Hermann, Stadionverwalter; *1913–33 Ltr. d. Verwaltung d. Deutschen Stadions, später auch d. Deutschen Sportforums.*

Biebendt, Albert, Architekt; * 28.5.1873 Berlin, † 6.7.1939; *Baugewerkschule TH München; Bauten: 1898 Turnhalle Hanau; in Berlin: 1904 Bootshaus Turngemeinde i. B. am Wannsee; 1912 Neubau Kgl. Opernhaus, 1914 Kurhaus u. »Grunewaldhaus«, 1929–30 Geschäftshaus Loeser & Wolff; 1926 Teilnahme Wettbewerb Dt. Sportforum.*

Bier, August, Mediziner, Chirurg; Prof., Dr.; * 24.11.1861 Helsen/Waldeck, † 12.3.1949 Sauen b. Beeskow; *Medizinstudium Berlin, Leipzig u. Kiel; 1888 Dr. med. u. Approbation Kiel; Assistent Prof. von Esmarch Kiel; 1889 Privatdozent; 1893 Prof. Kiel; 1899 Greifswald; 1903 Bonn; ab 1907 Berlin; als Nachfolger von E. von Bergmann Ltr. d. Chirurgischen Klinik d. Berliner Univ.; 1920–32 Rektor DHfL; im Dt. Sportforum August-Bier-Platz u. Büste (heute im Besitz d. Berliner Sportjugend).*

Boehland, Johannes, Grafiker; * 16.4.1903 Berlin, † 5.9.1964 Berlin; *Studium Staatsschule f. Freie u. Angewandte Kunst Berlin bei Hermann, Hadank u. Weiß (Schriftgestaltung); ab 1926 Grafiker; ab 1929 Mitarb. Staatl. Porzellanmanufaktur Berlin; ab 1931 Lehrer HfbK Berlin; 1933 NSDAP; 1945–49 Ltr. Abt. Grafik Werkkunstschule Wiesbaden (ab 1951 Direktor); 1946–47 KHS Berlin (danach keine Berufserlaubnis wegen Fälschung eines Fragebogens); ab 1954 Meisterschule f. Grafik u. Buchkunst; 1953–64 Illustrator f. Verlage; Werke: Hoheitsabzeichen des NS-Staates (Auftrag RMdI), Schriftgestaltung Balzac-Type, Entwurf für Exlibris u. Signets; 1933 Entwurf Olympiaglocke und Emblem für Olymp. Spiele 1936.*

Böhm, Ernst, Gebrauchsgrafiker, Maler, Prof.; * 6.3.1890 Berlin, † 2.9.1963 Berlin; *1913–21 Dozent, danach Prof. an d. Vereinigten Staatsschulen f. Freie u. Angewandte Kunst Berlin-Charlottenburg; 1937 Entlassung aus Lehramt wegen jüd. Ehefrau; nach 2. WK Prof. u. Dekan Abt. Angewandte Kunst HfbK Berlin; 1953 Kunstpreis; Werke: 1919 Entwurf Briefmarke Weimarer Nationalversammlung; Siegerdiplom Olymp. Spiele 1936 u. Schrift der Ehrentafeln am Marathontor.*

Böß, Gustav, Kommunalpolitiker; * 11.4.1873 Gießen, † 6.2.1946 Bernried/Starnberger See; *1920–29 OBM Berlin; DDP; besonderes Engagement Sportförderung: im ersten Amtsjahr Vorlage f. Bau von 50 Spiel- und Sportplätzen, viele Betriebssportanlagen; 1926 Ausstellung Gesundheit, Soziale Fürsorge und Leibesübungen (Gesolei), Aktion »Park, Spiel und Sport«; 1921–1928 22 Millionen RM für Sportplatzbau; in Sklarek-Skandal verwickelt; 1.11.1930 Versetzung in den Ruhestand; im Dt. Sportforum Stiftung des »Annaheim«.*

Bouhler, Philipp, Reichsleiter; * 11.9.1899 München, † 19.5.1945 Dachau (Selbstmord); *5 J. im Königl.-Bayr. Kadetten-Korps; 1. WK schwere Verwundung; 1919–20 4 Semester Philosophie; 1921 »Völkischer Beobachter«; Herbst 1922 2. Geschäftsführer d. NSDAP; 1933 Reichsltr. u. MdR für Westfalen; 1934 Polizeipräs. München; ab 1934 Ltr. d. Kanzlei Hitlers; Verantw. f. Euthanasie-Programm zur Ermordung dt. Geisteskranker; vertrat Hitler im Kunstausschuss OK Olymp. Spiele Berlin 1936.*

Boldt, Gerhard, Rittmeister; * 24.1.1918 Lübeck, † 7.5. 1981 Lübeck; *1937 1. Schwadron d. Kav.-Reg. 15 Lübeck; Oberltn. d. R.; im 2. WK Kav.offizier (Frankreich, Leningrad, Wolchow); 18.4.1943 Ritterkreuz; Verbindungsoffizier zur ung. Kavalleriedivision; Januar 1945 1. Ordonnanzoffizier Chef d. Generalstabs Guderian (später Krebs); April 1945 in Hitlers Bunker; 29.4.1945 Ausbruch über Reichssportfeld. 1946 brit. Haft; 1947 Veröffentl.: »Die letzten Tage der Reichskanzlei« mit Schilderung des Geschehens auf d. Reichssportfeld.*

Brandenburg, Paul, Bildhauer; * 30.9.1930 Düsseldorf; *Vater Reichsgerichtsrat, Mutter Bildhauerin; 1948 Abitur Leipzig; 1948–51 Lehre Steinbildhauer; 1951–54 Studium Meisterschule f. Kunsthandwerk Berlin; 1954–57 HfbK Berlin bei Paul Dierkes; Architektur-Abendkurse HdK; Werke: zahlr. Bildwerke in Kirchenräumen (Hauptwerk Karl-Borromäus-Kirche Berlin-Grunewald), über 30 Brunnenanlagen (u.a. Monumentalbrunnen Schöneberger Terrassen); Atelier in Kirchheim/Unterfranken; im Olympiastadion Stelen 1972–1998 u. Stelen für DDR-Olympiasieger.*

Braun, Hanns (Johannes), Leichtathlet; * 26.10.1886 Berlin, † 9.10.1918 (gef.) Flandern; *Vater Kunstmaler; Münchner SC; OS 1908 800 m (Bronze), 1912 400 m (Silber); 11 x DR; danach Bildhauer; 1. WK Bayr. Luftwaffenkorps; Ltn.; Fluglehrer; bayr. Feldfliegerabt.; starb bei Kollision mit dt. Flugzeug; im Sportforum Hanns-Braun-Straße u. -Platz.*

Breitmeyer, Arno, NS-Sportfunktionär, Journalist; * 19.4.1903 Berlin, † Anfang 1945 (gef.); *4 Semester Nationalökonomie u. Jura; 1920–21 Dt.-nat. Jugendbund, Einwohnerwehr (bei Kapp-Putsch schwer verletzt); 1921–27 Journalist, danach Sportred. »Deutsche Zeitung« u. »Nachtausgabe«; 1927 Studium TH Berlin; danach bis 1931 Techn. Ltr. Heizungs- u. Installationsfirma Berlin; 2 x Dt. Rudermeister (Berliner SC); 1932 NSDAP; Sportred. »Neues Wiener Extrablatt«; 1933 SA (Obersturmführer), Stab OSAF; Sportred. »Völkischer Beobachter«; 1933 Pressereferent Reichssportführer; Aug. 1933 – Febr. 1943 stellv. Reichssportführer; 1934 Ehrengerichtsverfahren (konnte »arische« Herkunft nicht nachweisen/von Tschammer niedergeschlagen); 1937 Reg.rat; 1939 Regierungsdirektor; 1943–44 komm. Reichssportführer; 1937 Standartenführer; 1942 Oberführer; 1944 Brigadeführer; 1944 Fronteinsatz.*

Breker, Arno, Bildhauer; * 19.7.1900 Elberfeld, † 13.2.1991 Düsseldorf-Lohausen; *Vater Steinmetz; Bruder Hans Bildhauer (1906–1993); 1916 Ausbildung am Stein; 1920 Kunstgewerbeschule*

Hanns Braun, der einer der ersten deutschen Leichtathleten von Weltklasse war, kam im Ersten Weltkrieg als Flieger ums Leben.

Hanns Braun, one of the first German athletes of world class, was killed in the First World War when he served as a pilot.

Elberfeld; *1920–25 Akademie Düsseldorf bei Hubert Netzer (Plastik) u. Wilhelm Kreis (Architektur); 1924 Reisen Paris; 1926 Kriegerdenkmal Budberg/Niederrhein; 1925–27 Studium bei Albiker Dresden; 1927 Reise Nordafrika; Beginn Freundschaft mit Maillol; 1927–33 Paris; 1928 Teiln. Olymp. Kunstwettbewerb Amsterdam; 1933 Rompreis; 1934 Berlin; 1935 Porträt Max Liebermann u. Totenmaske; Durchbruch mit d. Skulptur »Zehnkämpfer« (Silber Olymp. Kunstwettbewerb 1936); danach Hitlers »Hofbildhauer«; 1937 NSDAP (rückwirkend fünfstellige Mitgl.-Nr.); 1938–45 enger Kontakt zu Speer bei d. Umgestaltung Berlins zur »Welthauptstadt«; 1937 Mitgl. Intern. Jury Weltausstellung Paris; 1939 Studienreise Italien; 1940 Gr. Preis v. Italien; 1940 Schloss Jäckelsbruch bei Wriezen (Geschenk Hitlers zum 40. Geburtstag); 1941 Gründung Arno Breker Steinbildhauer Werkstätten Wriezen; 1937–45 Prof. HfbK Berlin; Mitgl. Preuß. Kunstakademie; 1945 Flucht nach Wemding b. Donauwörth; im Entnazifizierungsverfahren als »Mitläufer« eingestuft; 1950 Elberfeld; 1979 Gründung Arno Breker Gesellschaft Bonn; 1985 Eröffnung Breker-Museum Schloss Nörvenich; Werke: 90 Prozent der Monumentalwerke nach 2. WK zerstört, nach 1945 Plastiken de Gaulle, Adenauer, Fürstin Gloria von Thurn u. Taxis, Haile Selassie, Dalí, ab 1976 Olympia-Zyklus (Meyfarth, Hingsen, Kusch, Gienger, Bendlin); im Dt. Sportforum »Zehnkämpfer« und »Siegerin«.*

Brundage, Avery, amerik. Sportfunktionär; * 26.9.1887 Detroit, † 8.5.1976 Garmisch-Partenkirchen; *Ingenieur-Studium University of Illinois; reicher Bauunternehmer Chicago; 1912 Olympiateiln. Stockholm Fünf- und Zehnkampf; 1914, 1916 u. 1918 Sieger AAU-All-round championships; 1928 Präs. Amateur Athletic Union; 1929–54 Präs. American Olympic Committee; 1936 IOC-Mitgl. (ab 1937 Exekutive, 1946–52 Vizepräs., 1952–72 Präs.); Veröffentl.: »Die Herausforderung« (1972).*

Burgeff, Hans Karl, Bildhauer, Medailleur, Zeichner, Prof.; * 20.4.1928 Würzburg; † 2005 Lohmar; *1946–49 Studium Naturwissenschaften; 1950 Kunst- u. Handwerkschule Würzburg (Bildhauerei u. Malerei); 1951/1956–57 Schüler bzw. Meisterschüler von Ludwig Gies Kölner Werkschulen; 1957 eigenes Atelier Köln; 1967 Kölner Kunstförderpreis; 1968 Ltr. Klasse f. Bildhauerei u. Bauplastik Kölner Werkschulen; 1974 Prof.; im Olympiastadion Porträtrelief Carl Diem (1965/Kopie DSHS Köln).*

Coubertin, Pierre de, Baron, Pädagoge, IOC-Gründer, Journalist, Historiker; * 1.1.1863 Paris, † 2.9.1937 Genf; *23.6.1894 Kongress an d. Sorbonne: Gründung Olymp. Bewegung u. IOC; 1894–96 IOC-Generalsekretär; 1897–1925 IOC-Präsident, danach Ehrenpräsident; 1912 Olymp. Goldmed. Kunstwettbewerb Literatur f. »Ode an den Sport« (Pseudonym Georges Hohrod u. M. Eschbach; 1925 Gründung Weltbund f. Pädagogik; (IOC-Ehrenhalle) Reliefporträt von Richard Martin Werner (1936/51), Coubertinplatz u. -saal in den »Stadion-Terrassen«.*

Curtius, Ernst, Archäologe, Historiker, Prof.; * 2.9.1814 Lübeck, † 11.7.1896 Berlin; *ab 1844 Prof. Göttingen u. Berlin; Erzieher Prinz Friedrich (1888 Kaiser Friedrich III.); leitete 1874–81 Ausgrabungen in Olympia mit Friedrich Adler; im Olympiastadion (IOC-Ehrenhalle) Porträtrelief von Richard Scheibe (1952/Original von Johann Barid verschollen).*

Daume, Willi, Sportfunktionär, Industrieller, Prof., Dr. h.c.; * 24.5.1913 Hückeswagen, † 20.5.1996 München; *1932 Abitur Leipzig; 1932–38 Studium VWL u. Jura Leipzig, München u. Köln; 1938 nach Tod d. Vaters Ltg. Eisengießerei Daume; 1937 NSDAP u. Betriebsführer DAF; Handballspieler in Leipzig u. Köln; 1936 Mitgl. Olympiamannschaft Basketball (nicht eingesetzt); 1945 Vors. Eintracht Dortmund; 1948 Vizepräs. ADS Brit. Zone; 1949 Mitbegr. NOK, Schatzmeister; 1961–92 Präs., danach Ehrenpräs.; 1949–55 Präs. Dt. Handball-Bund; 1950–70 Präs. DSB; 1979–88 Präs. DOG; 1956–1991 IOC-Mitgl. (1972–76 Vizepräsident); Präs. OK Olymp. Spiele München 1972; 1967 Mitbegründer Stiftung Dt. Sporthilfe; 1988 Präs. Comité International pour le Fair Play.*

Dernburg, Hermann, Architekt; * 1868, † 1926; *1909–10 »Hohenzollern-Sportpalast« Berlin (später Sportpalast)/1925 Umbau mit 12 000 Plätzen durch Oskar Kaufmann/1973 abgebrochen); 1926 Teiln. Wettbewerb Dt. Sportforum.*

Diem, Carl, Prof. Dr. h.c.; Sportfunktionär, Sportwissenschaftler; * 24.6.1882 Würzburg, † 17.12.1962 Köln; *1887 Berlin; 1899 Gründer SC Marcomannia; 1903 Schriftl. DSBfA; 1904 Gründer u. 1905–20 Vors. Verb. Berl. Athletik Vereine; 1906 Olymp. Spiele Mannschaftsbegleiter u. Journalist; 1907–13 Sportred. Scherl-Verlag; 1908 Veranstalter 1. Hallen-Sportfest Berlin u. Großstaffellauf Potsdam-Berlin; 1908–13 Vors. DSBfA; 1912 Mannschaftsltr., 1928 u. 1932 Chef de Mission dt. Olympiamann.; 1913–16 Generalsekr. Olymp. Spiele 1916 (ausgefallen); 1914 Kriegsfreiwilliger; 1912/13 Reichssportabzeichen; 1917–33 Generalsekr. DRAfOS bzw. DRA; 1920–33 Prorektor DHfL; 1921 Dr. h.c.; 1932–37 Generalsekr. OK Olymp. Spiele Berlin 1936; 1938–45 Direktor IOI; 1939–45 Ltr. Stadionverwaltung; 1947–62 Gründer u. Rektor DSHS Köln; 1949–52 Schriftf. NOK; 1949–53 Sportreferent Bundesregierung; CDU; 1951 Mitbegründer DOG; 1956 Olymp. Diplom; im Olympiastadion (Marathontor) Porträtrelief (1965/von Karl Burgeff).*

Dreher, Emil Friedrich, Dipl.-Ing.; * 26.4.1901 Durlach/Baden, † 1945 (verschollen), *1919–24 Studium Maschinenbau u. Elektrotechnik TH Karlsruhe; 1923 NSDAP (Neueintritt 1929); 1929 SA, 1934–36 Referent Reichssportführer, Verbindungsführer d. OSAF; 1936 SA-Standartenführer; 1942 Oberführer; 1934–45 stellv. Direktor u. Betriebsltr. Reichssportfeld.*

Dübbers, Kurt, Architekt, Prof., Dr.-Ing.; * 28.10.1905 Düsseldorf, † 24.8.1987 West-Berlin; *Studium TH München, Berlin u. Stuttgart; 1932–35 Assistent TH Stuttgart, Schüler, Mitarbeiter u. später Schwiegersohn von Prof. Paul Bonatz; 1942 Prof. f. Entwerfen u. Gebäudelehre TH Berlin; 1946–75 Prof. TU Berlin (1956–57 Rektor); Bauten: Haus Reuther Heidelberg, TU Hauptgebäude Südfront, Hauptgebäude TU Nordseite mit W. Sand, W. Kreuer u. C.H. Schwennicke (1968); ab 1956 Zusammenarbeit mit Friedrich-Wilhelm Krahe; 1970 Sieger Wettbewerb Teilüberdachung Olympiastadion (ausgeführt 1972–73).*

Eckart, Dietrich, Journalist, Schriftsteller; * 23.3.1868 Neumarkt/Oberpfalz, † 26.12.1923 Berchtesgaden; *Medizinstudium (abgebrochen); 1915 München; 1918 Hrsg. Wochenschrift »Auf gut Deutsch«; 1921 NSDAP, Schriftltr. »Völkischer Beobachter«; galt als »Dichter der Bewegung«; lieferte mit d. Gedicht »Deutschland, erwache!« NS-Schlachtruf; Hitlers erster Mentor; 1923 Teiln. Hitler-Ludendorff-Putsch; Haft Stadelheim (wegen Alkoholismus entlassen); im Olympiastadion Dietrich-Eckart-Freilichtbühne (ab 1945 Waldbühne).*

Erler, Fritz, Grafiker, Bühnenbildner, Prof.; * 15.12.1868 Frankenstein, † 11.12.1940 München; *Schüler von Albert Bräuer in Breslau; 1892–94 Paris Académie Julian; 1895 München; 1896 Mitbegr. »Jugend«; 1899 »Scholle«; 1901 u. 1909 Gold. Med. München; Ehrenmitgl. u. Prof. AdK München; Ritterkreuz d. Bayr. Maximiliansordens f. Wissenschaft u. Kunst; 1914–15 Aquarelle (Kriegsszenen); ab 1918 Utting (Ammersee); Werke: Fresken, Wandbilder, Treppenhäuser, Mosaiken; 1936 Mitgl. Kunstausschuss f. Ausschmückung Reichssportfeld; im Olympiastadion Glasfenster IOC-Ehrenhalle (im 2. WK zerstört).*

Fekete, Georg (György), jüd. Statiker, Ing.; * 1.3.1901 Iglo/HUN, † 27.10.1994 Sydney/AUS; *Studium Univ. Budapest; wegen antisemitischer Stimmung Wechsel nach Berlin; ab 1930 Zusammenarbeit mit Werner March; Chefstatiker Reichssportfeld; 1934 nach Denunziation Entlassung; illegale Weiterbeschäftigung (Pseudonym Martin Hablick); Anfang 1939 Emigration England; Febr. 1939 Übersiedlung Australien; Geldkassierer Gaslight Comp.; 1951 Statiker (Wasserkraftwerke, 17 Brücken), Hongkong, Südkorea, Ghana u. Elfenbeinküste; Lehrtätigkeit TH Canberra.*

Flatow, Alfred, jüd. Olympiasieger, Turnlehrer; * 3.10.1869 Berent/Westpr., † 28.12.1942 KZ Theresienstadt; *1896 Olympiasieger Barren-Einzel, Mannschaft Reck u. Barren; 1898 Dt. Turnfestsieger; Autor Turnschriften; Großhändler f. Fahrräder u. Zubehör in Berlin; 1933 »freiwilliger« Austritt aus DT aufgrund »Arierparagraphen«; 1936 Ehrengast Olymp. Spiele; 1938 zwangsweise Annahme des zusätzl. Vornamens »Israel«; Ausweisung aus d. Wohnung, Beschlagnahme Besitz als »Reichsfeind«; 3.10.1942 Deportation; 1996 Sonderbriefmarke anlässlich 100 J. Olymp. Spiele (mit Cousin Felix Flatow); 21.2.1997 Umbenennung »Reichssportfeldstraße« in »Flatowallee«.*

Flatow, Gustav Felix, jüd. Olympiasieger, Textilkaufmann; * 7.1.1875 Berent/Westpr., † 29.1.1945 KZ Theresienstadt (verhungert); *1896 Olympiasieger Mannschaft Reck u. Barren; 1900 Teiln. Olymp. Spiele Paris; Inh. Textilfabrik Berlin f. Kinder-Matrosenanzüge; 1933 Emigration Niederlande; 1936 Ehrengast Olymp. Spiele; 2. WK: mit Beginn der Deportationen untergetaucht (31.12.1943 Verrat); KZ Westerbork, danach Deportation nach Theresienstadt; 1996 Sonderbriefmarke anlässlich 100 J. Olymp. Spiele (mit Cousin Alfred Flatow); 21.2.1997 Umbenennung »Reichssportfeldstraße« in »Flatowallee«.*

Flex, Walter, Schriftsteller, Dr. phil.; * 6.7.1887 Eisenach, † 16.10.1917 (gef.) Peude; *Vater Gymnasialprof. Eisenach; Burschenschafter; Hauslehrer bei Fürst Herbert von Bismarck in Friedrichsruh u. Varzin; Verwalter d. Hausarchiv; 1914 Kriegsfreiwilliger; anfangs Kriegsarchiv, danach Ltn. Inf.-Reg. 138; Kämpfe Wilna, Postawy am Narotschsee; 1917 Eroberung Riga; Autor »Kriegsgedichte« u. verschiedene Kriegsepen; im Reichssportfeld (Langemarckhalle) ein Vers.*

Francken-Sierstorpff, Adalbert von, Graf, Dr. jur., Rittmeister, IOC-Mitglied; * 30.6.1856 Koppitz b. Grottkau/Oberschl., † 27.5.1922 Eltville/Rhein; *kgl.-preuß. Rittmeister; 1909 Organisator IOC-Session Berlin; 1910–1919 IOC-Mitgl.; plädierte 1914 für Winterspiele; verantw. f. künstl. Ausschmückung Dt. Stadion.*

Frick, Wilhelm, Reichsinnenminister, Dr. jur.; * 12.3.1877 Alsenz/Pfalz, † 16.10.1946 (hing.) Nürnberg; *1896–1901 Jurastudium Göttingen, München,*

Berlin u. Heidelberg; 1904–24 Beamter Polizeipräs. München (ab 1919 Ltr. Pol. Polizei); 9.11.1923 Teiln. Hitler-Ludendorff-Putsch; 15 Mon. Festungshaft (wegen Wahl in Reichstag vorzeitig entlassen); 1928 Fraktionsvors. NSDAP; 1930–31 Thür. Innenminister; 1933–43 Reichsinnenmin. (Hauptverantw. Bau Reichssportfeld); 1943–45 Reichsprotektor Böhmen u. Mähren; 1945–46 Anklage Hauptkriegsverbrecher.

Friedrich Karl, Prinz von Preußen;
* 6.4.1893 Klein-Glienicke, † 7.4.1917 Rouen/FRA; *Vater Prinz Friedrich Leopold u. Mutter Luise Sophie zu Schleswig-Holstein; Enkel von Prinz Friedrich Karl (Neffe von Kaiser Wilhelm I.); erster Sportler aus d. Haus Hohenzollern; 1912 Teiln. Olymp. Spiele (Bronze Springreiten, Mannschaft); 1. WK Rittmeister Leibhusaren-Reg. Nr. 1 u. Führer Fliegerabteilung; Westfront abgeschossen: 1926 Denkmal Dt. Sportforum (von Ernst Gorsemann), Standort Nähe Freilufthörsaal (ev. 1943 eingeschmolzen).*

Friesen, Friedrich, Turnpädagoge;
* 27.9.1784 Magdeburg, † 15.3.1814 (gef.) La Lobbe/Ardennen; *Bauakademie Berlin; 1908 Lehrer Plamann'sche Anstalt Berlin; Mitbegr. Fechtgesellschaft u. Schwimmanstalt a. d. Spree; 1810–12 Mitarbeiter von Friedrich Ludwig Jahn in d. Hasenheide; 1810 Mitbegr. u. Prof. »Dt. Bund« u. »Dt. Burschenschaften«; 29.1.1813 mit Jahn nach Breslau, Gründung Lützowsche Freischar (Adjutant von Lützow); im Reichssportfeld: Friesenheim, Friedrich-Friesen-Straße, Friesenhof und -Brücke.*

Frömberg, Karl, Stadionverwalter,
* 7.5.1914 Freital, † 13.2.1998 Berlin; *Schlosser Reichsbahn; Berufssoldat; nach 2. WK Ltr. Konsumges.-Filiale Freital; 1949 West-Berlin; Bäderamtsltr. Tempelhof; 1972–78 Ltr. Stadionverwaltung.*

Fuchs, Hermann, Bildhauer, * 28.7.1871 Hochdahl, Krs. Düsseldorf; † ?; *Schüler von Fritz Schaper u. Louis Tuaillon; Werke: Büste Ernst von Bergmanns Univ. Berlin, Kriegerdenkmäler Berlin u. Friedrichsfeld, Christusfigur Landsberg i.W., im Deutschen Stadion Reiter-Plastik (1926 abgerissen).*

Garbe, Herbert, Bildhauer, Holzschnitzer;
* 1.6.1888 Berlin, † 17.7.1945 Rennes (franz. Gefangenschaft); *1910–12 Kunstgewerbeschule München u. AdK Berlin; 1920 Heirat Mainzer Bildhauerin Emy Roeder (1890–1971); 1925 Paris; 1933–34 Rom; 1936–41 Ltr. Bildhauerklasse Städelsche Kunstschule Frankfurt/M.; anfangs natural. Darstellung, später Kubismus; Werke: Plastik Liebknecht/Luxemburg-Denkmal Berlin-Friedrichsfelde, Plastiken »Eros«, »Gruppe d. Todes«, »Schlaf«, »Blaue Gruppe«, »Junge Schnitterin« u. »Mutter mit Kind« (Nationalgalerie); im Olympiastadion Siegerstelen 1896, 1900 und 1936.*

Gebhardt, Willibald, Sportfunktionär, Chemiker, Dr. phil.; * 17.1.1861 Berlin, † 30.4.1921 Berlin (Verkehrsunfall); *1879–84 Studium Chemie Marburg u.* Berlin; *1885–90 mit Bruder Bernhard Inh. väterl. Buchbindereigeschäft; 1890 Teilhaber Fa. »Ozone« New York; 1895 Rückkehr Berlin; Gründung Badeanstalt »Karlsbad«; Vors. Allg. Ausstellung f. Sport, Spiel u. Turnen in Berlin; 13.11.1895 Gründer »Comité zur Beteiligung Dtschl. an d. Olymp. Spielen zu Athen« (Vorläufer NOK) u. Schriftführer; Mannschaftsltr. 1896; 1896–1909 IOC-Mitglied; 1897–98 Vors. Dt. u. Österr. Fechterbund; 1900 u. 1904 Gründung Beteiligungskom. f. Olymp. Spiele (1904 DRAfOS als ständiges Komitee); 1904 offiz. IOC-Vertreter Olymp. Spiele St. Louis; Vertreter d. Lichtheilkunde; zahlr. Patente ohne geschäftl. Erfolg; im Sportforum Gebhardt-Platz, im Olympiastadion Porträtrelief am Marathontor (1926).*

Geitner, Hermann, Tiergarten-Direktor;
* 1848, † 1905 Berlin; *Pläne mit Dr. Willibald Gebhardt für ein Stadion im Hippodrom d. Tiergartens; Veröffentl.: »Der Thiergarten bei Berlin« (1880).*

Georgii, Theodor, Turnführer; * 9.1.1826 Esslingen, † 25.9.1892 Wilmersdorf/Württemb.; *1843–47 Jurastudium Tübingen u. Heidelberg; Hilfsrichter Besigheim; später Rechtskonsulent Stuttgart, Vater von 11 Kindern; 1844 Turner u. Burschenschaftler; Obmann der schwäb. Turnerschaft; 1859 Aufruf an dt. Turner, der 1860 1. Dt. Turnfest in Coburg zur Folge hatte; Gründung DT; 1868 1. Vorsitz. u. 1887 Ehrenvors. auf Lebenszeit; im Reichssportfeld Georgii-Platz.*

Gereit, Max, Stadionverwalter;
* 23.6.1910 Potsdam, † 25.8.1986 Berlin; *Laufbursche Siemens-Schuckert-Motorenwerke; 1925–32 Lehrstelle DHfL; 1932–33 DRA; 1933–37 OK Olymp. Spiele Berlin; danach Angestellter Reichssportfeldverwaltung; 1939 OK Olymp. Winterspiele Garmisch-Partenkirchen (ausgefallen); 1945 Bürgermstr. Paretz; Nov. 1945–49 Alleinkraft Reichssportfeldverwaltung; 1949–72 Amtmann bzw. Amtsrat i. d. Verwaltung Olympiastadion (Stadionverwalter).*

Gies, Ludwig, Bildhauer, Prof.; * 3.9.1887 München, † 27.1.1966 Köln; *Kunstgewerbeschule München; Studium AdK München; 1912 freier Bildhauer; 1913 Münchener Sezession; 1914–18 1. WK Munitionsfabrik; 1917–37 Ltr. Bildhauerklasse HdbK Charlottenburg bzw. Berlin; 1921 Prof. Unterrichtsanstalt Kunstgewerbemuseum Berlin; 1924 Prof. Dekorative Plastik Vereinigte Staatsschulen Berlin; 1933 Austritt Preuß. AdK auf Druck d. NSDAP; 1937 Entlassung aus Lehramt; 1945 erneut AdK Berlin; 1945–50 Freiberufler; 1950 Prof. Kölner Werkschulen; 1957 Gr. BVK; Werke: 1921 Kruzifix Lübecker Dom als Gefallenendenkmal (größter Kunstskandal der Weimarer Rep./1937 als »entartete Kunst« verunglimpft); 1930–31 Kranz Neue Wache Berlin; 1930 Adler am Portal u. 1936 Reichsbank Hoheitszeichen; 1939 Jugosl. Gesandschaft Fassade, Treppenhaus, Glasarbeiten (Architekt Werner March); 1954–55 Bundesadler* Plenarsaal Bundestag Bonn; *im Sportforum 1934–35 Adler u. Mäanderfries im »Haus d. Dt. Sports« (Kuppelsaal/verschollen).*

Goebbels, Joseph, Reichspropagandaminister, Dr.; * 29.10.1897 Rheydt, † 1.5.1945 Berlin (Selbstmord); *Studium Phil., Literaturgeschichte u. Germanistik Bonn, Freiburg, Würzburg u. Heidelberg; 1. WK (nicht militärdiensttauglich/gehbehindert); 1924 NSDAP; express. Roman »Michael«; 1925 Geschäftsf. NSDAP Gau Rheinland-Nord; Mitarbeiter von Georg Strasser; 1926 Gaultr. Berlin.-Brandenburg; 1927 Gründung »Der Angriff«; 1929 NS-Reichspropagandaltr.; ab 1928 MdR; 1933 Reichspropagandamin.; Juli 1944 Gen.bevollmächtigter für »Totalen Krieg«; laut Hitlers Testament sein Nachfolger; Hauptverantw. f. Propaganda OS 1936.*

Gorsemann, Ernst, Bildhauer, Prof.;
* 15.2.1886 Bremen, † 19.7.1960 Bremen; *Schüler von Louis Tuaillon; Hausbildhauer d. DRA; 1928 Teiln. Olymp. Kunstwettbewerb Amsterdam; 1934–36 Prof. Norddt. Kunsthochschule Bremen; 1937 Goldmed. Intern. Ausstellung Paris; 1949 Veröffentl.: »Vom Morgen zum Mittag« (Autobiografie); Werke: Plakette DRA u. Olymp. Kongress 1930, im Dt. Stadion Porträtreliefs für v. d. Asseburg und Gebhardt (1926/heute Marathontor); im Ehrenhof Bronzefigur »Sportjunge« (verschollen), im Dt. Sportforum Statue von Prinz Friedrich Karl (verschollen, ev. 1943 eingeschmolzen).*

Grenander, Alfred, Architekt, Kunstgewerbler, Prof.; * 26.6.1863 Skövde/SWE, † 14.7.1931 Berlin; *Schüler von Ende, Messel u. Wallot; Prof. Staatsschule f. Freie u. Angew. Kunst Charlottenburg; 1899–31 viele Hoch- u. Untergrundbahnstationen Berlin (u. a. Potsdamer Platz, Wittenbergplatz, Zoologischer Garten, Leipziger Straße, Kaiserhof, Reichskanzlerplatz, Kurfürstenstr. und Nollendorfplatz); 1930 Neubau Bahnhof »Stadion«.*

Gruber, Lois, Bildhauer, Prof.;
* 27.5.1892 Teisendorf/Oberbayern, † ?; *Lehrer Städt. Gewerbeschule München; 1933 NSDAP; Prof. Meisterschule f. Maler München; im Sportforum Sgraffito im Treppenhaus des Turnhauses.*

GutsMuths, Johann Christoph, Pädagoge;
* 9.8.1759 Quedlinburg, † 21.5.1839 Ibenhain; *1782 Hauslehrer Carl Ritter in Quedlinburg; Studium Theologie u. Pädagogik Halle/Saale; 1785–1839 Lehrer Erziehungsanstalt Salzmanns in Schnepfenthal (seit 1786 auch in Gymnastik); Gründung des ersten dt. Turnplatzes; 1793 Veröffentl.: »Gymnastik f. d. Jugend«; Vertreter philanthr. Leibeserziehung; im Sportforum GutsMuths-Platz und -Weg; Porträtplastik von Karl Albiker im »Haus d. Dt. Sports« (heute im Besitz der Spvg. GutsMuths).*

Haacke, Harald, Bildhauer; * 27.1.1924 Wandlitz, † 13.1.2004 Berlin; *1938–41 Steinbilderhauerlehre; Jan. 1942 Schüler Fritz Diedrich; Kontakt mit Käthe Kollwitz; 1942–45 Kriegsdienst u. -gefangenschaft; nach 2. WK Schüler von Richard Scheibe; 1951 Kolbe-Preis; 1952 selbstständig; Werke: Porträtbüsten 1953 Rudolf Virchow, 1954 Ernst Reuter, 1977 Walther Rathenau, 1994 Willy Brandt; Rekonstruktionsarbeiten Schloss Charlottenburg u. Figurengruppe Schlossbrücke; 1985–86 Rathenau-Brunnen Volkspark Rehfelde, 1987–88 Gänseliesel-Brunnen Berlin-Wilmersdorf, 1991–92 Kant-Denkmal Kaliningrad, 1994 vergrößerte Kopie d. Kollwitz-Pietà; im Olympiastadion (Marathontor) Porträtrelief Theodor Lewald (1966).*

Haegert, Wilhelm, Ministerialrat;
* 14.3.1907 Rixdorf, † 24.4.1994 Berlin; *Jurastudium Berlin u. Greifswald; 1923 Freikorps; 1929 NSDAP u. SA (1937 Standartenführer), 1929 stellv. Ortsgruppenltr. Angermünde; seit 1931 Ltr. Rechtsschutzabtl. Gau Groß-Berlin; seit April 1933 Ltr. Abt. II (»Propaganda«) im RMVP; Persönl. Vorstandsmitgl. u. Ltr. Propagandaausschuss Olymp. Spiele 1936; 1938 Ltr. Abt. »volkskulturelle Fragen«, 1939–45 Ltr. Abt. »Schrifttum«, 1942–43 Sonderauftrag Überprüfung von UK-Stellungen; nach 2. WK Rechtsanwalt u. Notar Berlin-Schöneberg.*

Hane, Fritz, Architekt; Reichsbahnoberrat; Mitgl. Dt. Werkbund; *1934–41 Umgestaltung Bahnhof Zoologischer Garten; 1934–35 Umbau S-Bahnhof »Rennbahn« (Umbenennung in »Reichssportfeld« bzw. »Olympia-Stadion«) u. Station »Pichelsberg« (1935).*

Halt, Karl Ritter von, Dr.; Bankdirektor, Reichssportführer; * 2.6.1891 München, † 5.8.1964 München; *1909–11 Lehrling Deutsche Bank; 1912 Teiln. Olymp. Spiele (Fünf- und Zehnkampf); 1909–21 8 x DM; 1914–18 Kompanieführer Bayr. Inf.-Leibreg.; 1917 Ritter d. Militär-Max-Joseph-Ordens mit persönl. Adel (1921 verliehen); 1918 brit. Gefangenschaft; 1911–35 Angest. Deutsche Bank u. d. Bankhauses Aufhäuser (1923–1935); ab 1910 Studium*

Das Denkmal des Preußenprinzen Friedrich Karl im Sportforum.

The memorial to the Prussian Prince Friedrich Karl in the Sportforum.

München, 1922 Dr. oec. publ.; 1925–33 Sportwart DSBfA/DLV, 1929–45 Vorsitzender (1934–45 Reichsfachamtsleiter); 1932–46 IAAF-Council; 1929–64 IOC (1937–45 u. 1958–63 Exekutive); 1935–45 Direktor der Deutschen Bank; 1938 Chef Personalabteilung, Vorstandsmitgl.; 1933 NSDAP u. SA (1942 Oberführer); Mitgl. »Freundeskreis Reichsführer SS«; 1944 komm. Reichssportführer; 1945 Komm. Volkssturm-Bat.; 1945–50 Internierung Omsk u. Buchenwald; 1936 u. 1940 Präs. OK Olymp. Winterspiele Garmisch-Partenkirchen u. Vorstandsmitgl. OK Berlin 1936; 1951–61 Präsident NOK; 1957 Gr. BVK mit Stern.

Harbig, Rudolf, Weltrekordläufer; * 8.11.1913 Dresden, † 5.3.1944 (vermisst) Olchowez/Kirowograd; *Dresdner SC; Angest. Gaswerke; 1936 Olymp. Spiele 4x400 m (Bronze); 1938 EM 800 m (1.); WR 400 m 46,0 (1939), 800 m 1:46,6 (1939/erst 1955 gebrochen), 1000 m 2:21,5 (1941); 1937 NSDAP, SA; seit 1950 jährlich Rudolf-Harbig-Gedächtnispreis des DLV; 1951–65 Harbig-Sportfest mit Gedenklauf in Ost-Berlin bzw. Dresden; am Olympiastadion Rudolf-Harbig-Halle (Teil Horst-Korber-Sportzentrum).*

Hentschke, Heinz, Theaterdirektor, Regisseur, Schauspieler, Librettist; * 20.2.1895 Berlin, † 3.7.1970 Berlin; *nach 1.WK Ltr. Hunger-Wander-Theater; 1933 Direktor Lessing-Theater, 1934–1944 Direktor Metropol-Theater u. Theater im Admiralspalast; 1936 Uraufführung »Maske in Blau«; galt als letzter »König der Operette«; 1951–1960 Veranstalter »Tag der Sensationen« bzw. »Der große Tag« im Olympiastadion; 1954 Vorlage »Ball der Nationen«, 1962 Idee »Hochzeitsnacht im Paradies«.*

Heydrich, Reinhard, SS-Obergruppenführer, Chef d. Sicherheitspolizei u. SD; * 7.3.1904 Halle/Saale, † 4.6.1942 Prag (Attentat vom 27.5.); *1919 Mitgl. Dt.-völk. Schutz- u. Trutzbund; 1922–31 Reichsmarine (nach »ehrenwidrigen« Verhalten entl.); 1931 SS-Obersturmbannführer; 1932 Standartenführer u. Chef SD; 1933 Ltr. Pol.-Abt. Polizeidir. München, Oberführer; 1934 Obergruppenführer; 1936 Chef SIPO u. SD; 1939 Chef RSHA; seit 1941 Stellv. Reichsprotektor von Böhmen u. Mähren; 20.1.1942 Ltr. »Wannsee-Konferenz« zur Vernichtung der europ. Juden; 1941 Reichsfachamtsltr. Fechten; Mitgl. Vorstand OK Olymp. Spiele 1936.*

Himmler, Heinrich, Reichsführer-SS, Chef d. Dt. Polizei; * 7.10.1900 München, † 23.5.1945 Lüneburg (Selbstmord); *1. WK Offiziersanwärter 11. Bayr. Infant.-Reg.; 1918–22 Stud. TH München; Landwirt; Verkäufer Düngemittelfirma; 1923 Teiln. Hitler-Ludendorff-Putsch München; 1926–30 stellv. Propagandaltr. NSDAP; Geflügelzüchter; Januar 1929 Ltr. SS; 1930 MdR; Gründung SD; 1933 Polizeipräs. u. Komm. Pol. München; richtete erstes KZ in Dachau ein; ab 1934 Chef d. Gestapo; 1936 Chef d. Dt. Polizei u. Reichsführer-SS; 1939 Reichskomm. f. d. Festigung d. dt. Volkstums; 1943 Reichsinnenminister.*

Hindenburg, Paul von, Generalfeldmarschall, Reichspräsident; * 2.10.1847 Posen, † 2.8.1934 Schloss Neudeck; *1866 Preuß.-Österr. Krieg; 1870–71 Dt.-Franz. Krieg; 1879 Generalstab; 1903 Komm. General IV. Armeekorps Magdeburg; 1911 Abschied; 1914 1. WK reaktiviert u. Oberbefehlshaber 8. Armee in Ostpreußen; Sieger Schlacht von Tannenberg; Nov. 1914 Generalfeldmarschall; 29.8.1916 Chef d. Obersten Heereslitg.; 1925–34 Reichspräs.; 1933–34 Schirmherrschaft Olymp. Spiele Berlin 1936 (nach seinem Tod Hitler); 18.10.1925 Grundsteinlegung Dt. Sportforum u. Hindenburg-Platz.*

Hirtsiefer, Heinrich, Politiker, Dr. med. h.c.; * 26.4.1876 Essen, † 15.5.1941 Berlin (Folge KZ-Haft); *1919 MdL (Zentrum); 1920 Verbandssekr. Christl. Metallarbeiter-Verb.; 1921–33 Preuß. Wohlfahrtsminister; 1933 NS-Prozess »wegen Untreue u. passiver Bestechung«; KZ Kemna u. Börgermoor; im Dt. Sportforum Übergabe u. Namensgebung Sommer-Schwimmbecken (1928/Namen in NS-Zeit getilgt).*

Hitler, Adolf, Reichskanzler; * 20.4.1889 Braunau; † 30.4.1945 Berlin (Selbstmord); *1908–13 Wien Gelegenheitsarbeiter; Mai 1913 Flucht nach München, um der Einberufung ins österr. Heer zu entgehen; 1. WK Kriegsfreiwilliger; 2. Bayr. Reserve-Infant.-Reg.; Gasvergiftung (Lazarett Pasewalk); 1919 V-Mann d. Reichswehr zur Aufklärung heimkehrender Kriegsgefangener, kam dadurch mit der Nat.-Soz.-Partei (später NSDAP) in Berührung; 18.9.1919 Eintritt in d. Partei; ab 1921 Parteivors.; 24.2.1920 25-Punkte-Programm unter seiner Mitwirkung (Ausschluss Juden, Volksgemeinschaft, Mythos »arische Rasse«), 9.11.1923 München gescheiterter Hitler-Ludendorff-Putsch; 26.2.1924 5 J. Festungshaft Landsberg (nach 9 Mon. entlassen); Veröffentl. »Mein Kampf« (1925); 1930 dt. Staatsangehörigkeit; 1932 MdR; erfolgl. Kandidatur Reichspräsident; 30.1.1933 von Hindenburg zum Reichskanzler ernannt; 1934 nach Hindenburgs Tod beide Ämter vereinigt; Errichtung einer fasch. Diktatur; Hauptverantw. 2. WK und Ermordung der europ. Juden.*

Hölderlin, Johann Christian Friedrich, Lyriker; * 20.3.1770 Lauffen/Neckar, † 7.6.1843 Tübingen; *Maulbronner Seminar (Ausbildung zum Pfarrer); 1788–93 Studium Theologie Tübingen; 1784 erste Gedichte; 1788 erste Reisen u. Begegnung mit d. »Welt der Griechen« (Tübinger Hymnen); 1791 Schweiz; 1793 Begegnung Schiller; Vermittlung als Hofmeister Schloss Waltershausen/Thür.; 1795 Studium Philosophie bei Fichte in Jena; Hofmeister bei Bankier Gontard (Zerwürfnis wegen unglücklicher Liebe zur Mutter d. Zöglinge); 1798–1800 Homburg (J. von Sinclair); 1800 Stuttgart, Nürtingen u. Bordeaux; 1802 Rückkehr (psychisch zerrüttet); 1806 Irrenanstalt; ab 1807 geistig umnachtet; patriot. Gedichte (u.a. »Der Tod fürs Vaterland«), die von den Nazis missbraucht wurden (Langemarckhalle).*

Hönig, Eugen, Architekt, Prof.; * 9.5.1873 Kaiserslautern, † 24.6.1945; *Studium TU München; seit 1897 selbstständig; 1906–13 Prof. Bauschule München; 1932 NSDAP; 1933–36 Präs. Reichskammer d. bildenden Künste; Bauten: 1935 Rathaus Regensburg, Genossenschaftsbank München, Reithalle München; Mitgl. Bauausschuss Olymp. Spiele 1936.*

Hoff, Hein ten, Boxer; * 19.11.1919 Oldenburg, † 13.6.2003 Hamburg; *seit Sept. 1945 Berufsboxer, 1946 Punktsieger über Neusel u. damit erster Dt. Meister Schwergewicht nach 2. WK; 1951 Europameister, trat 1955 nach Niederlage gegen Johansson/SWE zurück; 194 Kämpfe (davon 185 Siege); später Gastwirt, Promoter u. Präsident d. BDB.*

Hucks, Dietrich (Dieter), Profiboxer; * 12.6.1919 Homberg, † 21.6.1990; *Hufschmied Rheinhausen; 1947 Dt. Meister mit Sieg über Gustav Eder; Juni 1947 Ende der Karriere nach Niederlage gegen Fritz Gahrmeister in der Waldbühne; letzter Kampf 11.2.1954 in Berlin; später Gastwirt in Braunlage.*

Hueppe, Ferdinand, Mediziner, Prof., Dr.; * 24.8.1852 Heddesdorf/Rheinprovinz, † 16.9.1938 Dresden; *Studium Medizin 1876 Prom.; danach Militärarzt, Bakteriologe u. Hygieniker kaiserl. Gesundheitsamt; 1884 Laboratorium von Fresenius Wiesbaden; 1889–1911 Prof. f. Hygiene Prag, danach Physiologe Dresden; 1896 Begleiter dt. Olympiamannschaft; 1900 Mitbegr. DFB u. 1. Vors. (bis 1904); Veröffentl.: 1899 »Handbuch der Hygiene«, 1901 »Der moderne Vegetarianismus«, 1904 »Alkoholmissbrauch u. Abstinenz«, 1910 »Hygiene d. Körperübungen«; 1925 »Zur Geschichte d. Sozialhygiene«; im Sportforum Hueppe-Platz.*

Immendorff, Otto, Bäderarchitekt in Hildesheim; *1928 Entwurf Schwimmhaus im Dt. Sportforum.*

Jaeger, Otto Heinrich, Turnpädagoge, Prof., Dr.; * 10.6.1828 Bürg a. Neckar, † 17.7.1912 Kirchberg a. d. Jagst; *1845 Studium Tübingen; 1849 Militärdienst; 1850 Prom.; 1852 Privatdozent Tübingen; 1854 Turnlehrer Kantonsschule Zürich; 1857–62 Prof. f. Philosophie Basel, 1862–92 1. Hauptlehrer u. Vorstand d. Turnlehrerbildungsanstalt Stuttgart; Vertreter des Jahnschen Turnens (anstelle der Geräte es auf natürliche u. militär. Übungen, sog. »Jäger'sches Turnen«); Veröffentl.: 1864 »Turnschule für die deutsche Jugend«, 1876 »Neue Turnschule«, 1879 »Herkules am Scheideweg«; im Dt. Sportforum Jaegerplatz.*

Jahn, Friedrich Ludwig, Begründer dt. Turnen (»Turnvater«); * 11.8.1778 Lanz b. Lenzen (Westprignitz), † 15.10.1852 Freyburg/U.; *1795 Wanderungen; 1796–1802 Studium Halle, Jena u. Greifswald (bei Ernst Moritz Arndt); 1803 Hauslehrer Neubrandenburg; 1806 Teiln. Schlacht Jena u. Auerstädt; 1810 Lehrer Graues Kloster u. Plamann'sche Erziehungsanstalt Berlin (mit Friesen); Gründung »Dt. Bund« (Vorläufer Burschenschaften); 1811 Errichtung Turnplatz in d. Hasenheide; Erfinder Barren u. Reck; 1813 Teiln. Befreiungskriege im Lützowschen Freikorps (Urheber d. schwarzrotgoldenen Fahne); 1814 Rückkehr Berlin; Veröffentl.: 1816 »Dt. Turnkunst« (mit Ernst Eiselen); 1818 »Breslauer Turnstreit« (Schließung Turnplätze als Quelle d. Aufruhrs); 1819 »Turnsperre« u. Verhaftung Jahns nach Ermordung Kotzebues; Festungshaft Kolberg; 1824 Urteil 2 J. Festung als »Staatsfeind«; 1825 Freispruch Frankfurt/O. nach Revision mit Berlin-Verbot Übersiedlung nach Freyburg/U.; 1840 poliz. Überwachung u. nachträgl. Verleihung EK; Wiederzulassung d. Turnens in Preußen durch Kabinettsorder; 1848 Abgeordneter Frankfurter Nationalversammlung; im Dt. Sportforum; Jahn-Platz u. Porträtplastik von Karl Albiker im »Haus d. Dt. Sports« (1945 verschollen).*

Klein, Richard, Maler, Bildhauer, Medailleur, Grafiker, Prof.; * 7.1.1890 München, † 31.7.1967 Wessling/Obb.; *Lehre als Stukkateur; 6 J. Ausbildung in Bauplastik bei Julius Siedler in München; 1908 Schüler von A. Janz u. Franz von Stuck; Münchener Sezession; ab 1936 Direktor AdK München; Werke: Bildnismedaillen (u. a. Hindenburg), Skulpturen, Regina-Bad München, im Olympiastadion (Marchtunnel) NS-Hoheitszeichen (nach 2. WK zerstört).*

Klimsch, Fritz, Bildhauer, Medailleur, Prof.; * 10.2.1870 Frankfurt/M., † 30.3.1960 Freiburg i. B.; *Vater Bildhauer Eugen Klimsch (1839–1896); 1886–94 AdK Berlin; Schüler von Fritz Schaper; 1894 Staatspreis; Reisen Italien u. Paris; 1898 Mitbegr. Berliner Sezession; Rompreis; 1940 Goethemedaille; 1943–46 Salzburg; danach Saig über Titisee/Schwarzw.; Werke: 1906–10 Virchow-Denkmal Karlplatz Berlin, Grabdenkmäler, 1914–17 4 Bronzefiguren Gr. Sitzungssaal Reichstag; Vielzahl weibl. Akte u. Köpfe (Schlieffen, Liebermann, Conze, Ludendorff, Hindenburg); 1936 Teiln. Olymp. Kunstwettbewerb; im Dt. Sportforum (»Haus des Dt. Sports«) Lewald-Büste (heute DSHS Köln).*

Körner, Theodor, Dichter; * 23.9.1791 Dresden, † 26.8.1813 (gef.) bei Gadebusch; *Studium Bergakademie Freiberg, Leipzig u. Berlin; 1812 Anstellung als Burgtheaterdichter Wien; gr. Erfolg mit patriot. Drama »Zriny«; nach seinem Tod gab sein Vater die besten Gedichte in »Leier und Schwert« heraus (u.a. »Lützows wilde Jagd«, »Frisch auf, mein Volk, die Flammenzeichen rauchen« u. »Du Schwert an meiner Linken«); im Dt. Sportforum seit 1936 Körner-Platz.*

Kolbe, Georg, Bildhauer, Maler, Lithograph, Prof., Dr. h.c., * 15.4.1877 Waldheim/Sachsen, † 20.11.1947 Berlin; *1895 Studium AdK München; 1897–98 Paris Académie Julian (von Rodin beeinflusst); 1898–1901 Rom; 1904 Berlin; 1906 erste Ausstellung bei Paul Cassirer; 1912 Natio-*

nalgalerie erwarb Plastik »Tänzerin«; 1914 Kriegsfreiwilliger; 1916 Ehrenmale f. Gefallene; 1918 Prof.; ab 1919 AdK; 1928 Teiln. Olymp. Kunstwettbewerb Amsterdam; 1933 Chemnitz Kolbe-Ausstellung durch Reichskomm. von Killinger verboten; danach Annäherung an NS-Kunstauffassung; 1936 Preisrichter Olymp. Kunstwettbewerb; Nov. 1938 Spanien; 1939 Ausstellung Buenos Aires; 2. WK Teil seiner Werke zerstört; Werke: 1913 Heinrich-Heine-Denkmal Frankfurt/M., Porträts Friedrich Ebert (1925), Paul Cassirer (1925/26) u. Max Liebermann (1928); 1928–30 Rathenaubrunnen Volkspark Rehfelde (1934 demontiert, 1940 eingeschmolzen, 1987 durch Harald Haacke wiederhergestellt); im Dt. Stadion Statue »Leichtathlet« (vor 1926 abgerissen); im Sportforum (Jahn-Platz) »Ruhender Athlet« (1935), im »Haus d. Dt. Sports« »Zehnkampfmann« (1933).

Korber, Horst, Senator, * 16.3.1927 Stadtroda, † 2.7.1981 West-Berlin; *1945–53 Jurastudium Jena u. West-Berlin; 1954–55 Richter Landgericht; 1955 persönl. Referent b. Senator f. Bundesangelegenheiten; 1963 Senatsrat (Passierscheinabkommen); 1967–79 Senator f. Familie, Jugend u. Sport, Justiz sowie Arbeit u. Soziales; 1977–81 Präsident Berliner LSB; 1990 Einweihung Horst-Korber-Sportzentrum in d. Glockenturmstraße.*

Kosina, Heinrich, Architekt, * 2.4.1899 Wien, † 1977; *Schüler von Roller, Josef Hoffmann u. C. Witzmann in Wien; seit 1920 Berlin; 1923–25 Mitinh. »Architektenbüros Bau u. Einrichtungen«; Mitgl. »Novembergruppe«; Bauten: 1926 Flugzeughalle Berlin-Tempelhof, Fremden-Verkehrsbüro Berlin, Rheinlandhaus »Adlerwerke«, Lesesaal d. Akademie, Großtankstellen, Großgaragen, Siedlung Marienfelde; 1931/32 Entwurf eines Olympiastadions f. Berlin.*

Kraenzlein, Alvin Christian, amerik. Olympiasieger, Trainer; * 12.12.1876 Milwaukee/USA, † 6.1.1928 Wilkes Barre/USA, *Studium Wisconsin u. Penn State; 1900 4 x Olympiasieger; 1901 Abschluss als Zahnarzt; danach Leichtathletiktrainer University of Michigan; 1913/14 dt. Olympiatrainer; nach dem 1. WK Trainer in Kuba.*

Krahe, Friedrich-Wilhelm, Architekt, Prof., Dr.-Ing.; * 19.7.1929 Berlin; *1948–53 Studium TU Berlin; Schüler u. später Partner von Kurt Dübbers; 1956 Prom.; 1963 Habil. u. Privatdozent TU Berlin; 1969 apl. Prof.; 1970 Prof. f. Gebäudekunde u. Entwerfen; 1970–72 Dekan; 1975–79 Bürgerdeputierter CDU Zehlendorf; 1979–85 Mitgl. BVV Zehlendorf; 1987–91 Mitgl. Berliner Abgeordnetenhaus, bis 1994 als Architekt tätig; Bauten: HMI 2. Verschlussstelle f. radioaktive Abfälle, Erweiterungsbau 3. Bln. Reaktor, 2 Erweiterungsbauten f. chem. Laboratorien; Veröffentl.: »Burgen d. dt. Mittelalters« (1994), »Wohntürme d. dt. Mittelalters« (1997); 1972–73 Teilüberdachung Olympiastadion (mit Dübbers).*

Kraus, August, Bildhauer, * 9.7.1868 Ruhrort/Rheinl., † 8.2.1934 Berlin; *1882 Steinbildhauerlehre Baden-Baden; Besuch Abendklasse Straßburg; 1887–91 AdK; 1891–98 Meisterschüler u. Mitarbeiter von Reinhold Begas (u. a. Denkmale Wilhelm I., Bismarck) 1900–06 Rom; ab 1906 Berlin; 1911–13 Vizepräs. Sezession; 1. Vors. Berliner Bildhauer; Werke: Brunnen (Manneken Pis); Tierstatuetten (Fa. Rosenthal); im Dt. Stadion Statue »Schwimmer« (1926 abgebrochen).*

Krüger, Johannes, Architekt, * 23.11.1890 Berlin, † 7.5.1975 Berlin; *1909–13 Studium TH Charlottenburg; 1919 Regierungsbaumeister; 1925–27 mit Bruder Walter (1888–1971) Entwurf Tannenberg-Denkmal (ab 1934 Reichsehrenmal); 1926–28 Freibad Plötzensee; 1930 Luftkriegsschule Dresden-Klotzsche; 1937 Gruft Heinrich d. Löwen Braunschweiger Dom; 1938–43 Span. Botschaft Berlin-Tiergarten; 1952–53 Berliner Landeszentralbank; 1958 Entwurf f. Rennbahn Maifeld im Auftrage des Union-Klubs.*

Krümmel, Carl, Prof. Dr., Ministerialdirektor; * 24.1.1895 Hamburg, † 21.8.1942 Mühlberg (Flugzeugunfall); *TSV München 1860, 1919 DM 5000 m; Heeres-Sportlehrer; Dozent DHfL; 1925–30 Vors. Verband dt. Sportlehrer; NSDAP, SA (zuletzt Oberführer); Inspektor d. Geländesportschulen OSAF; 1934–42 Ministerialdirektor u. Chef Amt Körperliche Erziehung im Reichserziehungsmin.; 1937–42 Dir. Reichsakademie f. Leibesübungen; persönl. Vorstandsmitglied OK Olymp. Spiele 1936.*

Kuebart, Reinhold, Bildhauer; * 22.9.1879 Uschkballen/Ostpr., † 22.1.1937 Berlin; *Studium Akademie Königsberg; 1901–13 HfbK Charlottenburg; Spezialist für Tierplastiken (vor allem Pferde); 1932 »Tempelhüterdenkmal« vor Landstallmeisterhaus in Trakehnen (Original nach 1945 im Moskauer Pferdemuseum, Kopie seit 1973 im Dt. Pferdemuseum Verden); im Reichssportfeld (Reiterstadion) »Turnierpferd«; 1937 entfernt/ev. 1943 eingeschmolzen.*

Kühn, Benno, Regierungsbaumeister, Stadtbauoberrat, * 30.6.1875 Rogehnen/Ostpr., † 16.9.1936 Berlin; *Studium TH Charlottenburg, München, 1902 Regierungsbaumeister Berlin, Königsberg, Posen, Bielefeld u. Düsseldorf, 1921 Preuß. Finanzministerium, 1924 Vizepräs. Bau- und Finanzdirektion Berlin, Ordentl. Mitgl. Akademie f. Bauwesen, 13.3.1933 Stadtbaurat von Berlin (Nachfolger Martin Wagner); starb an den Folgen eines Unfalls; 1936 Olympia-Orden 1. Kl.*

Laeuger, Max, Bildhauer, Architekt, Maler, Keramiker. Prof., Dr.-Ing. h.c.; * 30.9.1864 Lörrach-Füllingen (Baden), † 12.12.1952 Lörrach; *1885–98 Lehrer Kunstgewerbeschule Karlsruhe; 1898–1932 Prof. TH Karlsruhe; 1907 Gartenbauausst. Mannheim; 1914 Oberbaurat; ab 1921 Mitarbeiter Karlsruher Majolikamanufaktur; 1927 Dr.-Ing. h.c. TH Dresden; Ehrenmitgl. AdK München; Bauten: Haus Bunge Ardenhout b. Harlem, Varieté-Theater Küchling Basel, Haus Albert Wiesbaden, Haus Simons Elberfeld; Gönneranl. Baden-Baden; zahlr. Böttger-Denkmäler; im Reichssportfeld 6 Reliefkeramiken am Schwimmstadion (2 verschollen).*

Lammers, Hans Heinrich, Staatssekretär, Dr. jur.; * 27.5.1879 Lublinitz/Oberschl.; † 4.1.1962 Düsseldorf; *Jurastudium Breslau u. Heidelberg; 1912 Landrichter Beuthen; 1921 Oberregierungsrat RMdI; 1922 Ministerialrat; NSDAP; Rechtsberater Hitlers; 1933–45 Staatssekr. u. Chef d. Reichskanzlei; 1937 Reichsminister; 1939 Mitgl. d. Ministerrates f. d. Reichsverteidigung; 1940 SS-Obergruppenführer; 1945 Internierung; 1949 »Wilhelmstraßenprozess« Urteil 20 J. Gefängnis (1952 entlassen).*

Langen-Parow, Carl-Friedrich von, Freiherr, Olympiasieger; * 25.7.1887 Klein Belitz, † 3.8.1934 Potsdam (Folge Military-Reitunfall); *1. WK Rittmeister 1. Garde-Ulanen-Reg., Schwadron »Graf Derfflinger«; nach 1. WK Erfolge im Springreiten mit »Hanko« (1923 Malmö, 1924 Dt. Springderby); Majoratsherr auf Parow, Krs. Franzburg; 1930 Konkurs d. Güter Klein Belitz u. Boldenstorf; NSDAP, SA (Chefreiterführer, Obersturmbannführer Stab Sagebiel, 10); 1936 Veröffentl.: Clemens Laar: » ... reitet für Deutschland«, 1941 UFA-Verfilmung mit Willy Birgel; im Reichssportfeld Friedrich-von-Langen-Tor u. Denkmal »Reiterehrung« von Richard Scheibe (verschollen).*

Le Corbusier (Pseudonym von Charles Édouard Jeanneret), Schweizer Architekt, Maler und Plastiker, Prof., Dr. h.c., * 6.10.1887 La Chaux-de-Fonds, † 27.8.1965 (Tauchunfall) Roquebrune-Cap-Martin (Alpes-Maritimes); *Bahnbrecher f. mod. Baukunst u. Verwendung von neuen Materialien (Eisenbeton, Stahl, Glas); entwickelte Skelettkonstruktionen; 1957–58 Wohnhaus in d. Reichssportfeldstraße (heute Flatowallee).*

Lederer, Hugo, Bildhauer. Prof. Dr. phil. h.c.; * 16.11.1871 Znaim/Südmähren, † 1.8.1940 Berlin; *Former u. Töpfer Keramikschule; 1892 Ausbildung Dresden u. Berlin; 1893 Relief »Heimkehr 1813«; 1901 Durchbruch Wettbewerbssieger Bismarck-Denkmal Hamburg; ab 1913 Lehrer HdbK Charlottenburg; 1919 AdK u. Ltr. Meisteratelier Preuß. AdK; Vorstand assist. Meisteratelier f. Bildhauerei; Mitgl. AdK Dresden; Senatsmitgl. Dt. Akad. München u. Preuß. AdK; 1933 NSDAP; Werke: 1904 »Kauernde«, 1908 »Ringer« (seit 1926 in Berlin Heerstraße), »Krieg und Frieden« Ruhmeshalle Görlitz, Fechterbrunnen Univ. Breslau; Heine-Denkmal Hamburg, Krupp-Denkmal Essen, plastischer Schmuck Krupp-Verwaltungsgebäude, Reiterstandbild Aachen, Denkmal f. im 1. WK gefallene Ärzte Eisenach, in Berlin: Gefallenendenkmal Univ. Berlin, Siegerstandbild Sportplatz Köpenick, Büste Stresemann, Quadriga Neues Museum u. Pergamon-Museum, 1929 »Säugende Bä-*

rin« Zehlendorf, Bärenbrunnen Werderscher Markt, Brunnen Arnswalder Platz; im Sportforum Amor-Brunnen vor dem »Annaheim« (verschollen/ev. 1943 eingeschmolzen).

Lehmann, Arno, Keramiker, Prof.; * 23.5.1905 Berlin, † 11.5.1973 Salzburg; *1927–29 Hochschule f. angewandte Kunst München; danach Designer Steingutfabrik Helten-Vordamm; Kontakte mit Gropius, Mies van der Rohe, Poelzig u. Behrens; Umzug nach Berlin (Atelier 1943 zerstört), anschließend Übersiedlung nach Bad Aussee; 1949 Atelier Festung Hohensalzburg; seitdem bedeutendster Keramiker Österreichs; im Dt. Sportforum 2 Keramikfriese (Terrakotten) an Schwimm- und Turnhaus.*

Lemcke, Walter E., Bildhauer, Medailleur, Glockenbildhauer; * 19.8.1891 Abbau Prellwitz, † 1955 Berlin; *1906–09 Schule Bromberg; 1909–14 Kunstgewerbeschule Berlin; Schüler u. Mitarbeiter von Walter Schmarje; danach Edwin Scharff u. Josef Wackerle; 1921 Meisterschüler, danach selbstständig; 1. Preis Staatl. Kunstgewerbemuseum Berlin; Kriegerfigur Potsdam; ab 1927 Groß- u. Bauplastik (Wappen, Friese); Reisen Frankreich u. Italien; gr. Glocke Berliner Dom; zahlr. Staatsaufträge u. a. Luftfahrtministerium, Regierungsgebäude, Flughafen Tempelhof (»Adler« nach Entwurf von Sagebiel), NS-Hoheitsabzeichen, Büsten Hitler u. Göring, Plastiken f. Göring; 15./16.2.1944 Berlin-Dahlem vollständig ausgebombt, danach Hindelang b. Sonthofen; nach 2. WK Aufträge Wiederaufbauministerium Düsseldorf u. Univ. Münster; 1933 Olymp. Glocke (nach Entwurf von Johannes Boehland), Griff Olymp. Fackel u. IOC-Ehrenketten.*

Lewald, Theodor, Staatssekretär, Ministerialdirektor, Dr. h.c.; * 18.8.1860 Berlin, † 15.4.1947 Berlin (Todesdatum lt. Friedhof Heerstr.); *Vater getaufter Jude; Jura-Studium Heidelberg, Leipzig u. Berlin; 1883–84 2. Garderegiment zu Fuß; 1885 Regierungsreferendar Kassel; 1891 Hilfsarbeiter Reichsamt d. Inneren; 1893 Reichskommissar Weltausstellung Chicago; 1898 Geh. Regierungsrat u. Vortrag. Rat; 1900 stellv. Reichskommissar Weltausstellung Paris; 1904 Reichskomm. Weltausstellung St. Louis; 1906 Entw. Luftschiffbau u. dt. Versuchsanstalt f. Luftfahrt Adlershof; 2. Vors. Nationale Flugspende; 1910 Ministerialrat Reichsamt d. Inneren u. stellv. Bevollmächtigter zum Bundesrat; 1. WK Ltr. Zivilverwaltung Polen u. Belgien; 1917 Unterstaatssekr.; 1918 Wirkl. Geh. Rat mit Titel Exzellenz; 1919–21 Staatssekretär RMdI; 1919 Verhandlungen mit Alliierten um Rheinlandstatuts; Nov. 1921 Versetzung Ruhestand; Vorstandsmitgl. DVP; 1924 Bevollmächtigter f. Verhandlungen mit Polen über Oberschlesien u. Nationalitätenfrage; 1919–33 Vors. DRA; 1925–33 Vors. DOA; 1924–38 IOC (1927–38 Exekutive); Präsident OK Olymp. Spiele 1936; 1937 zugunsten General von Reichenau aus dem IOC ausgetreten (von Hitler mit Pkw Horch, Fahrer u. mtl. Beihilfe von 500 RM abgefunden); im Olympiastadion Porträtreliefs am*

Marathontor (Harald Haacke 1966) und IOC-Ehrenhalle (Peters 1952/Original verschollen).

Lex, Hans Ritter von, Oberregierungsrat; * 27.10.1893 Rosenheim, † 26.2.1970 München; 1912 Jurastudium; 1. WK Kriegsfreiwilliger; Oberltn. u. Kompaniechef; bayr. Militär-Max-Joseph-Orden mit persönl. Adel; Verlust eines Beines bei Kämpfen gegen Münchner Räterepublik; 1921 Regierungsassessor; Regierungsrat bayr. Kultusmin.; 1932/33 MdR f. Bayr. Volkspartei (begründete Zustimmung für Ermächtigungsgesetz); 1934–45 Oberregierungsrat RMdI u. Beauftragter f. Sport; 1946 bayr. Innenministerium; 1949–60 Staatssekr. BMI (maßgeblich am KPD-Verbot beteiligt); Mitverfasser Notstandsgesetze; 1961–67 Präs. DRK, danach Ehrenpräs.; Mitgl. Finanzkommission u. engerer Bauausschuss Olymp. Spiele 1936.

Liebrecht, Arthur, Dr. jur., * ?, † ca. 1934 Italien; Obermagistratsrat von Berlin; 1932 Kommissar für Vorbereitung d. Olymp. Spiele; März 1933 wegen jüd. Herkunft Zwangsruhestand.

Lippert, Julius, Dr., Staatskommissar; * 9.7.1895 Basel, † 30.6.1956 Bad Schwalbach; 1. WK Ltn. u. Zugführer Feldart.-Reg.; Führer einer Abhörstation; 1919 Studium Volkswirtschaft u. Jura; DNVP, 1922–27 Dt.-völk. Freiheitspartei (Schriftwart); 1922 Prom.; 1923 Reichswehr Inf.-Reg. 9 Potsdam; danach Red. »Dt. Tageblatt«; 1927 NSDAP; Juli 1927–März 1933 Hauptschriftltr. »Der Angriff«; 1929–33 Stadtrat Berlin (seit 1931 auch Stadtpräs.); 1932–33 Mitgl. Preuß. Landtag (seit 1931 Fraktionsführer); ab 30.3.1933 Staatskommissar z. b. V. Berlin (u. a. Vorbereitung Olymp. Spiele 1936), Vorstandsmitgl. OK; 1933 Preuß. Staatsrat; SA (1937 Gruppenführer); 1.1.1936 Nachfolger von Heinrich Sahm (ab 1937 OBM); 1939 Versetzung in Wartestand; 1941 PK in Jugoslawien (Soldatensender Belgrad); Mai 1943 Kreiskommandantur Arlon/BEL; 1945 brit. Gefangenschaft; Auslieferung an Belgien; 1950 Urteil 7 J. Zwangsarbeit (April 1952 Entlassung).

Long, Ludwig-Carl (Luz), Dr., Leichtathlet, Jurist; * 27.4.1913 Leipzig, † 14.7.1943 Bisari/Sizilien (Wundstarrkrampf in brit. Lazarett); Vater Apotheker (Urur-Großvater Justus von Liebig/1803–1873); 1931–39 Leipziger SC; 1941–42 Luftwaffen-SV Berlin; Jurastudium Univ. Leipzig; 1939 Prom. »Die Leitung u. Aufsicht d. Sports durch d. Staat«); 1940 Referendar Zwenkau; NSDAP; 1941 Luftwaffe (Obergefreiter Flak); sportl. Erfolge im Weitsprung: 1936 Olymp. Spiele Silbermed., 1934 u. 1938 EM-Dritter, 1937 Studenten-Weltmeister; 6 x Dt. Meister (1933/34, 36–39), Bestleistung: 7,90 m (ISTAF/Europarekord); 1956–59 Luz-Long-Sportfest Leipzig; seit 2001 Luz-Long-Weg in Leipzig.

Mages, Josef (Sepp), Bildhauer, Prof.; * 6.10.1895 Kaiserslautern, † 28.11.1977 Kaiserslautern; Vater Steinmetz; 1910 Meisterschule f. Handwerk Kaiserslautern; 1913–20 Studium München; Schüler von Prof. Riemerschmid u. Wackerle; ab 1922 künstl. Mitarbeiter Fa. Rupp u. Möller Karlsruhe; 1920–38 freischaffender Bildhauer; Spezialist f. Architekturplastik u. Steinmale; Mitarbeiter u. künstl. Ltr. d. Dt. Granit-Verbandes; Veröffentl. »Granitmale«; 1938 Lehrstuhl Architekturplastik Staatl. Kunstakademie Düsseldorf; 1953 Prof.; 1961 pensioniert; danach erneut freischaffend; Werke: 1931 Kriegerdenkmal 23. Bayr. Inf.-Reg. (»Hehres Mal für braves Pfälzerregiment«) Fruchthalle Kaiserslautern; im Olympiastadion Plastik »Sportkameraden«.

Mallwitz, Arthur, Stadionarzt, Ministerialrat; * 15.6.1880 Berlin, † 20.5.1968 Bad Honnef; Studium Medizin Halle/Saale; Teilnahme Olymp. Spiele 1906 u. 1908 als Leichtathlet; 1911 Ltr. Abt. Funktionale Anatomie Hygiene-Ausstellung Dresden u. Akademisches Olympia; 1912 Initiator 1. Sportwissenschaftl. Kongress in Oberhof; 1913–14 Stadionarzt; 1. WK erstes Lazarett f. Schwerkriegsverletzte Görden b. Brandenburg; 1919 Ordinarius Abt. Bewegungstherapie Univ. Berlin; 1921 Staatsdienst Ltr. Referat Förderung d. Sports; ab 1922 Sportreferent Preuß. Min. f. Volkswohlfahrt; Gründer Sportärztebund; Dozent DHfL; 1933 NSDAP; 2. WK Ltr. Lazarett Britz (Entwicklung d. Versehrtensports); 1947 Gründung Dt. Saunabund; 1948 Ltr. Lehr- und Forschungsbereich Versehrtensport DSHS Köln.

March, Otto, Architekt, Baumeister, Geheimer Baurat, Senator Kgl. Akademie der Künste, Dr.-Ing. h.c.; * 7.10.1845 Charlottenburg, † 1.4.1913 Charlottenburg; Vater Ernst March (1798–1847), ein Schüler Schadows u. 1836 Gründer Tonwarenfabrik in Charlottenburg; Studium Bauakademie Berlin; Dt.-Franz. Krieg Reserveoffizier; Reisen England, Frankreich u. Italien; ab 1880 in Berlin selbst. Architekt; Initiator Intern. Städtebauausstellung u. d. Bewegung für Groß-Berlin; seit 1907 Ausschuss f. Groß-Berlin; Bauten: 1895–98 Amalienpark Berlin, 1905 Mittelschiff Franz. Kirche Gendarmenmarkt Berlin (im 2. WK zerstört); Städt. Volkstheater Worms, zahlr. Schlösser, Wohn-, Land- u. Geschäftshäuser, Fabrikgebäude von Schering, Rennbahnen in Köln (1897–98), Mannheim, Breslau, Hoppegarten (Umbau) und Grunewald (1908–09), Tribünenbauten Derbybahn in Hamburg-Horn; 1912–13 Deutsches Stadion; seine Söhne Werner und Walter erbauten das Reichssportfeld; der älteste Sohn Helmut fiel im 1. WK, der jüngste Sohn Hans (1895–1978) Neurologe im Viktoria-Krankenhaus Berlin-Grunewald; im Olympiastadion (Marathontor) Reliefporträt von Walter Schmarje (1914), Marchhof u. -tunnel.

March, Walter Frederick (Friedrich), Architekt, * 26.8.1898 Charlottenburg, † 23.8.1969 Husum; Sohn von Otto March, Bruder von Werner March; 1. WK Soldat; 1919 Ausbildung Bauwerkmeister in Stuttgart; 1921 Studium Berlin u. TH Stuttgart; Bauführer bei Bielenberg & Moser; 1923 Assistent von Walter Gropius

Die March-Brüder im Alter: v.l.n.r. Hans, Werner und Walter.

The March brothers in old age: l. to r. Hans, Werner and Walter.

(Einrichtung Bauhaus in Weimar); 1924 Loews Theatres San Francisco (mit Thomas W. Lamb); 1926 1. Preis Wettbewerb Entwurf Dt. Sportforum (mit Werner March); ab 1928 US-Bürger; 1926–32 Architekt USA (u.a. 1928–29 Chrysler Building); 1932 Studium Olympiabauten Los Angeles; danach Rückkehr Berlin; 1933–34 gemeins. Entwurf Reichssportfeld, Olympiastadion (Gold- und Silbermedaille 1936) u. Olymp. Dorf Döberitz (Empfangsgebäude, Schwimm- und Sporthalle, Sauna, Wohnhäuser) mit Werner March; Olympia-Orden 1. Kl.; 30.9.1936 Rückkehr USA; 1937–45 freier Architekt; 1946–51 Umbau Gimbel Bros. Department Store New York; Schulen, Hochschulen, Fabrikgebäude; 1952–60 N.Y. State Housing and Urban Renewal Utica project; Wohnungsbauprogramme Labrador u. Grönland; Geschäftshäuser New York; 1961–66 Federal Housing projects, Schulen, Gymnasien, Postgebäude, Banken in Memphis u. Corinth, Tenn.; 1966 Umzug nach Husum.

March, Werner, Architekt, Regierungsbaurat; Prof.; * 17.1.1894 Charlottenburg, † 11.1.1976 Berlin; Sohn von Otto March, Bruder von Walter March; 1912–14 Architekturstudium TH Dresden u. Charlottenburg (vorübergehend München); 9.4.1914 Vorexamen TH Berlin; 1.8.1914 Kriegsfreiwilliger; Ltn., EK I u. II; Juli 1918 Adjutant 42. Inf.-Brigade; Januar 1919 TH Charlottenburg; 18.12.1919 Diplomexamen m. Ausz.; 1920/21 Meisterschüler Preuß. AdK bei Prof. German Bestelmeyer; 11.2.1923 Regierungsbaumeisterprüfung; 1923–25 Architekt Reichsbank, Entwurf u. Bauleitung Reichsbanksiedlung Schmargendorf; seit Nov. 1925 selbst. Architekt; 1926 mit Bruder Walter 1. Preis im Wettbewerb Dt. Sportforum (Auftrag erging aber nur an ihn); 1928 Teiln. Olymp. Kunstwettbewerb Amsterdam; 1931 Übernahme Atelier d. verstorbenen Reg.-Baumeisters Hans Jessen; 1932 Mitglied Preuß. Akad. f. Bauwesen; 1933 NSDAP (»Blutorden«); Vorstandsmitglied OK Olymp. Spiele 1936 u. Chefarchitekt Reichssportfeld (Gold- u. Silbermed. Olymp. Kunstwettbewerb mit Bruder Walter); 1935–36 Architekt u. Baultr. Olymp. Dorf in Döberitz; 4.8.1936 Verleihung des Professorentitel durch Hitler; 1936 AdK Berlin u. München; 1937 Grand Prix Reichssportfeld Weltausstellung Paris, 1938 Lehrstuhl f. Städtebau TH Berlin; 1940 Kriegsfreiwilliger (OKH-Abwehrabteilung Admiral Canaris), 1944 Generalstabsreferent Italien, 1945 Frankreich; Kriegsgefangenschaft (danach Techniker Steinbruch Brannenburg); 1946–53 nach Entnazifizierung selbst. Architekt in Minden/Westf.; 1953–60 Ordinarius f. Städtebau TU Berlin u. Direktor d. Zentralinstituts; 1955 Mitgl. Dt. Akademie f. Städtebau u. Landesplanung; 1962 Ehrensenator TU Berlin; weitere Bauten: 1922 Reichschuldenverwaltung Berlin, 1922 Gothaer Versicherungen, 1934 Clubhaus Zehlendorfer Wespen, 1934 Jagdhaus »Carinhall« für Göring (1937 abgebrannt); 1937–38 Tankstellen u. Rasthof Reichsautobahn, 1937–38 Dienstvilla Reichssportführer, 1938–40 Jugosl. Gesandschaft Berlin-Tiergarten, 1938–40 Entwurf Adolf-Hitler-Sportfeld Leipzig, 1938–43 Entwürfe Stadien Offenbach, Belgrad, Kopenhagen u. Budapest, 1939–43 Entwurf Stadion Südstadt (200 000 Plätze/alle Bauten wegen 2. WK nicht realisiert); 1946–57 Wiederaufbau Minden (Rathaus, Dom, Michaelskloster), 1952–56 Antikenmuseum Bagdad, 1953–60 Stadtteilplanung u. Stadion Kairo, Sanierungsprojekt Berlin-Kreuzberg (mit Ilse Balg), 1965–66 Teiln. Wettbewerb Olympiastadion München, 1961–62 Wiederaufbau Glockenturm; im Olympiastadion (Marathontor) Relief von Heinz Spilker (1969).

Marg, Volkwin, Architekt, Prof., Dr.-Ing.; * 15.10.1936 Königsberg; Vater Pfarrer; 1945 Thüringen; 1955 Abitur Mecklenburg; 1956 Berlin, 1958–64 Architekturstudium TU Berlin u. Braunschweig; Auslandsstipendium Delft; Diplom TU Braunschweig; ab 1965 Sozietät von Gerkan, Marg und Partner (gmp); ab 1972 Freie Akademie d. Künste Hamburg; ab 1974 Dt. Akademie f. Städtebau u. Landesplanung; 1975–79 BDA-Vizepräs.; 1979–83 BDA-Präs.; seit 1986 Ordentl. Prof. f. Städtebereichsplanung u. Werklehre RWTH Aachen; Bauten: 1967 2. Preis Wettbewerb Olympiastadion München, 1966 Univ.-Sportforum Kiel, 1974 Innenmin. Kiel, 1978 Hanseviertel Hamburg, 1984 Sheraton u. Karumzentrum Ankara, 1988 Kontorgebäude Zürichhaus Hamburg, 1989 Hofüberdachung Museum f. Hamburgische Geschichte, 1996 Neue Messe Leipzig (Fritz-Schumacher-Preis), 1998 1. Preis Umbau Olympiastadion Berlin, 1999 Robert-Bosch-Arena Stuttgart, 2000 1. Preis Commerzbankarena Frankfurt/M., Niedersachsenstadion Hannover, 2001 1. Preis RheinEnergieStadion Köln u. Stadion d. Freundschaft Cottbus, 2002 2. Preis Wettbewerb Neue Fußballarena München, 2002 Entwurf Olympiastadion Hamburg, Eissporthalle Krefeld, Ernst-Grube-Stadion Magdeburg, 2003 Sportkomplex Doha, 1. Preis Sportkomplex Tizi-Ouzou/ALG, Teiln.

Wettbewerb Nationalstadion Peking, Stadion Valencia, 2. Preis Century-Lotus-Sportpark Foshan/CHN, 2004 Dubai Sports City, zahlr. Stadien (u.a. Klagenfurt, Zaragoza, Augsburg, Karlsruhe, Fürth, Aachen u. Algerien; 2006 1. Preis Greenpoint Stadion Kapstadt u. Moses Mabnida Stadion Durban.

Martin, Paul, Dr. jur., Sportfunktionär, Jurist; * 1864, † 1927; *1906 Olymp. Spiele Mitgl. Dt. Mannschaftsltg.; 1907–18 Schriftführer DRAfOS; 1914–23 1. Vors. Dt. Radfahrer-Bund; Versicherungsjurist.*

Meller, Willy, Bildhauer, Prof.; * 4.3.1887 Köln, † 12.2.1974 Köln; *1911–14 Studium Kunstgewerbeschule Köln; 1915–18 Militärdienst (u.a. Ausgestaltung von Soldatenfriedhöfen); danach freier Künstler in Köln; 1936 Olympia-Orden 2. Kl.; 1937 NSDAP; 1939 Prof.; nach 1945 Auftragsarbeiten in Berchtesgaden, Köln, Bonn, Hagen u. Oberhausen; Werke: 1913 Stockbrunnen Köln; zahlr. Gefallenen-Ehrenmäler u.a. Bochum, Viersen-Dülken, Neuss, Lüdenscheid u. Waldniel sowie Ordensburgen Vogelsang (u.a. Sportlerrelief) u. Crössinsee; Denkmal f. Eisenbahntruppen Berlin-Schönefeld (mit O. Siepenkothen), 1956 Gänsebrunnen Marktplatz Düsseldorf; im Sportforum Eingangspfeiler Reichsakademie mit NS-Hoheitszeichen.*

Mengden, Guido von; Sportfunktionär, Journalist; * 13.11.1896 Düren, † 4.5.1982 Göttingen; *1914 Kriegsfreiwilliger; 1916 als Führer eines Sturmtrupps schwer verwundet (als Vizefeldwebel entlassen); 1917–19 Studium Geodäsie Bonn; Landmesser u. Kulturingenieur; 1924/25 Schriftltr. »Rheydter Tageblatt«; 1925–33 Geschäftsführer bzw. Direktor Westdt. Spielverbände u. Schriftltr. »Fußball und Leichtathletik«; 1933 NSDAP; DFB-Pressewart; 1935 Pressereferent Tschammers; 1936 Stabschef DRL bzw. NSRL; 1938 SA (1941 Obersturmbannführer); 1939–45 Hauptschriftltr. »NS-Sport«; 1945 Führer Volkssturmbataillon 3/107; 1948 Uerdingen; Sportberichte unter Pseudonym »Till van Ryn«; 1951–53 DOG-Geschäftsführer; Redakteur »Olymp. Feuer« u. NOK-Olympia-Standardwerke 1952/56; 1954–63 DSB-Hauptgeschäftsführer; 1961 NOK-Generalsekretär.*

Möller, Eberhard Wolfgang, Schriftsteller; * 6.1.1906 Berlin, † 1.1.1972 Bietigheim; *Dramaturg Königsberg; 1930 SA; 1932 NSDAP; 1934 Theaterreferent RMPV; 1935 Staatspreis f. Dichtung; antisemitische u. »vaterländische« Schauspiele, Novellen, Bücher, Lieder u. Gedichte; 1936 während Olymp. Spiele Aufführung »Frankenburger Würfelspiel« (Freilichtbühne); HJ-Gebietsführer; 1939–40 Mitautor Drehbuch »Jud Süß«; 2. WK Frontberichter SS-Panzerdivision »Wiking«; 1945–48 Internierung; später Geschichtsromane (Pseudonym »Anatol Textor«); ab Mitte 1960er Jahre offen neonazistisch; Sohn Johann Michael (*1955) 2001 Politikchef »Berliner Morgenpost« u. »Die Welt«; seit 2006 MDR-Hörfunkdirektor.*

Müller-Martin, Magdalena, Bildhauerin; * 24.12.1893 Berlin, † 2.8.1980 Berlin; *Studium AdK Berlin; mit ihrem Ehemann, dem Holzbildhauer Günther Martin, Mitbegr. Ateliergemeinschaft Kochstraße (u. a. mit Käthe Kollwitz u. Gerhard Marcks); 1954 Mitglied VdBK; Werke: Büsten Ernst Legal, Mattkowsky (Schauspielhaus Berlin), Werner Krauß (Foyer Dt. Theater Berlin); Halle d. Senatsverwaltung f. Jugend u. Sport West-Berlin; im Olympiastadion Siegerstelen 1952 und 1956.*

Niedecken-Gebhard, Hanns, Musikwissenschaftler, Regisseur, Intendant; Prof. Dr.; * 4.9.1889 Ober-Ingelheim, † 7.3.1954 Michelstadt/Odenwald; *Studium Musikwissenschaften Lausanne u. Leipzig (bei Max Reger); 1914 Prom.; 1922–24 Oberspielltr. Städt. Bühnen Hannover; 1927–31 Regisseur Berlin u. Genf; 1931–33 Stage director Metropolitan Opera; entwickelte maßgeblich Thingspiel; 1936–39 Regisseur zahlr. monumentaler Festspiele, u.a. Olympiastadion 1936 »Olympische Jugend«, 1937 »750 Jahre Berlin«, 1938 »Berliner Sommerfestspiele«, Breslau u. München; 1936 Lehrauftrag f. Opernregie Staatl. Hochschule f. Musik Berlin; 1939 Prof.; 1941–45 Staatl. Hochschule f. Musik u. Städt. Bühnen Leipzig; ab 1947 Göttingen; 1949–50 Städt. Bühnen, ab 1952 Dozent Univ. Göttingen.*

Nienhoff, Hubert, Architekt, Dipl.-Ing.; * 4.8.1959 Kirchhellen/Westf.; *Studium RWTH Aachen, 1985 Diplom; 1985–87 Büro f. Architektur u. Stadtbereichsplanung Ch. Mäckler; 1987–88 städtebauliche Studien USA; 1988–91 Assistent RWTH Aachen b. Prof. Volkwin Marg; seit 1988 Mitarb. u. ab 1993 Partner von Gerkan, Marg und Partner (gmp); 1992–96 Projektltg. Neue Messe Leipzig; 1995–96 Dorotheenblöcke Berlin; 1998 1. Preis Umbau Olympiastadion; 2000 1. Preis Commerzbankarena Frankfurt/M., 2003 1. Preis Sportkomplex Tizi-Ouzou/ALG, Teiln. Wettbewerb Nationalstadion Peking, Stadion Valencia, 2004 Dubai Sports City, Stadion Zaragoza u. Augsburg; 2006 1. Preis Greenpoint Stadion Kapstadt u. Moses Mabnida Stadion Durban.*

Oertzen, Ulrich von, Züchter, Politiker; * 6.12.1840 Barsdorf, † 23.2.1923 Remlin/Mecklenburg; *1859–63 Jurastudium Bonn u. Berlin; 1866/67 Offizier Leib-Garde-Husaren-Reg.; 1870/71 Teiln. Dt.-Franz. Krieg; 1873 Regierungsassessor; 1882–91 u. 1908–18 Mitgl. Preuß. Abgeordnetenhaus; 1893 Regierungsrat Hannover; 1901 Major a. D.; 1903–13 MdR (Freiheitskonservative); 1909–16 Vizepräs. u. 1916–19 amt. Präs. DRAfOS bzw. DRA; 1867 Mitbegr. Union-Klub; erfolgr. Züchter (1869 1. Derbysieger »Investment«); Vors. Techn. Kommission Unionklub (bis 1918); 1919–23 Vors. Oberste Rennbehörde; Besitzer Fideikommissgut Remlin b. Jördenstorf.*

Owens, James Cleveland (Jesse), amerik. Leichtathlet, * 12.9.1913 Danville/USA, † 31.3.1980 Tucson; *Vater Baumwollpflücker in Alabama (11 Kinder); Schul-*

»Jesse Owens Returns to Berlin« – 1951 erstmals wieder im Stadion.

»Jesse Owens Returns to Berlin« – 1951 for the first time in the Stadium.

besuch Fairmont; 1928–37 High School u.Studium Ohio State Univ. (Zulassung als sportl. Talent); 25.5.1935 Ann Arbor 6 WR in 150 min (100 y, 200 m/220 y, 200 m/220 y Hürden, Weitsprung 8,13 m/erst 1960 überboten); 1936 4 x Gold (100 m, 200 m, Weitsprung, 4x100 m) u. erfolg. Teilnehmer Olymp. Spiele; danach Profi u. lebenslange Disqualifikation durch AAU (lief gegen Pferde, Motorräder u. Trucks); 1937 Beteiligung Reinigungsfirma Cleveland (1939 Bankrott); 1940 Sportdir. f. Afroamerikaner Zivilverteidigung Philadelphia; 1942–46 Ford Motor Comp. Detroit u. Leo Rose Sporting Goods Co.; 1946–52 Mitgl. Direktorat South Side Boys Club Chicago; 1952–55 Sekr. Illinois Athletic Commission; 1955–80 Präs. u. Inh. Jesse Owens & Associates public relation firm, Chicago (später Phoenix); Mitgl. USOC; 1973 BVK; 1976 Medal of Freedom; 1979 Living Legend Award; Veröffentl.: 1970 »Black Think. My Life as a Black Man and White Man« (mit Paul Neimark); im Olympiastadion: 1951 auf Einladung d. US-Hochkommissars u. US Army als Begleiter d. Harlem Globetrotters, 1964 Dreharbeiten Dok.film »Jesse Owens Returns to Berlin«, 1978 Eröffnung »Trimm-Aktion«, 1984 Umbenennung »Stadionallee« in »Jesse-Owens-Allee«.

Peter, Walter, Bildhauer; * 29.7.1900 Krotoschin b. Posen, † ?; *Schüler W. Gerstel u. Edwin Scharff; Studium AdK Berlin (bis 1933), vor allem figürl. Akte u. Spezialist f. Bildnisköpfe; im Olympiastadion (IOC-Ehrenhalle) Medaillon für Theodor Lewald (1952/Original 1951 gestohlen).*

Peterich, Paul, Bildhauer, Prof.; * 1.2.1864 Schwartau b. Lübeck, † 22.9.1937 Rotterdam; *Kunstgewerbeschule Hamburg u. Berlin; Studium AdK Berlin; 1906 AdK München; 1907 Florenz; ab 1913 Berlin; Werke: Carl-Maria-von-Weber-Denkmal Eutin, »Stehender Knabe« (Nationalgalerie), im Stadion »Läufer mit Siegerbinde« (1913), ursprünglich auf dem Dach d. Turnhalle im gr. Marchhof (heute im Besitz d. Sportmuseums).*

Pfundtner, Hans (Johann), Staatssekretär; * 15.7.1881 Gumbinnen/Ostpr., † 25.4.1945 Berlin (Selbstmord); *Studium Jura u. VWL; 1903 Gerichtsreferendar, 1909 Gerichtsassessor; Regierungsrat; 1914–17 Hauptmann d. R.; ab 1917 Reichsamt d. Inneren; 1914 Reg.-Rat Hamburg; 1917 Reichswirtschaftsmin.; 1919 Geh. Reg.-Rat u. Vortragender Rat; 1925–33 Rechtsanwalt u. Notar; DNVP u. Kyffhäuserbund; 1932 NSDAP; 1933–43 Staatssekretär RMdI (Fricks ständiger Vertreter); 1935 Beteiligung »Nürnberger Gesetze«; 1938 Gold. Parteiabz.; 6.9.1943 Versetzung in Ruhestand; Vizepräsident OK Olymp. Spiele Berlin 1936 u. Garmisch-Partenkirchen 1940, Vorsitz. Finanz- u. Bauausschuss; Hauptverantw. f. Bau d. Reichssportfeldes; 3 seiner 4 Söhne endeten durch Suizid; die Leiche d. 34-j. Wolfgang Pfundtner (»Bild«-Sportchef u. Ltr. Berlin-Redaktion) wurde am 7.8.1958 unter mysteriösen Umständen im Grunewald gefunden. Gerüchteweise wurde er ein Opfer des »Deutschen Kreises 1958« (rechtsextreme »Abwehrorganisation« gegen Linksintellektuelle).*

Placzek, Otto, Bildhauer, Medailleur, * 25.1.1884 Berlin, † 30.9.1956 Berlin; *stammt aus ostpreuß. Bauernfamilie; seit 1898 künstlerisch tätig; 1902–06 Unterrichtsanstalt d. Staatl. Kunstgewerbemuseums Berlin; danach Steinbildhauer; 1908–12 Studium Fachschule f. bildende Künste Berlin; 1912 Dr. Hugo-Rausendorf-Preis; 1913 Gr. Staatspreis d. Bundes Dt. Gelehrter u. Künstler; Reisen Paris u. Rom; 1919 1. Preis f. Plaketten d. Stadt Berlin; 1924 1. u. 2. Preis Sportplaketten d. Stadt Berlin; 1925 1. Preis Plakette f. Verdienste um d. Stadt Berlin; Preis f. zwei Zierbrunnen d. Min. f. Wissenschaft u. Volksbildung; 1933 NSDAP; bei Kriegsausbruch Unterstützung aus d. Spende »Künstlerdank«; danach Entwürfe f. Kriegsauszeichnungen (Marineartillerie); Werke: Grabmal d. Henriette Herz in Rom, zwei Portalfiguren f. »Friedhof d. Märzgefallenen« Berlin-Friedrichshain, männl. Kolossalfigur »Der Schwimmer« (»Dämmerung«) am Weißen See; Kriegerdenkmal Linz a. D., Mädchenfigur (Marmor) Stadtbad Schöneberg, Aufträge Polizeipräs. Potsdam u. Reichsluftfahrtmin., Hitler-Büste, 1936 Olymp. Erinnerungsmedaille, Fünfkämpfer- und Brieftaubenflug-Medaille.*

Podbielski, Victor von; Politiker, Kgl. Preuß. Staatsminister, Rittergutsbesitzer, Sportführer, Exzellenz; * 26.2.1844 Frankfurt/O., † 21.1.1916 Berlin; *Vater Theophil (1814–1879/als Generalquartiermeister u. Generalinspektor d. preuß. Artillerie im Dt.-Franz. Krieg durch d. tägl. Kriegstelegramme bekannt, die er mit dem Satz »Im Westen nichts Neues...« unterzeichnete); 1862 Ltn. Ulanen-Reg. 11; 1867 Oberltn.; 1870 Gen.stabsoffizier; 1981 Hauptmann; 1978 Major; 1885 Komm. Husaren-Reg. 3; 1886 Oberstltn.; 1890 Komm. 34. Kav.-Brigade; 1891 Ab-*

schied als Gen.major; 1896 Vorstandsvors. Sportgruppe Berl. Gewerbeausstellung; 1897–1901 Staatssekr. Reichspostamt; 1893–97 MdR; 1901–06 Staatsmin. u. Min. f. Landwirtschaft (11.11.1906 Rücktritt nach »Tippelskirch-Affäre«); 1909–16 DRAfOS-Präs.; Ehrenpräs. Berl. Rennverein, Vizepräs. Union-Klub; 22.2.1914 Podbielski-Feier im Dt. Stadion; im Olympiastadion Porträtrelief von Walter Schmarje (Marathontor) u. Podbielski-Eiche (im Dt. Stadion auch Podbielski-Platz).

Poelzig, Hans, Architekt, Kunsthandwerker, Maler, Bühnenbildner; * 30.4.1869 Berlin; † 14.6.1936 Berlin; *1919 Umbau Gr. Berliner Schauspielhaus (später Friedrichstadtpalast); Kunstberater Türkei (u.a. »Haus d. Freundschaft« Istanbul); Bauten: Haus d. Rundfunks Berlin, Berliner Kinos »Capitol« u. »Babylon«; Verwaltungsgebäude IG Farben Frankfurt/M., viele Projekte nicht realisiert (z.B. Völkerbundpalast Genf, Kongressgebäude Moskau, Festspielhaus Salzburg); 1933 zur Untätigkeit verurteilt; 1926 Teiln. Wettbewerb Dt. Sportforum.*

Polónyi, Stefan; Dr.-Ing. Prof.; * 6.7.1930 Guyla/HUN; *Studium Techn. Univ. Budapest; 1956 Köln; 1957 Gründung Ingenieurbüro; 1965 Prof. f. Tragwerklehre TU Berlin; 1972 Univ. Dortmund; Statiker f. Teilüberdachung Olympiastadion 1972/73).*

Raemisch, Waldemar, Bildhauer, Prof.; * 19.8.1888 Berlin, † 16.4.1955 Rom; *1903–07 Handwerkslehre Metallbildner; 1907–11 Geselle; 1912/13 Reisen Italien, Ägypten, Palästina; 1911–14 künstl. Ausbildung; 1919–37 Lehrer Vereinigte Staatsschulen f. Freie u. Angewandte Künste Berlin; Entlassung wegen jüd. Ehefrau Ruth (1893–1966); 1936 Ausschluss RKK; 1939 Emigration USA; Ltg. Bildhauerabt. Rhode Island School of Design New York; Wettbewerbssieger Dekoration d. Inst. f. Erziehungswesen Philadelphia; mit Gerhard Marcks u. Lipschütz Ausschmückung d. Gedächtnisstätte Fairmont Park mit Plastiken; im Dt. Sportforum Adler vor »Haus d. Dt. Sports« (1936/Bronze, vergoldet), Entwurf d. offiz. Abzeichen Berlin 1936 u. d. von Hitler gestifteten Olympia-Ordens.*

Reich, Oskar, Ltd. Bildhauer bei Werner March im Entwurfsatelier; Entwurf Bakelit-Modell des Reichssportfeldes.

Reichenau, Walter von, Generalfeldmarschall; * 8.10.1884 Karlsruhe, † 17.1.1942 Poltawa/UKR; *Vater Gen.ltn.; 1903 1. Garde-Feldart.-Reg.; 1911–14 Kriegsakademie (1913 Teiln. DRAfOS-Studienreise in d. USA); Mitgl. BSC; 1. WK Reg.-Adjutant; Batterieführer u. Gen.stabsoffizier; Hauptmann 7. Kav.-Div.; 1918/19 Grenzschutz; 1920–26 Gen.stabsoffizier; 1927–29 Komm. Nachrichtenabt. 5 Cannstatt; 1931 Stabschef 1. Div. Wehrkreis I; Oberst; 1933 Chef d. Ministerrates d. Reichswehrmin. (Staatssekr.); 1934–36 Vorstandsmitgl. OK Olymp. Spiele 1936; 1935 Gen.major u. Komm. General VII. Armeekorps; 1938 Gen. d. Art. u. Oberbefehlshaber Gruppe 4 Leipzig; 1938–42 IOC-Mitgl.; 1939 Oberbefehlshaber 10. Armee beim Überfall auf Polen; Ritterkreuz; 1940 Befehlshaber 6. Armee Westfront; Gen.feldmarschall; 1941 Befehlshaber Heeresgruppe Südostfront; Vernichtungsbefehl »Verhalten der Truppe im Ostraum« (Nürnberger Prozess Dok. 411-D).*

Reichle, Karl, Geheimer Regierungsrat, Ministerialrat; * 19.5.1878 Tübingen, † ?; *1933 NSDAP; Ltr. Bauabt. d. Reichsfinanzministeriums; Architekt Reichspropagandaministerium, Bauten: Arbeitsamt Alexanderplatz u. SS-Kaserne in Berlin-Lichterfelde; Mitgl. engerer Bauausschuss OK Olymp. Spiele 1936; 1964 Aufnahme seines Namens auf südl. Ehrentafel am Marathontor.*

Reinhardt, Fritz, Staatssekretär; * 3.4.1895 Ilmenau; † 17.6.1969 Regensburg; *1.WK Internierung in Russland; 1919–24 Direktor Thür. Handelsschule; 1924 Gründung Dt. Fern-Handelsschule; 1926 NSDAP; 1928–30 Gauleiter Oberbayern; 1928–33 Ltr. Rednerschule NSDAP, ab 1930 MdR; 1929–33 2. Bürgermeister Herrsching; 1.4.1933 Staatssekr. Reichsfinanzmin., verantw. f. Sonderprogramm (»Reinhardt-Programm«/u.a. Bau des Reichssportfeldes); Nov. 1933 Gruppenführer OSAF; 1937 SA-Obergruppenführer; 1945–49 Internierung; 1950 u. a. wegen »Raubgold« als »Hauptschuldiger« eingestuft; nach vorzeitiger Entlassung Steuerberater; Sohn Klaus Reinhardt (* 1941) General der Bundeswehr (u.a. Befehlshaber KFOR Kosovo).*

Rentsch, Ernst, Architekt; * 2.7.1876 Basel, † 1934 (?); *Schüler von Paul Wallot; Mitarb. von Grisebach, Menken u. Bodo Ebhardt; assoziiert mit Kayser & von Großheim (u. a. Warenhaus Wertheim Berlin); danach selbst. Architekt; Bauten: Leunawerke Merseburg, Neue Infanterieschule Dresden (1925/26); Bauensemble Sensburger Allee Charlottenburg (u. a. Wohnhaus von Georg Kolbe); 1926 Teilnahme Wettbewerb Dt. Sportforum.*

Riebicke, Gerhard, Fotograf, * 1878 Sonnenwalde/Lausitz, † 1957 Berlin; *Autodidakt; 1925 Standfotograf f. Körperkulturfilm »Wege zu Kraft u. Schönheit«; FKK-Fotograf (Naturismus); 1929 Ausstellung »Film u. Foto« Stuttgart; Hausfotograf DHfL bzw. Reichakademie f. Leibesübungen; im 2. WK großer Teil seines Archivs zerstört.*

Riefenstahl, Leni, Filmregisseurin, Schauspielerin, Tänzerin, * 22.8.1902 Berlin; † 8.9.2003 Pöcking; *1923 Tänzerin (engagiert von Max Reinhardt); Filmrollen: »Der heilige Berg« (1926), »Der große Sprung« (1927), »Die weiße Hölle von Piz Palü« (1929), »Stürme über dem Montblanc« (1930); »Das blaue Licht« (1932/Mitautorin u. Mitproduzentin), »S.O.S. Eisberg« (1933), Regisseurin NS-Parteifilme »Sieg d. Glaubens« (1933), »Triumph d. Willens« (1934/1935 Staatspreis), »Tag d. Freiheit! – Unsere Wehrmacht!« (1935), Olympiafilme Teil 1 »Fest d. Völker«, Teil 2 »Fest d. Schönheit« (1938/1939 Olymp. Diplom); Regisseurin, Produzentin u. Hauptdarstellerin »Tiefland« (1945/1954 aufgeführt); 1945 franz. Intern. u. Hausarrest; nach Entnazifizierung Expeditionen nach Afrika; danach Veröffentl.: Fotobände.*

Roessler, Kurd, Sportfunktionär; * ?, † 1915 (gef.); *Kriegsakademie, Oberltn.; 1913 ständiger Generalsekr. DRAfOS; befehligte mit Walter von Reichenau »Huldigungsparade« zur »Stadion-Weihe«.*

Rottenburg, Otto K. Leisler von, Ministerialrat, Dr.; * 26.11.1885 Berlin, † 1945 (?); *Vater Chef Reichskanzlei; 1907–13 Organisator Flugwesen; 1916–20 franz. Kriegsgefangenschaft; ab 1920 Min.-Rat Reichserziehungsmin.; 1933 kaltgestellt, verblieb aber im Min.; 1945 Beauftragter d. SMAD zur Wiedereröffnung d. Berliner Univ.; Verhandlungen mit Diem über Verlagerung ins Reichssportfeld.*

Rux, Conrad (Conny), Boxer, Schauspieler; * 26.11.1925 Berlin; † 14.1.1995 Berlin; *1947 Dt. Meister Halbschwergewicht Unentschieden gegen »Riedel« Vogt in der Waldbühne; 1949 Schwergewicht Überraschungssieger gegen Kleinholdermann; 26.7.1952 Europameister Halbschwergewicht gegen Willi Schagen (NED); danach Karriere als Catcher und Schauspieler.*

Sahm, Heinrich, Kommunalpolitiker, Dr.-Ing., Dr. jur.; * 12.9.1877 Anklam, † 3.10.1939 Oslo; *Jurastudium; 1912–18 2. Bürgermeister Bochum; 1. WK 3 J. Generalgouvernement Warschau; 1918/19 Geschäftsführer Dt. u. Preuß. Städtetag; 1919/20 OBM Danzig; 1920–31 Senatspräs. Danzig; 1931–35 OBM Groß-Berlin u. 2. Vors. OK Olymp. Spiele 1936; 1933 NSDAP; Förderndes Mitgl. SS; 1.10.1935 Verfahren und Ausschluss NSDAP (Einkäufe seiner Frau in jüd. Geschäften); Einstellung d. Verfahrens mit Rücksicht auf d. Olymp. Spiele; ab 28.5.1937 Gesandter Oslo.*

Schade, Willy Ernst, Bildhauer, Keramiker; * 31.12.1892 Berlin, † 1975 Kleinmachnow; *in Berlin: vor allem Fassadenschmuck Kunstmessehaus Dülk, Schmuckgruppen (Stein) Arkonaplatz u. Siedlung Mittelheide Köpenick, »Sprungbereiter Knabe« (Terrakotta), Trinkbrunnen Weißensee, Sportpreis d. Stadt Berlin (Bronze/1925); im Olympiastadion Siegerstelen 1908, 1912 und 1928.*

Schaper, Wolfgang, Bildhauer; * 23.1.1895 Berlin, † 6.8.1930 Berlin; *Vater Bildhauer Fritz Schaper (1841–1919); Onkel von Prof. Elisabeth Noelle-Neumann (Allensbach-Inst.); Schüler von E. Wolfsfeld u. G. Janensch; 1916–20 AdK Berlin; 1928 Teilnahme Olymp. Kunstwettbewerb Amsterdam; Werke: »Speerwerfer«, »Springendes Mädchen« (1927), »Der Leichtathlet Otto Peltzer beim Lauf« (1927), »Tennisspieler« (1929); im Dt. Sportforum 1927 Diskuswerfer (Stiftung Familie Reemtsma für DHfL), ursprüngl. August-Bier-Platz, heute »Stadion-Terrassen«.*

Scheibe, Richard, Bildhauer, Zeichner, Prof., Dr. h.c.; * 19.4.1879 Chemnitz, † 6.10.1964 Berlin; *1897–99 Malstudien Dresden u. München; danach Bildhauerei; 1900 Rom; 1914 Mitgl. Berliner Sezession; 1925–33 Prof. Städelsches Inst. Frankfurt/M.; 1928 Teiln. Olymp. Kunstwettbewerb Amsterdam; 1933 Entlassung; 1934 Wiedereinstellung u. Wechsel HfbK Berlin (Nachfolger von Fritz Klimsch); 1936 Preuß. AdK; 1937 Prof.; 1944 Goethemedaille u. Aufnahme in »Gottbegnadeten«-Liste; 1950 Dr. h.c.; 1951 BVK; 1953 Gr. BVK; 1955 Ordentl. Mitgl. AdK West-Berlin; Werke: 1922 Gefallenenehrenmal IG Farben Frankfurt/M.; 1925 Friedrich-Ebert-Denkmal Frankfurter Paulskirche (nackter Jüngling/1933 eingelagert/1950 neue Version); 1931 Gedenktafel Heinrich Zille Berlin; 1934/35 »Schwestern«, 1936 »Befreiung« (Anschluss d. Saargebietes) u. »Zehnkämpfer« f. Olymp. Dorf Döberitz; 1937 »Arbeiter«, »Kniende« (u. andere weibl. Figuren); 1938 »Denker« (von Hitler angekauft); 1946 »Flora«; Porträts: Ernst Reuter (1947), Karl Schmidt-Rotluff (1948), Georg Kolbe u. Max Pechstein; 1951 Ehrenmal d. Opfer des 20. Juli 1944 (Bendlerblock); 1956 »Fortuna« Schloss Charlottenburg (Ersatz für 1943 zerstörte Kuppelfigur); Gedenktafel John F. Kennedy am Rathaus Schöneberg; im Reichssportfeld »Reiterehrung« (ev. nicht in Bronze ausgeführt o. 1943 eingeschmolzen); 1952 Olympiastadion (Ehrenhalle) Reliefplastik Ernst Curtius.*

Schenckendorff, Emil von, Dr. h.c., Sportpädagoge; * 21.5.1837 Soldin/Neumark, † 1.3.1915 Berlin; *1857 Ltn. (1865 krankheitsbedingter Abbruch Offizierslaufbahn); 1867 Reichstelegraphendienst; 1870/71 Dt.-Franz. Krieg Direktor Telegr.-Amt Metz; EK II; 1873 Telegr.-Direktions-Rat; 1876 Umzug nach Görlitz; 1878–82 Stadtverordneter u. Stadtrat; 1882 Preuß. Landtag (National-Liberale Partei); 1881 Gründung Verein f. Handfertigkeit (später Knaben-Handarbeit u. 1883 um Verein f. Jugendspiele erweitert); seit 1892 Vors. Verein f. Jugendspiele; 1891 Gründung u. Präs. Zentral-Ausschuss zur Förderung d. Jugend- u. Volksspiele in Dtschl.; 1894 I. Dt. Kongress f. Jugend u. Volksspiele; 1911 Dr. h.c. Univ. Kiel; Gegner d. Olymp. Spiele; im Dt. Sportforum Schenckendorffplatz.*

Schewski-Rühling, Erika, Bildhauerin, Prof.; * 9.4.1935 Bremerhaven; *Kurse an d. Werkkunstschule Hannover; 1956–61 Studium Kunsterziehung u. Bildhauer HdK West-Berlin; 1961/62 Meisterin bei Ludwig Gabriel Schrieber; nach 2. Staatsexamen 2 Kinder; Arbeit an einer Grundschule; Lehrauftrag f. Plastik an d. PH; 1983–85 Gastprof. HdK; 1985 Prof.; Werke: Terrakotta-Figuren, 1989 Skulptur »2 Figuren auf der Treppe« vor Gemeindezentrum Frisenborgparken Ikhast/DEN; im Olympiastadion Siegerstelen 1960, 1964, 1968.*

Schilgen, Fritz, Dipl.-Ing.; * 8.9.1906 Kronberg/Taunus; † 12.9.2005 Kronberg, Mittelstreckenläufer ASC Darmstadt, Siemens Berlin; *1928–33 8 Länderkämpfe; 1927/29 Dt. Hochschulmeister 1500/5000* m; letzter Läufer Stafette Olympia – Berlin, entzündete am 1.8.1936 Olymp. Feuer im Olympiastadion; Fernmeldetechniker bei Telefunken; nach 2. WK Ulm, über 30 Patente u. Gebrauchsmuster Elektrotechnik; 1972 Verantw. im OK München für Olymp. Fackellauf.

Schließer, Peter, Stadionverwalter; * 14.7.1939 Berlin; *Ausbildung in Essen u. Frankfurt/M. als Beamter mittl. Dienst Dt. Bundesbahn; 1960 Berlin Werbedienst DB; 1968/69 Frankfurt/M.; 1970–73 OK Olymp. Spiele München 1972; Sportstättendirektor Basketball; ab 1973 Sonderaufgaben Olympiastadion Berlin (Fußball-WM 1974, Gymnaestrada 1975, Schwimm-WM 1978); 1978–2004 Ltr. Verwaltung d. Olympiastadions.*

Schlünder, Ernst, Dr., HJ-Führer, Ministerialrat; * 23.5.1898 Oespel, † 14.5.1973 Wiesbaden, *1. WK Hauptmann d. R.; 1921 Dt. Hochschulmeister Speer; 1922 Dr. rer. pol. Freiburg i. B.; 1922–27 Syndikus u. Bankangestellter; 1927–31 Sportlehrer Reichswehr; 1931–33 Reichssportwart Kyffhäuserbund; 1933 NSDAP; 1933–45 Reichsjugendführung; 1935–1941 Amtschef körperl. Ertüchtigung Reichsjugendführung, 1939 SS (1944 Hauptsturmführer); 1941–44 Chef Hauptamt II (Wehrertüchtigung u. Leibesübungen) in d. Reichsjugendführung; 1943 SS-Panzer-Grenadier-Div. »Hitler-Jugend«; 1945 Komm. HJ-Bataillon »Reichssportfeld«; 1945–1948 Internierungslager Sandbostel; Mitbegr. u. Vorstandsmitgl. d. rechtsradikalen »Witikobundes«; Oberregierungsrat und Persönl. Referent d. Hessischen Staatsmin. Gotthard Franke (1955–63).*

Schmarje, Walter, Bildhauer, Prof.; * 16.8.1872 Flensburg, † 6.11.1921 Berlin; *Schüler von Reinhold Begas AdK Berlin; 1909 Prof. u. Ltr. Unterrichtsanstalt d. Kunstgewerbemuseums Berlin; 1914 Reserveoffizier Pionier-Bat. (1917 Erkrankung an Paratyphus); Werke: Skulpturen Gotzkowski- u. Putlitzbrücke Berlin, »Junger Satyr« Braunschweig, Marktbrunnen Danzig, 1914 Denkmäler Befreiungskriege »Trommler« (vor Rathaus Zehlendorf) u. »Der Sturm bricht los« (Zeitz), 1919 »Das zusammengebrochene Dtschl.«, 1920 »Das sich wieder aufrichtende Dtschl.«; im Dt. Stadion »Neptun-Gruppe« u. »Ringer« (1926 abgerissen); Reliefbildnisse Otto March u. Victor von Podbielski (heute Marathontor Olympiastadion).*

Schmeling, Max; Profiboxer; * 28.9.1905 Klein-Luckow/Uckermark; † 2.2.2005 Wenzendorf; *1921 Beginn als Amateurboxer; 1924 Profidebüt; 1926 DM Halbschwergewicht u. 1927 EM; 1928 DM Schwergewicht; 1930 Weltmeister gegen Jack Sharkey; 1931 Titelverteidigung gegen Young Stribling; 1932 WM-Niederlage gegen Sharkey; 19.6.1936 Sieg gegen Joe Louis (»Der braune Bomber«), 1938 WM-Niederlage gegen Louis; 1939 EM gegen Adolf Heuser; 1947 Comeback; 31.10.1948 letzter Kampf gegen »Riedel« Vogt in der Waldbühne; 1933 Heirat mit Schauspielerin Anny Ondra; nach 2. WK Inh. Fa. Getränke-Industrie Hamburg, Max Schmeling & Co.; im Reichssportfeld (Anger) Modell für die Plastik »Boxer« von Josef Thorak.*

Schmid-Ehmen, Kurt, Bildhauer, Prof.; * 23.10.1901 Torgau, † 14.7.1968 Starnberg; *ab 1918 Studium Akademie f. graf. Künste Leipzig bei Adolf Lehnert; danach in München (1931 Meisterschüler von Bernhard Bleeker); figürliche Bildnisse (Akte); 1933 Entwurf Ehrenmal f. Opfer des Hitler-Ludendorff-Putsches vom 9. November 1923; Spezialist für NS-Hoheitsabzeichen (Adler); zahlr. Aufträge NS-Bauten München, Reichsparteigelände Nürnberg, Neue Reichskanzlei Berlin; 1937 Grand Prix für 9 m hohen Adler Dt. Pavillon Weltausstellung Paris u. Verleihung Prof.titel durch Hitler; Porträtbüsten (u.a. Julius Streicher); nach 2. WK u.a. »Mutterbrunnen« Schweinfurt; im Olympiastadion 2 Adlerreliefs an d. »Führerloge« (nach 2. WK zerstört).*

Schnabel, Gerhard, Stadionverwalter, * 4.1.1907 Berlin, † 8.9.1998 Augsburg; *1921–24 Lehrling Büro u. Kassenwesen, Generalsekr. DRA, 1924–30 Kassengehilfe; 1930–33 Kassenrendant, verantw. f. buchhalt. Liquidation d. DRA; NSDAP; 16.3.1936–1945 Ltr. Reichssportfeldverwaltung, Inspektor; 1939–45 Soldat (u.a. Stalingrad); nach 2. WK Bauarbeiter u.a. Berlin, Bad Grund/Harz u. Weinheim/Bergstraße.*

Schneider, Alexander (Sascha), Bildhauer, Radierer, Jugendstilkünstler, * 21.9.1870 St. Petersburg, † 18.8.1927 Swinemünde; *1889–92 AdK Dresden; 1898–99 Florenz; 1900 Atelier Meißen; 1904–08 Prof. Weimarer Kunstschule; nach Erpressung wegen Homosexualität Flucht nach Italien. Reise durch d. Kaukasus (mit Maler Robert Spies); 1913 Florenz, 1914 Rückkehr nach Dresden u. Gründung von »Kraft-Kunst« (Inst. f. Körperbildung u. Erziehung männl. Aktmodelle); Werke: Wandbilder im Theater Weimar u. Köln, Eingangshalle Univ. Jena u. Gutenberghalle Buchgewerbehaus Leipzig; Titelgestaltung f. Karl-May-Romane; 1912 »Badende Knaben« Albertinum Dresden (wegen »Aufreizung zur widernatürl. Unzucht« abgelehnt); im Dt. Stadion »Leichtathlet« (1926 abgebrochen).*

Schott, Walter, Bildhauer; * 18.9.1861 Ilsenburg/Harz, † 2.9.1938 Berlin; *1880–83 Studium AdK Berlin; Schüler von C. Dopmeyer u. Fritz Schaper; ab 1885 freier Künstler; Werke: 1908 »Kugelspielerin« Nationalgalerie, Engelsfiguren u. Statuen »Mäßigung« u. »Mut« im Berliner Dom, Statue Friedrich Wilhelm I. im Weißen Saal Berl. Schloss, Statuen Albrecht der Bär u. Otto von Bamberg in ehem. Siegesallee, Büsten Wilhelm II. in Bad Homburg u. Mainz; Herme Wilhelm II. Burg Hohenzollern, Reiterstandbild Wilhelm I. Goslar; im Dt. Sportforum Porträtplastik von August Bier (heute im SJB-Bildungszentrum).*

Schütte, Ernst Heinrich, Architekt, Maler, Zeichner, Bühnenbildner, Reg.baumeister, Prof.; * 5.4.1890 Hannover, † 28.12.1951 Berlin; *Kunstgewerbeschule Hannover; Architekt Hannover u. München; danach Lehrer Hannover u. künstl. Beirat Landestheater Meiningen u. Nationaltheater Weimar; Buchillustrator Paul-Stegemann-Verlag; ab 1925 künstl. Beirat Dt. Theater (Max Reinhardt); ab 1945 Ltr. Bühnenbildner-Klasse HfbK Berlin; im Dt. Sportforum 1928 Architekt d. Deutschen Turnschule (1934–36 südliche Fassade von Werner March verändert).*

Schultze-Naumburg, Paul, Maler, Architekt, Kunsttheoretiker, Prof. Dr.; * 10.6.1869 Naumburg-Almrich, † 19.5.1949 Jena; *1887–93 Studium AdK Karlsruhe; 1881–93 Meisteratelier Ferdinand Keller; Mitgl. AdK u. Akad. d. Bauwesens; seit 1930 Direktor Staatl. Kunsthochschule Weimar (Auflösung d. Weimarer Bauhauses im Auftrage Fricks); 1932 NSDAP; 1933 MdR; Vors. »Kampfbund f. dt. Kultur«; Mitinitiator Bücherverbrennung; lieferte mit seinen Büchern »Kunst und Rasse« (1928), »Kunst aus Blut und Boden« (1934) u. »Rassengebundene Kunst« (1934) Vorlagen f. Ausstellung »Entartete Kunst« (1937); 1940 Ruhestand; danach Saaleck b. Bad Kösen; 1944 Ehrenbürger Weimar; Bauten: Opernhaus München, Schlösser (u.a. Cecilienhof Potsdam), Herren- u. Kreishäuser, Sanatorien, Verwaltungsgebäude, Fabrikanlagen; Mitgl. Erweiterter Bauausschuss Olymp. Spiele 1936.*

Schwartz, Ernst, Architekt, Reichsbahnrat; geb. ?, † 1930 Berlin; *leitete Bau S-Bahnhöfe »Rennbahn« (1908/09) u. »Pichelsberg« (1910/11), 1934/35 durch Fritz Hane umgebaut.*

Seiffert, Johannes, Architekt, Baudirektor, * ?, † 1930 Berlin; *1. Mitarbeiter von Otto March beim Bau d. Grunewald-Rennbahn (1909 Kronenorden 4. Kl.); bauleitender Architekt d. Deutschen Stadions; Entwurf Rheinstadion Düsseldorf; 1920–27 Abt.ltr. Spielplatzberatungsstelle DRA; 1926 Teilnahme Wettbewerb Dt. Sportforum; konzipierte mit Diem die Sport- u. Spielflächen des Dt. Sportforums; 31.10.1929 Abschied DHfL.*

Seitz, Gustav, Bildhauer, Grafiker; * 11.9.1906 Neckarau b. Mannheim, † 26.10.1969 Hamburg; *1922–24 Bildhauerlehre Ludwigshafen; Zeichenunterricht Gewerbeschule Mannheim; 1924/25 Landeskunstschule Karlsruhe; 1925 Vereinigte Staatsschule f. Freie u. Angewandte Kunst Berlin (bei Ludwig Gies); 1926–32 Meisterschüler von W. Gerstel; 1927/28 Reisen Italien, Frankreich (Einfluss von Maillol); 1932 erste Sonderausstellung (Plastik, Zeichnungen); 1933–38 Meisteratelier Preuß. Akademie (unter Hugo Lederer); 1937 Zusammenarbeit mit Heinrich Tessenow; 1943 Vernichtung sämtl. Arbeiten durch Bombenangriff; 1947 Prof. HfbK West-Berlin; 1949 DDR-Nationalpreis (deshalb als AdK-Mitgl. suspendiert); ab 1950 Lehrtätigkeit HdK Berlin-Weißensee; Werke: großformatige Aktfiguren u. Bildnisse (Th. Mann, Dessau, Brecht), Kollwitz-Denkmal am Kollwitz-Platz Berlin; im Dt. Sportforum 2 Terrakottoreliefs (Kursistenhaus u. Friesenhaus/verschollen).*

Speer, Albert, Architekt, Prof., Dipl.-Ing.; * 19.3.1905 Mannheim; † 1.9.1981 London; *Studium Karlsruhe, München u. Berlin; 3 J. Assistent TH Berlin; BDA; 1931 SA; 1932 NSDAP; ab 1933 verantw. f. Planung u. Gestaltung NS-Großveranstaltungen (Reichsparteitage, »Tag der Arbeit«, Funkausstellungen); Ltr. d. Amtes »Schönheit der Arbeit« (Unterabt. RMVP); ab 1937 Generalbauinspektor für Reichshauptstadt; 1938 Prof. u. Preuß. Staatsrat, Gold. Parteiabz.; 1941 MdR; 1942 Nachfolger von Fritz Todt als Reichsmin. f. Bewaffnung u. Munition; 1945 als Hauptkriegsverbrecher angeklagt; 20 J. Haft (Entlassung 1966); beriet Werner March bei der Umgestaltung d. Fassade d. Olympiastadions.*

Spilker, Heinz, Bildhauer; * 1927 Elverdissen/Herford; *1942 Tischlerlehre; 1950 Rom u. Florenz; 1953 Studium HfbK West-Berlin; Schüler von Renée Sintenis u. Paul Dierkes; danach freier Bildhauer; 1979 Mitgl. Künstlergemeinschaft »K 19«; Werke: Porträtarbeiten, Gedenktafeln, Tierplastiken f. Berliner Zoo, Aktplastiken Schloss Nörvenich, Brunnengestaltung (Herford, Berlin-Schöneberg); im Olympiastadion Gedenktafel Werner March (1969).*

Sponholz, Richard, Architekt, Oberregierungsbaurat, Dipl.-Ing.; * 7.10.1874 Berlin, † 26.6.1946 Stolberg/Harz; *1897 Studium Hochbau; 1907 Reg.bauführer; 1908 Reg.baumeister Militärbauverwaltung Königsberg; 1910 Militärbauinspektor; 1931 Rückkehr nach Berlin; 1933 Oberreg.baurat; 9.11.1933 Vorstand Reichsneubauamt Stadion u. Baultr. d. Reichssportfeldes; 1936 Olympia-Orden 1. Kl.; 1943 Umsiedlung Merseburg, 1944 Ruhestand; im Olympiastadion befindet sich seit 1936 sein Name auf der südl. Ehrentafel am Marathontor.*

Spranger, Eduard, Philosoph, Psychologe, Prof. Dr.; * 27.6.1882 Groß-Lichterfelde b. Berlin, † 17.9.1963 Tübingen; *seit 1912 Prof. Leipzig; 1920–45 Univ. Berlin; nach 2. WK von d. SMAD abgesetzt; danach Lehrauftrag Tübingen; plante mit Carl Diem, die Berliner Univ. auf d. Reichssportfeld anzusiedeln.*

Steinmetz, Georg, Architekt, Dr.-Ing.; * 28.9.1882 Cassel, † 4.4.1936 Berlin; *1902–06 TH Charlottenburg, 1904 Meisterschüler AdK Berlin, 1905 Ministerium d. öffentl. Arbeit; ab 1909 selbst. Architekt, seit 1924 Mitgl. AdK Berlin; 1925 Dr.-Ing. TH Stuttgart; BDA, Bauten: 1920 Schlossanlage Rügen; 1923 Landwirtschaftskammer Stettin, 1924–27 Landeshaus Stettin, 1927 Herrenhaus von Fleming Patzig, 1929/30 An- u. Ausbau Kuranlage Bad Warmbrunn, 1933 NSDAP, 1934–36 Olymp. Dorf Döberitz; Veröffentl.: »Grundlagen für das Bauen in Stadt u. Land« (1921).*

Strübe, Adolf, Maler, Bildhauer; Prof.; * 7.12.1881 Maulburg/Baden, † 23.9.1973 Schopfheim; *Schüler von Schmid-Reutte u. W. Trübner Kunstgewerbeschule Karlsruhe; 1909–14 Lehrer Unterrichtsanstalt Kunstgewerbemuseum Berlin; Mitgl. Berliner Sezession; Gründungsmitgl. badische Sezession; Impressionist (Einfluss Cézanne); 1. WK Frontsoldat; 1917 Ordentl. Prof.; 1918 Kriegsmaler Westfront; Lehrer HfbK Berlin; 1937 Prof. f. Malerei u. Wandmalerei AdK Berlin; 1945 Flucht nach Lörrach (1939 Ehrenbürger); 1949–56 Prof. Kunsthochschule Freiburg i. B.; Werke: Wandbildnisse »Reiterfest« (Offizierscasino Konstanz) u. Speisezimmer Haus Phöben (Osthavelland), Gefallenendenkmäler 1925 Eilenburg u. 1929 Lörrach, Wandbild Treppenhaus Krankenhaus Lörrach, Landschaftsbilder, Stillleben, Bildnisse; im 2. WK viele Arbeiten vernichtet; im Dt. Sportforum (Jahnplatz) 2 »Wassertiere«; Fresko Eingangshalle Friesenhaus (1940).*

Taut, Max, Architekt, Regierungsbaumeister; * 15.5.1884 Königsberg, † 26.2.1967 West-Berlin; *Schüler von Hermann Billing; 1906 Gold. Med. Dresden; seit 1911 selbst. Architekt (assoziiert mit Franz Hoffmann); 1918 mit Bruder Bruno Mitbegr. »Novembergruppe«; Bauten: 1919/20 Siedlung Eichkamp, 1922/23 Häuser ADGB Berlin u. Frankfurt/M., 1924/25 Verbandshaus d. Dt. Buchdrucker Berlin; 1926 Haus d. Dt. Gewerkschaften Düsseldorf, 1927 Weißenhofsiedlung Stuttgart, 1929/30 Siedlung Reinickendorf; 1938–52 Reutersiedlung Bonn, 1951–55 Ludwig-Georgs-Gymnasium Darmstadt; 1926 Teiln. Wettbewerb Dt. Sportforum.*

Thiel, Rudi, Meetingdirektor, Dipl.-Ing.; * 4.4.1928 Berlin; *Mitgl. OSC Berlin, Mittelstreckenläufer; 1968–2000 Organisator u. Meetingdirektor ISTAF; Präs. German Meeting.*

Thorak, Josef, Bildhauer; * 7.2.1883 Salzburg, † 25.2.1952 Hartmannsberg, Krs. Rosenheim; *Lehre als Töpfer; 1910–14 Kunstgewerbeschule Wien; 1915 Berlin; 1. WK Zeichner OKH; danach Studium AdK Berlin; Meisterschüler von Prof. Manzel (wegen Diebstahl Relegierung u. Hausverbot); ab 1920 selbstständig; 1928 Staatspreis AdK Berlin; Wohnsitz Bad Saarow-Pieskow; 1929 Heirat mit d. Jüdin Hilda Lubowska (1933 Scheidung, 1937 zur Emigration gezwungen); 1937 auf Anordnung Hitlers Prof. im bayr. Landesdienst AdK München; 1939 Atelierneubau Baldham b. München; 1941 NSDAP (rückwirkend sechsstellige Mitgl.-Nr.); 1945 Flucht nach Leopoldtal b. Großgmain/Salzburg; im Entnazifizierungsverfahren als »Mitläufer« eingestuft; Werke: Kriegerdenkmäler Saarow, Torgau, Wannsee u. Stolp; 1928 »Arbeit u. Heim« (f. Wohnanlage Berliner Straßenbahnbetriebe), Kleistdenkmal Berlin, Büsten Hindenburg (1934) u. Atatürk; »Denkmal d. Arbeit« Reichsautobahn b. Salzburg; 1937 Kolossalstatuen Dt. Pavillon Weltausstellung Paris; viele Staatsaufträge (u.a. Reichsparteitagsgelände Nürnberg); im Dt. Sportforum Hitler-Büste (»Haus d. Dt. Sports«/verschollen) u. Statue »Boxer« (auf dem Anger).*

Tschammer und Osten, Hans, Reichssportführer; * 25.10.1887 Dresden, † 25.3.1943 Berlin; *1899 Kadetten-Korps Dresden; 1907 Abitur, zeitweise Militärturnanstalt; 1914 Adjutant 6. Kgl. Sächs. Inf.-Regiment Nr. 105 Straßburg; Okt. 1914 Unterarmdurchschuss; 1915 Adjutant Kreischef Hasselt in Belgien; 1916 Adj. Gouvernement Limburg; EK I; Okt. 1917 Nachrichtenoffizier Gr. Hauptquartier; 1919 Nachrichtenoffizier Sächs. Kriegsmin.; 1920 Rittergut Klein-Dehsa; 1923–26 Führer Jungdt. Orden Sachsen; 1924 Wechsel nach Dresden; 1925/26 Stahlhelm; 1930 NSDAP, 1931 SA (Führer Standarte 103 Löbau); 1932 Gruppenführer Mitte Dessau; MdR; 1.–25.4.1933 Sonderkommissar OSAF im RMdI; 28.4.1933 Reichssportkommissar (ab 19.7. Reichssportführer), Präsident DOA, Führer DT; Vorstandsmitgl. OK Olymp. Spiele u. Mitgl. engerer Bauausschuss 1936; Dt. Adelsgesellschaft; 1934 Ltr. Sportamt »KdF«; 1934 Ltr. Oberste Behörde f. Vollblutzucht u. -Rennen; HJ-Obergebietsführer; 1936 Präs. Dt. Reichsakademie f. Leibesübungen; 1937 Staatsrat, SA-Obergruppenführer; Staatsbegräbnis; 2.5.1943 Urnenbeisetzung Langemarckhalle (nach 2. WK Bielefeld).*

Vogt, Richard (Riedel), Boxer; * 26.1.1913 Hamburg, † 12.7.1988 Hamburg; *1936 Olymp. Sp. (Silber Halbschwergewicht); ab 1938 Profi; 1939 Polen-Feldzug; EK II; 1941–44 u. 1946 Dt. Meister Halbschwergewicht; 31.10.1948 Waldbühne Sieg über Schmeling in dessen letztem Kampf; bis 1952 aktiv; 72 Kämpfe (8 Niederlagen); später Landwirt u. Pferdezüchter.*

Vordermayer, Ludwig, Bildhauer; * 25.12.1868 München, † 20.6.1933 Berlin; *Vater Bildhauer Hans Vordermayer (1841–1888); 1888–90 Unterrichtsanstalt Berl. Kunstgewerbemuseum; 1890/91 Schüler von Begas; seit 1893 Gr. Berl. Kunstausstellungen; Spezialist f. Tierplastiken: 1903 »Hahn«, 1909 »Rabe« (beide Nationalgalerie); 1928 »Elch« Tilsit (1945–91 in Kaliningrad); im Dt. Stadion »Reiter« (1926 abgebrochen).*

Wackerle, Josef, Bildhauer, Holzschnitzer, Prof.; * 15.5.1880 Partenkirchen, † 2.3.1959 Garmisch-Partenkirchen; *1893 Schnitzschule Partenkirchen; 1899 Kunstgewerbeschule München bei Pruska u. AdK bei Rümann; 1900 1. Italienreise; 1903 Romreis; 1905/06 2. Italienreise; 1906–09 künstl. Ltr. Porzellanmanufaktur Nymphenburg; 1909–17 Lehrer Kunstgewerbeschule Berlin; 1917–23 Ltr. Kunstgewerbeschule München; 1923–50 Prof. AdK München; 1928 Teilnahme Olymp. Kunstwettbewerb Amsterdam; 1934 NSDAP; Senator RKK; 1937 Grand Prix Weltausstellung Paris; 1940 Goethemedaille; Mitgl. Preuß. Akademie. Künste u. Bayr. Akademie; Ritter d. Bayr. Maximiliansordens f. Kunst u. Wissenschaft; 1953 Kulturpreis f. Bildhauerei München; Werke: Kriegerdenkmal Spandau, Gefallenendenkmal Fa. Siemens; Kruzifix Gustav-Adolf-Kirche Nürnberg, 1935–37 Neptunbrunnen Alter Botanischer Garten München, 1949 Prometheus (Steinrelief Siemens-Verwaltungsgebäude Erlangen), 1947 Nornenbrunnen (Stadtpark Dublin), im Olympiastadion Plastiken »Rosseführer«; Mitgl. Kunstausschuss Olymp. Spiele 1936.*

Waitzer, Josef, Reichssportlehrer; * 1.5.1884 München-Haidhausen, † 28.2.1966 Korbach/Hessen; *OS 1912 Teiln. Diskus, Speer, Fünfkampf; 1913 Teiln. DRAfOS-Studienreise i. USA; 1922–24 Trainer Schweiz; 1925–37 Reichssportlehrer bzw. -trainer DSBfA bzw. DLV; 1948/49 Pressewart DLA, 1949–51 DLV-Lehrwart.*

Wamper, Adolf, Bildhauer, Prof.; * 23.6.1901 Würselen b. Aachen, † 22.5.1977 Essen; *Studium TH Aachen; Meisterschüler von Richard Langer Akademie Düsseldorf; weibl. Akte; 1928 Künstlervereinigung Schanze/Münster; 2 J. arbeitslos; 1933 NSDAP; Übersiedlung nach Berlin-Schmargendorf; 1937 2 Figurengruppen f. Gläserne Galerie Neubau Messehalle Berlin (von Lippert abgelehnt); 1944 Aufnahme in »Gottbegnadeten«-Liste u. Übersiedlung nach Heepen b. Bielefeld; 1948 Ltr. Bildhauerklasse Folkwangschule Essen; 1970 Prof.: Werke: »Herkules« (Terrakottarelief/1937 Marinelazarett Stralsund); Reliefs Reichsgetreidestelle Berlin; 1940 »Genius des Sieges« (Gr. Dt. Kunstausstellung), nach 2. WK »Schwarze Madonna von Remagen« (Denkmal ehem. US-Kriegsgefangenenlager); im Reichssportfeld Eingangspfeiler an der Dietrich-Eckart-Bühne (1935).*

Werner, Richard Martin, Bildhauer, Prof.; * 21.1.1903 Offenbach, † 1949 Oberursel; *1920–23 Ausbildung Städel Frankfurt/M.; 1925–29 Schüler von Richard Scheibe; Werke: Akte und Bildnisse u.a. Porträt Richard Scheibe, »Stehende« u. »Schreitende« (von Hitler angekauft); »Ausschauende« u. »Jüngling« (Galerie Frankfurt/M.); »Läuferin am Start« (Waldstadion Frankfurt); nach 2. WK Rückseite 50-Pf.-Münze (Baumpflanzerin) nach Entwurf seiner Frau Jo Werner (1914–2004); im Olympiastadion (IOC-Ehrenhalle). Porträtrelief Pierre de Coubertin (1936/Original gestohlen, 1951 erneuert).*

Wiepking-Jürgensmann, Heinrich Friedrich, Gartengestalter u. -architekt, Prof., Dr. h.c.; * 23.3.1891 Hannover, † 17.6.1973 Osnabrück; *1909–12 Lehre Stadtgartendirektion Hannover; Militärdienst Pionier-Bat. 10 München; Studium Wisley/GBR, Boulogne-sur-Seine, London, Paris u. Hannover; 1912/13 Volontär Gartenbaufirma Ochs Hamburg u. Berlin; 1. WK Führer Pionierkompanie; 1914 u. 1918–22 Direktor Fa. Ochs; danach selbst. Gartenarchitekt; 1931 BDA; 1934 Ordentl. Prof. Hochschule f. Landwirtschaft Berlin u. Direktor nach Suizid von Erwin Barth (später Inst. f. Landschafts- u. Gartengestaltung); 1936 Gartengestaltung Reichssportfeld u. Olymp. Dorf; im 2. WK »Sonderbeauftragter d. Reichsführers SS f. Festigung d. dt. Volkstums u. f. landwirtschaftl. Aufbau d. neuen Reichsgebiete«; 1942–45 oberster dt. Naturschutzbeauftragter; 1946 Gründung Höhere Gartenbauschule Osnabrück u. Hochschule f. Gartenbau u. Landeskultur Hannover; 1949 Ordentl. Prof.; 1950–52 Rektor, danach Direktor Inst. f. Landespflege Osnabrück; Mitgl. Akad. f. Bauwesen; 1958 emeritiert; 1959 Gr. BVK, 1962 Fritz-Schumacher-Preis; Dr. h.c. Univ. Lissabon; Bauten: 1926–28 Garten Wiepking Berlin-Lichterfelde, 1929 Garten Erich Mendelsohn Pichelsberg; 1936 Garten Leni Riefenstahl Berlin, Landschaftsgest. Reichsehrenmal Tannenberg, 1935 Flughafen Tempelhof, 1951 Eröffnungsschau 1. BUGA Hannover, 1952 Gutachten Landschaftsgest. KZ Bergen-Belsen.*

Wolff, Helmut, Maler, Bildhauer, * 9.4.1932 Mainz; *1951–57 Studium Malerei u. Architektur HfbK Berlin, Meisterschüler von Hans Uhlmann; 1958 Teiln. Wettbewerb d. Intern. Auschwitz-Komitees f. Mahnmal (unter 426 Bewerbern als einziger Deutscher f. d. besten 7 Entwürfe ausgewählt); seit 1957 selbst. Bildhauer, Maler u. Bühnenbildner (u.a. Schaubühne); 1959 Stipendium Villa Massimo; Werke: 1962–64 Architekturplastiken Haupteingang Jugendgästehaus Berlin-Wannsee; 1978 Pfeiler Reichssportfeldbrücke, 1979/80 Geländer u. Postamentgestaltung Olympische Brücke.*

Wynand, Paul, Bildhauer; Prof.; * 30.1.1879 Wuppertal-Elberfeld, † 2.3.1956 Berlin; *Studium Kunstgewerbeschule Berlin; 1900 Paris (Schüler von Rodin); ab 1901 Lehrer Kunstgewerbeschule Elberfeld; ab 1905 Lehrer Keramische Fachschule Höhn/Westerwald; 3 J. Italien; 1911 Übersiedlung Berlin; 1. WK Militärdienst; 1934–44 Lehrer Vereinigte Staatsschule f. Freie u. Angewandte Kunst (später HfbK); 1937 Ausstellungen Norwegen u. Dänemark; 1938 NSDAP; Werke: Denkmäler Wuppertal-Barmen, Berlin, Köln u. Schloss Burg/Wupper; im Dt. Sportforum Plastik »Falkner« (1938).*

Zátopek, Emil, Langstreckenläufer; * 19.9.1922 Kopřivnice, † 21.11.2000 Prag; *1946 Alliierte Meisterschaften Olympiastadion Berlin 5000 m (1.); Olymp. Spiele 1948 5000 m (Silber), 10 000 m (Gold); 1952 3 x Gold 5000 m, 10 000 m u. Marathon, 1956 Pl. 6 Marathon; seine Frau Dana Olympia-Gold 1952 im Speerwerfen; 18 x WR; EM 1950 5000 m u. 10 000 m (Gold), 1954 5000 m (Bronze), 10 000 m (Gold); 1957 Rücktritt; 1968 als Major aus d. Armee entlassen (Unterzeichnung »Manifest der 2000 Worte«); danach Geologe in Bohrtrupp; 1971 Widerruf; anschließend Archivar d. Sportorganisation (CSTV); 1990 Rehabilitierung; 1993 Olympiabotschafter der Berliner Bewerbung für 2000.*

Mit freundlicher Unterstützung von:

IMPRESSUM

ISBN 978-3-360-01907-3

© 2009 Verlag Das Neue Berlin, Berlin

Volker Kluge (Autor)

Projektmanagement: creAtiv Werbeagentur, Berlin
Layout/Umschlag/DTP: Sirko Wahsner, iD-Group, Berlin
Übersetzung: Donald Macgregor, St. Andrews, Schottland
Druck und Bindung: Salzland Druck, Staßfurt

Redaktionsschluss: 15.05.2009

Bildnachweis:
Peter Frenkel (124)
picture-alliance/dpa (29)
Bayerische Staatsbibliothek München/Fotoarchiv Hoffmann
Gerkan, Marg und Partner (gmp)/Andreas Süß
KircherBurkhardt Infografik
Familienarchiv Hazel Hillier-Fekete
Familienarchiv John March (2)
Archiv Cornelius Jänicke (2)
Archiv Kluge (94)

Nicht in allen Fällen konnten die Bildrechteinhaber ermittelt werden. Berechtigte Honoraransprüche bleiben gewahrt.

Ein Verlagsverzeichnis schicken wir Ihnen gern:
Das Neue Berlin Verlagsgesellschaft mbH
Neue Grünstr. 18, 10179 Berlin
Tel. 01805/30 99 99
(0,14 €/min. aus dem deutschen Festnetz, abweichende Preise für Mobilfunkteilnehmer)

Die Bücher des Verlags Das Neue Berlin erscheinen in der Eulenspiegel Verlagsgruppe.

www.das-neue-berlin.de